定力

「中国社会变革的思想基础」

图书在版编目(CIP)数据

定力:中国社会变革的思想基础/杨百寅,单许昌著.—北京:北京大学出版社,2018.7

ISBN 978-7-301-29652-3

Ⅰ.①定… Ⅱ.①杨… ②单… Ⅲ.①社会转型—研究—中国 Ⅳ.①D616

中国版本图书馆 CIP 数据核字(2018)第 126867 号

书　　　名	定力:中国社会变革的思想基础 DINGLI: ZHONGGUO SHEHUI BIANGE DE SIXIANG JICHU
著作责任者	杨百寅　单许昌　著
策划编辑	徐　冰
责任编辑	闫格格　徐　冰
标准书号	ISBN 978-7-301-29652-3
出版发行	北京大学出版社
地　　址	北京市海淀区成府路 205 号　100871
网　　址	http://www.pup.cn
微信公众号	北京大学经管书苑(pupembook)
电子信箱	em@pup.cn
电　　话	邮购部 010-62752015　发行部 010-62750672　编辑部 010-62752926
印刷者	涿州市星河印刷有限公司
经销者	新华书店
	730 毫米×1020 毫米　16 开本　22.75 印张　369 千字
	2018 年 7 月第 1 版　2021 年 1 月第 3 次印刷
定　　价	68.00 元

未经许可,不得以任何方式复制或抄袭本书之部分或全部内容。
版权所有,侵权必究
举报电话:010-62752024　电子信箱:fd@pup.pku.edu.cn
图书如有印装质量问题,请与出版部联系,电话:010-62756370

本书献给

为中华民族的复兴而探索与奋斗的

仁人志士

走出迷茫 呼唤三元文化融合

经过四十年的改革开放,中国在经济、社会、政治、文化领域取得的成就堪称世界发展的奇迹。在取得伟大成就的同时,我们也面临着诸多挑战,处于这个变革时代的人们往往感到迷茫。例如,我们经济的增长速度放缓是否说明我们的经济发展模式已经到了极限?政府、市场及道德习俗对经济行为是否都在一定程度上产生调节作用?如果以上问题的答案是肯定的,那么这三者的动态平衡关系是如何发生的?在互联网时代,非常小的突发事件通过互联网的传播都可能变成一场危机。那么,我们的社会治理方式该如何改变?我们过去成功的经验会不会反而束缚我们的手脚?国际"反全球化"以各种面目出现,并逐渐形成浪潮,我们如何应对这些新的挑战?为了走出现实中的迷茫,我们可以依赖的定力是什么?

应对中国改革开放乃至民族复兴过程中的种种挑战,不仅需要实干兴邦的行动,更需要严谨的思想基础。传统观念与思想流派的碰撞往往让人感到莫衷一是,缺乏思想引领的实践工作者,以及高层次领导者往往为贫乏的理论和杂乱无章的现实所困惑苦恼。因此,改革开放的成功经验需要深入提炼成坚实的理论体系。

本书作者杨百寅教授和他的学生单许昌从文化理念的深层角度,对这些挑战进行探究,即当下如何走出迷茫,我们依靠何种"定力"为民族伟大复兴而坚定前行。作者相信,唯有对影响中国当下主要的思想体系进行系统分析,吸取各种思想体系的精华,实现融会贯通,我们的民族复兴之路才会有坚实的基础。以儒释道为代表的传统文化、社会主义思想及西方的资本主义文明,是影响当下中国社会发展的三种主导思想。

本书从杨百寅教授提出的知识整体理论角度探讨思想观念体系。感性知识、理性知识及活性知识的互相转化和动态平衡，构成了人类知识螺旋增长的内核，其中，良知作为一种活性知识，是不可缺少的力量。现实中，人们往往重视实践性的感性知识和逻辑性的理性知识的积累，却忽视了价值导向性的活性知识激发功能。不同知识增长模型构成不同的思想体系，人类正是依靠这些具有不同活力的思想观念，应对变化多端的现实中的各种挑战。诺贝尔经济学奖获得者哈耶克曾指出："假如我们掌握现有方式的全部知识，所剩下的就纯粹是一个逻辑问题了。"也就是说，许多错综复杂的社会问题的答案，隐含在人类认识的假设之中。活性知识及知识整体论的提出与完善，无疑为我们深入探析知识结构及其背后的逻辑基础打开了广阔的思想空间。

我认为，市场、政府及道德是经济调节的三个力量。道德力量是超越市场与政府的。市场调节是一只无形的手，政府调节是一只有形的手，道德调节则是介于二者之间的不可或缺、不可替代的重要力量。人类社会在漫长的发展过程中，曾经既没有市场，也没有政府，但依然存活下来了，而且一直在前进，是什么力量在调节？是道德力量。迄今为止，学术界对习惯与道德调节的探讨远远不够，缺乏坚实的理论基础。可喜的是，以良知为核心的知识三元论为经济管理的三种调节方式提供了有效的理论分析框架。

无论处于何种文化群体的人都要面临来自自然、社会和自身三个领域的挑战，因此要处理好人与自然、人与社会、人与自身的三种关系。同时，人类的观念与文化体系也是分为三个范畴，既有作为理性知识基本前提的信仰假定范畴，也有反映感性知识的行为意向范畴，同时也有活性的价值导向范畴。

贯穿本书的是作者倡导的三元论。作者指出，人类的行为受到现实、自由及理性三种力量的驱使，因复杂性和不确定性而生发迷茫。社会发展的核心主题是公正与发展，二者失衡会生发很多悲剧，因此作者建议，我们要运用"中庸之道"的智慧来防止各种极端事件的发生，做到守正、致和与随变；价值观应当是开放、包容和多元的，但主导的价值导向应当清晰和明确。在治理经济方面，应当综合运用道德、政府和市场这三种力量，忽视任何一种力量，经济发展都会遇到重大问题；在治理社会层面，也要综合运用德治、法治和政治这三种治理模式的精华，并根据实际变化不断调整，以实现动态平衡，防止社会治理模式的僵化与失衡。在知识三元论的基础之上，作者进而得出上述结论，值得细读慢品。

  本书不仅分析角度新颖、内容丰富，而且在回顾以儒释道为代表的传统文化的同时，传承优秀文化的命脉，汲取古今中西文化之精华。无论从实践需要还是从理论发展的角度来看，现在是到了三种文化融合的时候了，融合的文化体系有助于我们从更广阔的视角看待当下种种迷茫，回应各种挑战。我想这本书将会引起更多人的关注，引起更多的讨论，为民族复兴的大业贡献力量。

北京大学光华管理学院名誉院长
资深教授
厉以宁

目录 CONTENTS

1　知识的引力　/ 001
- 1.1　自然的束缚　知识的力量　/ 004
- 1.2　思想的构件　知识的内核　/ 009
- 1.3　论整体思维　鉴内在逻辑　/ 012
- 1.4　知识之发展　螺旋式上升　/ 024
- 1.5　知识的活性　良知不可缺　/ 033
- 本章小结　/ 036

2　思想的活力　/ 037
- 2.1　混沌的世界　思想的活力　/ 039
- 2.2　析中国社会　辨多元思想　/ 042
- 2.3　传统的思想　稳定与和谐　/ 044
- 2.4　西方之理念　民主与科学　/ 057
- 2.5　社会主义兴　革命为公平　/ 062
- 本章小结　/ 069

3　文化的魔力　/ 070
- 3.1　文化与教化　社会性知识　/ 073
- 3.2　文化三层次　含义各不同　/ 076
- 3.3　探思想文化　建分析框架　/ 081
- 3.4　文化的意义　包含时空观　/ 113
- 本章小结　/ 129

4 主义的动力 / 130

- 4.1 信仰价值观　理想乃主义 / 134
- 4.2 整体性思维　儒释道合一 / 139
- 4.3 资本逐利润　平等为回报 / 148
- 4.4 革命的信仰　公平和正义 / 156
- 4.5 中国的特色　伟大的理想 / 161
- 本章小结 / 163

5 现实的压力 / 164

- 5.1 自然之条件　地理之状况 / 166
- 5.2 传统之文化　民族性基因 / 170
- 5.3 儒释道文化　稳定与秩序 / 176
- 5.4 西学之东渐　社会之变迁 / 183
- 5.5 曲折之道路　艰难之探索 / 190
- 本章小结 / 198

6 理性的张力 / 199

- 6.1 理性的本质　过程与结果 / 202
- 6.2 实用的理性　和合的逻辑 / 208
- 6.3 功利的理性　资本的逻辑 / 216
- 6.4 革命的理性　活性的逻辑 / 223
- 6.5 理性的本质　不同的范式 / 230
- 6.6 科学的理性　认识方法论 / 236
- 本章小结 / 241

7　理想的魅力　/ 242

- 7.1　理想与信念　人类的灵魂　/ 244
- 7.2　传统的理想　社会之大同　/ 255
- 7.3　资本的理想　效率与增长　/ 259
- 7.4　革命的理想　消灭不公正　/ 262
- 7.5　复兴的理想　现代化社会　/ 266
- 本章小结　/ 270

8　变革的阻力　/ 271

- 8.1　化变革阻力　仗人心之势　/ 273
- 8.2　二元对立论　认识简单化　/ 276
- 8.3　理想主义者　心高又气傲　/ 278
- 8.4　现实主义者　麻木或盲动　/ 280
- 8.5　理性主义者　单纯而自负　/ 282
- 本章小结　/ 288

9　复兴的定力　/ 289

- 9.1　三源趋合流　融合聚定力　/ 292
- 9.2　察动态平衡　行中庸之道　/ 308
- 9.3　理想与现实　理性促平衡　/ 315
- 9.4　市场与政府　道德为共生　/ 320
- 9.5　法治与德治　政治为引导　/ 328
- 本章小结　/ 346

后　记　/ 347

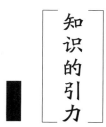

知识的引力

知识就是力量,时间就是生命。

宋代著名文人苏轼有一句充满牢骚的话——"人生识字忧患始"。然而人们为何还要争先恐后地上学读书，读有益的书呢？中国古代的科举制度，使得有才学的普通读书人有机会进入社会上层，也使得一些书生寒窗苦读、皓首穷经、精神空虚、百无一能，乃至付出毕生的心血精力以求取功名，成了书本的奴隶。对于那些忙于生计、胸无点墨的普通百姓而言，读书虽然是一种奢望，但仍然令人向往，他们往往劝导下一代好好读书，将来出人头地。对于那些酒足饭饱、玩弄权术的达官贵人来说，虽然读书或许显得多余，充其量装装门面，书生及其拥有的知识只是这些达官贵人们的一种工具和手段罢了，他们要在一定程度上利用书生及其知识与才华，以实现他们飞黄腾达、荣华富贵的梦想。对于被传统社会称为读书人、现代社会称作知识分子或学者的人而言，读书是他们的命根子，他们的快乐是在知识的海洋里游弋，发现真理就如发现珍珠宝藏那样喜悦。显然，知识对于人类有着强大的诱惑力和吸引力，而且人类本身有着与生俱来的、追求知识的好奇心。然而，读书人容易多愁善感、清高孤傲和放言时弊，在世俗生活和官海生涯里难免受到掣肘、排挤和倾轧。在这个时候，满腹诗书不仅不是人生成功的捷径，反而变成了艰难跋涉的负担。苏轼或许正是有感于此，才发出了上述"忧患"的感叹，看似戏谑的自嘲，实则揭示了古往今来读书人心头那永远无法舒展的死结。读书进仕途，明知是一条充满荆棘的险路；若放弃，肯定没有发展机会，无法领略多彩的人生，真可谓："进亦忧，退亦忧"。士大夫们往往拥有家国情怀，读书增长知识，也是通往仕途的必经之路；职位越高，阅历越丰富，忧虑也会俱增，所谓"先天下之忧而忧"。有意思的是，苏轼发出以上感慨时刚过而立之年，仕途还算顺利，按说正值大有作为的鼎盛年华。可是，人事纷争和仕途艰辛，让饱读诗书、通古晓今的苏轼对未来岁月有了一丝不祥的预感。十年后苏轼即因"乌台诗案"被捕入狱，此后流放外地，居无定所，最终客死他乡。

现实世界是混乱并且充满矛盾的，看起来杂乱无章，人生也不是行驶在简单平直轨道上的车辆。我们每个人都是懵懵懂懂地来到这个世界的，面对这个纷繁复杂的世界，即使是阅历丰富的成年人也难免感到困惑和迷茫。是多少年来人类积累的知识让我们认清这世界，逐步自强自立，超越动物的生物界限；

是那些闪耀着智慧光芒的伟大知识与思想让人类摆脱愚昧,远离荒蛮,走向文明。人类的个体力量不及虎豹等大型动物,嗅觉不如猫狗,为何成了动物界的主宰?有研究表明,智人征服世界、打败其他动物的起点,源于认知革命。知识就是力量,知识既是人类思想的基本构件,知识也是引导我们行动并获得感官意义和价值的指南针。

传统意义上讲,知识被认为是那些写在书本上的符号、公式和复杂的理论原理。然而,为什么满腹经纶的学者常常解决不了社会中的实际问题,学富五车的书生往往只能纸上谈兵,而有些人则挥斥方遒、指点江山、成功立业?为什么有的人学历不高却富达四海?为什么有些位高权重的官员步履艰难、壮志难酬,而有些领导者能够成功带领所在组织走出困境、铸就辉煌?那么,到底什么东西才是"知识"?知识到底有什么样的作用?知识有哪些基本要素?知识又是如何影响人类行为的?知识怎样改变我们,我们又怎样用所学的知识改变个人生活与社会活动?知识与我们通常所说的一些更为深奥的名词如思想、文化、主义、制度等概念又有什么样的关系?本书将逐步探讨这些问题。

1.1　自然的束缚　知识的力量

古希腊伟大的哲学家苏格拉底认为，人是一个能提出理性的问题并给予理性回答的存在。知识就是力量！人类因拥有知识而强大，人类因拥有思想和理念，才使得人类成为自然界的主人。动物往往按照直观本能来理解世界，而人类发明了语言和文字，这些语言和文字能够将人类的个体经验一代代地积累下来，并传承下去，促进了人类思维能力的发展，并形成不断精确化的理论来解释世界和改造世界。

以经济学为例，经济学的最基本问题是如何处理个人与他人之间的利益关系。亚当·斯密认为不是"人性"决定人们的交换倾向，而是每个人的"利己心"促进了交换与分工，交换是人与动物的重要区别。斯密理论的基本假定是个人与社会利益之间可以通过"看不见的手"来达到个人利益与社会利益的一致性。后世新古典学派进一步将这个"看不见的手"的内在机制揭示出来，成为统治整个西方经济学的内核。马克思则看到了个人利益最大化不一定导致社会利益最大化，每个企业理性生产却往往导致整个社会生产过剩，个人利益与社会利益的一致性并非天然的。后来的一些社会主义国家则否认了市场功能，企图通过计划方式完全理性地协调个人利益与社会利益之间的关系。凯恩斯承认每个人追求利益最大化不一定会导致社会利益最大化，因此将政府搬了出来。他将政府从斯密的守夜人地位解放出来，变成了调控个人利益与社会利益的重要主体。由此可见，经济理论发展是一个不断发现理论边界和前提，同时又在不断重构其基本前提的复杂化过程。然而，低等动物是没有观念体系的，动物的智力发展能力往往受到束缚。人类运用和开发智力能力的过程，实际上也就是不断征服自然的过程，更是知识积累与发展的过程。

明朝开国元勋刘基的《论虎》一文在一定程度上说明了人类如何运用智力和制造、运用工具主宰了自然界。他说：

> 虎之力，于人不啻倍也。虎利其爪牙，而人无之，又倍其力焉，则人之食于虎也，无怪矣。

> 然虎之食人不恒见，而虎之皮人常寝处之，何哉？虎用力，人用智；虎自用其爪牙，而人用物。故力之用一，而智之用百；爪牙之用各一，而物之用百。以一敌百，虽猛必不胜。
>
> 故人之为虎食者，有智与物而不能用者也。是故天下之用力而不用智，与自用而不用人者，皆虎之类也。其为人获而寝处其皮也，何足怪哉？

刘基的意思是说，老虎的力量比人大几倍，还有尖齿利爪，老虎吃人很正常，但现实中老虎吃人现象较少，较多的是老虎被人打死，为什么呢？刘基认为，主要是因为老虎只会按照自然的天赋用力，而人类会思考和运用工具；爪牙的功能是有限的，而人类可以运用各种工具实现各种功能。因此，刘基认为，只会用力而不会思考，被人所擒并不是什么奇怪的事情。说虎其实是借物喻人，暗喻人类做事不能只靠蛮力，还要运用知识和智慧，创造各种工具，借力打力。通俗地说，正是能够进行复杂思维的人类战胜了只会依赖于本能力量和简单思维的老虎。

或许有人说，动物难道没有思维吗？例如庄子与惠子的一段经典对话。

> 庄子曰："儵鱼出游从容，是鱼之乐也。"惠子曰："子非鱼，安知鱼之乐？"庄子曰："子非我，安知我不知鱼之乐？"惠子曰："我非子，固不知子矣；子固非鱼也，子之不知鱼之乐，全矣。"庄子曰："请循其本。子曰'汝安知鱼乐'云者，既已知吾知之而问我。我知之濠上也。"

动物到底能否有意识地感受到快乐呢？现代科学证明动物也是有意识和情感的，但没有人类那么复杂。一些动物如松鼠也会藏匿食物以过冬，如候鸟也会在天冷之前飞走，这些行为是动物在长期进化的过程中形成的本能行为，如果没有这些行为，它们可能就难以存活。

心理学家格雷认为，人类之所以可以知觉主要是因为有两个维度：一个是体验性维度，例如感到饥饿、痛苦、骄傲等特征；另一个是能动性维度，例如自我控制、记忆、计划等思维特征。动物其实也都有这两种维度特征，但是在能动性维度方面，确实与人类差距越来越大。例如，老虎捕捉猎物时，为了不让猎物发现也会自我控制。人类的自我控制是建立在更全面深刻的理性基础之上，例如，勾践为了复仇，可以有计划地卧薪尝胆；邱少云为了不让敌人发现，被火烧也一动不动。这种自我控制的复杂程度要远远高于老虎捕捉猎物时的自我控制程度。

如果把动物按照人类的方式来培养，能否大幅度开拓它们的思维能力？一些科学家将黑猩猩的幼崽按照人类教育儿童的方式来培养，例如著名的尼姆计划，最终并没能成功。动物没有构造理论解释世界的能力，基本上受到本能的支配，是典型的"经验主义者"，而人类的活动则需要理念来指引，预测、计划、实施并评估。但反过来说，人类幼年如果被动物收养，无法习得人类社会思维规则，很可能变成兽孩。例如，一个著名的印度狼孩的故事。1920年印度发现两个狼孩，大的七八岁，小的约两岁，这两个狼孩被送到福利院抚养，大的取名叫卡玛拉，小的叫阿玛拉。第二年阿玛拉死了，而卡玛拉活到1929年。资料记载，狼孩刚被发现时，生活习性与狼一样：用四肢行走；白天睡觉，晚上出来活动；怕火、光和水；只知道饿了找吃的，吃饱了就睡；不吃素食而要吃肉；不会讲话，每到午夜后像狼似地长嚎。卡玛拉经过7年的教育，才掌握了45个词，勉强学会几句话，开始朝人的生活习性靠近。她死时估计已有16岁左右，但其智力水平只相当于3、4岁的孩子。

狼孩无法习得人类正常的生活技巧，这说明人类的思维并非天赋的。如果人类的大脑失去了社会实践，就难以开发并形成人类的思维。康德认为，人类如果没有概念，甚至不能思维。但概念化思维模式并非先天形成的，理念的主要形式就是各种各样有逻辑体系的符号。崇拜符号的西方学者卡西尔认为，正是符号思维克服了人的自然惰性，并赋予人以一种新的能力，一种善于不断对人类世界进行更新的能力。直观所得的感性经验和印象，需要上升为概念，才能据此做出判断、推理，并形成一组概念体系，而动物往往依赖直观印象和本能行动。

教科书上说人与动物最大的区别是人会使用和制造工具，这一点确实是人与动物的一个重要区别，尽管一些猿类也能够制造简单的工具并使用工具，但制造复杂的工具却需要高级智慧。按照《辞海》的解释，思想主要是指思维活动的结果，属于理性认识，一般也称"观念"，人们的社会存在，决定人们的思想。

但人类的正确思想从哪里来呢？毛泽东曾经对此有过精彩论述："是从天

上掉下来的吗？不是。是自己头脑里固有的吗？不是。人的正确思想，只能从社会实践中来，只能从生产斗争、阶级斗争和科学实验这三项实践中来。人们的社会存在，决定人们的思想。而代表先进阶级的正确思想，一旦被群众掌握，就会变成改造社会、改造世界的物质力量。"

符合现实的思想观念有利于人类认识世界和改造世界，错误的思想观念在一定程度上阻碍了人类认识世界和改造世界。例如，希特勒所谓的纯粹日耳曼血统的种族主义概念给世界带来了灾难。人类能否认识世界，对于这一命题的回答并非都是肯定的。休谟就怀疑人类的认识能力，他认为科学中因果关系不过是人类的习惯性联想，例如，人们因为反复看到太阳晒，石头热，因此提出了太阳晒是石头热的原因。客观地说，休谟的说法有一定道理，也促使人们不断反思科学前提和边界。许多学科需要重新界定其前提假设的时候，休谟的怀疑就起到了颠覆性作用。

为了给人类思想寻找一个坚实的理论根基，康德通过对"思维和思维能力关系"命题进行考察，提出了三大著名的批判：纯粹理性批判、实践理性批判及判断力批判。所谓批判性思维（critical thinking），不能理解为否定性思维，牛津词典将之解释为"为了形成一个判断而对问题进行客观分析和评估。"我们认为，批判性思维实际含义与《礼记·中庸》提倡的**明辨性思维**更为接近，"博学之，审问之，慎思之，明辨之，笃行之。"所谓明辨，实际上就是查清问题的来源、前提及边界，以便搞清楚问题的实质。

康德对于人类理性的审视，澄清了人类理性知识的来源、前提及边界。人类知识有三个来源：既有实践经验成分，也有理性思辨成分，更有价值判断成分。人类的理性也是有界限的，在其界限内，人类理性是完全有能力认识世界并能够改变世界的，在一定程度上摆脱自然的束缚。超越人类理性能力之外的世界，康德认为人类是无法通过理性的扩展把握的。康德的明辨概念，既指出了人类理性具有很大的能动性，也指出了人类理性无法克服的先天缺陷。西方近代思想史的一个重要特征是理性思辨取代了远古流传的信仰，成为人类前进道路上的灯塔。这个灯塔当然也有其局限性，西方对于理性过度崇拜（技术至上及资本利润最大化等理性主义思想）引发了两次世界大战，正如胡塞尔早在二战爆发前就指出西方理性主义的危机。承认人类理性有不能达到的领域，并非否定人类理性的重要作用，而恰恰可以防止人类盲目自大的倾向。康德理论中的道德实践，字面上限定在伦理范畴，究其实质已涉及人类的自由理想领域。

人类思想的基本构件是知识，这也是人的精神现象。自从康德对人类的理性、道德实践及判断力进行明辨之后，人们才意识到知识的来源有三类：理性、实践及情感。根据英国爱丁堡大学法学教授尼尔·麦考密克的观点，实践理性是人们运用理性决定在特定情势下如何行动才算正当的思维过程，是人类一种判断、选择正当行为的能力。康德认为判断力，特别是审美判断力能成为联结知识与道德、必然性和自由之间的桥梁。康德将判断力分为两种，第一种是将普遍规律和范畴用于个别事物的决定判断力，第二种是反省判断力，它与人类的价值观密切相关。

学术界由于长期受到二元论思想的影响，主要将知识分为两类：隐性和显性知识，这个分类的标准是以能否言说为依据。隐性知识主要是指那些不可以言说的知识，例如匠人的诀窍；另一类可以言说的知识为显性知识，例如公理、公式等。这两类知识实质上代表了理性知识与感性知识，而基于情感和价值判断的知识（既可以是隐性的，也可以是显性的）却往往被混在了理性和感性知识之中了。鉴于此不足，本书的主要作者杨百寅提出知识可以分为三种：一种是理性知识，一种是感性知识，还有一种是活性知识；它们分别对应于康德所提出的知识的三种来源。理性知识和感性知识通常容易理解，难以理解的是活性知识。

活性知识是反映在人类情感价值范畴而基于追求自由得出的认识，一切有机体生存的目的都是使自己和自己的后代活下去。人类的一个根本使命是使自己活下去并把优秀的基因代代相传，自己的思想体系也能流传后世。杨百寅将这类知识称为活性知识，即人类的根本使命是活下去。这三类知识概括了人类思想的整体，杨百寅将其提炼成知识三元理论，即知识整体论。

人类以这三种知识作为思想的内在实体，对客观世界进行探索认识，并积累出丰富的知识体系，认识世界、改造世界、摆脱束缚、争取自由，同时也改造了人类自身。随着人们对自然界认识的不断深化，人们也改变了人类社会的生存形态。

1.2 思想的构件 知识的内核

> 无善无恶心之体，有善有恶意之动。知善知恶是良知，为善去恶是格物。
>
> ——王阳明

前面提到，知识是形成人类思想的基本材料与要素，那么人类三类知识之间是如何互动以至影响我们的思想、指导我们的行动的呢？通常人们把知识分为感性与理性两大类。我们认为，人类知识除了这两种传统的分类，还有极其重要的活性成分。这类活性知识也与明代王阳明提出的"良知"相对应，即我们对于好坏、是非、善恶的判断。我们经常听到这种说法："你应当看到硬币的另一面"，而硬币事实上有三个面：正面、背面和侧面。硬币的侧面往往被人忽视，然而侧面实际上是连接正面和反面的中枢。在现实中人们往往会从一个面走向反面，如同翻烧饼一样，忽视了中间环节。一些政策不分析哪些是适用的，哪些是不适用的，往往从大力肯定走向极力否定，或者从极力否定走向极力推崇，搞得人们不知所措，政策的公信力因此大幅度下降。任何政策制定的逻辑基础反映了决策者的理性知识，这些政策的实践性与实用性体现了相应的感性知识，而支持与反对相关政策的价值判断、是非观念则表现出利益相关者的活性知识。

《道德经》说，"道生一，一生二，二生三，三生万物"，《史记·律书》也说，"数始于一，终于十，成于三"。三元才能够构成具体的事物，二元往往容易走极端。我国著名哲学家庞朴认为，一分为二有个好处，就是使得你对一个笼统的、囫囵的、混沌的那个"一"做些非常明晰的划分。不能只见其一，不知其二；同时，不能只知其二，不知其三。分成对立的"二"还是一个不稳定的状态，只有把它变成"三"以后才是最稳定的。在平面几何中，三角形具有稳定性。

这种分析也适合知识理论，知识也有三个层面。我们将知识定义为人类通过智力交流、个人经验及情感体验形成的对外在客观环境与情况的认识与理解。这个定义说明知识有三层含义：第一，知识表现为对真实的理解，即"求真"。知识作为一种社会建构并非处于静止状态，而是人们与外界互相作用的结果。例如，儒家对于社会秩序的理解，首先是根源于孔子对于春秋时代秩序混乱的厌恶，他提倡克己复礼，后世儒生不断根据当时的社会秩序提出不同的范畴，如宋儒提出的理学与心学，丰富了儒家思想体系。第二，知识可以通过个人和社会生活经验被学习和积累，知识是由内在和外在环境因素共同作用而生成的，即"务实"。很多知识系统是多代人积累的成果，这些成果不断在实践中得到检验，有些条件发生了改变，新的知识形态就出现了。有些现象无法用既有的理论进行说明和解释，就需要更新知识。第三，第三个认识通道连接内在状态与外在真实：以态度、情感与精神等"至善"途径认识世界。例如，近代中国经历百年屈辱，这个百年也是中华民族不断探索的过程，从林则徐到张之洞，从洪秀全到康有为、梁启超，从曾国藩到孙中山，以及后来的中国共产党，都通过自己的精神理念、实际行动及情感体验试图改变中国社会。

英国的思想家、教育家斯宾塞曾经把世界分成三个层次：物理的、生物的及思想精神层次。物理的层次是最低的，而思想精神的层次是最高的。一些流芳百世的思想，如孔子、孟子、柏拉图等先贤达人的传世之作，引导人类从愚昧的原始社会走向现代，确实是让人叹为观止的奇迹。知识维度反映了我们所知道的物理、社会、情感及精神世界的不同侧面。我们不仅仅通过分析思考进行学习，还通过个人实践进行学习，同时也通过情感途径来理解事物。因为任何所知都包括个人与能知者，这三种所知的过程都参与并且互相关联，因此被分为三个不同但相互关联的领域：理性知识、感性知识和活性知识（"自由的知识"或"解放的知识"——哈贝马斯语）。这也就是说，知识的三个层面反映了三种认识过程。理性层面代表着人类对于真实世界的真实性、规律性的认知与理解，理性知识提供了清晰而明确的认知结果，并可以通过正式而系统的模式进行传播。它可以将真与假区分开来，是可以系统整理的知识。它是技术知识的一部分，人们努力理解现实以满足他们的需求。书本上的理论、模型和公式都是典型的理性知识，但它不能提供知识的完整画面。它没有涉及那些模糊的复杂问题。例如，我们健康出了问题需要找医生，我们通常不会在意这名医生在医学院的成绩与班上排名。因为就算他获得很高的成绩，只能代表他的学习能力强或对理性知识有着很好的掌握，而对我们更重要的是医生的专业经验和实际经验。

感性知识（或称"默会知识"）是由人类行为直接触动而不一定通过思辨形成的知识。这种知识对应于隐性知识，即难以公开表达或陈述的知识。孔子早就认识到这类知识"默而识之"（《论语·述而》）。按照迈克尔·波兰尼的观点，我们在大多数情况下知道的要远远多于我们认为我们知道的。感性知识是个人对具体情境的熟知或者尚难以表述的熟知，往往难以形式化和沟通。我们之所以用感性知识，而不是近年来学术界出现的新名词隐性知识，是因为它更加正确地反映此类知识的实践来源。感性知识通常来自个人行为、行动、实践或者经验积累，是对事物现实性、可行性的认识。然而，经验本身并不能成为真实有效的感性知识。前面健康例子中医生的专业经验和临床经验都属于感性知识的范畴，因此我们希望找到那些理性知识和感性知识都足够丰富的医生。当然，我们还要判断医生是否关心病人及其职业操守、责任心等这些价值导向。

知识的活性层面属于人类情感与价值范畴，它反映了个体行为背后的本源，即"为什么"。活性知识是人类对于事物重要性、价值性的认识，它包含着人们对其周围的客观世界和事情的心态与感受。哲学家哈贝马斯用解放的知识来描述此类有别于技术性（对应于理性知识）与交流性（类似于感性知识）的知识，是一个人应当如何看待世界，以及他努力从自然界和社会束缚中寻找自由的努力。它反映了个人的内部情感及动机状态。回到健康案例，医生对病人的护理、专业诚信及责任心，就反映了他所从事职业的活性知识。著名的社会学家默顿曾经提出一个所谓的"默顿命题"，即由清教主义促成的正统价值体系于无意之中增进了现代科学的发展。他在《科学社会学》一书中指出，在科学系统中，科学的精神气质是有感情情调的一套约束科学家的价值和规范的综合。与此类似的是，在生产实践领域，韦伯也强调清教徒所信奉的节俭和禁欲精神促进了资本主义的发展。信仰与科学是不是一对水火不容的死对头？从科学发展史角度来看，很多取得重要成就的科学家都有宗教信仰，对于上帝的信仰并没有妨碍他们研究科学的兴趣。其实，无论是对宗教的探索，还是对科学的探究，他们的目的都是想寻找一种现象背后的秩序。好的信仰并不意味着胡思乱想，也不意味着将圣书教条化。

知识整体论主张三个层面的知识缺一不可。例如，一个销售人员所掌握的顾客服务原理与产品性能，可能来自专家和培训课程上所传授的理性知识。各种正规培训除了会提供一些系统化的理性知识，教员和学员还会将他们的工作经验和真知灼见带到培训课堂，这些就是服务顾客的感性知识。因为培训师不可能要求每个学员对培训内容有相同的感受，感性知识还包括那些不同个人对于同一概念的理解。最后，学员的学习动机、个人职业发展追求、职业道德操守及事业追求等，都代表着参与者的价值观念。这些认识所起到的作用就是使参与者从一定约束中解放出来，获得自由，从而形成活性知识。

除了以上三者的不同属性，知识整体论要求我们辩证地看待三个方面的知识。一方面，我们需要理解知识三个维度的不同特性。如果我们同时观察这三个维度的知识，就会发现它们存在着差异和对立。另一方面，我们需要理解它们之间的互补性与相容性，它们彼此联系不可分割，而且可以相互转化。它们悄然发生，无论我们是否意识到，所有这三个维度构成一个整体。下一部分我们将分析这三类知识及其性质，以获得整体的视角。

1.3　论整体思维　鉴内在逻辑

感性知识、理性知识与活性知识的分区，还在于这三种知识有着不同的内在动力。从根本上来说，感性知识的内在动力是人对外界刺激的感受性。每个人都要面对各种各样的信息刺激，通过感受能力或者逻辑心智模式，对这些信息进行选择、鉴别并做出反应。感性知识往往是以感悟、诀窍、洞察力、直觉和心智模式等形式反映出来的。改革开放初期，大量农民、工人、干部及知识分子等成功转变为企业家，他们通过商业实践获得了大量感悟，每个人都有自己做事的诀窍。不断的失败也培养了企业家的直觉，塑造了企业家的心智模式，提高了其洞察商机的能力。现在很多年轻人在做生意之前都要在路边摆地摊，这种练摊确实是培养一个人快速成为商场能手的有效方式。练摊可以锻炼一个人的察言观色能力，这种能力是无法从书本上学习的。摆摊卖东西在民间早就存在，像很多徽商、浙商，大都是以这种走街串巷起步，最终成为富甲一方的巨商大贾。中国当下很多企业家也都有练摊的经历。例如，浙江义乌新光集团董事长周晓光当年做生意起步之初，就是从摆小地摊开始的。根据报道，1985年，跑过三江六码头的周晓光嫁给了同样卖绣花样的东阳人虞云新。周晓光婚后对丈夫说想安定下来了，于是两人拿出了几年来所有的积蓄，在义乌第一代小商品市场里买下了一个摊位。在东北卖绣花样的时候，他们看到东北女子喜欢戴花花绿绿的头饰，周晓光凭着女人的敏感及同样爱美的天性，就选定了经营饰品。于是，丈夫到广东进货，她在义乌练摊，那种生意人的潜质渐渐发挥了出来。

感性知识实际上是来自现实或者实践的需要，例如，农民通过模仿父辈动作学会了锄地，所以有着"庄稼活不用学，人家咋做我咋做"的习语，在某种程度上，这也是传统思维模式决定了简单的模仿习惯。种庄稼的学习不牵涉思辨与理性思考，正如在商场上看到别人的产品卖得好，就进行仿制。传统农业的学习方式，与西方的理性思辨文化有着很大的差异。早期管理学大师泰勒虽然希望通过程式化的设计改善劳资关系，提高工作效率，但也强调从学徒工做起，学院派往往被忽视。当下还有很多管理学大师强调管理不是通过理性知识学习获得的，而是通过实践积累习得的。靠房地产开发致富的王健林有着"创新，胆子大，敢闯敢试"的人生信条和价值观念。从哈佛大学的演讲台到中欧国际工商学院的演讲台，他一再重复感慨："哈佛耶鲁不如敢闯敢干""清华北大不如胆子大"。他说自己不唯上、不唯书、不唯外国，怎么想就怎么做，"这是最重要的，没有这一点可能什么事都做不成"。王健林领导万达成功的事例，充分说明了"接地气"感性知识的重要性，而且课堂上传播的理性知识并非学习的唯一途径。

感性知识的基础往往是工作与生活经历、社会习俗、行为规范或者常规。中国传统社会之所以维持数千年，一个重要的方法就是通过习俗的模式代代相传。所以费孝通先生将中国社会看成一个习俗的社会，传统中国人通过参与各种礼仪活动，学会了适应中华文化的各种行为规则。

感性知识的致命缺陷是缺乏系统性与稳定性，使人难以发现事物的内在规律，并且不易跨时空地传播应用。大量中国企业家无法将感性知识转化为可以传承的理性知识，这些巨大的知识财富随着企业家个体的离世而埋没在历史的烟尘里，这无疑是一项重大的损失。这正如苏东坡先生所感叹的："士大夫终不肯以小舟夜泊绝壁之下，故莫能知；而渔工水师虽知而不能言。""理性"一词的一个重要含义是摆脱蒙昧和情绪，寻找现象背后稳定的逻辑。如果大家认为王健林的话是正确的，片面以为清华、北大传授的管理学知识没有实用价值、仅仅靠胆子大就可以成功的话，那就大错特错了。一个想创业的年轻人假如仅仅凭个人的胆识在商海中敢闯敢干，而不善于分析思考，极有可能犯机会主义的错误。事实上，万达地产的成功在于王健林和其伙伴们能够将感性知识上升到理性知识，创造了一种新的商业模式，即打造城市综合体。作为国内最大的商业地产公司，万达集团从实践中提炼出"城市综合体"这样标准化的地产开发模式，既有住宅又有配套商城。作为城市综合体，万达广场包罗万象，涵盖了大型商业中心、五星级酒店、高级写字楼、公寓、住宅、国际影院等多重业态，真正实现了购物、办公、居住、娱乐、休闲的多功能复合。从哈尔滨到南宁，万达商城里70%的商家适合当地70%的消费人群。两个70%的市场定位，决定了万达商城必须舍去最高端和最低端的一部分消费者，面向大众化的中端市场。万达的市场竞争策略，毫无疑问是理性分析的结果，也是基于实践和感性知识的总结与提炼。天津万达广场曾经开设时尚专柜，卖高档商品，效果不佳。"城市综合体"这样标准化的地产开发模式和双70%的市场定位，建立在试错的经验之上，提炼出了有效实践，总结成可以快速推广的理性模式与机制。没有这样的理性认识，万达不可能发展得这么快。

西方哲学家黑格尔对孔子的思辨能力不足给出了自己的见解，他认为在孔子那里，"只是一种常识道德，这种常识道德我们在哪里都找得到，在哪一个民族里都找得到，可能还要好些，这是毫无出色之点的东西。孔子只是一个实际的世间智者，在他那里思辨的哲学是一点也没有的，只有一些善良的、老练的、道德的教训，从里面我们不能获得什么特殊的东西。西塞罗留给我们的'政治义务论'，便是一本道德教训的书，比孔子所有的书内容丰富，而且更好"。黑格尔对孔子的评价虽然过于负面亦欠公道，但他精确地指出了儒家思想体系的一个天生的局限性，孔子的格言式道德教诲没能形成一个理论体系。孔夫子善于针对具体情境下的问题发表自己的见解，但并没有成体系地阐述自己的道德思想。当然，西方理性化的道德哲学并非没有问题，其中一个重要问题就是过于强调背后的逻辑和体系，容易陷入绝对论。黑格尔自己的哲学的最大问题就是过于绝对，过于重视概念推演从而使得他的哲学难以真正在实践中运用。

从西方理性主义发展出来的科学，在近代取得重大突破。美国物理化学家吉布斯曾经这样谈道："怎样衡量一个杰出的科学家呢？不在他发表的篇数、页数，更不在他的著作在书架上占据的空间，而在于他对人类思考力的影响。科学家的真正成就不在科学上，而在历史上……科学存在一种建设力，能从混沌中重建次序；科学存在一种分析力，能区分真实与虚假；科学存在一种整合力，能看到一个真理而没有忘记另一个真理；拥有这三种才能的，才是真正的科学家。"从混沌中重建次序的能力、分析能力及整合力，这三种能力说白了都是理性的内在要求。这种要求摆脱了仅仅依靠感性经验解决问题的直观局限，这种能力在中国传统的治学过程中是比较缺乏的。

亨利·奥古斯特·罗兰在1883年为当时的美国纯科学研究打气，曾经这样警告当时的科学界："假如我们停止科学的进步而只留意科学的应用，我们很快就会退化成中国人那样，多少代人以来他们都没有什么进步，因为他们只满足于科学的应用，却从来没有追问过他们所做事情中的原理。这些原理就构成了纯科学。中国人知道火药的应用已经若干世纪，如果他们用正确的方法探索其特殊应用的原理，他们就会在获得众多应用的同时发展出化学，甚至物理学。因为只满足于火药能爆炸的事实，而没有寻根问底，中国人已经远远落后于世界的进步。"由此可见，中国近代科学的落后被罗兰当成警醒美国科学界的反面教材。在罗兰看来，只满足实践运用，而不去寻找现象背后的内在逻辑，成为中国科学落后的关键所在。英国著名科学家李约瑟博士曾经针对中国古代科技发达而近代落后于西方的问题开展系统探讨，这一问题被称为"李约瑟难题"。对于"为什么近代科学技术没有在中国产生？"这个问题，我国学术界一直存在着两种激烈的争论：一种观点认为这根本不是问题，"李约瑟难题"根本就不存在；还有一种则选择面对此问题，而且认为研究和分析此问题有助于当今中国科学技术的发展。有的学者持"地理环境论"，认为我国地理位置不利于走向世界与其他国家开展有效的交流。也有的学者把此问题归因于中国的汉字，象形文字方方正正、不便记忆，阻碍了信息传递与学术交流。还有的学者从政治制度（近代曾实施闭关锁国）、经济政策（重农抑商，自给自足）、文化政策（注重人文礼教，缺乏竞争进取）及统治者的压制打击等方面来解答。我们认为，科学是系统化的理性知识，近代科学技术之所以没有在中国产生的一个重要原因是依赖感性思维的传统。传统做学问的方式往往注重体验和感悟，对事物进行归纳总结，较少分析演绎。这种偏重感性知识的积累，不利于理性知识的系统化和规范化。

理性知识的根本动力是理性，即追求真理。理性是近代西方社会崛起的关键所在。无论是自然科学研究，还是人文社会科学的构建，理性始终是西方社会的主线。欧几里得几何具有鲜明的直观性与逻辑严密性，对西方理性主义构建起到重要作用。牛顿于1664年4月在参加特列台奖学金考试的时候落选，考官巴罗博士对他说："因为你的几何基础知识太贫乏，无论怎样用功也是不行的。"后来，他的影响物理学、哲学及天文学的划时代巨著《自然哲学的数学原理》就是仿照欧几里得几何的逻辑和体系写的。爱因斯坦也偏爱欧几里得几何，他认为："一个人当他最初接触欧几里得几何学时，如果不曾为它的明晰性和可靠性所感动，那么他是不会成为一个科学家的。"他认为物理学在逻辑上要从少数几个所谓公理的基本假定开始，在狭义相对论中，他把整个理论建立在两条公理上：相对原理和光速不变原理。与笛卡尔、莱布尼茨齐名的斯宾诺莎，传世名著《伦理学》也是仿照欧几里得几何原理写的，一开始就给出一组公理及各种假设，从中产生命题、证明、推论及解释。英国政治哲学家霍布斯的思想体系也是依照欧几里得几何体系构建的，据说有一次霍布斯到一位法国绅士家作客，发现桌上放着一本欧几里得的《几何学原理》，书翻到第一卷，命题47。此前从未关注几何的霍布斯被其严密的论证征服，后来，他设想将人性按照几何学的方法令人信服地推理出来，他的思想逐渐明晰起来。欧氏几何之所以成为理性知识的典型代表，是因为它具有简约性和严密性，通过几条公理就能演绎推理，以解释大量空间现象，为后来科学范式研究提供了最基本的认知模式。

范式（paradigm）是美国著名科学哲学家托马斯·库恩在其著名的《科学革命的结构》一书中提出并系统阐述的概念，是指一个科学共同体成员所共享的信仰、价值观与技术等的集合。在我们看来，范式是一群人共享知识的基础结构，也是常规科学赖以运作的理论基础和实践规范。范式是从事某一科学的研究人员群体所共同遵从的世界观与行为方式。在此基础上，科学家们开展科学探索、建立科学体系、运用科学成果于生产实践，它是科学思想的坐标、参照系与基本方式，决定了科学体系的基本模式、基本结构与基本功能。下面的表格说明了知识结构的复杂性。

表 1　知识整体论：知识层面与层次

知识层次 \ 知识层面	理性知识	感性知识	活性知识
基础	公理、假定、定义、信念、前提、信仰	经验、习惯、传统、社会行为规范、常规	世界观、人生观、价值观、公平观、道德观、理想观
表现	理论、原理、公式、模型、概念框架	感悟、诀窍、直觉、心智模式、洞察力	态度、动机、兴趣、责任心、上进心、事业心
动力	理性（rationality）	现实（reality）	自由（liberty）

任何理性知识体系无非是一组系统化的概念，都有其基本假定或前提，构成了这个知识体系的边界条件。例如，如果接受欧几里得几何的平行公理假定，就意味着"若平面内一条直线和另外两条直线相交，若在直线同侧的两个内角之和小于180°，则这两条直线经无限延长后在这一侧一定相交"，若不接受这一假定则意味着不能接受欧氏几何体系。接受不同的假定也意味着理性知识体系的边界和结论不同，同时约束着接受者的行为规范。比如，前面提到的万达"城市综合体"这样理性化的地产开发知识体系，就是建立在拥有足够的客流这样的前提之上。因此，"城市综合体"选址的一个重要假定是城市副中心、开发区、CBD和比较富裕的三四线城市可以提供充足的客源。如果不考虑这个重要的前提，盲目地在普通三四线城市复制"城市综合体"，则会面临很大的风险，因为这些地方缺少人口流量，消费能力也不足。再例如，我们对于任何事物的逻辑判断也是建立在一些假定和前提基础之上的。就拿我们现在常用的手机（更准确地说是智能手机）来说，由于最初发明的手机是用来打电话的，随后跟进的制造商假定其功能就是语音通信工具。这也没有什么错，问题是这样的假设和前提可能发生颠覆。据报道，曾经的手机制造巨头诺基亚公司的CEO约玛·奥利拉在记者招待会上公布同意微软收购时最后说了一句话："我们并没有做错什么，但不知为什么，我们输了。"这样令人动容的话语，让当场几十名诺基亚高管不禁落泪。的确是，假定手机就是一种语音通信工具，诺基亚公司及曾经辉煌的摩托罗拉公司没有做错什么。这两家公司都尽力把语音通信的功能做到极致了。不幸的是，它们的辉煌都被本不属于同行的潜在对手颠覆了。苹果公司的乔布斯把手机当作玩具来做。如果认定手机不仅是语音通信工具，还是摄像、游戏或智能终端，那么，手机功能边界就会拓

宽，价值导向也不再是一味地提高通信质量，而是不断地发现新组合，进而开发新功能。颠覆性创新就是一种范式革命，本质上就是摧毁某个产品或某个行业既有的基本假定，重新定义某种商品或服务，进而创造出新组合、新功能的新的理性知识体系。

在企业管理实践中，员工手册是高度理性化的知识，员工手册将公司制度、企业文化及战略，以条文化、系统化、正规化的形式组织起来，是员工日常行为规范和工作规范的重要指南。有个公司总经理抱怨说，他的时间被日常重复性的琐碎工作占据，在办公室里一会儿也不能消停。我们给他提供了一个建议，就是将那些频繁出现的问题编成常见问题手册，并组织专家提供最典型的解决思路，如果下属再遇到这样的问题就不要再麻烦总经理了，直接看问题手册；如果手册上没有类似问题，再去找总经理讨论。将日常工作理性化有助于员工迅速掌握解决问题的思路，也不再会总是因为一件事打搅总经理的日常工作。如果相似的问题多了，就有必要把实践中行之有效的工作方法总结提炼到新的手册中去。这是一个从感性知识上升到理性知识并将其系统化的过程。

理性化的最大优点是有利于知识的积累与传播，被文字化组织的经验，可以与他人的经验进行交流对比，通过比较决定哪些方面应当保留，哪些方面应当予以修改。显性化和文字化的经验还可以为事后复盘提供准确的依据，同时也是培养新员工的重要材料。因此，重要的会议可以配备速记人员，将与会者的发言速记下来，文字化，并发给发言者反复修改，形成详尽的会议记录。这样，就可以避免大量的无效会议，浪费时间和金钱。传统的经验管理知识往往依赖感性知识，缺乏西方严密的理性论证。因此，知识的传播和运用都受到限制，知识创新与传播的速度和效率也较低。

中国历史上形成了令韦伯羡慕的理性化的官僚制度，法律条文的体系化，是人们日常生活中最重要的理性化。体系化的中华法律，即中华法系对中国甚至东亚文明影响都很大。经过春秋战国时代的激烈变法，成文法逐渐确立，到了秦朝，从出土的文物来看，法律体系基本完备。唐朝时期的《唐律疏议》是一个里程碑式的法典，唐后诸王朝均以此为蓝本，创建自己的法律体系，日本也是模仿隋唐法律体系构建了自己的法律体系。朝鲜的《高丽律》、日本文武天皇制定的《大宝律令》、越南李太尊时期颁布的《刑书》，均以唐律为蓝本。法律的理性化，实质上是将官员和百姓的日常生活理性化、制度化，防止肆意妄为和各种任性的生活方式。当然，理性化并不代表合理性，每个法律体系的价值理性并不一样，有的法律体系是维护等级统治，有的法律体系意在宣扬自由平等的价值理念；有的推动促进生产力的发展，有的抑制甚至破坏生产力。这也就是说，活性知识决定了理性知识的作用。体系化的法律体系有助于法律知识的传播与规范，有助于维系社会秩序。但有一点值得注意，中国式理性规则往往存在经验性的局限。

理性知识的内在动力是理性，追求真理。但是，过于专注理性而忽视其前提与假定则会受到逻辑本身的局限，就会出现生搬硬套的问题。诗人泰戈尔说过："全是理智的心，恰如一柄全是锋刃的刀。它叫使用它的人手上流血。"完全理性的人是犀利的，但往往也是愚蠢的，一个人若是过于理智而缺乏一种激情和决断，虽然精于算计、深思熟虑，但可能事与愿违；虽然逻辑推理无懈可击、结论似乎正确，但是分析推理的前提或许不符合现实。例如，前几年许多一线城市的房价每平方米几千元时，一些非常理性的人瞻前顾后、犹豫不决错失了购房的好时机。甚至有的研究人员以数据说明中国房价太高，以后肯定大降，可是一年又一年，房价越来越高。非常理性的人关注房子的地段，但若被地段所纠结，房子的选择太多，不知道选哪个好，结果房价一涨再涨，几年下来随着城市的扩张房子是越买越远。结果呢，房价越看越高、地段越看越远。理性知识往往会陷入各种悖论，究其原因是没澄清理性知识的前提和边界。另外，由于理性知识过于抽象，往往会脱离实践经验，变成空洞的文字游戏。例如，改革开放以来我们管理学界从西方引进了大量的概念和理论。有的很好地结合中国国情研究探讨，起到了很好的实效，比如KPI、全面质量管理、绩效管理等。也有一些概念在引进时没有深入分析中国社会与文化背景，就概念论概念、以理论说理论，难以结合实践产生应有的效果。比如，管理学文献中常出现的"愿景"和"组织公民行为"等词语，殊不知应该对应于中国组织中常用的"理想"和"主人翁行为"。这些看似热门的管理学概念，脱离了中国情境后只能成为一些学者的职业游戏，普通员工和管理人员不知所云。

活性知识的源头，可以追溯到明代哲学家王阳明倡导的"良知"，康德的价值判断及当代哲学家哈贝马斯的"自由知识"（emancipatory knowledge）。我们之所以把这类知识命名为活性知识，是基于这样的一个基本事实（也可看作知识整体论的基本假定）：所有活着的生命体都有使自己活下去及将基因传递下去的本能。活性知识主要是指人类为了追求自身自由与社会公平所产生的价值性认识。人不断接受外来的信息刺激，因此具有受动性，但人类还会对这些信息进行反馈并做出回应，这种内在的情感体验并不仅仅是被动的，而且还具有能动性。其实，人类的实践是关键点，但人类的实践是受其价值导向和情感指挥的。人类常常反思自己的行为，不断调整自己或者改变自然来达到自己的目的，这种导向就是人类特有的活性知识的内在组成部分。王阳明所指的是一种人类天赋的、能够区分善恶、是非、好坏的意识与观念。在哈贝马斯看来，知性与道德是同一的。哈贝马斯在知识论上的一个基本假定是：任何一个认识都起源于人类的利益（亦有翻译成"旨趣"或"兴趣"的）。他把人类的知识划分为三种类型：（1）通过实证分析的科学研究范式获得的技术性知识，是为了满足我们的技术控制利益；（2）通过历史解释的研究方法而得出的实践性知识，符合人类的交流利益；（3）具有明辨性、批判性倾向的（critically oriented）自由知识，包含人类解放的利益。自由知识的作用在于通过自我反思提高自我意识能力，引导社会成员摆脱制度化权力的压抑与控制，解除社会异化对人的存在与发展的扭曲。可见，哈贝马斯的自由知识更多地是从社会角度（即人与人之间的关系）来阐述人类对自由、独立与平等的向往与追求。我们认为，阻碍人类全面发展与根本解放的因素，除了在社会层面的权力与支配等压制因素，还有来自自然界与自身的制约因素。1940年2月5日，自然科学研究会在延安成立，毛泽东是发起人之一，并在成立大会上发表讲话。他说："自然科学是人们争取自由的一种武装。人们为着要在社会上得到自由，就要用社会科学来了解社会，改造社会，进行社会革命。人们为着要在自然界里得到自由，就要用自然科学来了解自然，克服自然和改造自然，从自然里得到自由。"

"读万卷书，行万里路"，一直是中国读书人的理想。但诸如严嵩、秦桧之流学问做得都不错，实践业务能力也很强，但是终究有才无德、遗臭万年。所以，王阳明强调读书人还要致良知。我们认为更加全面的座右铭应该是"读万卷书，行万里路，做良知人"。一个人掌握活性知识的能力，往往表现为高情商。现实生活中，一些专家或业务部门领导的理论功底很强，实践能力也不错，但往往活性知识不够，导致无法与人相处，其领导力难以发展。

在企业管理实践中，有一小部分员工的工作能力很强，但是道德品行低下，活性知识的缺乏导致这些人成为公司的问题员工。针对这种情况，司马光给出的答案是"苟不能得圣人君子，与其得小人，不若得愚人"，即如果实在不能获得德才兼备或者有德之人，无德无才的"愚人"也比有才无德的"小人"好。司马光的观点并不一定是标准答案，因为重用有德之人未必能够在"劣币淘汰良币"的竞争中获胜。按照曹操的观点，只要是有才能的人就行了，无论是不是鸡鸣狗盗之徒，只要有一技之长，都可获得重用。但曹操用"无德"之人，也给子孙引来杀身之祸，司马懿家族最终替代曹魏政权建立了晋王朝。这些给企业家们提个醒，小人之才或可成一时之功，难为一世之治；企业用小人或许能取得一时成就，但也会因此前功尽弃。美国通用集团前任CEO 杰克·韦尔奇在任期间，有很多管理创新。在用人方面，他采用了一个矩阵，以"能力"和"核心价值观"两个因素组合，作为考评、选拔和辞退人的一个标准。第一类，个人能力强、核心价值观认可度高，这样的员工应该重用；第二类，个人能力差，核心价值观认可度高，这些人应该帮用、留用；第三类，个人能力强、核心价值观认可度低，这类员工要防用或者弃用；第四类，个人能力差，核心价值观认可度低的员工应该弃用。可见，韦尔奇的用人观与司马光的理念有着异曲同工之妙。他们都充分认识到个体活性知识的重要性。

人类作为自然的一部分，在遵从自然规律的同时，也有内在对自由的追求。命运与自由，或必然与自由，是西方哲学追求的一个重要的议题。人类一直在寻求"命运打击不到的地方"。近代重大的有关人类社会的问题很大程度上都是围绕着人的自由意志展开的，康德要论证的主题是人有多大能力认识和掌握自己的命运；马克思以自由劳动作为论证的终极，认为资本主义社会处于异化劳动状态；阿玛蒂亚·森论证的主题是以自由的观点看待人类的发展问题；西方经济学的一个重要流派就是自由主义学派。自由因而成为人类永恒的话题。

由此看来，寻求命运打击不到的地方，也就是人类通过反思追求自己的自由领域，是人类社会永恒的追求。人类早期受到自身知识及社会生产力的制约，对于命运之神的认识主要是"服从的跟着走，不服从的拖着走"。但是，人类还是在不断寻找自己对抗宿命的自由天地。

犹太人按照自己的理念构造了上帝，也构造了一个命运打击不到的领域：通过智慧获取自由。西方伟大的哲学家康德曾经提出这样一个命题：人类的历史不过是大自然隐秘的计划实施工具，但人类可以通过理性而获得自由；另一位崇尚理性的哲学大腕黑格尔，把拿破仑在耶拿战役胜利之后的入城称为"马背上的世界精神"，精神从最初弱小而被必然性支配的意识出发，经过一系列的奋斗与沉淀，如同树之年轮，最终通过绝对精神成为自己命运的主人。

企业家创业也是一个知识三个层面之间的交流转化。大部分企业家们创业的最初动机是个人的兴趣爱好、通过创业实现财务自由；他们通过理性判断将这个纷繁的商业世界定型化，对实践经验反复比较、鉴别、分类，最终形成概念、判断、推理与体系。而这些当初的实践变成了一个个理性假设和体系从而不能适应市场需要时，他们往往发现自己被理智之神奴役了，自己生活在他人或自己构造的模型化的世界里，丧失了自我意识。

企业家们不甘心被理智之神奴役，也不甘心被既定的各种商业模式支配，于是他们开始通过辛勤的探索，成功地将商业神话般的上帝们一一扳倒。他们以为如此就可以找到命运打击不到的地方，但现实却给他们开了一个很大玩笑，"上帝"死后，忧患意识与苦恼意识接踵而至，商业世界丧失了定型化的模式，也正在经历一场模式转型之痛。

在经历过崇拜模式与破除模式之后，企业家们才开始反思，他们开始审视自己当初将这个商业世界定型化的努力，也开始通过行动尝试更加符合现实的商业活动。在观察与行动中，他们反思的结果是，要避开命运之神的奴役，必须要运用人类的理性，将这些用血换来的基本假定、价值导向及行为规范体系化、合法化。他们认为，只有将理智的原理与行动的意志有效化之后，才能寻找到命运之神打击不到的世界。

然而，商业世界是一个神奇的世界，现实是不断变化的，命运之神总是在意想不到的地方出奇反击。企业家们在拼搏中所获得的个人知识需要转换成为组织的知识。假定、价值与规范需要排序，更需要形成一个逻辑化的体系，最好是从一个最为抽象的概念出发，形成一个企业法哲学的外衣。企业家们积极将这些体系化的法条内化成为整个企业成员奉行的假定、价值与规则的理念，并将它们用于组织、市场与社会的实践活动中，他们期望通过这种客观化的努力，寻找命运重击不到的地方。

命运之神提出一个严峻的挑战，这些客观世界的规则如何转化成为企业和各类组织成员自觉遵守的信条？人类是一群永远不满足规则约束的动物，他们要按照客观化的精神塑造一个倾向于自身的愿望和意志的世界。要想获得这个世界，企业家们要将他们的信条变成整个组织的信条，企业成员最初也是将这种成功躲开命运之神惩罚的庇护法条当作自身的护身符，但在实践操作中，随着新的假定、价值与规范的生成，这种护身符咒逐渐失去了神秘面貌。

命运之神最后一个反击的计划就是，如何才能摆脱自己主观精神里的苦恼与忧患，这是企业家追求的最高哲学。高度凝练的企业使命就此生成，变成一个随心所欲而不逾矩的决定信条：企业家最高的使命就是寻找这种命运打击不到的地方。知道他的人明白他是一个奋斗的人，不知道他的人将他视为膜拜的神。

歌德将企业家的形象描绘成为一个人的形象：永不言退的浮士德精神。作为企业家却似乎永远在与命运作战，寻找命运打击不到的世外桃源，这个桃源却永远在不断向后推移。人类的自由像是一个沙漠里的绿洲幻象：似乎就在眼前，却无法接近，你向前一步它后退一步。

活性知识固然非常重要，然而知识整体论告诉我们它并不能单独起作用。纯粹为了追求自由与平等，就会陷入各种盲目的情绪和空想深渊里。人的欲望总是无穷大的，而实现愿望的途径和资源总是有限的。在西方经济学中，一个核心的悲剧性命题是人的欲望总是无限的，而资源却是稀缺的，供给是有限的，因此需要通过竞争达到资源的优化配置。西方经济学以这样一个经验性命题作为其体系前提，优势是可以通过理性的逻辑论证和实践检验拓展其体系，其不足之处在于人类追求的无穷大（∞），是永远不可能实现的。按照康德的解释，那是一个超验的命题，而资源的有限性，那是一个经验性命题，以经验命题理解先验命题是属于"理性的僭越"。自由这个无穷大的命题曾经吸引了诸多启蒙者，他们认为自由的实质就是"出于自己，最终回归自己"。拿破仑说，无卢梭则无法国大革命。卢梭的自由观点是从几条不证自明的先验假定推出了一个社会应然的状态。卢梭是一个著名的悲观主义者，他因一次征文活动成名。1750年，30岁的卢梭在第戎科学院的有奖征文活动的"论科学与艺术的复兴是否有助于使风俗日趋纯朴"话题中，论证说科学与艺术进展的最后结果无益于人类，一举成名。卢梭的一个重要命题是强调人性本善，信仰高于理性，捍卫自由、平等和公正。法国大革命的领导者罗伯斯庇尔就是他的忠实粉丝，被人誉为"行走中的卢梭"，罗伯斯庇尔一心要把法国打造成一个纯洁无瑕的乌托邦，狂热的使命感使他容忍不了任何对现实的妥协、任何道德上的污点，任何人只要阻止他的理想实现，除了死没有别的选择，他将自己的敌人和战友送上断头台，自己随后也被送上断头台。尽管人们从法国大革命走马灯式的主张和专政中吸取各种思想，例如，自由、平等、公正等核心价值观念，它们从此之后深入人心，影响了整个西方的历史进程，但大革命一个核心的教训是，自由也是有限制的，而不是无限的。纯粹的自由等于不自由，纯粹的活性知识也可能会让社会陷入无序的恐怖状态。个人仅仅重视活性知识可能只能成为一个盲目的情绪发泄者，也可能是一个盲目的情绪煽动者。

西方社会从历史的经验教训中逐渐选择了三个驱动轮驱动社会经济政治的发展：科学（理性知识）、市场经济与工业生产（感性知识）与基本价值信仰（活性知识）。科学从个人兴趣转化成为改变世界的工具，科学研究带来技术革新，而工业技术的革命不仅改变了物理世界，而且改变了人的精神世界。人类的感性知识、理性知识及活性知识都得到了前所未有的扩展。达尔文曾给科学下过一个定义："科学就是整理事实，从中发现规律，做出结论。"由此可以看出，所谓科学是从实践经验知识出发，通过构建概念并阐述一系列概念之间的逻辑关系而形成的系统化的理性知识。

1.4 知识之发展 螺旋式上升

我们通常说要摆事实和讲道理，说明的是理性知识的作用，但是现实生活中以理服人的方法并不一定有效。图 1 描述了从知识整体论视角来看，知识三个层面之间的互动关系。解决问题不一定只从单向思维或单条线来解决问题，既可以通过从感性知识到理性知识的路径来解决，也可以反过来从理性知识到感性知识来解决，还可以从活性知识到感性知识或者理性知识来解决，或者相反。例如，著名的张瑞敏怒砸冰箱的故事，就是从活性知识出发解决了理性知识无法解决的冰箱质量问题。故事是这样的：

> 1985 年，张瑞敏刚到海尔（时称青岛电冰箱总厂）。某天，一位朋友过来要买台冰箱，结果挑了很多台都有毛病，最后勉强拉走一台。朋友走后，张瑞敏派人把库房里的 400 多台冰箱全部检查了一

遍，发现共有76台存在各种各样的缺陷。张瑞敏把职工们叫到车间，问大家怎么办？多数人提出，也不影响使用，便宜点儿处理给职工算了。当时一台冰箱的价格800多元，相当于一名职工两年的收入。张瑞敏说："我要是允许把这76台冰箱卖了，就等于允许你们明天再生产76台这样的冰箱。"他宣布，这些冰箱要全部砸掉，谁干的谁来砸，并抡起大锤亲手砸了第一锤！很多职工砸冰箱时流下了眼泪。然后，张瑞敏告诉大家——有缺陷的产品就是废品。三年以后，海尔人捧回了中国冰箱行业的第一块国家质量金奖。

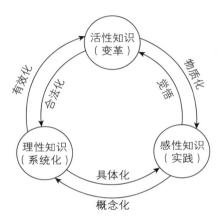

图1　知识整体论：知识转化与螺旋式上升过程

张瑞敏怒砸冰箱的行为，从理性经济人角度来说是不划算的，因为次品以低价卖给他人也能够收回一些成本，比砸成废品更为理性。同样，从感性角度来说也很成问题，即这些冰箱还可以通过各种途径来修补，但张瑞敏选择了一条触及灵魂深处的办法。谁做的谁砸，越是砸得痛哭流涕，越是砸得心疼，越能触及灵魂深处，越能记住质量价值导向的重要性。当然，砸冰箱只是达到目的的一种手段，这种手段也未必是最好的，但在当时却是最适宜的。

张瑞敏的事例，也可以看作王阳明心学理论在管理实践中的一个具体应用。让员工砸冰箱，体验到心疼，他们开始觉悟到次品的危害；从改变员工的心态开始，进而让他们认识到质量的重要，然后引导员工的行为，张瑞敏非常有效地应用了心学原理。感性、理性与活性知识的载体，分别是我们的身体、大脑与心，对应于实践、理论与精神范畴。图1中描述的人类知识转化与上升的规律,可以为我们提供一个分析认识论的理论框架。我们认识世界、积累知识的过程,往往是从生产实践按顺时针方向展开的。我们的感性认识上升到理性认识的过程,就是一个"去粗取精,去伪存真,由此及彼,由表及里"的概念化过程。人类在认识过程中,从感性认识上升到理性认识,把所感知的事物的共同本质特点抽象出来,加以概括,就成为概念;而概念本身则成为理性知识的基础,科学不外乎表达为一组系统化的概念。

科学追求真理,即人类对于客观事物及其规律的正确认识。毕生执着于教育的古代哲学家朱熹,师从一个"理"字。在他的心目中,理是万物开始的主宰,是自然界的一切,世间万物,生成于理,遵从于理,归结于理。这种先天存在的理是那么遥不可及,又随处可见,时时主宰着人们的生活。他主张万物有一理,而一物也有一理。为了讲得更清楚一些,他采用了古代先贤们在哲学问题上最常用的推理方式,研究出一套以"理"为中心的运行模式来,即理——气——物(现世)——气——理。在他看来,理应当是伦理道德的基本依据。因此,朱熹的认识论在图1中可表现为按顺时针方向获取并提升知识,即从实践开始,"格物致知",然后再由理出发,规范人们的心,"存天理灭人欲",最后落实到实践中。然而,王阳明的认识论则按逆时针方向,从"心"出发,强调"心即是理""知行合一"。图2用直观的图像比较了王阳明与朱熹的哲学逻辑。

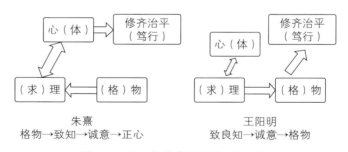

图2 王阳明与朱熹的哲学逻辑比较

朱熹的认识论,强调感性认识上升到理性认识的重要性。他利用《礼记·大学篇》中"格物致知"的古老命题,做了更为详尽的阐述:"所谓致知在格物者,言欲致吾之知,在即物而穷其理也。盖人心之灵,莫不有知;而天下之物,莫不有理,惟于理有未穷,故其知有不尽也。是以《大学》始教,必使学者即凡天下之物，莫不因其已知之理而益穷之，以求至乎其极，至于用力之久，而一旦豁然贯通焉，则众物之表里精粗无不到，而吾心之全体大用无不明矣。此谓物格，此谓知之至也。"（朱熹，《大学章句·补格物章》）但是，朱熹终究跳不出感性与理性的二元范畴，而王阳明则比较清楚地认识到第三个范畴（心、良知、价值观）在人类认识自然及自身过程中的作用。"格物致知"是指考察外在事物，由感性认识上升到理性知识的过程。事实上，英文"science"最初翻译为中文的用字是"格致学"，后来才使用"科学"一词的。

为了说明格物致知的科学要素，我们来简要说明一下近代科学的基石——微积分的基本原理。我们知道，英国大科学家牛顿和德国数学家莱布尼茨分别在前人工作的基础上独自研究和完成了微积分的创立工作，他们的最大功绩是把两个貌似毫不相关的问题联系在一起，一个是切线问题（微分学的中心问题），一个是求积问题（积分学的中心问题）。微积分概念是在解决直与曲的矛盾中产生的，请看图3中的左图，微分就是用一个个小"格子"穷究复杂的曲线。在微小局部可以用直线去微分近似替代曲线，它的直接应用就是函数的线性化。再看右图，在一定区间内等分为 N 个格子，当 $N\to\infty$ 时，$dx\to 0$，连续函数情况下 $dy\to 0$，这样不就穷究了这个函数的变化规律？我们用非常微小的格子，解决了复杂曲线的切线问题；同样道理，我们用许许多多非常微小的格子解决了曲线形状的面积问题。"格"的含义是"推究"；"致"代表"求得"；"格物致知"表示穷究事物原理，从而获得知识。没有微积分，就没有整个现代科学。由此看来，朱熹倡导的格物致知与牛顿的微积分在方法论上有异曲同工之处！

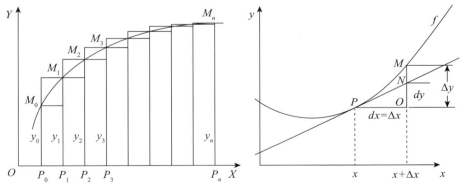

图3　格物致知的科学要素

为了更清晰地理解知识的转换，我们根据知识的三分原理制定了表 2，它体现了三元知识相互启发、转换从而形成螺旋运动的过程。知识三个层面两两互相转换形成九种转换模式。

表 2　知识转换模式与螺旋上升运动

	感性知识	理性知识	活性知识
感性知识	实践	概念化	觉悟
理性知识	具体化	系统化	有效化
活性知识	物质化	合法化	变革

第一个转换是感性知识交流创造的实践过程（感性知识→感性知识）。实践是通过个人的直接参与活动而获得感性知识的学习与创造的重要模式，实践的结果是个人感性知识。这种知识具有模糊性与内隐性，因此个人往往最难模仿他人创新的感性知识。员工经常与客户见面，交流获得感性知识，有利于公司抓住客户需求的变化。创造感性知识常用的方式有师傅带徒弟、演示、辅导、训练、在职培训和个人传授等。学习理论告诉我们，人们一般通过两种学习模式进行学习，一种是自己试错，一种是模仿他人。个人通过社会实践检验认识对错，进而促进个人间的模仿。现代公司经过多年奋斗，积累了巨额资本，但制约公司扩张的是人才队伍。不少公司希望通过观摩实践的活动，有针对性地培养人才。中国的一些企业在培养员工队伍时，往往通过有经验的老员工操作示范，通过一个个生动的案例，让员工掌握工作技能，或者让优秀员工谈谈自己当初遇到问题时，是一种什么样的感受，怎么克服了这些困难；在工作中，通过交流经验的方式，互相启发，改进感性知识。现场影视、图表、图形、多媒体等是个人交流感性知识的手段，个人如果不能进行感性知识之间的交流或互相转换，仅凭个人通过不断试错积累感性知识，知识积累与创新的质量及效率都会受很大的制约。感性知识拥有者往往以其个人独有的知识与技能作为自身价值的一种体现，并期望这些与个人地位、待遇等产生直接联系，担忧一旦共享必然会影响其个人利益。所以，在进行知识集成时，需要建立一套奖励激励机制，帮助实现感性知识的共享和集成。组织作为个人感性知识生成的重要场所，应当创造有利平台，促进组织中个人感性知识的创新，增加个人实践操作的技能。

第二个转换是从感性知识向理性知识过渡的概念化过程（感性知识→理性知识）。个体将模糊的感性知识用明确的概念与符号表示出来，这是一个从感性上升到理性的过程。感性知识创新往往具有模糊性与局限性，需要将这些模糊的操作经验与技能、程序等感性知识，提升为可以编码与传递的理性知识，这是组织中个人知识创新最为关键的一个转换。要获得规律性知识，"就必须经过思考作用，将丰富的感觉材料加以去粗取精、去伪存真、由此及彼、由表及里的改造制作工夫，造成概念和理论的系统，就必须从感性认识跃进到理性认识"（毛泽东，《实践论》）。个人通过隐喻、比较、象征、归纳等手段，将丰富的感性知识转换成为可以理解的理性知识。有些感性知识比较复杂，需要根据员工个人的情况及公司的目标优化，以提高工作效率。这个转换过程中常用的方法有工作日志、案例总结、头脑风暴法、讨论法、提问、自我反思及提出假设等。通过这些方法，可以将杂乱的感性知识，按照一定的逻辑明晰化，有利于进一步的加工整理和学习。就像许多商业模式创新一样，万达集团提出"城市综合体"模式就是一个典型的从实践中学习并提炼有效商业模式的概念化过程。

第三个转换是从理性知识向个人感性知识转换的具体化过程（理性知识→感性知识）。个体将既有的理性知识转换成为自身的感性知识，一些常用的方式有实习、现场学习、边学边干、角色扮演、案例分析和模拟等，具体化的本质是理论要联系实际。马列主义放之四海而皆准的理论，必须与中国革命的实践相结合。宋代诗人陆游主张"纸上得来终觉浅，绝知此事要躬行"，一语点中了理性知识具体化的内涵。员工将操作手册具体化为操作过程，将公司的理念与计划转换成为个人生产、销售等过程，就是将理性知识具体化为实践的创造过程。例如，有的管理人员白天听课，晚上给下属讲课，按照理性知识体系整改组织架构和再造组织流程，获得非常好的实效。感性经验毕竟是杂乱无章的，需要理性知识指引；而理性知识也只有转换成为员工现实的日常工作，才能实现其价值，并在实践中得以丰富。通过各种形式的培训，例如到大学、培训机构进行脱产培训学习，可以提高员工的理性知识，减少经验的盲目性与片面性，并将这些理性知识更有效地转换成为个人现实操作技能与经验。

第四个转换是重新组合既有的理性知识体系的系统化过程（理性知识→理性知识）。按照某种逻辑组合概念与模式，才能使得知识体系化和明晰化。

系统化过程实质是系统整理既有的理性知识使之成为有条理、有逻辑、系统化、正规化的知识体系，一些常用的组合方式有研讨会、辩论、文献评论、讨论会和前景规划等。理性知识虽然比较明晰，但是还要经过系统组合及反思推敲，才能体系化。无序的理性知识不利于一个组织的整体协调与发展，而且并非所有理性知识都会帮助组织实现其最初目的，所以组织往往要根据整体任务对个体的理性知识进行筛选。筛选后还要按照最初出发点进行逻辑组合，组成一个有序的和有意义的理性知识系统，从而能够创造更好地符合组织所需要并能够指导员工行动的规范体系。不同的员工拥有不同的理性知识，个体理性知识具有分散性、碎片化的特征，而知识密集型企业要求个人拥有跨领域解决问题的能力。因此，不但个人需要整合理性知识，还要从组织创造理性知识的层面，整合这些理性知识。

第五个转换是将理性知识转换成为活性知识的有效化过程（理性知识→活性知识）。这也就是人们依据理性知识而形成、调整或改变其价值观、态度、愿望和其他重要性认识的过程，个人反省、员工入职教育等就是有效化的例子。朱熹所谓的"存天理、灭人欲"，说的就是这个过程。情感对个人理性知识有激发与驱动的功能，明晰的理性知识转换成为个体的活性知识，以科学的知识作为基础，有助于增强个人的信心，提升活性知识的质量，激发组织员工与领导层士气。感情承诺不仅对创新绩效产生直接显著的正向影响，而且通过工作目标影响创新绩效。个人理性知识具有清晰、简练等特征，但这些理性知识需要有情感体验来激发，才能更好地解决工作中的问题。个人的理性知识转换成为活性知识，更有利于提高组织绩效。同时，组织只有了解成员的现实诉求、情感、个性、态度等，才能发挥理性知识的现实力量。从面试开始，很多公司就开始将公司的价值观、业务类型、规则制度、工作内容、岗位职责等告诉应聘者，从而选择那些适合自己公司类型的成为员工。在平时工作中，管理人员往往通过关心、帮助员工等方式，将公司的理性知识传递给员工，员工在执行这些规章制度时，不仅仅是执行这些规章制度，还会伴有各种各样的情感与情绪，促进或阻碍这些理性知识的转换。总之，有效化是一个遵循规律、以理服人、说服教育、提高认识、端正态度、统一思想的过程。

第六个转换是从活性知识向理性知识转换的合法化过程（活性知识→理性知识）。人们依据已有的活性知识即价值判断，有选择地接受理性知识。活性知识具有多元化的特征和异质性，个体的理性思考需要正确的引导，理性知识才能产生应有的价值。一个组织应该明确哪些行为方式是应该倡导的，哪些是不认可的。知识合法化的一些常用的方式是反思、辩论、深入提问及团队建设等。一些公司通过激励员工的斗志，鼓励员工将活性知识转换成为理性知识，例如有公司通过"热爱企业、忠诚企业"演讲比赛提高员工的活性知识质量。通过演讲比赛、征文活动，将员工对公司的情感及对公司的价值观念理性化，供人模仿学习；而对于那些违法乱纪行为，则应该劝导、警告、惩罚。通过这样的转换，组织可以明确其核心价值观，哪些是值得称赞的，哪些是需要反对的。管理层定期或不定期同员工谈心，帮助他们解决实际困难，鼓励员工改进那些不利于工作的态度，增强团队合作精神，不断充实公司的理想与愿景、价值观。

第七个转换是将人们的活性知识重新组合的质变转换过程（活性知识→活性知识）。这是人们的价值观、态度、理想等意义体系发生质变的过程，活性知识变革的一些常用方式包括：检讨反省、自我反思、参与性研究等。人类的协作力量非常强大，但问题在于协作本身是困难的，而其中关键的原因在于每个人的价值观不尽相同。因此，组织成员经常交流情感、互通友谊、不断提升活性知识的质量，对于其发展成长非常重要。流水化的生产体系往往使得个人原子化，通过流水线及科层制将原子式的个人组织起来，固然能够提高人类协作的力量，但也往往导致人际关系紧张，情感交流受阻，人与人之间的误解不断积累，个人自尊心受到挤压，最终可能酿成惨祸，甚至出现员工自杀、杀人的极端行为。美国牧师马丁·路德·金领导的非暴力抵抗运动与印度民族解放运动的领导人甘地的非暴力主义，都旨在唤起人们的良知，变革陈旧的社会价值观念。

第八个转换是将人们的活性知识转换成为感性知识的物质化过程（活性知识→感性知识），其本质是"精神变物质"的过程。常用的方式有支持和激励、加油鼓劲、增强信心、树立榜样等。人是有多重需求的动物，胡萝卜加大棒的激励惩罚措施并不能满足这些多样化的需求。个人的价值观经常是多元化的，萝卜青菜各有所爱，这些异质性的价值观往往存在着激烈的冲突。因此管理层应当经常与员工沟通，创建自己独特的企业文化，为员工创造一个良好的工作氛围，但良好的文化与工作氛围并非一朝一夕就能够建设好，需要领导层坚持自己的信念与价值观，持续不断地推进企业文化建设，从而提高员工工作的积极性与创造性，使得活性知识高质量地转换成为感性知识，转换成为现实的成果。现代社会压力非常大，工作节奏非常快，通过定期或不定期地举办各种各样的活动，例如户外运动会、军训、野外拓展、生日聚会等，调节员工的情绪，增加员工工作的积极性。许多组织有着"早会"的传统，即在每个工作日开始正常工作之前举行10—20分钟的简短会议。各种组织其实均可利用早会，一方面进行新产品、新方法、新工艺的说明，提高员工的技术水平；另外更重要的一方面是可以进行品质观念的灌输及组织各项政策的宣传，改善员工的精神面貌，达成共识，真正做到始于教育、终于教育，最终落实到当天的行动中。

第九个转换是从感性知识向活性知识转换的情感化过程（感性知识→活性知识，即觉悟）。这是人们从感性知识和直接经验中提高认识，从而改变其活性知识的过程，常用的方式有交流、个人反思和觉悟等。员工用共同的价值观念与准则进行合作，开展创新活动。现代公司面临的一个重要问题是如何留住人才，这就需要管理层了解员工的性格、情绪、状态，将既往的经验与员工的活性知识相结合，通过正式的或非正式的聚会，交流情感。有针对性地提高员工的活性知识，同时改进自身的活性知识。员工倾向于认为他信任的管理者会公正地对待他，而管理者也倾向于信任忠诚于自己的员工，这会减少工作氛围中的敌意。领导者在下属员工犯了错误时，往往有两种办法使其改正。第一种是严厉地制裁，依法处罚，使员工不敢再犯。但是这种晓之以理的效果，不如第二种办法，即令其心有愧疚，主动改正。张瑞敏砸冰箱是动之以情的办法，试图让员工反省觉悟、唤起良知。在战争年代人们就知道"攻城为下，攻心为上"，现代组织管理更应该多用攻心策略，唤醒员工内心的觉悟。用第二种方法虽然不容易，但一旦成功，定然有利无害，心服口服。而第一种方法则属于高压手段，虽然见效快，但副作用多，不利于长期管理；而且容易让员工产生怨恨，让管理者渐渐地丧失员工的心，失去威信，只剩下威风。

知识整体论指出，人类知识的生成与创新，在于三个范畴之间的良性互动。"德智体"全方面发展作为教育的根本宗旨，事实上分别对应于活性、理性和感性这三个范畴。具体教育工作的开展，首先要识别的是学员要弥补哪一类知识，然后选择适当的致知路径；其次要注意知识整体的生成，九种转换模式的内在逻辑，根据目标与现实约束，选择恰当的转换模式来创新知识。再次，在知识创新时，要注意三种类别的知识是一个有机整体，不同的转换阶段也是一个整体的演化过程，避免走进无效的碎片化创新的迷宫之中。最后，活性知识（例如良知、价值观、使命与理想等）往往被知识二元论所忽视，因此需要特别强调个体活性知识的生成、积累、学习与传播，注重批判性思维与人的自由解放，这也是组织与个人发展的最终目的。

1.5　知识的活性　良知不可缺

2016 年的"人机大战"引起了社会强烈反响，机器人"阿尔法围棋"（AlphaGo）以 4∶1 的比分完胜李世石；2017 年等级分世界第一的中国棋手柯洁在与 AlphaGo 的三番棋对决中战败，这也意味着 AlphaGo 在与人脑的对弈中再次胜出。这也引起了一个新的"杞人忧天"的故事：很多人非常担忧机器会不会最终控制人。实际上，机器人掌握的很多东西都是信息，或者是理性化的算法规则。就"人机大战"的本质而言，所竞争的其实是储存棋谱量的大小及提取信息的运算速度，而非严格意义上的人类知识，遑论机器可以掌握更高层次的智慧。

现代人对于理性知识的重要性的认识已经相当清晰了，因为所谓知识大爆炸主要是理性知识的大爆炸，发展科学与技术，已经成为大家的共识。随着科学和技术的进步，人类的实践经验知识也在不断扩展，一个职业学校的学生很快就能通过实践获得某一项过去需要很多年才能学会的技术，生产的效率越来越高。但是，相对于感性知识和理性知识的大肆扩张而言，人类的活性知识往往被忽视，甚至出现了停滞不前、相对萎缩的局面。随着资本逻辑不断入侵人类社会，拜金主义盛行，技术至上也正在成为人类发展的巨大隐患，很多人将现代社会视为风险社会，并非没有道理。

谷歌与百度几乎是同时建立的公司，上市时间也基本相同，但谷歌和百度的战略导向却有很大的差异。2016 年的"人机大战"事件引起全球对谷歌公司的特殊关注，谷歌公司的战略导向很明确：集成全球范围的信息，使人人皆可访问并从中受益。还有一个"不作恶"的隐性口号，为了这个导向，谷歌公司只有"10%的人负责赚钱，90%的人负责胡思乱想和科技创新"。百度的使命则是"让人们最平等、便捷地获取信息，找到所求"，核心价值观是"简单可依赖"，到处圈钱和赚钱。当谷歌公司制造的AlphaGo正在和李世石大战引起全球热议的时候，百度则因贴吧的"道德门"备受谴责。谷歌也有各种丑闻，也要赚钱，问题的关键点不在这里，关键在于百度与谷歌相比，战略思想上略逊一筹。战略层次实际上反映了一个公司的价值导向，最基本的底线应该是不要利用自己的优势做侵犯他人权利的事情。这个底线如果被捅破，公司会出现很大的危机；对社会来说，危害更大，甚至导致人们对于社会的集体不信任感。

人类最底线的道德法则就是不要侵犯他人的正当权益，如果能够更有追求，就是还要帮助他人。这一基本法则实际上是基于人的同情心，很多文化体系的主要创始者无不强调同情心的重要性，儒家倡导的仁，佛家宣扬的慈悲，当代经济学鼻祖亚当·斯密的同情，都强调了活性知识对于社会成员的引导功能。在日常生活中，人们经常把那些作恶的人称之为"没有良心""丧尽天良"的人。

良知，语出《孟子》："人之所不学而能者，其良能也；所不虑而知者，其良知也。"孟子所言的良知的基本含义是不学而知的智慧，是一种天赋的道德观念。明代大儒王阳明将"良知"系统化，形成了一个以致良知为核心的心学体系。心学体系非常复杂，但如果抓住筋脉，就可以理解阳明心学体系的基本内核。王阳明和与他主要学术观点相左的朱熹，两者的目标其实是一致的，就是要成为立功立言立德的圣人。成圣之道异常复杂，历史上没有几个人能够达到这三功，王阳明做到了。

心学的基本假定是"心即理"。心即理不能简单地理解为心就是理，这样不但模糊了心与理的分别，而且还很肤浅。事实上，王阳明的基本假定是人与万物都服从统一的"道"，而人的本心是至善的，对外物的认识是一种本能，如果将这种本能充分发挥而不受到遮蔽，就能理解万物之理。

心学的价值导向是成圣成王，王阳明早年就立下成为圣人的理想。什么样的人可以成为圣人实际上有很大争议，但公认的圣人实际上很少，例如尧舜禹，儒家的孔子和道家的老子。儒家的圣人实际上主要指道德完备之人，孟子就曾经认为，"圣人，人伦之至也"。但有时候也会把圣人神化，例如《论语正义》中说，"所谓圣人者，知通乎大道，应变而不穷，能测万物之性情者也"。整体上来说，作为圣人首要的一条就是要道德高尚，并有功于社会。

成圣成王既然是每一个读书人的理想和价值导向，自然也是心学的主要价值导向。但如何发挥本心良知功能，做到成圣成王呢？这就需要一系列的学习磨炼。王阳明认为最重要的途径是"知行合一"，知行合一不能简单地理解为"知识"要与"实践"相结合，因为王阳明的知行合一的主要意思是说本心能够认知天理是要通过一系列的实践活动体悟出来的，把这种体悟出来的思想体系运用到日常生活之中才是"行"。换句话说，要成为圣人首先要在生活中体会到天道天理源自于人的本心，体悟之后要"做"圣人，而不是空想成为圣人。这个过程也被称为"致良知"，就是将本心好的一面在实践中发挥出来，显现出来。

致良知的思想对当下中国社会发展有着非常重要的指导意义。2016年年初发生的那场疫苗大案，曝光后官方公布了300个嫌疑人的名单，涉及十八个省，引起了中国社会从高层到民间的强烈反响，其中人们谴责最强烈的是这些涉案人员为了牟利竟然丧失良知。儿童用药经营厂商，不虑而知的事情是不侵犯这些幼童的合法的利益，只有怀着这种最起码的良知，才能在经营活动中不去为了牟取暴利而做出伤害这些孩子的勾当。这几年发生的几起公交车纵火案，无论背后有什么样的动机，但这样伤害他人生命权利的行为，都是丧失良知的表现。社会变革转型期利益纷争复杂，各种思想观念鱼龙混杂，需要最基本的良知来引导。最基本的良知是不侵犯他人的利益，侵犯他人正当利益的行为都应当受到谴责。一个社会缺乏良知，各种社会不公正就会涌现，迟早会影响经济效率。当下活性知识最重要的一个任务就是重新唤起人们对于良知的尊重，并自觉在生活中践行良知。

因此，在现实生活里，我们不仅要致力于发展实践知识和理性知识，还要发展活性知识，良知是知识体系不可或缺的重要组成部分。做人和做事既要讲究读书和实践，更要有良知。

本章小结

知识就是力量！知识是引领个体行为和人类进步的重要力量。正是知识引领人类开发自然、改造自然，由必然王国走向自由王国。人们通常把知识分为感性与理性两类，本书提出了有别于这两个概念的活性知识并指出其重要性，并与王阳明的"良知"、康德的"价值判断"和哈贝马斯的"自由知识"等概念相呼应。这些哲人虽然生活在不同的国度与时代，但他们有一点是相同的，他们提出的知识都关乎人类如何更好地活着。人类对于活着的认识就是活性知识。良知是不可或缺的活性知识，而活性知识是人类对于事物重要性、价值性的认识；感性知识关乎事物的现实性与可行性，理性知识追求事物的规律性与科学性。我们必须充分认识到任何知识体系都是建立在一定的假设和条件之上，承载着特有的价值观念，在运用这些知识时也就必须明确它们的前提和适用性。

Z [思想的活力]

> 人只不过是一根苇草,是自然界最脆弱的东西,但他是一根能思想的苇草。
>
> ——帕斯卡尔

正如法国思想家帕斯卡尔的"苇草"比喻，人类是一种物质与精神的复合型生物。从肉体上来说，作为个体的人与自然界其他生物一样，都是脆弱的"苇草"，是自然的一部分；但从思想观念上来说，个人并不被动地服从自然界安排，人类还有自己的自由意志，甚至很多人都在寻找"命运打击不到的领域"，希望摆脱更多的自然限制。近些年来实证心理学界企图通过实验方法揭开人类是否具有自由意志的问题，尽管一些研究发现自由意志是一种错觉，然而人类仍然相信自由意志的存在，并受到它的影响。

随着科学技术进步和社会发展，人类的寿命在不断增加。据世界卫生组织（WHO）统计，目前全球人口平均寿命为71岁，其中女性73岁、男性68岁；而中国人口平均寿命为女性77岁，男性74岁。与生生不息的大自然相比，人类的肉体虽然难以持久，但其创造的知识尤其是富有活力的思想是可以交流并传承下去的。原子核物理学之父欧内斯特·卢瑟福认为，"科学家不是依赖于个人的思想，而是综合了几千人的智慧，所有的人想一个问题，并且每人做它的部分工作，添加到正建立起来的伟大知识大厦之中"。没有人是全知全能的，但每个人都可以在自己擅长的领域增加整体知识的长度或宽度，这些点滴知识的创造集聚起来就可能创造新的传奇。会思考的人类创造出多样化的文明，思想和理念是指引人类穿过混乱和黑暗的耀眼灯塔。

人类的管理思想早在几千年前就随着社会实践的需要有所总结，但科学管理作为专门知识的历史却很短暂。近代管理学源于西方，自韦伯的科层管理、泰罗的科学管理和法约尔的一般管理原理，经历了一百多年的历史，管理知识已经蔚为大观，流派纷呈。一个组织可以成长或消失，而所创造的知识如果得到适当的处理，就可以传递并保留下来。

2.1 混沌的世界 思想的活力

我们生活的现实世界乍一看似乎是混乱无序的,每天从电视和其他媒体中看到各种报道和评论,甚至专家们就相同的主题提出各种似是而非乃至完全对立的观点与评论。就说我们几乎离不开的手机吧,只要一打开就充塞着各式各样的短信、朋友圈、微信群、推销广告……信息时代意味着各种信息混杂,有些互相矛盾,还有一些让人难以理解、捉摸不透。我们每个人都被巨大的信息场包围,经常出现的信息往往被视为理所当然。科学家们强调好奇心对科学研究的重要作用,像孩子一样保持好奇心并不容易,因为面对各种信息刺激,人类很容易就习以为常了。但习惯化对于幼儿来说很重要,例如有些婴儿对于某种刺激感到不安,有节奏地摇动会让婴儿感到安全。婴儿往往具有一套整体性的反射系统,接受外界的各种信息,并将察觉到的刺激进行编码,通过知觉将感觉信息进行分类和理解。语言概念是给幼儿提供的认识混乱世界的有用符号工具,通过概念化,个人不断将这些信息编码、分类并进行体系化和意义化。

企业及各类组织的管理者也要面对各种复杂市场信息,有些信息对于组织而言是无意义的,有些信息则对组织的存在和发展起到关键作用。组织的领导者与管理者也会通过一套图式应对各种信息的刺激,不断将之编码、分类,并适时做出反应。

按照心理学家皮亚杰的观点,人类的认知是通过心理结构或者图式改进和转换得以发展的,一个图式实际上就是一种思维活动的模式,儿童通过图式来了解周围的世界,并把图式作为他们理解和组织经验的手段。他们还会合并已有的图式并将之发展为更复杂的智力图式,以不断适应环境的变化。

事实上,当人类还没能从各种信号刺激中寻找到一定规律的时候,人们就会对各种现象迷惑不解。人类没能认识到某种自然规律的时候,两眼一片黑,被动或盲目地受到外界的支配。在《理想国》里,柏拉图通过导师苏格拉底之口阐述了思想是独立于物质的实体这个理论。思想或形式是所有暂时现象的永不变化的原形,只有思想是真实的、永恒的。物质世界只具有相对的实体。在一个不停变化的世界中,思想确保了秩序和智能。思想提供了感官所产生意义的结构。

所谓思想，就是人类意识运动形式的表达。意识的作用力来自我们生命基因的自然生命力和本身感知力，意识能力既由先天遗传的基因决定，又由所处的自然环境所决定。人类的思想能力与我们后天的生活环境和本身的意识能力密切相关，只有演化到生物的高级阶段，才具备思想的基础。

如何理解现实世界的复杂现象，西方学界近代以来主要有两种对立的观点，一种观点认为人类知识的来源是人的感性认识，休谟甚至还否认因果联系的客观性，他认为因果联系是人的习惯性联想所致。另一种观点认为感性经验是不可靠的，唯有运用理性并经过严格的证明才会得到普遍有效的知识。康德则认为，"自然界的最高立法必须是在我们心中，即在我们的理智中，而且我们必须不是通过经验，在自然界里去寻求自然界的普遍法则；而是反过来，根据自然界的普遍的合乎法则性，在存在于我们的感性和理智里的经验的可能性的条件中去寻求自然界"。后来人们将之理解为"人的理性为自然立法"。对于这个命题，人们的误解很多，认为自然界不只有人类存在，还有其他存在，人的理性怎么可能为自然界立法？

其实康德讨论的不是认识和认识对象的关系，而是讨论人的认识与人的认识能力的问题。自然界是客观存在的，无论人存在不存在，自然界都是客观存在的。然而，人类只靠感觉获得的信息总是混杂的，前后矛盾的，每个人面对同样的物理信息刺激会有不同感受和反应，人的经验总是片面的、个别的、易变的，甚至是虚幻的，这就需要人的理性思维原则来整理这些庞杂的信息，这些通过理性整理和构建的信息与自然界存在的自然规律有着深刻的一致性。以电商为例，电商的出现让商品价格信息传递更加简化，但同时让商品交换更加去人格化。人们对于电商也存在不同看法，有人论证电商正在冲击实体商业，有人认为电商是实体商业的升级版。如果按照休谟的观点，这些观点及论证，只不过是人们所习惯的观念与印象的联想，与我们对于电商的认识并不具有因果关系，只是我们人类自己的对这些复杂事实的"观念"而已。如果按照康德的观点，我们是可以通过理性思维来整理这些片面化和个别化的信息，从而提供一套互联网购物的规则的。

再以管理学为例，管理学对于企业如何处理所面对的复杂信息存在重大分歧。有些观点认为管理者应当从经验中总结管理经验，企业应当受到经验的指导；另一派观点认为管理者应当遵从管理的模型、公式、原则指引。

人类总要依赖一定范式来整理看似混乱的信息，才能理解世界各个层次的规律。人类的思想进程也是不断演进的，早期人类是通过神话或故事解释那些不可解释的现象，并通过各种习俗和原始的实践经验解释日常遇到的各种问题。神话或许也是用一组概念描述的体系，但神话缺乏理性的要素。按照马克思的观点，"任何神话都是用想象和借助想象以征服自然力，支配自然力，把自然力加以形象化；因而，随着这些自然力之实际上被支配，神话也就消失了"。为什么要通过神话解释那些难以理解的现象，因为一种影响人们生活和生产的重要事件在原有图式思维中得不到解释，人们心理总是充满着焦虑和不安。一旦人们能够正确地解释某种现象，并找到解决问题的办法，神话的这种安慰性功能就失去了作用。

人类随着进步越来越依赖理性知识（主要是指科学）来解释世界各个层次的现象，并系统地解释这些现象的规律和内在机制。特别是培根吹起了知识就是力量的号角向自然宣战之后，科学越来越成为解释自然现象的主要途径。一组理性的概念往往是以理论的形式出现的，戴维·谢弗等心理学家在《发展心理学——儿童与少年》中认为，所谓理论就是用来组织、描述和解释观察现象的一组概念和命题。高明的理论能够用较少的假设解释大量现象，而差的理论则用较多假设解释同样的现象。例如，人们常常见到各种物体落地的现象，唯有牛顿构建了一系列概念（引力、距离与质量）及它们之间的关系，并用欧几里得几何的方式将这些力证明出来。万有引力没有被发现之前，宏观低速世界各种现象似乎是混乱和矛盾的，而万有引力理论能够很好地解释这些混乱且矛盾的信息，并引导后人对之进一步细化精确、澄清前提、划清边界。万有引力定律将地上的事物和天体统一起来，树立了人类对于自然界各种混乱现象的探索信心。这个定律是一组概念的体系，能够解释人们日常生活中遇到的大量自然现象，但是这个定律毕竟有前提和边界。这些前提和边界在没有被认识到时，一些科学家还因为在现实中发现这个定律竟然失效而导致精神错乱，甚至有些科学家还因此自杀。尽管如此，万有引力定律仍然是人类历史上一个伟大的思想，能够启发人们不断发现新理论，更好地解释我们周围的世界。

理论就是可以被验证（或证伪）的系统化的理性知识，其魅力就在于它们能够帮助我们将经验世界的思考组织起来，通过这些简约化的概念体系，人们可以理解大量的现象。理论除了能够以最精简的语言来组织混乱的现象，还需要不断被实践证实或证伪。虽然很多理论并不是那么精确，但却可能促进更为精确的理论出现。理论通常要转化成为各种假设才能进行具体检验，人类历史上产生的很多重要命题，往往没有通过各种假设进行检验，因而长期争论不休。

2.2　析中国社会　辨多元思想

虽然现实世界是纷繁复杂的，人们为了便于理解和行动就得给事物贴上某种标签或符号。科学分析即格物的基本方法就是需要对事物进行合理的分类和贴标签。简单地理解当今中国社会就可能把它贴上某个标签或者用某个概念来归类。例如，曾经一个时期儒家思想被看作传统中国思想文化的标志；在中华人民共和国成立之后，一些人可能将"红色中国"作为新时代中国的重要特征；改革开放之后，特别是近几年来，一些人仅仅根据中国市场经济体系发育不完善的某些特征就将其武断定义为"权贵资本主义"。不同的观点、意见、思想体系通过正式或非正式的方式，不断交锋、争斗、妥协、融合、发展和再认识。我们认为，简单地贴标签把中国社会概括为某种思想的产物多少带有一定的偏颇性。这个社会目前所处的状态是，既庞大复杂又不断变化，内部推动变革的力量与方向不可能完全一致，外部的影响因素也令人眼花缭乱，难以用一两个简单标签和名词来正确描述现状、预测未来，而且客观地分析了解中国社会还必须考察它的历史轨迹。

中国不仅仅是世界文明古国，而且是一个多元文化与思想共存的国度。尽管某一时期某种思想文化可能会占据主导地位，但这只是相对而言的。尽管自汉武帝以来，儒家思想始终成为传统中国的主导文化，但以法家为代表的其他思想始终隐藏于社会各个层面，统治者也常常采用"外儒内法"的治理原则。某些思想流派的地位也会随着社会情况的变化不断沉浮。例如，佛教在唐朝几经沉浮，武则天大力提倡佛教，贬抑道教，其后的唐宪宗也从凤翔法门寺迎佛骨，引起了全国性的狂潮，反对这种现象的韩愈还被"夕贬潮阳路八千"。事情出现逆转则是唐武宗因为寺院经济坐大等原因开始大规模的灭佛运动,史称"会昌灭佛"。

漫长的文明历史及恒久的大一统的辽阔疆域,是我们的骄傲,中国社会也因此自古以来就是一个多元文化不断碰撞与融合的大熔炉。中国主流的传统文化是以周易为思维内核,以儒家为主导,兼容道家、佛家、法家等思想体系的,全面影响中国人的生活和生产的各个层次:从日常生活起居到各种类型的生产方式,无不深刻地刻着传统文化的烙印。传统的文明有一个明显的剧烈变革期,那就是礼乐崩坏的春秋战国时期。从社会发展历史上来看,这是从奴隶制向封建制过渡的历史时期;从文化上来看,它是一个各种社会思想不断产生并得以付诸实践检验的时期,儒、法、道、墨等各个学派纷纷登上历史舞台,清晰展示各自对社会和人生的基本假定,公开宣扬体系的价值导向,鲜明奉行自己的做事规则,这场思想实验最终的结果影响了此后两千多年的历史。历史检验的结果是以血缘关系为核心的关系本位(西周礼法)得以保留,但同时又建立了一个新的以命令服从为核心的官本位垂直体系,从此中国围绕着横向的关系本位与纵向的官本位形成的层级网格模式,形成了一个以易经为思维根底、以儒家文化为主导的多种文化并存的复杂文明体系。

正确了解中国社会还必须认识到,中国自古也是一个多民族的国家,各个少数民族都对中华文明做出了自己的贡献。其中,很多业已消失或融合到其他民族的民族,例如匈奴族、鲜卑族、突厥族、契丹族、女真族等,他们都曾经有过自己的独特的文明,也都曾经为我们这个民族的文明增光添彩。

近代以来,随着西方资本主义入侵,中国不仅面临着亡国灭种的危险,更重要的是面临着千年未遭遇的文化危机。中原农业文明传统面临的主要挑战来自北部的草原文明入侵,但是西方资本主义入侵之后,整个中国的挑战主要来自以工商业为主的资本主义文明的侵袭。传统文明的基本假定、价值导向和做人做事的规则受到激烈的冲击。这也就是说,旧的思想范式被外来文明强势冲垮了,人们不知所措。可以说,清朝末年是中国继春秋战国时期后又一个"天崩地裂"的时代,人们面临的不仅仅是如尼采所言重估一切价值,而是系统审查传统文化的各个层面,传统的假定、价值导向及各种规则都必然被重新审视。由于人的思维模式具有惰性和惯性,社会只有在激烈的碰撞中才能系统梳理外来冲击留给国人的文化系统。具体来说,资本逻辑的入侵强烈冲击着传统的关系本位和官本位体系的层级网格化体系。资本主义瓦解了千年形成的农业与商业的脆弱平衡，这种平衡被打破，导致以儒家为代表的传统文明逐渐失去权威。儒家的价值导向是为社会提供公正与秩序，清王朝军事上一败再败及百姓民不聊生的现实，贪官污吏变本加厉的盘剥劣迹，再加上新的资本主义追求暴利的行为，使传统思想界提供的这个价值导向事实上已经没有任何说服力。在这个天崩地裂的时期，人们又想起了两千多年前的那个礼乐崩坏的时期，受冲击的各国都在追求变"法"图强。再加上弱邻日本"脱亚入欧"的变法成功，各种阶层的精英代表，都在不断学习西方资本主义的技术和观念体系，尝试各种形式的变法图强，西方资本主义的思潮也正是在这种背景下大举进入中国，资本主义的主要价值导向是建立一个追求效率与增长的社会。清朝灭亡，民国建立，我们的外忧未减，军阀内战又现，西方资本主义进一步在中华大地上传播。中华人民共和国建立之后，在很长的一段历史时期内，我们以计划经济体制替代市场经济的机制，建立了一个独立的工业体系。改革开放后，随着市场经济逐步建立，西方的先进技术和管理经验不断被引进，资本主义文明思想在一定的控制之下，成为一个影响中国文化的不可忽视的力量。

中华人民共和国成立之后，中国走上社会主义道路，马克思主义正式成为国家的指导思想。从此，在传统文明与资本主义文明之后，社会主义思想体系成为指导中国社会发展的最核心的理论。本书的主旨是分析各种思想体系的基本假定、价值导向及行为意向，以及它们如何影响社会转型。在复杂众多的文化中，我们选择了这三种主要的文化思想体系进行分析，期望分析各种文化体系的优势和不足，以及它们潜在的假设和适用边界，从而更好地为当下的社会变革提供一个具有逻辑自洽性的思想资源和一定程度的启迪。

2.3 传统的思想 稳定与和谐

中国传统思想源远流长、纷繁复杂，其中影响广泛而且占主导地位的是儒释道三教。这三教是各不相同但又在一定程度上相互融合补充的思想体系。理解这三种思想体系，是认识中国社会历史、现状与发展的基本功课，这不仅需要了解它们产生的社会背景与经济条件，更要认识它们的主要内容及理论边界。

2.3.1 儒家的社会治理逻辑

自从汉武帝接受董仲舒"罢黜百家，独尊儒术"的建议之后，儒家思想就成为中国社会的主导思想。习近平同志指出，"孔子创立的儒家学说以及在此基础上发展起来的儒家思想，对中华文明产生了深刻影响，是中国传统文化的重要组成部分"。那么，先秦时期百家争鸣，为什么单单是儒家思想能够在汉武帝之后取得意识形态的主导地位？核心原因是儒家文化契合了中华民族的生存方式，同时在与经济、社会和政治活动的多系统相互反馈中不断成长，进行了适应性演化。一言以蔽之，儒家思想之所以能够在中国传统社会相当长的一个时期内占统治地位，是因为找到了中国农耕社会的发展规律，这种思想的基本假设符合那个时代的现实，其核心价值观和所追求的理想体现了社会发展的必须，从而为国人所接受。

按照美国著名管理学家沙因的观点，人类群体文化的主要功能有两个：一是适应外部挑战，二是整合内部成员的利益。英国历史学家汤因比也有类似的描述，他发现各种文明的功能主要是适应各种挑战，文明在面临各种挑战并应战中生成、延续或毁灭。事实上，特定文化为某一群体的成员提供了生存所必需的基本却又非常隐性的思维模型与参照框架。

社会秩序与发展之所以重要，是因为单个人的力量往往无法应对来自大自然及社会的各种挑战，在面对生存与延续生命繁衍的双重压力下，需要通过协作形成合力，协调人群内部的关系，以便迎接各种挑战。这就需要人类改变人与人之间像狼和狼一样的野蛮状态，进入一个文明有序的社会。

中华文明在迎接各种挑战过程中逐渐形成了两种本位。一种是以血缘关系和拟血缘关系（亲戚、同乡、同学等）为核心的关系本位（礼乐文明）。定居农业的生产方式导致了中国先民们生活在一个差序格局的关系网络之中，西周就建立于这样一个庞大的血缘关系网络，形成各种各样、大大小小的圈子。另一种本位是以"命令—服从"体系为核心的官本位，定居农业的关键是要治理水患，治理水患不是一家一族的事情，而是整个部落、甚至是许多部落的事情。因此需要一个自上而下的命令服从体系，才能终止意见纷争，权衡利益，形成通力合作的合力。秦始皇强化了这种官本位的倾向，秦虽只存二世即灭，但从中央到地方的控制体系一直传至后世。儒家治国方略及治世之道，恰恰切中了中国文化内核，成为两千多年中华文化的主流。

每一个文化都有其基本信念、核心价值观及行为意向。孔子所处的时代是一个礼崩乐坏的失序时代，他认定只有回归礼乐才能实现社会安定，文化传承、文明有序是他思考社会问题的基本假定。此后儒家所持有的核心价值观就是社会稳定和谐与文明的延续，要达到这一目标，儒家特别强调了道德规则及文化教化的功能。

具体而言，儒家向往的理想世界是"天下为公"的大同世界，而社会治理良好的小康社会是在纷争条件下能够做到的次优理想。理想社会在孔子时代并不存在，当时的社会充满着纷争与混乱。孔子认为夏禹、商汤、周文王、周武王、周成王和周公能够以礼、以德治国，所以能够生成次优的小康社会。无论是小康社会还是大同社会，其核心特征就是讲求稳定与和谐，强调文明与秩序，而反对混乱与野蛮。面对礼崩乐坏，天下大乱，文明化进程有逆转趋势，孔子倡导"大道运行"与大道虽隐却有圣王治理。从以上分析可以看出，儒家对社会治理的核心目标是实现个人、家庭、国家及社会稳定和谐，维系文明生活方式，反对野蛮与落后的生活方式。

儒家思想敏锐地认识到，人不仅仅是动物，而且还具有精神，是文明之人。因此人应该摆脱过于关注自我利益的私欲；君子要通过修身养性，实现身心和谐。就家庭而言，从生物学意义上来说，活着的生物都有使得自己的基因散播延续下去的本能，家庭职能就是要使得家庭成员活得更好，家族血脉和家族文化延续下去。中国人追求的理想家庭是成员之间和睦相处，以及多子多福、香火不断。就君主而言，天下太平及国祚永续，是其日夜所思的战略问题，君主们希望在位时"夜不闭户""路不拾遗"，以及后世之君能够保持王朝稳定健康发展。对于整个社会而言，如果能够做到个人身心协调、家庭和睦、社会稳定和谐，天下万邦就能够安定，而非到处进行差点灭种的"三国杀"和惨绝人寰的无义战。也就是说，无论是个人、家庭、社会还是国家，共同追求的是秩序与和谐，文明和种族的延续。上一章提出的活性知识就是指一个生命体对其活下去（生命体延续）的认识。

为了达到社会和谐、稳定有序，进而能够实现文明得以保存、祖宗社稷祭祀永不断绝的目标，孔子劝告统治者要施行仁政，而非野蛮暴力统治。孔子所倡导的"仁"含义非常多，但主要有三层含义：一是"克己复礼为仁"。人之所以有别于野蛮的动物，是因为人类的行为遵守文明社会规则，礼就是当时社会的行为规则。君子克制自己的私欲和私利，按照规则行事，就能随心所欲而不逾矩。二是强调"忠孝"，因为每个人意见和利益各不相同，往往存在冲突，要达到社会与家庭的和谐稳定有序，就需要有规则。对于一家来说，要统一意见和利益就要孝顺，即服从家长、族长的意见和命令；对于国家来说，意见纷呈、利益各异，因此要忠于国主，忠心的核心含义也是服从国主命令。三是"爱人"。下对上要服从，但上对下也要爱护。如果只强调下对上的服从，那是野蛮的奴隶统治。孔子是让君主明白，要维系等级制度，不能仅仅靠野蛮行径来维护社会运转，这样人类社会才不至于恢复到野蛮的战争状态。

仁的核心标准是什么？那就是义。中国争论了几千年的义利之辨实际上是争论个人私利与社会、集体公利哪个更为重要。儒家认为每个人都从自己的私利出发，社会就会纷争不休，因此强调"义"的重要性。"礼"之所以重要，是因为无论仁也好，义也好，都是比较抽象的核心价值标准，礼是表现出来的行为规范，只有按照规则行事，仁与义才能实施。智就是要认识与理解这些价值观念与规则，只有社会成员熟知了这些规范，并内化成自己自觉的行动，大道才能得以运行。信的重要功能是维系人与人之间的信任关系，即要诚实，不能尔虞我诈，更不能危及社会和谐及等级秩序，其内涵涉及了公正。儒家强调的公正就是社会和谐，没有冲突，这与古希腊的柏拉图所强调的公正即和谐的思想是接近的，同时也是达至儒家理想世界的重要手段。当信与仁义发生冲突，与社会和谐和文明延续违背，儒家强调要以仁义为主，不必管"信"。

由此，儒家思想形成了一个逻辑严密的思想体系，在天下失去了"天下为公"而进入了"天下成为一家一姓的私产"的约束条件下，通过建立严密的等级制度，要求个人、家族、诸侯、君王都要遵守这些规则，以实现天下太平、社会和谐、百姓安居乐业，从而能够保护中华文明，避免文明回到野蛮的丛林状态。

儒家的社会治理思想有三个核心缺陷。

一是过分强调社会利益（义）而忽视个人的私利。人类虽然需要通过协作形成一个强有力的整体，但是如果忽视了个人利益，当"存天理，灭人欲"中的"理"是少部分人的"理"或者是过时的"理"时，就压制了社会发展的另一动力：个人的欲望及其实现也是推动社会发展的自发性力量。更有甚者，专制时代的统治者往往自身缺乏仁义道德，打着整体利益的幌子谋私利，随意牺牲无权无势的百姓的利益。亚当·斯密指出引导个人利益形成公共利益有一只看不见的"无形的手"，哈耶克也证明人类的知识是分散的，要重视个人决策的功能，老子则强调无为而治。因此，激励个人为集体努力的方式不单单只有道德教化一种方式。这个缺陷导致一个王朝常常以儒家、法家及道家混用模式来治理社会。

二是过分强调道德教化与自觉功能，忽视了法律定分止争的引导功能。法律不仅仅是孔子认为的使"民免而无耻"，完善公正的法律体系，还有助于定分止争。法家有一个例子说得好，众人都在追野兔，而市场上的野兔没有人看一眼，这是因为市场上的兔子产权确定。另外，法律的重要功能是能够给人们生活和工作以指引，赏罚分明，有利于激励有能力的人为社会努力做出更大更多的贡献。

三是过分强调社会和谐稳定，而忽视了社会需要进化和变革。人类社会固然需要秩序以保障每个人的生命安全和进步，但是秩序一旦趋于固化，就不利于社会变革创新。有时候为了维护秩序与和谐，很多统治者采取了打压创新思维的方式，结果是社会日益保守、发展缓慢、矛盾积压，反而走向本意的反面，最终导致社会动乱。

在儒家思想体系上形成的制度，核心目的是保持社会稳定，而社会发展则是从属的、次要的。如果社会不发展，也就很难维持文明的稳定。中国历史上总是在亡国灭种之际重视法家思想，赏罚分明，采取各种绩效模式，探索各种激励方式，以救亡图存。

儒家思想的这些缺陷与其基本假设密切相关：如何将忙于各种无义战的春秋时代转换成为秩序和谐的理想社会，恢复社会运行的正常功能。孔子认为乱世之源是统治者寡恩少义，"君不君臣不臣"，礼崩乐坏，因此要恢复社会秩序只有恢复周礼和施行仁政。在社会大厦将倾之时，儒家不是像道家和当时的隐者那样避世以保全性命，也不像法家那样通过严格的命令服从体系去驱使人们破除大厦后将其重建，而是通过个人修养、道德示范及积极出世去匡扶社稷。这些思想包含着积极向上、出世有为的精神。儒家强调秩序与和谐，这符合治世时代的家庭、社会及国家的需要。有序的社会有利于人们避免不确定性带来的焦虑感和危机感，又能与后世的命令服从为核心的官本位有机契合，共同形成中华文化的基因，因此就成为中国历代王朝遵循的主导意识形态。

  由此我们可以看出，儒家治国思路有一个重要特征，就是将血缘关系和拟血缘关系的基本逻辑作为儒家思想的隐形载体，作为儒家思考社会治理的出发点。儒家一再宣扬九族之内秩序良好的重要性，他们特别强调每个人修身养性而后齐家治国平天下的思想路径。他们最看重社会秩序和谐与稳定，追求盛世，反对礼乐崩坏的无序现象。为了达到这种社会秩序的稳定有序，区别于野蛮社会的生死搏斗，他们认为统治者应当近贤臣，远小人，为政以德，从而造就一个天下稳定一统的盛世。

  实际上，儒家崇尚的上古三世之治，就非常强调关系本位，也是关系本位的原点。《尚书·尧典》说："曰若稽古，帝尧曰放勋……克明俊德，以亲九族。九族既睦，平章百姓。百姓昭明，协和万邦。"意思是说，帝尧能够坚持把美德发扬光大，亲睦九族以内的亲人，百姓安居乐业，而百姓安居乐业，天下也就和谐稳定了。费孝通先生在《乡土中国》中把这个现象描述得非常清晰，他认为中国传统社会是一个差序格局，即根据亲疏远近来建立的人际关系格局，它的基本特征如同散开的水圈，由自己延伸开去，一圈一圈，按照离自己的远近来决定亲疏关系。这就是典型的以血缘关系及拟血缘关系为核心的社会秩序。如何达到理想社会？后世儒家一直强调个人要有"修齐治平"的功夫，统治者要实施文明政治，而非野蛮暴力政治，注重道德教育与礼仪规范。儒家思想影响华人的思想、心理及行为，情理法的排序就与西方文明（受到古希腊、古罗马及基督教文明的熏陶）的法理情排序存在着显著差异。

  虽然儒家思想与法家思想都强调以"命令—服从"体系为核心的官本位，但它们以吏治理天下的思想存在明显的差异。官本位强调令行禁止，变动不居，他们认为社会治理的思维模式应当根据天下形势的变化而变化。例如商鞅的核心思想是"不法古，不修今，兴亡有道，持之异理"，韩非主张"事因于世，而备适于事""圣人不期修古，不法常可"。法家认为法在治国之路上是最重要的，用刑、德（杀戮之谓刑，庆赏之谓德）来治理社会。法家并不强调道德教化的作用，如果君主要让人打仗，就用很诱人的激励和严厉的惩罚以鼓励人去作战。这需要有贤明的君主作为前提，如果做不到这一点，帝国很快就会衰落。法家还有一个重要缺陷，就是强调为了秩序可以牺牲个人正当利益，强迫个人按照法去办事，人们尊重法不是因为深刻认识到法能够维持秩序，而是害怕惩罚而不得不服从法。出现恶法之时，法家的危害就突显出来。法家的思想类似当今企业管理中的绩效主义。过于强调绩效主义毁了索尼公司。因此，儒法在历史上既存在竞争关系，又存在互补关系。

儒家思想作为一套成熟的治理社会的体系，虽然有诸如过于强调秩序而忽视了创新发展等缺陷，但是这种诞生于特定时代的思想毕竟为农耕民族提供了平稳发展的活力。这些不足之处是可以根据时代的发展和现实变化的要求进行修正完善的。正如习近平同志所言，儒家思想可以为治国理政提供有益启示，也可以为道德建设提供有益启发。

2.3.2 道家治理天下的基本逻辑

与儒家积极有所为、关乎苍生、心怀天下的思想有所不同，道家思想有着无为无欲的基本信仰、价值体系与行为意向。道家治理天下的基本逻辑可以用老子《道德经》里的一言来概括：人法地，地法天，天法道，道法自然。从中可以引申出道家主张的君主治理天下的策略：无为而无不为。老子认为，万物均遵循自然规律而生灭，而不应当人为地去干预。所谓"以正治国，以奇用兵，以无事取天下。吾何以知其然哉？以此：天下多忌讳，而民弥贫；人多利器，国家滋昏；人多伎巧，奇物滋起；法令滋彰，盗贼多有。故圣人云：我无为，而民自化；我好静，而民自正；我无事，而民自富；我无欲，而民自朴"。大意是太多的禁忌，老百姓什么都不敢干，导致老百姓更贫穷；老百姓掌握越多技术或知识，国家就会越混乱；法制体系越庞杂，作奸犯科的越多。所以统治者越是不去骚扰老百姓，老百姓越是顺服、行为端正、富裕、淳朴。无为的思想其实是西周早期的治国思想，上天以无为之道来治理天下，而作为上天代表的周天子也应当不乱开战端、骄奢淫逸，天道无为意味着君道无为。老子时代周天子权威越来越小，诸侯纷争，他将这种思想的宗教神话色彩弱化，提出了不争和无欲的人生哲学和无为而治的政治哲学。生逢乱世，孔子当年提出的策略是君主要施行仁政恢复周礼，君子要知其不可而为之；老子的策略是无为而治，君子要不争和寡欲，全身保命。老子一贯被人视为消极避世，我们现在越来越清晰地认识到，他的思想虽然在某种程度上有些消极，但总体上来看还是积极的。老子要求君主不乱作为和骚扰民众，不要为了私利而制造纷争和战乱，谁能说不是另一种积极的作为呢？老子的理想同样也是想恢复到那种恬静、和谐的社会，要求我们顺应自然规律。

老子的弟子文子（道家祖师，被尊为太乙玄师）心目中的世界是"官府若无事，朝廷若无人，无隐士，无逸民，无劳役，无冤刑，天下莫不仰上之德，象主之旨，绝国殊俗，莫不重译而至，非家至而人间之也，推其诚心，施之天下而已"，意思是说，官府形同虚设，人们生活祥和安定。

老子无欲和不争而争的人生哲学，主张人们过着淳朴的生活，影响了后世士大夫，也增加了中华文明的韧性。后世很多官员看不惯当朝的腐败无能，又无能为力之时，往往选择了陶渊明那种采菊东篱下的隐士态度，修身养性、颐养天年。一些从政治斗争中失意的士大夫甚至包括将军，往往都采取了修身保命的态度，甚至发展到了避世或厌世的程度。三国两晋南北朝，社会黑暗，社会思潮是玄学盛行，其核心就是无欲和不争，目的是全身保命。老子的思想在不同时代呈现不同的形式，但核心从来没有变过，那就是奉行寡欲和无争的人生哲学。老子这种思想还增加了中华文化的柔韧性，当中原文明遭受外族入侵而又一时无法抵御之时，刚性的斗争可能导致整个文明的覆灭，老子这种通过不争而活的策略就起到了重要作用。道主宰万物却让万物自由生灭，天道无为不是不作为，而是要善于作为，天道无为而无不为。中华民族相信文明的灾难时刻总会过去，我们民族总会以某种更新的形式复兴。从现代角度来看，中国是一个多民族的国家，中华民族这个大家庭的成员都对中华文明做出了贡献。从历史上来看，中原文明也多次险遭不测，差点成为像其他三大文明一样断流的文明。中华文明的重要特点是道德礼仪，《新唐书·舆服志》曰："中华者，中国也。亲被王教，自属中国，衣冠威仪，习俗孝悌，居身礼义，故谓之中国。"中华文明判断异族与否，不以血统或种族来看，而是以文化认同为标准。例如，早在春秋战国时期，历代楚王经历了多次血的教训才发现，要想让中原诸国承认，首先要让以周礼为主导的中原文化承认，才能脱离夷狄地位。文化认同要比血缘出身更为重要。

从政治哲学角度来说，老子无为而治的思想，对中国社会产生了正面的影响。当社会刚刚从动乱中建立新秩序的时候，所谓"黄老之道"常常会成为指导社会治理的主导思想。扶持百姓让他们安心生产，而不是滥用民力使得国本重新震荡。例如西汉早期文帝、景帝两代以"清静无为"之学治理天下，与民休养生息，对于社会的各种生产活动及老百姓的生活，尽量不加干涉，任其自然发展，史学界称这一时期为"文景之治"。反例是秦始皇和隋炀帝，这二位立国在天下并非动荡之际，而由于不注重发展民生，导致二世而亡。中华人民共和国建国初期大干快上、"三面红旗"和"大跃进"等种种违背自然规律的经济建设举措，对民生造成极大的危害，这样深刻的教训必须汲取。

无为思想并非只有道家才有，法家也主张"无为"，但是韩非子的无为有着君王权术的含义，《韩非子·主道》说："明君无为于上，群臣竦惧乎下。"这就明显是君王驾驭臣下的一种手法了。

无为而治是道家的先贤们基于事物周而复始这样不可抗拒的发展规律，以及人类认识有限性得出的社会治理结论。虽然道家各派差异很大，但其核心主张是劝告统治者不要总是胡乱干预民众的生活和生产，而是要顺应事物发生的内在规律，促进其向好的方向转化。虽然道家、儒家及法家思想主张各异，但劝告君王要爱惜民众这一点都是一样的，只是其实现手段和具体策略不同而已。历史学者张分田曾经在《秦汉之际法、道、儒三种"无为"的互动与共性》一文中评论说：

>"无为而治"是中国古代政治学说的一个独特命题。自老子以来，主张无为而治的思想家不胜枚举。他们普遍认为，天道无为而人道有为，君主无为而臣民有为。"无为"是公认的处理天人关系、君臣关系和君民关系的基本法则。主要体现在三个方面：一是在人与自然的关系上，各种政务应效法自然，顺应自然；二是在君臣关系上，君无为而臣有为；三是在君民关系上，君主应尽量减少对民生的干扰。

道、儒、法等对无为的解释有明显的差别，却又有共同的话题和相近的认识。各种无为论都把"虚静"视为君主治国的有效手段和理想境界。在君主必须虚静无为、因道法天、因人成事等最基本的思路上，几个主要政治思想流派的主张大体相似。

我们认为，知识无非是人类在处理三方面关系及应对三个主要挑战时而形成的认识。人类面临的第一个挑战来自大自然，即人类要从自然界里解放出来获得自由，从而形成了许多包括自然科学在内的处理人与自然关系方面的知识，诸如地质学、地理学、气象学、物理学、工程技术等。人类面临的第二个挑战来自他人，即我们必须处理人与人之间的社会关系，社会科学的许多领域就是发现这方面的规律。比如，政治学研究的是小到一群人、大到一个社会乃至世界的利益分配，以及决定这种分配权力的活动、形式和关系及其发展规律。又如，社会学研究的是人类社会结构、功能、活动与变迁的规律。人类面临的第三个挑战是如何处理自己的身心关系。道家强调的不违背自然之道的自然和谐观、与世无争的社会和谐观、虚静的身心和谐观，已经深入到了国民本性之中，逐渐成为中华文化的优秀品质。道家虚静的目的是顺应个人命运和自然，虽然一些人常常以道术甚至以巫术的形式去干预和改变世界。

深受道家思想影响的司马迁曾经有和斯密的"看不见的手"类似的描述：人们逐利行为可以推动经济发展。要让经济自动运转而不是时时地人为推动和干预，就要引入欲望动力机制。司马迁主张对经济实行放任自由的政策，在《史记》中他描绘了人的逐利本性形成的一种自动推动经济发展的机制："天下熙熙，皆为利来；天下攘攘，皆为利往。""各任其能，竭其力，以得所欲⋯⋯各劝其业，乐其事若水之趋下，日夜无休时，不召而自来。""富者，人之情性，所不学而俱欲者也。""善者因之，其次利道之，其次教诲之，其次整齐之，最下者与之争。"司马迁这种想法其实就是对于汉兴国八十年左右的总结。《史记·平准书》把汉初无为而治国策产生的效果描述为："汉兴七十余年之间，国家无事，非遇水旱之灾，民则人给家足，都鄙廪庾皆满，而府库余货财。京师之钱累巨万，贯朽而不可校。太仓之粟陈陈相因，充溢露积于外，至腐败不可食。众庶街巷有马，阡陌之间成群。"汉武帝时期，穷兵黩武，与民争利，桑弘羊"令吏坐市列肆，贩物求利"，导致社会经济凋敝。当然，这里需要说明的是，桑弘羊主张政府调控政策，在当时也是必要且有效的，例如对盐、铁、酒实行专卖，利用垄断价格，收取高额利润，推行均输平准，调节商品流通，平抑市场价格。政府调控经济在任何时候都是需要的，但过于与民争利或者过于频繁地干预市场，也会导致经济自动动力机制破坏。无论是司马迁还是亚当·斯密，也并非完全的市场主义者，他们都强调政府正确履行职能的重要性。实际上，亚当·斯密与凯恩斯的分歧，在中国古代治国之策上就有所体现。司马迁强调激发个人创富欲望的重要性，而桑弘羊则强调国家若富强则需要对混乱状态进行管控。

道家无为而治的政治哲学信条，使其往往强调"因"的重要性。"田不因地形，不能成谷，为化不因民，不能成俗"（《鹖冠子》），种田不能根据地形因地制宜，就无法种好庄家；同样，教化管理社会，不能根据老百姓的实际情况，也难以教化百姓。道家为什么强调"因"的重要性呢？这是由于人类的生活和生产都是基于某种条件限制下进行的，人类有逐利的欲望和本性，有支配世界的动机，因此，管理者应当因循这些条件来激发民众创富和自强的本能。例如文子认为，"以道治天下，非易人性也，因其所有而循畅之，故因即大，作即小。古之渎水者，因水之流也，生嫁者，因地之宜也。征伐者，因民之欲也。能因则无敌于天下矣"（《文子·自然》）。这也就是说，以"道"治理天下的关键不是改变人的本性，而是激发人的本性，就像依照水的本性利用水一样，打仗也要依照百姓意愿，而非强征民夫，打一些不义之战。

2.3.3 佛家治理社会的基本逻辑

佛教虽然不是中国本土产生的宗教，但对中国人的日常生活产生了很大影响。佛家的一个重要特征是强调理顺人的身心关系对人生有着重要意义。佛的本意是"觉悟"，由迷转悟是为觉悟。佛家的基本假定是世间的万事万物，皆遵循因缘法则而生灭。所谓因即内部条件，所谓缘则是外部条件，内因与外因共同支配着事物的演变。既然世间事物是受到因缘的支配，所以万物无法恒常；既然万物无法恒常，那么结局一切是空；既然一切是空，就没有真实的主体"我"的存在。另外，万物皆依据因缘生灭，所以万物又是联系的一张大网，万物相互关联。因缘法则还推导出人的命运可以因修行而改变的法则，因为既然事物是因为因缘和合而生，所以改变了因缘就改变了结果。

从现代科学观点来看，因缘说或许缺乏理论基础，但这是一种信仰体系，而且包含着某些朴素的道理。生物学发现生命的主要特征取决于遗传基因、环境及它们的相互作用。发展心理学也对人的成长主要是先天遗传（生物的力量）还是后天教养（环境的力量）的结果争论不休：有的主张人的缔造者是遗传基因而不是环境，还有的像美国心理学家、行为主义的创始人华生那样自信：给我一打儿童，无论其天赋、兴趣、能力、特长和他们的祖先宗族如何，在由我设计好的特定世界里把他们培育成人,我都能把他们随机训练成任何一种类型的专家:医生、律师、艺术家、商人、政治家,甚至是乞丐或者小偷。但现代很多心理学家承认,人类复杂的特质,主要是先天遗传因素和后天环境长期互相作用的结果。确实,人无法将动物训练成人,如果人不经过社会学习也无法成为社会人。譬如挖矿,如果根本没有矿藏再深挖也无法挖到宝藏;相反,如有矿藏却不去挖,或者无法开采,也很难利用起来。

佛家的基本思想注重个体的身心修养,而并不看重人与自然、人与人之间的关系。简言之,佛家的人生哲学是要摆脱烦恼得到解脱。这种思想的基本假定是人生有很多痛苦,而痛苦就需要解脱。佛家认为人的构成主要是五蕴,即所谓的身体(色)、感受(受)、想象(想)、意志(行)及认识(识),从整体来说分为两类:一是物质性的"色",二是精神性的"心"。其中,身体又是由"四大"(地、水、火、风,这些都是隐喻)构成,基于这种对人的基本假设,佛家对人的身体判断是四大皆空;而心也是因环境而生,由因缘和合而生,并无实体,所以也是空。因此,人的"心性本净"。

根据对佛家基本教义的认识程度,佛教将众生分为从迷悟到凡圣十个等级(十法界):地狱法界、饿鬼法界、畜生法界、阿修罗法界、人法界、天法界、声闻法界、缘觉法界、菩萨法界和佛法界。一般来说,佛教将前六项称为六凡,后四项称为四圣,合称为六凡四圣。从现代观点看来,这些代表着不同人的类型,比如阿修罗是大力神,易怒好斗;饿鬼代表着贪得无厌、不讲规则的人。前六凡中只有"人"能够止息烦恼、修行积福,成功实现逆袭:从凡到圣。佛教对人生的认识主要是一切皆苦,即认为人对于外界环境的普遍感受是"苦"。尽管人有"四喜"——"久旱逢甘露,他乡遇故知。洞房花烛夜,金榜题名时。"但佛家认为这些喜乐是短暂的,人有旦夕祸福,事物是变化无常的。苦的根源是由于生命的开端是生,无生便没有苦,因此人要超越生死,进入佛国。佛家认为支配人生发展的同样是因缘,即有因必有果,有果必有因,这是支配世界的铁律。佛家的人生理想是"涅槃",即熄灭烦恼,进入寂灭无染的境界;佛家的社会理想,亦是该思想体系的核心价值"净土",佛家致力于净化人间,希望将娑婆秽土转化为清净国土,实际上就是与现实世界相反的理想世界。

基于这些基本的信念和价值导向,佛家要求的行为规范主要是"戒定慧"

三项训练。修戒是为了完善道德品行，修定是致力于内心平静，修慧的目的是培育智慧。还有些经典著作将之细分为正见、正思维、正语、正业、正命、正精进、正念和正定。这些都是为了拔除烦恼，实际上所谓修戒就是为了拔除行为上的烦恼，修定是为了拔除困惑性的烦恼，而修慧是为了防止潜伏性烦恼的出现。佛家还有六度之说：除了戒定慧之外，还增加了布施、忍辱和精进。所谓布施就是救助他人，涉及个人与社会的关系；忍辱是忍住各种痛苦，有利于身心安定，以便成佛道；精进要求毫不懈怠地坚持修行，努力上进。

佛家主要关注个体自身的修身养性，治理社会的基本逻辑也由此推出，侧重于"治心"。学者董群认为，佛教首先重视的是"治理者"自身的内心，即先治己心，后治他心。儒家要求君子要"自强不息"，佛家则认为内心清净是一个觉者的重要特征。作为社会管理者，佛家为人颁布的戒律是不杀生、不偷盗、不邪淫、不妄语和不饮酒。不杀生意味着要施行仁政；不偷盗意味着公平地获取财富，视为义；不邪淫意味着对人尊重，遵守礼法；不妄语代表着不自欺欺人，是信的一种表现；饮酒易损智慧，所以不饮酒代表着智慧。佛家从具体否定性方面规定和补充了儒家的仁义礼智信的规范，从逻辑上来说佛家能够经过变形和适应性演变，融入中国文化并非没有根据。另外，由于佛家的视野很开阔，还从天的标准要求比五戒更高的十善：不杀生、不偷盗、不邪淫、不妄语、不两舌、不恶口、不绮语、不贪、不嗔、不痴，"不贪、不嗔、不痴"要求人类要善待自然，不要迷恋财货，要求统治者注重自身修养，不要过于贪心、愤怒和钻牛角尖。

佛家的基本逻辑是以戒治理社会。"世尊告曰：我涅槃后，以戒为师，断一切恶，修一切善。"实际上这是僧团治理社会的模式。佛家将戒律分为两类：鼓励的行为称为作持戒，不鼓励的行为称为止持戒。现代一些佛学大师（例如星云大师）强调"有佛法就有办法"，其实就是强调破除自我偏见，防止极端行事，也就是佛家常说的中道。中道实际上是一种隐喻，相比道路有左右而言，还有中间，这也与我们倡导的三元知识论从内涵上来说是一致的。释迦牟尼认为应当"离于二边说于中道"，例如，在修行过程中，中道与远离苦、乐两边一同出现，称为"苦乐中道"。

2.4 西方之理念 民主与科学

西方资本主义思想与理念在西方国家从萌芽到成熟经历了一个漫长的过程。虽然中国传统社会产生过资本主义的萌芽,现代资本主义无论从思想上还是在实践中,均发轫于生产相对过剩的消费社会。大多数的资本主义理论家所倡导的理念是建立在对当时资本主义生产方式的观察或反思基础之上的。从经济学角度来看,斯密、李嘉图、凯恩斯、哈耶克是资本主义思想的主要代表人物。尽管这些理论家对资本主义的定义和阐释逻辑各不相同,然而他们对资本主义的大致描述是一致的:生产资料归私人(也称资本家)所有,经济决策是根据市场变化决定的,交换和贸易以协商的契约方式达成。资本主义的进步性在于承认私有制,鼓励市场经济竞争,而且确实促进了社会经济的进步。这里面有一个重要的价值观是,普通百姓的利益不能随意遭到侵犯与剥夺,价值来自资本与生产而非封建君主世袭(往往建立在暴力掠夺的基础之上)。这应该是社会的巨大进步!资本主义的基本信念是,每个人都可以根据市场信息变化进行有利于自己的理性决策,而不是需要按照政府的命令去做(这样往往带来寻租腐败)。由于资本主义的含义很复杂,很多人使用的意义也不一样,我们在阐述资本主义思想时,主要讨论西方资本主义的民主政治和科学精神这两种理念及它们为社会所带来的活力。资本主义的其他理念,我们将会在后续的章节中继续探讨。

西方资本主义的理念根源于其政治经济文化传统,而西方的文化传统来源主要有四个部分:古希腊的理念论和民主论,古代犹太民族的信仰论及古罗马的法律体系。其中,理念论后来跟实验哲学相结合,形成了现代自然科学哲学的指导思想。

五四运动倡导两位洋先生:德先生和赛先生。德先生是 democracy,意为"民主",所谓"民主"是指民主思想和民主政治;赛先生是 science,意为"科学",所谓"科学"是指近代自然科学法则和科学精神。也就是说,五四运动的先贤们认识到中国缺乏的是政治层面的民主和思想层面的科学精神。

民主一词来源于古希腊,其原始含义是"由人民统治"。在雅典时代,将统治权力交给城邦中的多数人称为民主；将权力交给单一个人，称为独裁；交给少数人，则称为寡头统治。英国最早实行现代意义上的"民主制度"，英国的《大宪章》限制了国王的权力；1688年光荣革命后，国会权力逐渐增加；到了维多利亚时代，英王基本上变成有名无实的虚位了。

美国在立国后即建立了美式意义上的民主治理框架，法国的政治学家托克维尔在考察了美国的民主制度后，写下了影响一百多年的历史巨著《论美国的民主》，其中有一段论述说，"17世纪初在美洲定居下来的移民，从他们在欧洲旧社会所反对的一切原则中析出民主原则，独自把它移植到新大陆的海岸上。在这里，民主原则得到自由成长，并在同民情的一并前进中和平地发展成为法律"。在这里，托克维尔强调了美国式民主产生的特点和理念，这些理念在旧大陆由于存在旧式贵族统治历史包袱无法彻底实施。其实，影响美国政治和文化最为深远的哲学家是洛克，其基本主张是要捍卫人的生命、自由和财产权。他第一次系统阐述了宪政民主的内在逻辑，痛斥君权神授的观念，他的巨著《政府论》说明政府的统治为何来自人民的同意，人民成立政府的目的是保护自己的自然权利，当政府所作所为与这一目的背离时，人民有权采取暴力手段将之收回。洛克支持社会契约论，每个人的自然权利是平等的，每个人行事不得干预他人，他还主张把政治权力分为立法权、行政权和外交权三种，并认为立法机关应当高于行政机关，防止专政。美国现在的"民主"政治制度，仍然是以洛克的基本理念为内核的，只不过在范围和形式上根据时代变化变得更加具体和庞大而已。

美式民主其实是将自己的条件与欧洲传统的民主理念相结合，形成的一种独特的社会治理模式，并非没有边界和前提。后来美国称霸世界的时候，很多美国政客热衷于将美式民主作为民主的标准形式在全世界到处推广，没有产生期望的效果，有时候甚至事与愿违产生了很多悲剧。泰国实行了美国式的民主，实践了80年，也动荡了80年。军人政府、民选政府走马灯式地轮换，唯一不变的是国王，国王成了国家最稳定的权力中心，可皇权稳定了，"民主"并没给国家带来稳定。泰王普密蓬在位60多年，泰国竟发生20多次政变。法律规定，行使自己的民主权利必须限制在法律框架之内，于是政客就利用一切空子，玩修改宪法的游戏。在过去的70多年里，泰国先后18次"改宪"，颁布了18部宪法，平均4年1部。

西方能够津津乐道的是亚洲的一个大国印度实行西式民主，而事实上印度实行的是结合本国国情的种姓等级民主。大约有20%的印度人，一出世就属"贱民"阶层，被排斥在印度主流社会之外。他们的社会地位最低，最受歧视，多数人生活贫困，绝大部分为农村贫雇农和城市清洁工、苦力等。种姓等级与民主平等原则根本相背离，可印度实行的民主就建立在严格的种姓等级之上。这种舶来的西方民主，难以颠覆根深蒂固的种姓制度。又如，日本虽然被美国强加上了一人一票的宪政民主，似乎是君主立宪制的国家，但天皇的精神作用，大于任何君主立宪国家皇帝的作用。一个不可忽视的事实是，日本的政客基本都是世袭的，是披着投票外衣的世袭。只要你查查日本国会议员名单，就会发现有影响力的议员，其爷爷辈和父辈也多是议员。现任首相安倍家上溯三代都是首相、内阁大臣。实行民主照理应该让一个民族睿智，可日本一些人对历史毫无反思能力，当年像疯狗似地到处侵略，到处杀人，至今都不知认罪，简直无耻之尤！

五四运动的另一面大旗是科学，按照维基百科对于科学的描述，科学是这样一种探索世界的方法：近代的科学，旨在理性、客观的前提下，用知识（理论）与实验完整地证明出的真理，是指以培根倡导的实证主义，伽利略为实践先驱的实验方法为基础，以获取关于世界的系统知识的研究。

按照知识整体论的观点，科学是一种系统化的理性知识，主要特点是经过反复验证而形成的系统化和公式化了的一组概念。科学的表达形式的特点是数据计算、文字解释、语言说明、形象展示的一种总结、归纳和认证。尽管科学不是探索世界的唯一表达形式，但科学被认为是比较公允的探索形式。科学也是一种信念，即把信念建立在假设验证的基础之上。科学是建立在事件发生都有其原因的前提之下，人类可以通过受控的观察去探索这些原因。虽然科学的根据是建立在经历性的经验基础之上，但科学最重要的特征是通过逻辑与推理脱离这些经验材料，从而形成更广阔的领域的知识。由于任何人都可以进行经验观察，通过重复实验发现结论和数据是否正确，科学从而为人们提供了一个判断信念正确、优劣与否的程序。科学不仅仅是系统化的知识体系，也是探索世界、追求真理的精神与方法。中国传统文化中实用主义的哲学思想在很大程度上制约了知识体系的系统化。

科学的解释与权威解释不同，科学理论要求"表述越少表达的事物越多越好"。理论为经验和数据提供了一个系统化和有序化的框架,并且使人在经验之前就能够做出一个预测。因此,科学的理论具有组织和预测功能,这种功能也被人称之为描述和解释。描述侧重于归纳,而解释则侧重于演绎。到底是归纳法还是演绎法更优?科学界虽然没有定论,但有一点是可以肯定的,演绎与归纳都是科学知识探索的思维方法,都有其边界和前提。有些经验数据是无法收集的,科学观察总是在一定情境下进行的,归纳性的经验总会有局限,而有些概念的组织和预测结果也可能是无法恰当表述出来的的。根据知识整体论理论,任何知识的获得都是在一定的信念假设基础之上的,每种前提信念都各不相同,人们对于形成知识的方法可能也存在差异。科学知识的最大特点是能够为技术提供框架和解释,并推动技术的发展,而技术则能够增强人类改造世界的能力。西方资本主义在科学理论的指导下,多次出现僵而不死、涅槃重生的故事。

  资本主义解放了生产力,在人与人之间的竞争关系通过民主法治制度确立以后,人类征服自然的能力因科技发展而空前提高。陶醉于泱泱大国的东方帝国在鸦片战争中遭遇来自西方的冲击,最早的反思也是科学技术落后,因为西方的坚船利炮让清军吃尽苦头。其实,中国利用西方先进的科学技术早在明朝就开始了。明朝的徐光启就曾经引进西方的火器技术,即红夷大炮来抵御清军,他从澳门获取大炮并聘请操作火炮的操作手,然而不久就被免职。在宁远大战中,袁崇焕用红夷大炮将清军击溃,努尔哈赤也在此战役后死掉。皇太极发现红夷大炮厉害,就到处弄红夷大炮,清军利用汉族那些会操作红夷大炮的人领着十多万铁骑横扫中原。如果没有红夷大炮,清军很难在这么短的时间内平定中原。孔有德、吴三桂、耿仲明、尚可喜这四个异姓王都是炮兵出身,军队还有葡萄牙军事顾问进行训练。康熙在扫平三藩叛乱过程中,又让传教士来造炮,最终击败三藩。随后清朝一统天下,统治者逐渐对科学技术采取排斥的态度,闭关自守、夜郎自大,最终导致中国科学技术全面落后,鸦片战争后才发现自己其实很虚弱。从此之后,中国又开始重视科学技术的发展,但往往只是学一些技术皮毛而不深究科学理论,例如洋务运动只学造枪炮和造船技术,轻视操作原理。五四运动虽然高举科学大旗,取得一定效果,但受制于当时的条件,并没有真正推行下去,没有从思想理念和方法论等根上解决科学发展的问题。中国真正重视科学技术教育还要等到1978年的"科学的春天"之后。

1988年9月，邓小平同志根据当代科学技术发展的趋势和现状，提出了"科学技术是第一生产力"的论断。习近平主席也强调，科技兴则民族兴，科技强则国家强，要结合实际坚持运用我国科技事业发展经验，积极回应经济社会发展对科技发展提出的新要求，深化科技体制改革，增强科技创新活力，集中力量推进科技创新，真正把创新驱动发展战略落到实处。

中法战争中国不战而败的现实及甲午战败刺激了国人。当时很多人认识到仅靠学习西方的技术尚不能强国富民，还要学习西方的民主制度，即还需要处理好内部的人与人之间的关系以激励人们的积极性。于是戊戌变法和清末新政，以及同盟会建立民国等政治实践活动纷纷登台。这些都是朝向民主政治、限制个人专制的努力，有的力度大一些，有的力度小一些，但是这些运动大抵没有成功。中国近代变法失败的原因有很多，其中非常重要的一点是忽视了人们的思想理念，即活性知识的转变。另外一条重要原因是变法的主导者往往不顾中国实际而照抄别国民主模式，即忽视理想、现实与理性之间的动态平衡。无论如何，辛亥革命标志着皇权在中国两千年的权威统治彻底扫地，而民主政治的思想在中国扎根发芽。党的十九大报告旗帜鲜明地表达了中国共产党坚持走新时期中国特色社会主义政治发展道路的信心与决心。中国社会将更加注重改进党的领导方式和执政方式，更加注重健全民主制度、丰富民主形式，更加注重发挥法治在国家治理和社会管理中的重要作用。

中国社会还需要继续推进社会主义民主，发展科学技术。五四运动以后，民主与科学概念虽然深入人心，但民主与科学所适用的领域也是有前提和基本假定的，如果没有认清这些前提，可能就会产生一定混乱。例如，一些人对于新加坡的奇迹感到不可思议，认为威权统治下的新加坡竟然与西方市场经济结合起来效果不错令人不解。事实上，新加坡实行的是国家意志为中心的民主体制。西式民主是建立在个人主义价值观基础之上的，其特性就是要体现个体的自由度。而在新加坡实行的民主，几乎就是处处体现国家意志，结合了本国的国情。再者，科学技术只是理性知识的一种表达，而民主也是西方的一种价值观念，价值观念只是活性知识的一种表达。有效的社会治理是将理性知识与活性知识有机匹配起来，而非对立起来。对于在发展过程中所遇到的很多悖论，我们要分清理性知识、感性知识及活性知识的基本假定、边界及其前提，同时也要注意它们之间的转化。这样，我们可以更加全面综合地应用社会治理方式，避免一些明显的独断和无意义的争论。

2.5 社会主义兴　革命为公平

中国近代社会经历了外族入侵的屈辱，面对"千年未遇之变局"，传统的思想理念开始分化。社会各个阶层以各自的基本信念及其价值导向提出了改变这种现状的思考和方案。例如，开明地主及士绅大臣开展的洋务运动。他们的基本信念是中国战败是因为没有坚船利炮，所以打不过西方列强，国弱民穷。因此，他们的主要价值导向是"自强""求富"，他们的一系列行为策略是重点发展引进西方军事装备、机器生产和科学技术。但是，拥有亚洲第一海军舰队的大清王朝却败于弹丸之国日本，引起了朝野强烈的震撼。另一些资产阶级士人发现，如果不改革政治体制，即使是船坚炮利，也难以自强求富，因此发动了维新变法运动。但维新变法运动过于照搬西方制度，没有结合实际情况，发起运动仅仅依靠一些精英阶层，无法发动和教育百姓，最终以宫廷政变的悲剧收场。同样，农民也形成自己的朴素的救国方略，例如太平天国运动和义和团运动。学界和社会舆论对于太平天国运动的性质有很大的争论，但无论如何，其本质是农民这一底层阶层要求改变现状的激烈运动。太平天国运动的基本假定是清政府腐败无能导致外国入侵，因此太平天国的价值导向是推翻清政府，实现建立地上天国的目的。然而，太平天国集团内部冲突严重，又没能正确对待知识分子和传统文化，再加上清政府与国外势力联合攻伐，直接导致这场农民运动失败。孙中山先生领导的资产阶级革命直接推翻了清政府的统治，但却陷入了军阀割据的混乱状态。资产阶级的基本假定是清政府阻碍了中国资本主义的发展及经济发展，中国沦为列强瓜分的对象。他们的价值导向也很明确："驱除鞑虏，恢复中华，创立民国，平均地权。"虽然民主革命推翻了帝制，建立了民国，但并没有能带领中国走向统一和独立，没有能引领中国走上富强的康庄大道，原因很复杂，归纳起来有四条：一是幻想帝国主义能够支持民国政府；二是没能很好地解决农民的土地问题，农村的农民没能真正被凝聚起来；三是依靠军阀力量，但武夫治国总是多变，没能形成统一的强悍力量对付外族入侵；四是同盟会是一个松散的组织，内部成员政见分歧很严重，很难形成统一的领导核心力量。

中国共产党顺应历史潮流,带领中国走向独立和富强。中国共产党成立之初就对中国落后的原因做了一个吻合事实的基本假定:帝国主义、封建主义及官僚资本主义是导致中国落后的基本原因。帝国主义的入侵使得我国有亡国灭种的危险,封建主义导致农民缺乏基本的土地等生存资料,官僚资本主义形成垄断降低经济效率、阻碍民主与进步。中国共产党在革命时期的理想和追求就是推翻这"三座大山",从而实现中国的独立和富强;价值导向也是十分清晰的:解决农民和土地问题,让工人和农民翻身得解放。为了实现民族的独立和复兴,党的一大就建立了强有力的先进组织:中国共产党,随后中国共产党的组织体系也随着形势改变逐渐完备。虽然党的主要领导者几经变更,革命道路艰难曲折,历史经验证明社会变革的指导思想必须符合中国国情。在以毛泽东为首的中国共产党的领导下,中华人民共和国于1949年成功建立,中国新民主主义革命取得了胜利。毛泽东揭示的中国革命胜利的三大法宝,恰恰反映出中国共产党人找到了中国革命的客观规律,处理好了三个重要关系:统一战线(与其他党派的关系),武装斗争(与中国社会和自然的关系),以及党的建设(与自身的关系)。随后实施的社会主义改造让中国变成了一个社会主义国家,使中国人民站了起来;改革开放之后的一系列经济建设政策和措施,使中国人民逐步富裕起来;新时期的各项转型措施,使中国毫无疑问地强起来,民族复兴大业可期。

社会主义是中国的立国之本,对整个社会的影响是整体性的。因此要探讨未来中国社会的发展,必须梳理清楚社会主义的思想体系。社会主义一般分为空想社会主义和科学社会主义两个历史时期,这两个时期的观念体系差异较大。空想社会主义(utopian socialism)的准确译文是"乌托邦社会主义"。1516年英国人托马斯·莫尔撰写了一部《关于最完美的国家制度和乌托邦新岛的既有益又有趣的金书》著作,成为空想社会主义的先驱。乌托邦是莫尔根据当时英国社会现象的想象,是一个完全理性的共和国。19世纪早期,法国的圣西门(空想社会主义的创始人)、傅立叶(空想社会主义的领导者)和英国的欧文成为空想社会主义的代表人物。尽管空想社会主义者的观点可能存在不少差异,但他们设想的社会主义或共产主义社会的主要特征都包括公有制、人人劳动、按需分配等要素。

马克思、恩格斯从对资本主义主导下的各种经济、社会、政治、文化进行明辨性批判入手，构建了社会主义基本理论内涵。马克思主义对待世界的基本假定是建立在辩证唯物主义和历史唯物主义的基础之上的。西方哲学认为世界主要由客观事物和主观精神所构成。马克思主义则认为实践是认识世界和改造世界的桥梁。康德以来的德国哲学研究的对象是思维和思维能力的关系，分歧在于到底是从思维看待思维能力，还是从思维能力看待思维；培根以来的英国经验主义实际上仍是这条思路，也是在研究观念与观念能力的关系。经验主义的核心认为经验是人的一切知识或观念的唯一来源，虽然人的经验并不是客观世界，还是涉及主体的人的经验。在科学研究领域，他们往往是提出理论，然后具体化为可以检验的假设，随后进行验证。他们往往将数字作为检验理论的最终标准，例如将气温是高还是低的某种判断变成可以量化的数字。事物被视为先验存在并且具有孤立性，构成事物的基本元素并没有改变，只是构成事物或推动事物发展的结构、比例或形态发生了变化。正是由于这种理念，人们要么陷入机械主义，要么陷入主观主义。马克思主义在承认思维与思维能力的基础之上，从更深层次上明晰了"思维与存在"的关系，恩格斯曾经这么总结："全部哲学，特别是近代哲学的重大基本问题，是思维和存在的关系问题。"思维与存在的核心并非局限于笛卡尔式的我思故我在，而是看到了人的实践特殊性。以人类实践作为整个唯物主义世界观的基本出发点，人类实践所创造的结果正是人类社会的历史。可以说，历史唯物主义是贯穿马克思主义整体理论的主线。历史唯物主义的核心是剩余劳动成为推动历史发展的原动力。一方面，只有人类有了剩余劳动，战俘才不会被杀掉，而是被当作一种财富，人类才能从原始社会进入奴隶社会；另一方面，有了剩余劳动，社会大分工才有可能，而社会分工的出现又在某种程度上提高了生产效率，促进了剩余劳动的积累。随着剩余劳动的积累，社会财富和社会形态发生了复杂的变化：从奴隶社会经由封建社会进入资本主义社会。到了资本主义社会，对剩余劳动的积累从实物层面上升到货币层面，资本主义追求剩余劳动转化成为追逐剩余价值。在资本统治的时代，资本追逐剩余价值主要有三种逻辑层面：一是最大化地追逐剩余价值，也就是追逐利润的最大化。如果新价值既定，那么资本家分割的剩余价值越多，工人分割的劳动力价值就越少。二是资本家需要有"禁欲"精神，将大量的剩余价值转化为资本，实现剩余价值转化成为资本的最大化，就像滚雪球一样，不断地增长。三是在社会竞争层面，资本的积累不仅仅依靠单个资本的积累，还往往通过竞争、合并、重组、杠杆等形式加速资本积累。

马克思并不反对资本对于经济增长的贡献，他认为资本主义战胜封建主义是一次历史性的进步。然而，在资本主义的主导之下，对于新价值的分割存在各种各样的不公正，这些不公正现象需要得到纠正。最近，法国经济学家托马斯·皮凯蒂在《21世纪资本论》一书中同样将此视为重要批判对象，他认为，不平等是在几代人的时间中积累下来的，短期的选举政治难以对付；此外，如今富人富可敌国，政府大都囊中羞涩，无力进行再分配。连续13年成为《福布斯》全球富翁榜首富，连续20年成为《福布斯》美国富翁榜首富的比尔·盖茨也承认，某种程度的不平等是资本主义内在固有的。

资本的第一层逻辑预示着资本家与工人的对立，隐含着工资增长率难以与资本增长率相匹配，这也是法国经济学家托马斯·皮凯蒂论证的逻辑起点，他通过统计数据的分析得出资本的收益率（r）会超过经济增长率（g），资本得到的会越来越多，贫富差距会越来越大。资本收益率超过经济增长率这一现象，不仅意味着资本与劳动力存在对立，同时意味着他们通过商业竞争或其他隐蔽形式夺取了土地、资源等其他主体应得的新价值。通过股市泡沫和资产泡沫的形式，资本掠夺了大量社会财富，一些人的养老金在财富浩劫中丧失殆尽。当危机危及资本主义时，被资本家控制的政府往往采取大量有利于资本家的救市政策，像美国和日本是直接采取量化宽松的政策，对资本进行直接救助。

资本的第二层逻辑预示着资本家必须不断将利润转化成为资本才能生存。这种逻辑被视为资本家获取财富的内在源泉，曾经为资本的积累进行了较为有力的辩护，即认为资本的积累主要是由于资本家的勤劳和节俭而形成的。韦伯在《新教伦理与资本主义精神》一书中所设定的逻辑起点其实就是清教徒的禁欲主义。韦伯认为"天主教徒的雇工显示出一直留守在手工业里的强烈愿望"，这些人大多成为"师傅""工匠"，这些人的禁欲其实是入世的禁欲主义，主要是道德意义上的禁欲，主要是控制自己对于财富的占有的欲望；而"基督新教徒则相对流入工厂"，这些人被称为出世的禁欲主义者，他们强调为上帝工作和积累财富，而不是享受。从这一点来说，这种逻辑确实暗合了将剩余价值转化成为资本的内在积累事实，这种事实对于早期的资本主义发展来说有着重要的意义。尽管西方资本主义早期通过奴隶贸易和对外掠夺有了大量的原始积累,这是不可否认的事实,但发端于英国的资本主义积累,清教徒的精神确实为资本化提供了持续的精神源泉。韦伯将以增加资本为目的的个人努力看作一种尽职尽责的活动,当劳动本身成为目的,个人努力被看作一种伦理责任,这也是一种天职。在这种逻辑的支配下,资本积累不断增大,资本所生产的商品不断增多,而社会消费却由于有限的消费能力和禁欲精神的出现无法消化过多的商品,形成了资本主义的"过剩危机"。每隔一段时间,西方资本主义国家就会爆发一次过剩危机,这正是马克思所揭示的第二层逻辑的生动证明。

  资本的第三层逻辑意味着资本积累过程实际上竞争很激烈也很残酷。马克思在《资本论》中预言积累过程中存在资本日益集中的趋势,"竞争的结果总是许多较小的资本家垮台,他们的资本一部分转入胜利者手中,一部分归于消灭。除此而外,一种崭新的力量——信用事业,随同资本主义的生产而形成起来。起初,它作为积累的小小助手不声不响地挤了进来,通过一根根无形的线把那些分散在社会表面上的大大小小的货币资金吸引到单个的或联合的资本家手中;但是很快它就成了竞争斗争中的一个新的可怕的武器;最后,它变成一个实现资本集中的庞大的社会机构。"现代西方社会,金融资本统治世界,他们利用各种各样的资本市场加速了资本集中,形成了一个个超级公司,社会资本越来越集中到少数几个行业或公司之中,有些公司富可敌国。2014年的一份报道指出,苹果市值甚至已接近整个拉丁美洲及EMEA(欧洲、中东及非洲三个地区的合称)上市公司之和,这一市值比阿富汗和伊拉克GDP之和的两倍还多。此外,据相关数据统计,截至2014年4月,苹果坐拥950亿英镑现金储备,是英国国库的2倍,德国国库的4倍。另一个大鳄是三星,截至2014年5月,三星年销售额占韩国GDP的近百分之二十。此前在2011年,其雄厚的经济实力还一度引发了商界和政界的不安,也难怪《华盛顿邮报》会以"韩国三星共和国"为标题报道三星帝国。通过兼并重组和吸收公众资本的形式,这些公司帝国超越了领土的概念,成为了超级庞大的怪物。当然,我们不能否认超级公司的经济贡献,但是这样的超级公司的出现会存在大到不能倒的状况,将直接绑架整个社会经济。同时,其特殊的垄断地位会给经济带来无效率和不公正。

社会主义正是建立在对资本逻辑主导的社会批判的基础之上的，马克思和恩格斯的社会主义（很多情况下等同于共产主义理念）更多的是对未来社会的一种原则性构想。恩格斯指出，"所谓的社会主义，不是一种一成不变的东西，而是和其他任何社会制度一样，要把它看成经常变化和改革的社会"。《共产党宣言》代表了马克思和恩格斯对于未来社会的设想，基本思想是否定私有制，取而代之的是公有制；强调社会是分阶级的，阶级斗争是社会进步的手段，要通过无产阶级革命建立无产阶级专政。共产主义者认为未来所有阶级社会最终过渡到"各尽所能、各取所需"的共产主义社会后，人类社会的意识形态将进入高级阶段。

列宁将共产主义思想变成了一个超级国家的指导思想，十月革命建立了苏维埃政权，同时也影响了中国共产党。列宁去世后，斯大林在苏联建立了集权模式，其中最重要的经济思想是建立国家所有制占绝对优势的所有制，实行指令性的计划经济，在部门管理上也高度集中，优先发展重工业和军事工业。

中华人民共和国建立后，中国的经济模式逐步采用高度集中的计划经济模式，在模仿苏联模式的基础上，也有自己的创新。计划经济的核心是生产什么、怎样生产和为谁生产这三个问题由国家决定，计划经济的基本假设是决策者能够掌握大部分的信息并有能力做出正确的抉择。现在很多人批判计划经济，但计划经济也确有其优势：一是经济相对稳定，不受经济周期影响，很少发生通胀、泡沫及恶性竞争；二是在自由放任的经济条件下，会产生各种不确定性，而政府从一个整体的管理者角度对经济进行计划和设计，一些危机发生的概率就能够降低。计划经济还有一个优先发展某种基本的产业，从而产生集中力量办大事的特点。一般来说，在计划经济条件下，社会福利能够得到相对公正的分配。

计划经济的弊端也是不容否认的：一是由于决策者确实无法洞悉全部的信息，因此有可能产生决策偏差，使得资源配置产生无效率；二是由于决策者完全是由政府确定的，所以缺乏竞争，也缺乏明确的产权，激励机制不完善，因此缺乏积极进取的内在动因；三是个人无法参与经济决策，牺牲了个人的决策自由；四是会产生寻租、不公正和腐败现象。但最主要的弊端是导致经济发展缓慢，而且随着经济形态越来越复杂，越来越不好管理，也无法采取有效的激励措施。

改革开放后，中国建立社会主义市场经济体制，计划经济中有益的部分得以部分保留。一些学者批评计划是政府干预市场，但随着信息技术的发展，人们获取和处理信息的能力越来越强，做出正确决策的可能性也在增大。因此，在实施市场经济的过程中计划仍然是不可或缺的，而且逐渐形成了自己的优势。总之，需要说明的是中华人民共和国成立以来虽然在发展道路上遇到各种各样的曲折，有的甚至是像"文化大革命"和"大跃进"这样的灾难，但是我国综合国力的提升显示了社会主义的强大生命力。社会主义国家体制的一些优越性，如集中资源办大事、举国之力做大项目、老少边穷地区脱贫致富，在国家的发展中得到了充分的体现。历史上"两弹一星"的辉煌，以及当代中国高铁的独领风骚，毋庸置疑地说明了社会主义的活力。当然，对于究竟什么是社会主义，理论工作者并没有形成统一的认识，尚在积极探索，许多实际工作者或许还会感到迷茫和困惑，这些都是本书的后半部分要探讨的。但是至少有一点是可以肯定的，中国社会要不要走社会主义道路？什么是中国特色的社会主义？中国特色的社会主义建设，如何借鉴和吸收中国传统文化思想和西方资本主义的精华？……这些问题与我们的基本信仰、核心价值观及所处的特定环境与历史发展阶段有着不可分割的密切关系。

本章小结

虽然历史上的各种思想学说远没有科学知识体系那样周密严谨,但是思想是人类知识的基本构件与活力源泉,没有思想的知识体系往往是缺乏活力、枯燥无味的。中国自古以来的社会治理思想就是多元动态的,适应了特定时代的经济条件、内部需要及外部挑战。尽管儒家思想长期占据意识形态的主导地位,但其他学术思想,例如道家、法家、佛家及各种民间文化、各民族的地域文化依然在各自领域起到重要作用。近代以来西学东渐,以儒释道为主的中国传统思想虽然逐步走下神坛,但仍然为广大民众所接受并发挥着有益的作用。共产党领导中国革命取得胜利之后,社会主义思想占有统治地位。改革开放之后,我们实事求是地对待传统思想文化及资本的逻辑与合理价值,迎来了四十年的经济大腾飞。作为人类思想体系的重要组成部分,中国传统文化、社会主义及资本主义思想,诞生在特定的情景,在不同的历史时期和条件下产生了推动社会进步的巨大活力。近代中国社会转型与变革主要受到这三种思想的影响,我们在本章中具体分析了它们的基本假定、价值导向及行为意向。正确理解这些人类文明产生的经济条件与社会背景,包括这些思想体系的优势和内在局限性,可以避免偏颇,为社会变革提供坚实的思想基石。

3 文化的魔力

　　文化就是一群人为了应对外部环境、整合内部秩序、构筑精神家园而共享的社会知识。

——杨百寅

人类知识与思想体系是文化的一部分，文化因而是一个更加广泛的概念，在探讨不同社会治理思想时是不可能回避的。一般来说，广义的文化不仅包括思想体系、知识体系、信仰体系、价值体系、行为意向等精神层面的社会要素，还包括行为习俗、饮食习惯、政治法律、建筑特征、行为规范等器物层面的要素。精神层面的文化要素属于深层次，并不直观；而器物层面的文化要素则相对容易观察到。文化一词较早出现在《易经》中，"贲"卦的《象》辞中说："刚柔交错，天文也。文明以止，人文也。观乎天文，以察时变，观乎人文，以化成天下。"在古人的眼里，人文具有教化功能，让人遵守规则，最终将之推广到全天下。英文中的"culture"是从拉丁文"cultura"一词演化而来的，系动词"colere"派生而来，原意是耕种、培养。与"culture"对应的是"nature"，因此，在西方语境中文化主要是与自然相对的人为活动，原始的"耕耘"语义也逐步扩张到精神、社会及教育等领域。

学术界关于文化的定义非常多，其中具有综合性的权威定义是人类学家克鲁伯和克拉克洪在《文化，关于概念和定义的检讨》一书中提出来的："文化由明确的或含蓄的行为模式和有关行为的模式构成。它通过符号来获取和传递。它涵盖该人群独特的成就，包括在器物上的体现。文化的核心由传统（即历史上获得的并经选择传下来的）思想，特别是其中所附的价值观构成。文化系统一方面是行为的产物，另一方面是下一步行动的制约条件。"在这里，这两位美国人类学家实际上将文化视为群体在历史上形成的一套有关指导生活和生产的系统符号。

康德认为文化是社会价值之所在，在《历史理性批判文集》中他首先描述了人类的两种倾向：一种是人具有使自己社会化的倾向，另一种是要求自己单独化的倾向。前者使得人类感到自己不仅仅是自然人，而且是社会人；后者是人想要按照自己的意思摆布一切，这种倾向可能成为他人的阻力，正是这种非社会化的倾向使得人类的自然禀赋得到发展，得以脱离野蛮进入文明时代。当然，现代组织行为学的一些理论发现，使得自己社会化的倾向实际上是一种从众效应，人们倾向于改变自己的行为以符合组织的规范，这是增强凝聚力的一种方法。康德所谓的单独化倾向实际上是以自己为中心的倾向。它带来了很多灾难，但同时又是驱使人们重新开始的推动力量。文化使得这种力量逐渐合法化、合理化，并强化成为西方主导文明：对个人欲望的满足恰恰推动了资本主义的发展。资本主义发展的一个重要后果是，不仅仅依靠宗教、道德、法律的力量来治理社会，还应当激发人们的欲望，让人们的欲望推动社会发展。

在科学产生之前，大多数的民族是通过神话的形式来理解世界。神话解释了那些不能解释的现象，对族群内部成员的心理焦虑是一种抚平，通过巫术和仪式使得某种问题得以"解决"，或者使得某种无法预知的未知恐惧感得以消除，确实促进了文明的进步。很多科学艺术都是从神话中诞生出来的，譬如西方的炼金术是化学的原始形式。18世纪开始，宗教或神话对世界解释的说服力下降，人们开始要求更为准确的解释，文化的基本范式也发生了重要转型。传统社会是基于农业文明的，人与人之间的交往比较狭窄，且频次较低，文化创造或改革比较缓慢；现代社会交往非常频繁，且出现了网络交际工具，新创造的文化词汇不断涌现，不仅在语言上丰富了文化符号，而且对人们的实际生活和工作产生了重大影响。

3.1 文化与教化 社会性知识

知识在个体层面可以分为理性知识、感性知识及活性知识，这三种知识在群体层面表现出来就构成了文化现象。这也就是说，文化就是一群人共享的社会知识，为了应对外部环境、整合内部秩序、构筑精神家园。正如知识可以分为三类，对应的文化内核也有三类：第一类是丰富的感性文化层面，它是文化现象层面，表现为一群人共同遵守的行为规范与行为意向。比如，中国有些地方的宴席或稍微正规一点的场合的座席有一定的讲究，主人坐哪儿、主宾坐什么位置都有一定的规矩。对于这些现象层面的系统化解释和应用，就构成了第二类文化内核——理性文化层面。理性层面要解决的是将异质性的现象层面统一化、规范化，并形成一个可以前后一致且合理的体系。这一类的核心是基本信仰。然而，文化的理性部分毕竟是有边界的，对待一种文化现象可能有多种解释，也可能存在难以解释的部分。于是，第三类文化内核——活性文化层面就发挥了关键作用，活性成分就是核心价值观。它决定着文化的意义与发展导向，并具有选择的弹性。文化的活性部分实际上反映了一个群体的文化想要活下来的潜在需求，即对重要性、价值性的共同认识。例如，当一种文化内部出现激烈对立，而且通过理性化的调节也无法继续发展下去，文化变革可能就会出现，人类为了活下去可以选择改变行为方式，文化要想延续下去也需要改变既有的文化模式。

文化作为一种借以生存与发展的模式，对人类社会的影响也是系统而全面的。曾八次出任部长的法国著名学者阿兰·佩雷菲特在其《论经济"奇迹"》一书中鲜明地指出，"文化因素的影响是不是导致经济进步或经济落后、政治危机或政治平衡的一个原因呢？文化因素当然不是唯一的原因，但文化因素是决定性的原因"。

文明的冲突在于这三个文化构成要素之间的冲突，由于对待同一现象的理性化选择差异，感性经验不同，价值导向相违，就很有可能导致不同的文化群体成员的思维模式以及行为模式存在差异，这些差异如果被放大且缺乏包容很可能就形成冲突。

沙因在其《组织文化与领导力》一书中指出，文化可以被视为我们生活中的社会秩序及我们所遵循的规则基础。沙因的这种观点是从文化作为一种指引群体生存下去的规则的角度来定义的。事实上，正是因为文化具有稳定性和延续性，它才为我们提供应当如何去感受、思考及行动的基本模式。正是由于这些基本模式，文化群体中成员之间的交流更具有确定性，成员的所作所为不再是无意义或者无法解释的，而是可以解释和预测的。

稳定的文化规则形成稳定的文化心理模式和文化行为模式。美国文化人类学者鲁思·本尼迪克特在《文化模式》一书中指出，尽管人类的行为是多种多样的，甚至是无穷尽的，但是一些群体只能在无穷尽的行为模式里选择有限的一些行为，这种选择包括社会价值取向、选择的行为方式，例如：对待人之生死、青春期、婚姻的方式，以及在经济、政治、社会交往等领域的各种规矩、习俗，并通过形式化的方式，形成风俗、礼仪，形成一个群体的文化模式。文化的一个重要载体是语言，十里不同音，百里不同俗，语言往往是形成族群边界的重要屏障。语言的功能主要是交流信息、是用以思维及游戏的工具，不同的语言可能造成不同的思维模式，同时也变成文化差异的最重要表征之一。

文化的功能很多，首先是作为一个群体生产与生活的基本模式，它能够甄别一个人是否是该群体的成员。每个群体的文化并不相同，共同的生活和生产经历创造共享的假设、价值导向及行为模式，非群体成员往往无法理解该文化群体成员的观念与行为模式。中兴通讯公司的一些领导们常常感叹，同一个学校毕业的、相同专业、相同成长背景的学生，一批人去了华为，一批人来到中兴，而若干年以后发展就是不一样。这正是组织文化塑造了不同的员工。

其次，文化也被视为社会发展的动因，如黑格尔直接将历史的发展视为精神的发展，大自然只是精神的外化。社会发展的一方面是物质文化的进步，按照文化整体论的观点来说，文化的进步无非是知识的积累与创新。

最后，文化具有满足社会多重需要的功能。人类的实际需求是丰富多样的，因此就出现了价值多样的文化方式。文化往往决定着哪种需要率先被满足，谁的需要率先被满足。例如，民主实际上是一种价值排序的系统，以甄选出哪些需求应当率先被解决。当然，对于需要的满足方式很多，有的是利用个人威望与魅力解决需要的排序问题，有的则是建立并遵循一定的游戏规则然后确定主次顺序，有的则是利用市场解决需要满足的规则和顺序。无论哪一种模式，都是基于一定文化理念基础之上并采取现实的规则予以解决的。

文化还是一种政治冲突的表现，葛兰西的文化霸权理论实质上说明一个强势政权借助文化这种柔性的手段以最小的成本控制其他文化圈成员的现象。亨廷顿的《文明的冲突》说得也很清楚："由于现代化的激励，全球政治正沿着文化的界线重构。文化相似的民族和国家走到一起，文化不同的民族和国家则分道扬镳。以意识形态和超级大国关系确定的结盟让位于以文化和文明确定的结盟，重新划分的政治界线越来越与种族、宗教、文明等文化的界线趋于一致，文化共同体正在取代冷战阵营，文明间的断层线正在成为全球政治冲突的中心界限。"在这里，文化相似或相异成为朋友或敌人的分类标准，一个新的文化战斗模式取代了冷战文化的斗争模式。当然，我们认为，无论是相似文化圈还是异质性文化圈，都应当互相交往，互相借鉴别的文明的优秀成果，而不是总是成为剧烈冲突的原由。

文化还可以作为一种社会整合的基本范式起到关键的整合作用。德国知识社会学的代表人物曼海姆在其《文化社会学论要》中写道："科学的、美学的和伦理的文化，作为不同的解释尝试、作为各种不同的生活方案和世界方案而相互对立。它们没有一个最终确立了自己的地位。它们要重组世界构成因素的各种努力，事实证明都是不可能成功的。这种看似无法解决的张力，似乎获得了一种始料未及的和乍看起来自相矛盾的、作为这一过程结果的解决办法。"不同的学科有着不同的解释范式，但文化是社会整合最深层和最基本的范式。尽管传统中国社会各层次和各种类别的冲突与矛盾不断涌现，但统治者常常把儒家学术思想作为解决这些冲突的基本范式。科举制度兴起之后，选拔官员也是以儒家经典作为依据，儒家经典具有指引解决社会纷争的功能。

一个社会内部也可能存在不同的文化圈，即亚文化，该文化圈内的族群可能与国内其他族群存在差异化的基本假定和价值导向，从而在行为和风俗上存在很大的差异。中国幅员辽阔，文化差异也很大，一个明显的差异是南北方的差异。王安石变法最终以保守派反对而失败，盘点变法失败原因时，一个深层次的文化差异因素就凸现出来。钱穆在《国史大纲》中指出，王安石"新法之招人反对，根本上似乎还含有一个新旧思想的冲突。""此两种态度，隐约表现在南北地域的区分上。新党大率多南方人，反对派则大率是北方人。""而南方人在当时，显然是站在开新风气之最前线。""以中国疆域之广大，南北两方因地形、气候、物产等等之差异，影响及于社会之风习，以及人民之性情；双方骤然接触，不免于思想态度及言论风格上，均有不同，易生抵牾。"北方人是不是比南方人更为保守尚未成定论，然而南方文化与北方文化的差异的确非常明显。

春秋战国时期，形成了很多文化圈，例如中原文化、吴越文化、齐鲁文化、巴蜀文化、荆楚文化、燕赵文化等。荆楚文化圈与别的文化圈有所不同，荆与楚都是南方常见的植物，楚国先人为了摆脱夷狄的身份，拼命融入中原文化圈。十一届全国政协提案委员会副主任王生铁认为，楚文化的精髓，主要有五种精神：筚路蓝缕、追新逐奇、兼收并蓄、崇武卫疆、重诺贵和。中国的青铜礼器非常发达，而楚人生活在漆的世界里，其丝织与刺绣非常精美，天文学和算学也处于世界领先水平。现在最为人所知的楚国文化是道教，老子和文子是楚国文化的典型代表。楚国的一些文化概念，为中华民族带来很多启发，例如，汉初"无为而治"的口号，使得当时的西汉社会很快恢复了元气；老庄思想对儒家和佛家产生了重要影响，近代谭嗣同、严复等人也从道家经典中演绎出自由、民主概念；现代的我们仍需要提倡道家对于环境保护的诸多理念。

从整体上来说，荆楚文化随着楚国的兴起逐渐走向成熟，又随着秦灭楚而走向低谷。虽然刘邦、项羽复兴了楚文化，但汉武帝独尊儒术之后，楚文化覆灭，融入汉文化，成为华夏文化的重要组成部分。文化圈不同，对受到文化教化的人来说，生活习俗也就不同，思维方式也存在很大差异。尽管文化无优劣之分，然而文化所带来的变化却是可以分清高低的。文化交流可以让不同文化圈的人通过比较，摈弃陋习，进而重新定义自己的人生。

3.2 文化三层次 含义各不同

文化研究人员通常用洋葱来比喻文化的层次，见图4。洋葱比喻的核心层是存在的基本假定，因为任何思想体系的建立都需要一个推理的起点，即不可怀疑的基本假定或信仰；中间层是社会规范的价值观，也就是各种规则系统；

外表层是外在直观的事物,也就是我们看到的各种现象。西方管理学大师沙因认为文化有三个层面:人工表层、信念与价值导向层及潜在的基本假设层面。但我们与沙因的差别是,沙因所谓的"信念层"我们认为应当放置在基本假设层面。原因是基本假定首先是基于信念,即信念是关于相信"什么"的问题。例如,几何学中对待平行线的不同信念,就会产生不同的几何体系。价值导向层面主要解释的是什么是好的,什么是不好的问题。基本假定层面是什么是好的和什么是不好的推理前提,主要解决的是事实判断问题。在沙因看来,那些反复成功的模式被视为基本假定,也就是认为这种模式是真实有效的,但问题是为什么这种成功模式是真实有效的,这就涉及群体成员的信念问题,因为他们通过实践或理性确信这些行为是真实有效的。因此,我们将文化分为三个层面:

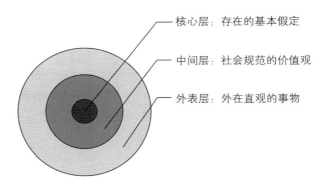

图 4　文化层次论:洋葱的比喻

最核心的层面是基本信念(信仰)和基本假定层面,它是价值导向层及行为规范层的解释和推理基础,经常是隐藏在各种现象和理性规则之中,隐而不显,一旦行为和规则出现冲突,它便浮出水面。当一种解决问题的方案和行为得到反复印证的时候,这种方案和行为就会成为一项基本的假设,不仅在人与人之间传播,还会通过教育的形式传递给下一代,随着时间的推移,原本很明确的基本假设逐渐隐藏起来,很多文化传统下的仪式仅仅只剩下一种符号。当问题发生变化的时候,越来越多的例外强迫在这种文化中受到熏陶的人们对此进行反思,这些基本假定可能随着激烈的冲突而再次显现甚至发生改变。

有些时候,这些基本信念或基本假定是潜意识层面的,有些潜意识层面可能会导致荒谬甚至悲惨的结果。例如,明末清初处于天崩地裂的时代,不仅仅表现为改朝换代的政治变化，文化形态上也发生了巨大的争论。在儒学内部，程朱理学的基本权威受到挑战，阳明心学以异端的形式崛起。与此同时，传统士人对待西方文化也是一种敌视的心态，他们以维护礼法圣教的名义对西学口诛笔伐，例如，明万历重臣魏濬是一个为官清廉且知识渊博的士大夫，他在《利说荒唐惑世》中认为利玛窦蛊惑人心，且认为"舆地全图"渺茫不可见。根据他的观点，中国应当居中。我们可以从《利玛窦中国札记》中看到利玛窦深知当时的中国人"深信他们的国家就在它的中央，他们不喜欢我们把中国推到东方一角的地理概念。他们不能理解那种证实大地是球形、由陆地和海洋所构成的说法，而且球体的本性就是无头无尾的。"清朝顺治、康熙时期的汤若望，也因为利用西学修订历法遭到传统士人的攻击。他们用夷夏有别的命题攻击汤若望团队，康熙四年五位官员被杀，汤若望受到太后保护而活命，一年后在圈禁中遗憾而死。而反对汤若望的官员杨光先认为，"宁可使中夏无好历法，不可使中夏有西洋人"。如图1中所展示的，活性知识对理性知识的作用表现为合法化。特定的价值体系反过来作用于信仰体系，人们往往会有选择地相信和吸纳那些与自己价值体系一致的事物，有意识地排斥挑战自己活性知识的陈述。这种类似的情况在西方也有发生，著名的就是伽利略遭到教会迫害的例子。伽利略利用发明的望远镜，揭开了宇宙的秘密——地球是绕着太阳转的，日心说挑战了传统的"地球是宇宙中心"的学说。在神学家看来，太阳是围绕地球运转的，因为上帝创造太阳的目的，就是要照亮地球，施恩于人类，这是永恒不变、颠扑不破的真理。在教会看来，伽利略大逆不道，罪该万死。

后人通常这样评价道，当时西方正处于科学知识大爆炸的时候，中国没能认知和吸纳西方科学技术，以至于近代被动挨打，那些士大夫从而被视为守旧派。然而，陈旧思想和保守势力为什么这么强大呢？其实还是知识体系中的基本假定出了问题，文化层次中深层次的基本假定是最难更改和修正的。中国曾长期在世界文明中处于强势地位，士大夫的理念也大都是以中华文化化育四夷，而现在以夷人文化来化育华夏，他们实在是想不通。如前面所述，基本假定是理性知识的基础，而人类理性层面的思想体系需要理性、逻辑与自洽。近代以来，西方文化以强大的工业作为基础，不断对中国传统形成冲击。建立在老祖宗传下来的基本假定及价值导向基础上的传统思想，已经不能解释面临的新挑战，传统的社会治理方法已经不能解亡国灭种的燃眉之急，文化自大的根基也不复存在。有些人认为中国应当摈弃原有文化而主张全盘西化，从文化自大变成了文化自卑。1934年，陈序经在《中国文化的出路》一书中断言："我们的唯一办法，是全盘接受西化。"胡适又以"充分世界化"的提法，表示"完全赞同陈序经先生的全盘西化论"。华夏文明保持长期稳定的根基是由于基本类似的生产条件及生活环境，在这种情境下老祖宗的智慧和经验足以解决后辈们遇到的问题。因此，崇拜古人和老人的智慧、遇到问题依靠经验而不是理论和新知识就成为一个显著的特征。然而，随着社会的变迁，外来民族或以强大的军事冲击或以物质、文化的诱惑导致了情景的改变，传统的基本假定难以适用。

令人欣慰的是，文明的冲突亦是一个融合的过程，在华夏文明与其他文明之间持续不断的冲突历史中，华夏子女展示了强大的文化融合能力，善于吸收外来文明精华，并将其融合于中华文化圈的体系之中。纵观历史长河，以中华民族传统思想变迁的视角来分析，近代中国社会面临的一些思想迷茫与现实困惑，包括体用之争、道器之辩、知行之合一、古今之贯通、中西学之对立、改良与革命之择、德治与法治之问、市场与政府之辩、科学与民主之良方而药到病难除之惑等问题，无非是自1840年以来东西方文化碰撞、摩擦、交流、融合而尚未尘埃落定的必然表现。在这尘埃尚未落定的过程中，源自不同基本假定的思想体系各执一词、不相伯仲、势均力敌、难分高低，实为缺乏公理系统所致。历史潮流所至之处，势不可挡、无坚不摧、无人幸免；基本假定差异之根，催生众多流派、思想、众说纷纭。

第二个层面基于基本假定和信念的基础之上，文化群体成员确认哪些理念、现象及规范是好的，哪些是坏的，怎么辨别善恶是非。一个社会如果不能解决诸如"应当如何"的价值导向问题，就无法形成核心凝聚力。在群体内部，共同的价值认同是待人接物、做事及交往的先决条件，这种价值认同的方式往往有两种：一种是自愿认同共同价值，这就需要文化教化来实现；另一种是强制性认同共同价值，即使如此，也需要一定文化作为根基，而不是像巴甫洛夫的狗实验那样机械，因为就算是强制也只是某种价值实现的手段和工具。

正如本尼迪克特认为人类的行为是无穷的一样，一件事实对于不同的群体甚至个人有着不同的功效和解释，作为一个群体就要将某些特征作为主导的价值选择。事实上，共同的经历和学习过程能够使人获得基本的思维模式、情感及价值观，在这种共享文化假定的指引下，价值导向就发挥了作用。首先，文化群体必须界定文化的基本使命、理想及最基本的目标假设。西周末年和春秋战国时期，诸侯争霸，礼崩乐坏，孔子给当时的文化提出了回到三代"文明有序"的社会的基本使命，他的理想就是建立一个有序发展的社会，他提出的最基本的建设目标就是重建礼乐文明。当然，不同的智者对待这三个命题有着不同的回答，老子的假定就与孔子存在很大差异，老子对当时社会混乱的基本假定是人为太过了从而违背自然，所以要回归到小国寡民的社会。孔子要求君子行事要知其不可而为之，当时的隐士的态度是要求士人避世自保。随着汉武帝"罢黜百家、独尊儒术"的国策出炉，儒家的思想也作为一套主流文化系统在整个汉文化圈内传播，并传习后世。即便如此，其他思想体系并未消失，而是与儒家系统形成互补，共同构成了中华文化圈的主体部分。

文化圈要有自己的边界，以便确认哪些人是圈内成员，哪些人是圈外成员。夷夏之辨的重要标准就是是否接纳华夏文化，这是华夏文明的一个重要贡献，是以文化而不是血族作为是文明还是野蛮的标志。当然，文化形态及发展阶段各不相同，但在春秋战国时期，已经形成包容性的价值观念了。

第三个层面是在基本信仰、假定与价值观基础之上的各种有意义的行为、习俗、意向及规范准则等。为了实现文化群体的目标，以上三个层次之间必然有一个自洽的内在逻辑，这就是文化的结构、制度及过程。

这是因为群体需要一种指引和规范才能更好地发挥集体的力量以应付来自自然和社会内部的挑战，这些指引需要明确最基本的假定、价值导向及规则。通过文化基本模式的整合与协调，各种社会规范及习俗逐渐协调化，形成统一的规则体系。因为各种规范或习俗是建立在一定的前提和目的之上的，难免会出现不协调甚至冲突的问题，而这些规范往往是实践性或经验性的总结，它们之所以能够存在是因为被反复的实践验证。行为规范可以指引文化成员的未来行动，预测他人的行为，而这些规则也是建立在一定的假设基础之上的，同时有一定的边界。这就需要建构统一的标准体系对规则进行甄选、梳理与重构，根据群体整体性目标对规则或方案进行去劣存优，使得这些规则体系成为一个可以辨别、有结构的制度化体系。

制度化体系一方面是通过外力强制或激励的方式来促使文化圈成员服从这

些规则体系，另一方面是通过文化成员的认同来驱使成员服从这些规则体系。一个群体的成功往往是由于文化内在体系的成功，按照知识整体论的观点，制度和规范体系都是理性的知识表现，一个社会既要积累实践性的经验知识，也要积累理性化的技术知识体系，同时还要有彰显活性知识的强大"群体精神"。韦伯的一个著名论断是任何一个伟大事业都需要一个支撑这一事业的伟大文化精神气质，这种气质被他称为"社会精神气质"。

在韦伯的眼中，新教徒之所以推动资本主义在全世界范围内获得了巨大成功，主要是由于他们具有隐藏于资本主义发展内部的某种精神：资本主义精神。在韦伯看来，"艰苦劳动精神、积极进取精神（或不管将其称为什么精神）的觉醒往往被归功于新教，必须不要像流行的看法那样将其理解为对生活乐趣的享受。如果旧日的新教精神和现代的资本主义文化之间有什么内在联系的话，我们无论如何也不应在所谓多少带点唯物主义色彩或至少反禁欲色彩的声色享乐中寻找，而应在其纯粹的宗教品性中寻找"。资本主义取得成功当然有世俗的物质基础，在这里韦伯主要强调的是精神力量对社会发展的重大牵引功能。丰富的实践知识的不断积累，科学的理性化知识不断涌现，再加上强大的强调赚钱和发展的内在动力，使得资本主义得以清扫强大的封建社会的堡垒，将世界纳入近现代的历史进程中来。

精神性的文化对社会发展的影响也是有边界和前提的，然而无论如何，强大精神性文化的指引确实为社会发展提供了强大的牵引动力。正如马克思和恩格斯在《德意志意识形态》中所言，"与物质生产相对应，精神生产是第二性和被决定的。但是精神生产还有其相对独立性和对物质生产的反作用性"。由此观之，群体文化要实现自己的目标，除了要关注基本假设及价值导向，更要注重实现的方法、工具及方案。

3.3 探思想文化　建分析框架

"文化"这个词恐怕是人们日常用得较多的名词，但是学术界对文化有着不同的视角和定义，几乎每个学者都有各自的理解。不同观点和学术研究结论往往并不基于相同的逻辑推理与分析框架，对文化进行分析比较就需要有一个大家都能够接受的分析框架。分析文化只有在一定的框架内才能更加系统与全面，才能从无休止的争论中获得一些共识和启发。我们打算从文化构念或维度开始，分析文化的九个基本维度。这九个基本维度如表 3 所示。

本书用"行为意向"来取代文化研究中常用的"行为规范"这个概念，是出于三个因素的考虑。首先，心理学的大量研究表明个体行为是由其行为意向和习惯所决定的，而意向则取决于包含价值观与信念的态度。行为意向更加接近我们所要分析的文化基础的深层次要素，即价值体系与信仰体系。其次，行为意向相对稳定，能够更客观地反映内在的思想特征。个体行为往往因时因景有着较大的随机性，行为规范从而类似于法规，通常会体现当权者和统治者的意志。最后，行为规范往往是一个群体对其成员成文或不成文的、约定俗成的行为指南，是外在的要求；而行为意向则是个体源于内心、自发的行为动力，因此意向更加准确地体现文化本质。例如，旧社会女子缠小脚的陋俗反映了封建社会的等级观念和男权的统治地位。显然，缠小脚这样的陋俗在一段时期内是中国社会的行为规范，它与儒家思想的尊卑等级观念之间有很多的内在的联系，但它绝对不能体现儒家思想的初始或本质意向。如果有人一定要说，小脚文化是儒家思想所倡导的仁义道德的必然产物，这是值得怀疑的。客观事实是，儒家思想的继承者及社会统治者，在特定历史条件下打着社会与家庭应该有等级和身份的幌子，默许乃至推行这种行为规范。这种一度盛行的行为规范在一定程度上反映出儒家思想的意向和目的是倡导和谐社会，严格的等级和身份的关系有利于人际关系的稳定。但如果说儒家思想的本意是毫无人性、摧残女性，则未免曲解其义、牵强附会。在分析比较古今中外的主要思想之前，有必要对儒释道这三种在中国传统文化中占主导地位的思想进行解剖分析。

表 3　知识整体论：文化思想体系分析框架

基本问题	文化要素		
	信仰体系	价值体系	行为意向
自然问题	世界观	本体论	方法论
自身问题	人生观	道德观	知行观
社会问题	人性论	价值观	理想观

3.3.1 自然问题：人如何与自然相处？

首先我们来系统比较一下中国历史上有影响的思想家是如何看待自然的，对自然的基本假定是对宇宙事实的认定。世界观要确立现存世界什么是真实的信仰，要回答两大核心问题：自然界是如何生成的？它是如何变化的？世界观是人们关于整个世界及人和世界关系的总的根本看法和观点，又称宇宙观。

中国古代是以种植业为主的农业文明，大部分地区四季分明，昼夜交替，斗转星移，大河灌溉，中华民族的先贤们"仰以观于天文，俯以察于地理"，形成了对待自然起源与演化的基本信念。

（一）世界观

儒家的世界观。国学大师钱穆通过考察认定，"中国思想以儒学为主流""儒学为中国文化主要骨干"。儒家继承了古代神格化的天命观，并对之进行了人格化的改装，形成了儒家奇特的宇宙观。儒家基本的宇宙观是宇宙万物有共同的起源，基本元素按照太极的法则生灭变化。人是自然的一部分，即所谓的"天人合一"。《系辞传下》说："天地氤氲，万物化醇；男女构精，万物化生。"对于天的理解，儒家大致分为两部分：一部分是神格化之天，董仲舒将天神格化，形成了天人感应之说；另一部分是自然之天，为荀子所言的"自然之天"，提出"制天命而用之"。

天是因为何种特征创造了万物，《中庸》说："故至诚无息，不息则久，久则征。征则悠远，悠远则博厚，博厚则高明。博厚，所以载物也；高明，所以覆物也；悠久，所以成物也。""天"因为"博、厚、高、明"所以能够生成万物。

孟子将天人格化，强调人心在天地之间的作用，"尽其心者，知其性也；知其性，则知天矣。存其心，养其性，所以事天也"（《孟子·尽心上》）。"理也，性也，命也，三者未尝有异。穷理则尽性，尽性则知天命矣"（《程氏遗书》卷第二十一下）。中国儒家强调天人合一的思想，西方则批评中国没有将人与自然区分开来。西方自然观自培根以来，就吹响了向自然宣战的号角；相反，儒家对待自然的态度是北宋大儒张载所提倡的"民胞物与"，即万物都是我们的伙伴。

道家的世界观。道家的世界观影响了其他各家的认识。道家的经典著作《道德经》说:"道生一,一生二,二生三,三生万物。"道家把整个世界看成是一个整体,这个整体中蕴藏着阴阳两性,所有的变化,皆因有阴阳的互相推动、反馈、分合而生成。道法自然是道家宇宙观的根基,而阴阳互相反馈是宇宙万物演化的根本动力。道家认为人类社会的秩序与自然秩序难以分割,道是一个自反系统,一种客观的力量,它创生万物并毁灭万物,而德就是获得这种道,是内在化的力量。与儒家有着重大区别的是,道家认为凡是违背自然秩序的,都是非正常状态。天道靠万物的自化无为无不为,国家靠万民的自化无为无不为。道家以"道"为核心,认为天道无为、主张道法自然、提出无为而治、崇尚贵柔守雌、追求天人合一的境界。道家的"一、二、三及至万物"的世界观体系,与《易传》所提出的"易有太极,是生两仪,两仪生四象,四象生八卦"类似。老子认为是三(三才)生万物,而孔子认为是阴阳、四象(老阴老阳、少阴少阳)生万物。儒家的文化根源是黄河流域的周文化,而道家学者多出自宋、楚、秦、齐等国,这也暗示着道家思想与夏朝、殷商文化密切相关。自然的基本特征是没有人类主观意志,"天地不仁,以万物为刍狗;圣人不仁,以百姓为刍狗"(《道德经》第五章),天地不会因孰人得道而赏,孰人失道而罚。因此,道家强调全身保命。在许多朝代立国初期,儒家思想和黄老思想互为表里,对社会经济文化的复苏起到了重要作用。宋明时期,许多学者主张儒释道"三教合一",而儒家宋明理学和阳明心学的形成过程中,也曾受到道家思想的强烈影响。

佛家的世界观。总体来说,佛教认为四方上下曰"宇",古往今来曰"宙",佛陀认为万物是由地、水、火、风四大所组成。《起世经》阐述了佛家的基本宇宙观:宇宙万物是怎么生成、变化及毁灭的。在佛陀的眼中,一日一月为一世界,千日千月为一小千世界,一千个小千世界构成一中千世界,一千个中千世界构成一大千世界,大千世界因由小、中、大三种千世界所集成,故称三千大千世界,这些便构成了无畏一佛刹土(一佛国),也就是众生所居住的世界。无论是物理世界还是精神世界都是"自性空"及"缘起有",以"业力"推动整个心物世界的变化。"劫"有大、中、小三种,1 小劫=1 680 万年,其 20 倍为 1 中劫,再其 20 倍为 1 大劫=67.2 亿年;每一劫中,各有千佛出现,过去之住劫为庄严劫,现在之住劫为贤劫(释迦牟尼佛、弥勒佛),未来之住劫为星宿劫。佛家所称的世界或宇宙，无非是指时间上和空间上一切生灭变异现象的总和。在佛法看来，这些生灭变异的现象，皆受因缘的支配，所谓"万法因缘生，万法因缘灭"。佛教更多的世界观所关注的是人类心灵与世界，世界分为三种：（1）有情世界，亦称众生世界，包括三界五趣、流转生死的世界；（2）器世界，是指一切众生依之而住的国土世界；（3）圣者世界，即净土，是指修行人净化了心灵，进入圣贤之位。

由上观之，儒释道对待自然的基本看法是不同的。儒家将神格化的天保留下来，使之系统化和理性化，使之更适宜于政治统治和社会治理。道家以自然之道为论述的基本假设，强调了自然法对人类社会的决定性功能。佛家强调世界是分层次的，认为世界或宇宙是一种精神性缘起生成的，万物变动不居。儒释道的世界观有一点是相同的，即把自然人性化了，人与自然之间紧密联系，不可分割；而西方主流世界观则往往把主体与客体分开，认为自然是独立于人类存在的客观世界。

（二）本体论

人与自然关系的第二个系统是要探讨价值系统的本体论，也就是对人与自然本质关系最终本性的看法。本体论是基于宇宙论基础之上的，是一个哲学概念。广义的本体论是指对一切实在的最终本性的看法，狭义的本体论主要是在探讨宇宙起源、构造及宇宙本性时所用，前者被称为宇宙论，后者被称为本体论。本体论可以看作是对概念化的精确描述，它的基本功能就是为某一领域奠定概念的根基及概念之间的相互关系，从而统一认识，基于此探讨问题将使得知识的创新和使用效率大幅度提高。我们这里所讨论的"本体论"是在人与自然关系维度下的价值系统中进行定义的，主要含义是人类如何看待自然对他们的功能和价值。一般来说，人类对待自然的态度主要有三种：一是征服自然，它蕴含着人类的命运可以自己掌握的基本假设，意味着人类可以对自然进行征服并控制；二是顺应自然，意味着人类无法改变自然对人的限制，只能顺从命运的安排；三是与自然和谐共生，保持人与自然的一种平衡关系。大体上来说，西方强调对自然的征服和掌控，而东方强调与自然和谐相处。我们分别探讨儒释道的本体论。

儒家的宇宙观是将神格化的天变成便于政府统治的天，因此，儒家思想的本体论对待自然是要求统治者施行仁政，他们对待上天的态度是敬天保民的思想。周初的统治者认为，上天只会将社稷交给那些有德之人，统治者一旦失德，就会失去上天的佑护，因此统治者要敬仰上天，爱护子民，以便能够"以德配天"。以德治天下是儒家基本思想，孟子在与梁惠王谈施行仁政、王道的思想时提到"敬天佑民"，从宏观上来说，不违背农时，稻谷就吃不完；不要用过于密的网去捕鱼鳖，鱼鳖就捕捉不完；按照时节到山林砍伐树木，木材就用不完。施行仁政还要有具体微观的方案，也就是中国传统农民的基本理想："五亩之宅，树之以桑，五十者可以衣帛矣。鸡豚狗彘之畜，无失其时，七十者可以食肉矣。百亩之田，勿夺其时，数口之家，可以无饥矣；谨庠序之教，申之以孝悌之义，颁白者不负戴于道路矣。七十者衣帛食肉，黎民不饥不寒，然而不王者，未之有也。"意思是说，给老百姓五亩地的住宅，周围种上桑树，五十岁就可以穿丝帛制作的衣服了；蓄养家畜，不要违背它们的生殖规律，七十岁就可以吃肉了；给他们一百亩田地，不要违背种植物的生长规律，几口人就可以不饿肚子；恭敬地办好学校对人民进行教育，给他们传授孝悌的思想，老人们就不用身背重物行走。七十岁的人可以锦衣玉食，老百姓不受饥饿之苦，想不称王都不可能。

　　道家的本体论也是基于其对待自然之道认识的基础之上。"自然"一词是道家阐述其对待自然看法的核心，老子说，"人法地，地法天，天法道，道法自然"，而"道生一，一生二，二生三，三生万物"。从这两句话可以看出道家对待自然的态度是一种顺从，但又有认识之后控制的思想。道一般有两条解释：一是指事物本来如此，不受人为干扰；二是从自然之道出发，进而通过一定的逻辑关系论证人类理想社会是自然无为的社会。老子的一段经典描述是"太上，不知有之；其次，亲而誉之；其次，畏之；其次，侮之。信不足焉，有不信焉。悠兮，其贵言。功成事遂，百姓皆谓：'我自然。'"最好的统治者是人们不知道他，其次的统治者是人们对他亲近而且赞扬他，再次的统治者是人们害怕他，最次的统治者是人们侮辱他。统治者的诚信不足，老百姓才不会信任他；事情做成了，老百姓说我们本来就这样啊。道家的"自然"与西方的自然含义不一样，西方的自然意指客观事物的集合，而道家的自然则更强调人与自然的关系。老子认为善于修道者（善为士者）对待自然态度审慎、谨守、恭敬、敦厚等，不会产生自满，因此能够保持常新。庄子区分了人与天的区别，伪就是人为的，人为地改变自然的本性往往是很残忍的，他指出，

"故凫胫虽短，续之则忧；鹤胫虽长，断之则悲"。野鸭的腿很短，你非要给它接上一节，鹤的腿很长，你非要给它截掉一节，对它们来说都是很残忍的事情。因此，庄子提出了两个对待自然的基本态度，一是"顺物自然""常因自然""以天待人""依乎天理"，二是"不以人助天""无以人灭天""不以人入天"。庄子讲了一个有名的故事，说的是，南海大帝名叫儵（音为 shū），北海大帝名叫忽，中央大帝叫浑沌。儵与忽常常在中央大帝那里聚会，受到了款待，儵和忽在一起商量报答浑沌的深厚情谊，说："人人都有眼耳口鼻七个孔窍用来视、听、吃和呼吸，唯独浑沌没有，我们试着为他凿开七窍。"他们每天凿出一个孔窍，凿了七天浑沌就死去了。庄子的意思很明显，人为地改变天然本性，往往会造成悲惨的结局，这就是"以人灭天"的故事。当然，道家要求顺应自然并非完全消极避世，道家的思路是无为而无不为。后来的道教往往强调通过某种道术来控制自然，以便自然服从人的需要，或者通过某种修炼或者服用丹药以长生不老、羽化升天。从整体上来说，道家对待自然的态度是要求顺应自然，为我所用，以达到控制自然的目的。

佛家的本体论同样是基于其宇宙观的基础之上的，既然宇宙并无实体，只是因缘和合而生，那么，他们对待自然的态度可以用一"空"字来概括。佛家认为，无一物非因缘和合而生，因而无一物是非空之物。"空"字要求佛家弟子正确看待生命现象，不能被世俗欲望羁绊，同时，要正确对待自然。不仅对人要友善，对待自然之物也要友善。佛教有观点认为，并非只是人有性，草木也有性。佛家常常以慈悲心对待生物，"扫地不伤蝼蚁命，爱惜飞蛾纱罩灯"，就是反映佛家爱惜生命的经典俗语。由于佛教主张六道轮回，根据不同的业力处在不同的位置，因此，佛家主张生命平等。不杀生于是成为佛家的第一戒，《佛说阿难四事经》说："当以慈心育养幼孙，见禽兽虫蛾……当常念，随其所食，令时酥息，莫得如杖伤绝其命。"佛家对待自然的态度整体上来说是与之和谐相处，爱惜自然，但又要超越自然，达到生命的超脱状态。

（三）方法论

方法论是一个最基本的哲学范畴，主要指"人们用什么样的方式、方法来观察事物和处理问题"。文化要从一定的基本假定层出发，目的要到达价值导向层，但通过什么样的方式和什么样的过程达到这一目的，是需要一定规范和规则的。从人与自然关系的角度来看，在对自然的基本假设宇宙观与对自然的价值认识本体论中间，需要一定的规则和行为来链接，这些规则和方式，我们称之为方法论。即从对自然的基本假设出发，使人们明确该以何种态度对待自然（控制、和谐相处、顺从），这中间需要一定的方式和过程。方法论再进一步提升就是认识论，通俗地说就是关于认识方法、因素、结果等的系统理论。认识论本身的目的是接近认识的真实情况，而非规定认识的途径；而方法论则是关于方法的系统化理论。

儒家如何处理自然的关系，即君子如何认识自然呢？儒家主要还是从"天人合一"的命题出发，以"生生不息"的"生"为原则，强调人应当公正地看待自然。他们不是以纯粹的物理世界来看待自然，而是以有机生命体的视角来看待自然。《诗经》中的"天生烝民，有物有则，民之秉彝，好是懿德"，周易中的"天地之大德曰生"，都是在说明人的生命和本质都来自自然，即人们通常说的上天有好生之德。人与自然的关系是一种内在的关系，而不是一种外在的征服或者对立的关系。孔子常说，"天生德于予"，孟子强调人的特性来自上天，"扩而充之，足以保四海"。人因为有道德理性而在儒家中地位很高，但并不意味着儒家认为人有凌驾于自然的权力，儒家虽然从人类出发看待世界，但并非绝对的人类中心主义。北宋大儒张载的观点最具代表性，他提出了"民胞物与"的观念，即人是自然之子，每个人都是我的同胞，万物都是我的朋友，因此，人们要像爱护自己一样爱护他人，像对待朋友一样对待万物。其实，儒家的"仁"包含两层关系，即爱人与爱物的层面，"义"具有对待人和物都要公正的含义，例如荀子说，"夫义者，内节于人而外节于物者也"。虽然仁义是关于处理人与人之间的关系，但也内含着人对自然的关系。

道家对待自然的态度有些复杂，老子提出一个总体性指导人类对待自然的规则，即"道法自然"。人的行为遵从自然规律，在庄子看来，所谓自然，与人为相对应，正如前例所说，人为地改变鹤或野鸭的腿的长短，就是悲剧。庄子则对儒家以仁义礼智信等社会规范改造人性进行了嘲讽。客观地说，庄子的批评是有道理的，人类社会不能没有社会规范，但这些社会规范必须基于尊重人的本性，否则可能造成事与愿违。宋明之后的一些儒家将仁义礼智信极端化和神化，不仅导致中国社会经济的落后，而且导致国人心理出现某些畸形。道家还提出了"知常"和"知止"的观点，所谓"知常"，就是明白规律，"知常曰明，不知常，妄作凶。知常容，容乃公，公乃全，全乃天，天乃道，道乃久"，不明白规律，就会导致灾祸，即所谓顺天者昌，逆天者亡。"知止"的核心是要认识到人的行为和能力是有限度的，超过这些限度就会闯祸，《道德经》因此说，"知足者不辱，知止不殆，可以长久"。道家与道教并不是一个可以互换的概念，道家是一种哲学思想流派，而道教是一种宗教，道教对待自然的态度主要是想要控制自然，例如，利用丹药来长生不老，利用道术来控制某种疾病、灾祸等。随着现代科技的发展，通过科技控制自然的能力增强，道教的这些改变自然的传统工具几乎失效，只剩下文化意义的符号留存。

佛家处理与自然的关系主要受到"众生平等"、因果依存及慈悲为怀等观念影响。在佛家眼里，不但众生有佛性，草木亦有佛性，而佛性是平等的，因此人没有高于其他生命的特权。佛家强调因果相互依存，古天竺僧伽斯那在《百喻经》中说了这么一个故事，一位国王有一棵果树，一天一个人来访，国王说："这棵树将要结又大又好的果子，你想吃吗？"那人说太高了吃不到，国王便把果树砍掉，当然是一无所获，再把它栽回去已经不可能，因为果树已经枯萎了。这个佛经故事说明佛家强调人的欲望和行为都有相应的结果。西方人先污染再治理的工业化思路，给自然环境造成了难以估量的破坏，有些物种消失了再无重生的可能。佛家还强调慈悲心，对待生命要怀有慈悲之心，爱护生命。佛家还认为应当知恩报恩，以感恩之心对待自然，禁止乱杀乱伐。唐朝诗人白居易写了首怜惜生命之诗："谁道群生性命微，一般骨肉一般皮。劝君莫打枝头鸟，子在巢中望母归。"佛教强调心性与自然的和谐，以一颗正确的心对待自然，建立清规戒律规范佛教徒的日常生活，保障佛门弟子能够正确看待自然，指导佛门弟子的日常生活和修行。

3.3.2　社会问题：如何确立人与人的关系？

人与人之间关系的总和则形成了社会。从定义上讲，社会是在特定环境下共同生活的同一物种、不同个体长久形成的彼此相依的一种存在状态。形成人类社会的最主要的社会关系包括家庭关系、共同文化及传统习俗。社会关系还包括个体之间的关系、个体与集体的关系、个体与国家的关系。一般还包括群体与群体之间的关系、群体与国家之间的关系。因此，人类社会是由一群共同生活的人通过各种各样的社会关系联合起来的集合。一群人在一起，必然共享一些基本假定（表现为人性论）、价值观（反映在群己观）和行为意向与规范（体现在理想观），否则这群人难以对话交流和共同生活。

（一）人性论

人性论其实是对人在一定关系中成为什么样的人的论述。休谟把人性理解为科学的唯一牢固的基础，在《人性论》中休谟指出："关于人的科学是其他科学的唯一牢固的基础，而我们对这个科学本身所给予的唯一牢固的基础又必须建立在经验和观察之上。"人性论是社会问题，即人与人之间关系最基本的假定。这个假定不是事实问题，而是一个信念问题。信念是无法被证实或被证伪的，因为它无法被其他更为基础的元素解释或论证。人性论非常复杂，因为它是一个思想家或一个社会集团阐述其社会理论的最基本的假定。在历史上，人性论往往陷入抽象人性论陷阱，即将人类抽象成为某种特定的本质，马克思认为不能把人理解为抽象人，而应当理解为现实中的人。

无论什么样的学科，为了更加正确地描述、透彻地理解人的行为，并为了能够自圆其说、保持自洽，往往把人的动机单纯化，把人性抽象化和简单化。中国历史上常常以善恶作为定义人性的基本元素，有的将人性定义为善，有的将之定义为恶，有的认为有善有恶，有的认为无善无恶，即善恶的四种组合都有观点将之作为论述人性的基本假设。西方的人性往往从利己与利他的角度来谈论，例如西方经济学强调把利己心作为一个基本假设，利他往往是从他人或集体出发来定义人性的。

儒家的人性论倾向于性善说，《孟子·滕文公上》说："孟子道性善，言必称尧舜。"儒家的性善论主要是从人与社会的关系这一角度来谈论人的一切问题，例如，孟子首先从人都有恻隐心出发，逐渐讨论到羞恶、辞让及是非之心，认为"恻隐之心，仁之端也；羞恶之心，义之端也；辞让之心，礼之端也；是非之心，智之端也"，也就是说，人性趋向善，不断趋向仁智礼义四种规范。恻隐之心，其实与亚当·斯密的同情心理论颇有相似之处，实际上就是个人能够体会到他人的感受。而个人有羞恶之心，才能体会到什么东西应当属于自己，什么东西不应当属于自己，才能理解公正和正义。只有懂得辞让和给予，礼的秩序才能被遵循，社会不至于陷入混乱，能够分别哪些是正确的，哪些是错误的，人的智力才能得到成长。孟子因此认为仁义礼智是人本身固有的；但人若本性是善的，为何会有恶行呢？那是因为环境所致，因此儒家一直强调要通过教育来纠正那些恶行。儒家还有一个代表人物荀子,认为人性是恶的。荀子首先界定了什么是人性,"生之所以然者谓之性""不可学,不可事,而在人者谓之性",在此基础上,荀子从现实出发,认为人是自利和充满私欲的,"目好色,耳好听,口好味,心好利,骨体肤理好愉佚,是皆生于人",所以要通过礼仪训练使人行善。孟子的人性论强调人有内在向善的道德本性,而荀子则强调外在的礼仪培训帮助人向善。从本质上来说,孟子对于人的道德自觉过于自信,而荀子对于人的道德强制过于自信。因为对人性的基本假定实质上是对整个人与他人关系论证的逻辑起点,虽然不同的逻辑起点可能导致相同的结论,但不同的逻辑起点导致论证过程和论证结果不同的更多,儒家对人性基本判断的分裂导致后续心学和理学的极端对立。

道家的人性论比较隐晦,一般认为有两种:一种认为道家主张人性自然,一种认为道家主张超越善恶说。《吕氏春秋》提出了自然人性的观点:"性也者,所受于天也,非择取而为之也。"也就是说,人性不能用善恶道德评价,不能选择人为为之,而是自然而然。从这个意义上来说,道家人性论既有本来如此的含义,也有自然而为,而非社会而为的意思。由于人的自然本性有无欲、无为、无知等特征,所以这种人性状态是一种自由的超越理想的状态。《淮南子》中说,"率性而行谓之道,得其天性谓之德",其含义就是人的自然属性在展开、生成中形成"道德"。其实,道家的"性"论,主要是从天然的结构推出天然的功能,这些功能就是"性"。例如,庄子说:"马,蹄可以践霜雪,毛可以御风寒,龁草饮水,翘足而陆,此马之真性也。"庄子说的"马性"是从马的基本结构推出其功能,从而确立为它的特性。道家的人性基本假设是从人的自然属性视角审视人与社会的关系,透过这些"超越社会属性"的假定,理想人性当然是性善的,但道家对于现实的人的社会属性的看法更多地倾向于性恶的一面。例如庄子认为,早期人性与自然不脱离,但随着社会礼仪的发展,人不从性了而是从心了,所以导致人性堕落,"及唐、虞始为天下,兴治化之流,枭淳散朴,离道以善,险德以行,然后去性而从于心"。人被私心私见控制,干出很多违背自然的事情,所以庄子对儒家和墨家非常不满,"礼乐遍行,则天下乱矣"。孟子认为人性始于心,庄子却认为由于人从心而失去性,所以导致人间悲剧不断发生。也就是说,人性是从一个理想人性不断异化的过程(主要是人心各异导致),他们希望这种人性的异化可以复归本性。

佛家的人性论。从善恶角度而言，佛教的人性论其实是比较模糊的，例如，佛家主张众生皆有佛性，倾向于性善论；众生又因为各种障碍导致未成佛，倾向于恶性难以改变，但佛家又说到了涅槃状态，便没有了善恶，善恶只是世间法。《大乘义章》是这样讨论人性善恶问题的：以顺益为善，以违损为恶。人之所以能够成为人，是因为人前世所修的善果，但这种善果尚未到让人脱离六道轮回的程度，因此，人性是善的，但若不好自为之，就会堕落。当然，天台宗从人性恶出发，又以性善作为目标，指引众生修炼成佛，这里性恶论主要是指善恶混合论，与荀子的纯粹性恶论并不一致。佛教从本体上来说强调虚无，既然虚无就无所谓"性"的问题，当涉及人的问题，就无所谓人性善恶。但为什么佛教特别是中国化的佛教的人性论主要倾向于性善论呢？原因是如果没有性善的种子，无论怎么浇灌也不可能结出善的果子。所谓明心见性，就是抛弃一切世俗杂念，达到觉悟状态，善从而也显现出来。因为人性论主要是探讨个人与集体的关系，主张个体利益大于集体利益的，其实暗含着性恶论；反之则是性善论。佛家强调个人的成佛，但目的是拯救众生脱离苦海。人毕竟不是菩萨和佛，人的目的是要成佛，过程是要修炼。亚里士多德强调一个观点，任何社会都要把自然的人，通过一定的方式和过程，转化成为社会所需要的人。因为每一个社会是不一样的，社会所需要的人也是不一样的，因此转化的方式和手段也不一致。最重要的是，每一个社会对于自然的人的定义和假设不同，从出发点上就存在差异，佛教强调此岸世界的苦，说明彼岸世界的乐，其对人性的基本假定的双重性是可以理解的。因为人性有恶的一面，所以人性不如佛性，人要通过修炼去除恶性，又因为人性有善的一面，所以人性可以通过自我控制和修炼变成佛性。

（二）价值观

价值观体现在社会层面就是群己观。严复在翻译穆勒的《论自由》时，将之定名为《群己权界论》，严复认为，"群"者，群体、社会公域也；"己"者，自己、个人私域也。群己观主要是对于个人与群体的关系的价值判断，按照康德的观点，人既有独立化的倾向，又有与他人交往的倾向。实际上，每个人既是个体，又是群体中的一员，这种个人与群体的关系实际上是整个人类社会交往的核心内容。费孝通先生认为中国传统社会与西方社会的群己观是不一样的,他做出一个著名的比喻:"西洋的社会有些像我们在田里捆柴,几根稻草束成一把,几把束成一捆,几捆束成一挑,每一根柴在整个挑里都属于固定的某一把、某一捆;而中国的社会格局不是一捆一捆扎清楚的柴,而是好像把一块石头丢在水面上所发生的一圈圈推出去的波纹,每个人都是他社会影响所推出去圈子的中心。"这个比喻形象地描绘了中国与西方社会秩序和制度的根本差别,西方社会认为个人与社会是一种契约关系,而中国传统社会认为个人与社会是一种血缘和拟血缘关系。

儒家的价值观。儒家的群己观主要强调个人在家族中和国家中才是一个"人"。儒家看待个人与群体的关系主要体现在两个层面:家与国的层面。个人在家中要服从家长和族长,在社会领域要服从官员和君上。服从家长和族长的目的是为了维护家族的繁衍和富裕,服从官员和君上的目的是为了国祚永续和天下太平。当然,在现实操作层面,这样的命令服从体系会变得畸形,一些人从中渔利,一些人被这种体系压榨。这种群己关系的价值导向源于儒家对人的界定,儒家主要认为人是社会中人,无论是以血缘还是礼制关系作为纽带,人只是这些纽带上的一个环节。个人存在不是以个人存在为目的,而是要成为儒家需要的人:君子。君子的使命是"修齐治平",君子还要高风亮节:"穷则独善其身,达则兼济天下。"

基督教将人区分为属灵的精神和现实的躯体两部分,在精神层面,所有的人都是上帝的子女,一律平等,但基督徒不能全部生活在精神领域,还是要生活在现实的社会中,不过基督教的理念是以属灵的精神世界为导向的。与基督教一样,儒家也将人分为精神和肉体两部分。儒家虽然认为孔颜之乐及舍生取义很重要,但并没有否认世俗的生活,而且一再强调世俗社会的义务。

儒家眼中的人主要处于社会关系之中,他们的整体取向是将人视为人伦中的一个组成部分,离开了这些人伦关系,个人就无以生存。一般来说,个人与群体利益处于一个相对温和的协调一致的状态,当二者存在冲突时,不同的思想、文化和群体采取的不同处理办法就能将隐藏在背后的逻辑假设显现出来。如果个人利益与群体利益存在冲突,儒家提倡为了家族、国家的稳定与持续发展,个人应牺牲私人的小利益。有时候为了某种天理,个人需要控制自己的私欲,朱熹说:"圣人千言万语只是教人存天理,灭人欲。"存天理灭人欲当然不像一些人狭义的理解,即为了保存天理,而牺牲自己,把人都变成不食人间烟火的圣人。从整体而言，儒家是强调要维护伦常秩序，维护伦常秩序的目的是为了家族繁衍生息和国家的长治久安。

私欲私见太多，无法形成统一的意见体系，很容易导致家族的分裂和国家的分崩离析，这离"萧墙之祸"不远。中国传统文化强调家和万事兴，和的基础是能够处理好家族内部的意见和分歧，如果每个人都各自坚持己见，为了个人利益而不顾家族利益，家庭和气无从而生。当然，儒家处理冲突的方式主要是服从长者、贵者的意见从而维系家庭的和谐，这与现代平等的观念完全不同。不过，我们需要从历史事实的角度来看待儒家文化对中华民族统一和延续的独特作用。几千年前的人不可能预设今天的社会价值导向，即使是西方在现代之前也是等级门第观念非常严重的。自由平等的观念也是从法国大革命后才逐渐为西方社会所接受。西方自由平等的观念关注的是自由选择、平等竞争、适者生存，优势的个体往往得到更好的生存发展；而以儒家为代表的中国传统文化强调的是群体的生存发展。

正是由于儒家强调为家为国的价值观，中华民族每到最危险的时候，总是出现一批仁人志士，为了国家和民族，为了拯救中华文化而不惜抛头颅洒热血。当国家处于危机之中，他们往往勤于"王"事，东奔西走寻找救国救民之道。于谦的"粉身碎骨浑不怕，要留清白在人间"，文天祥的"人生自古谁无死，留取丹心照汗青"至今读来铿锵有力。即使到了儒家文化处于最低潮，迫于形势而被迫隐藏下来的时候，正是由于这些儒生、士大夫的努力，儒家才又在某种时刻以某种形式复兴。这就像某些植物的种子一样，由于温度和水分不充足，它们蛰伏于土壤之中，只等那一声声春雷。儒家文化是中华文化的核心，它深刻影响着每一个中国人的群己观，也是人们处理社会冲突的最核心的标尺。这些观念以礼仪、风俗、习惯的形式存在于国人的日常生活当中，人们习以为常，却往往不知其来源。正是这种无意识化的风俗习惯，强化了儒家在中国人心中的地位。可以说，传统思想给中华民族留下来的最大精神财富是"家国情怀"。当然，儒家过于强调社会秩序和正义，忽视了要维护社会正义和秩序的另一个要素：社会只有生存下来才能维持正义和秩序，即社会还要重视社会发展，而社会发展就不得不重视改革和重视个人利益。

儒家的价值观主要强调了个人要服从群体的原则，但这往往是在二者发生冲突的时候才体现的原则。在正常情况下，个人与群体之间是协同的。

道家的价值观。在中国历史上，道家的价值观与儒家存在巨大差异，道家强调个人而非整体，先秦道家的主张是"为我"和"贵己"，这些观点是从"道"的三种内涵推导出来的，道的一种内涵是自热法则，一种内涵是为人处事的原则和法则，最后一种是万物生成的根源和本体。在人与社会关系方面，既然道是为人处世的指导原则，人应当服从道的运行原则，而不应服从人为的社会法则，于是从社会的价值观导向上来说，人就应当为自己，而不是为群。道家也并非彻底的利己主义，他们主要反对那些有违自然之道的群己观。

老子说，"贵以身为天下，若可寄天下；爱以身为天下，若可托天下"，在道家看来，连自己都不看重不爱惜的人是不能让他们担任要职的。道家强调自为、自由、自知、自明等概念，体现出一个核心概念：那就是"为我"。活下来是道家的一个主张，即"全生避害"。在庄子那里，无用和太有用的东西都要受害，个人最重要的事情是"保命"，活下来才是硬道理。而一些人不知道这些道理，所以庄子指出，"小人则以身殉利；士则以身殉名；大夫则以身殉家；圣人则以身殉天下"，即一般人为了财货而丧失性命，君子为了名节而死，读书人为了家族而亡，圣人为了治理天下累得吐血而亡，这些人的生命都不是自然死亡，有违自然之道。先秦时期，庄子是批儒、墨两家的，无论是孔子的仁爱还是墨子的兼爱思想，庄子都认为不是处理人和社会关系的好办法。道家这些主张的正面价值主要有以下几点：

首先，道家是从关爱生命和生命自由的角度来看待群己关系的，纠正了儒家、法家过度强调群体的畸形思想，为中华文化提供了更多的韧性，也是日后中国重视自由和尊重个人利益思想的重要源头。道家虽然讽刺小人为财而死，圣人为天下丧命，但并不代表道家不重视群体利益。道家崇尚的小国寡民只是一个手段，目的还是为了天下太平，无为的最终目的是有为。

其次，道家强调个人的重要性是为了纠正当时有人假借仁义道德为非作歹的虚伪行径。我们知道，儒家的重要目的是为了维护社会秩序，但过于重视秩序就会忽视发展，过于重视整体就会压制个体，从而压制了中华文化的创新性和适应性。后期的腐儒思想严重腐化传统社会，道家强调个人利益的主张，成为传统中国社会改进的动力。

最后，道家强调个人的自由、崇尚独立人格对中国在适应性进化中起到重要作用。为了民族复兴大计，一些人采取了相对无为的策略，最终复兴了中华文化，保存了中华文化的文脉。昙花一现的壮怀激烈固然值得推崇，但在"时不利兮骓不逝"之时，保全性命、坚韧地活下去也是保持文化基因的必要策略。

道家这种群己观也存在一定的负面作用，如果过度强调为我和贵己的价值导向，会出现"宁让我负天下人，不让天下人负我"的极端利己主义，会损害整个群体甚至社会的利益。道家提倡的自由更多的是消极的自由，这导致他们避世的生活倾向，远离功名利禄固然高风亮节值得向往，但世界的发展是在人的积极有为的世俗中进行的。如果所有的人都不愿意去积极主动地参与社会和生产活动，就无法拓展一个社会整体的自由，自由是需要鲜血和汗水来浇灌的。自由也不是为所欲为和想入非非，而是要通过不断的社会实践来开拓人类自由的空间。三国两晋南北朝时期，玄谈盛行，社会精英好坐而论道，喜欢清谈，"名教与自然"之争非常厉害，结果导致社会分裂近四百年。虽然说魏晋玄学并非仅仅是道家的主张，玄学对于思辨哲学的发展起到重要作用，但思想上过度"越名教而任自然"，行为上肆情任性，导致社会价值观极度分裂，对社会统一和发展极为不利。

佛家的群己观。传入中国的佛学也喜欢从玄学角度来阐释佛理，玄学理论逐渐出现"笑渐不闻声渐悄，多情却被无情恼"的诗性智慧效果。佛家的群己观也是从其对人在社会中的性质的基本论断推演出来的。佛家的超越人性论为佛家的群己观提供了逻辑起点，他们强调报恩思想，但这些思想也是演化而来的。早期传入中国的佛家饱受弃绝双亲和叛经离道的指责，例如，魏晋时期，有人痛斥"使父子之亲隔，君臣之义乖，夫妇之和旷，友朋之信绝"，这反映了佛教的四大皆空的超越人性论与中国传统重视家庭和国家的主张存在冲突。佛家逐渐调整自己的行为，强调要报"父母恩、国王恩、众生恩、三宝恩"。佛家的群己观实际上强调"修己度人"，在修性成佛的过程中帮助他人，并以帮助他人作为自己修行的重要途径。而道家的四恩指的是"天地、君、亲、师"，把天地自然放在首位。

（三）理想观

人赤裸裸地来到这个世界，最开始实际是一个只具有生物属性的"自然人"，任何社会都要根据对社会人性和社会价值导向的认识改造"自然人"，如何改造的问题实际上就是确立社会规则和社会治理的问题。我们把这些治理规范与意向称为"理想观",但这个理想观与信念或信仰不是一个层次的概念,信念或信仰实际上是一个基本假定层面的概念,是以"我相信……"为基础的表达形式,而我们这里提到的理想观则是以"我最好要……"为基础表达的价值导向概念,它包括一般的理想及实现方式。

儒家的理想观实际上是构造一个公正、有秩序的、和谐的"大同社会",为了实现这个大同社会,儒家仁人志士希望通过以孝治家或以德治国,提倡王道政治,反对霸道政治。以德治国的核心是仁义,但实际上是以礼乐治国,《左传》说"礼乐皆得谓之有德"。礼的原始含义是远古祭祀的规则,乐实际上是辅助祭祀的舞蹈和音乐,后来被周公推广到社会各个领域。因此,中华文化有礼乐文明之称。周公在殷商礼仪的基础之上,创制了周礼,并与歌乐一起,形成了中华文化的治理主体模式:礼乐文明。礼乐文明实际上已经不是简单的婚丧嫁娶和祭祀等以习俗的治理了,而是系统地制定了社会交往的规则,从日常的婚丧嫁娶,到社会和国家的军事、政治、外交,都制定了严格的规则,并要求全社会予以遵行。周朝实行"封建亲戚,以藩屏周"的分封建制模式,实现了"普天之下,莫非王土;率土之滨,莫非王臣"的政治格局。周公制礼的目的是进行社会治理,即《左传》所言的"先君周公制周礼,曰:'则以观德,德以处事,事以度功,功以食民。'"中国古代重视丧礼,儒最早实际上是办理丧事的神职人员,地位低微,儒门始祖孔子就曾经做过"儒"。庄子将当时的儒家视为"性服忠信,身行仁义,饰礼乐,选人伦,上以忠于世主,下以化于齐民"(《庄子·渔父》)。自从董仲舒罢黜百家、独尊儒术之后,儒家逐渐成为传统中国社会治理的主导思想,孔子也被后世奉为"至圣先师",孔子也从汉平帝时期的"褒成宣尼公"一路走高,到了中华民国时期,地位提到了"大成至圣先师"。

礼的功能是规范社会交往,加强社会统治;乐的功能是抒发情感,洗涤心灵。孔子认为礼乐并不是让人沉迷欢乐,先王制礼乐不是为了让人"极口腹耳目之欲",而是让人向善,自觉发挥道德自律,从而有利于社会治理。"礼云礼云,玉帛云乎哉?乐云乐云,钟鼓云乎哉?"光有礼乐没有仁义之心,并非礼乐文明的本质含义,孔子说"人而不仁,如礼何?人而不仁,如乐何?"如果一个人没仁义之心,只是遵守礼仪和奏乐有什么用呢?礼乐是儒家文化以德治国的具体形式,对中华文化产生了深远影响,也是儒家认为治理社会的理想形式，构造一个和谐、有秩序的、公正的大同社会。儒家倡导的仁义治国模式，不仅约束百姓，而且约束统治阶层。统治阶层不遵守道德法则，满口仁义道德，一肚子男盗女娼，就会导致上梁不正下梁歪。所谓以德治国的理想模式是不可能实现的，因为上行下效，最终陷入社会混乱。

道家认为人道应当遵循天道，因此治理天下的最理想模式是无为而治。道家对人性的假定是"自然"，因此，他们认为在处理社会关系时，应当坚持"为我"和"贵己"，理想社会的形态是桃花源那种怡然自乐的社会。一般说到无为而治，我们率先想到的是老子，但是，"无为而治"的真实案例中，孔子也找到一个经典人物，那就是大舜。在《论语·卫灵公》中孔子说："无为而治者，其舜也与！夫何为哉？恭己正南面而已矣。"大舜确实是一个道德修养很高的人，他能够克制自己，选贤任能，例如选鲧禹父子治水，而大舜本身也是一个勤于政事的好领导，这与无为是不是有些不符合呢？实际上，孔子主要说的是大舜"恭己"这个特征，同时又认为他能够选贤任能，使得自己能够达到执政时解脱的状态。

孔子眼中的大舜这种选贤任能及"恭己正南面"与老子所言的无为而治实际上并不一致，原因是老子的无为主张的根本特征是"顺应自然"。道家也从根本上否认世俗的贤人、能人或圣人。通过这个比较，我们可以看出，道家认为治理社会最好的方式是统治者不扰民，顺应自然，从而达到治理社会的目的。

无为而治最典型的案例是汉初黄老道的盛行，其总的指导思想是《经法》所言的"执道者之观于天下也，无执也，无处也，无为也，无私也"。也就是说，治理者治理社会不要有偏见、私见。具体来说，一是不要扰民，"欲为省，毋烦民"，大兴土木的皇朝不可能不扰民，秦始皇大修陵墓、筑长城，最终由陈胜、吴广揭开了反秦大幕，汉初几位统治者都接受了秦亡的这个教训。二是重本抑末，战争让老百姓无法安心种地，战争结束后，汉初统治者又重新分配土地给农民，巩固国本，强调农业是立国之本，没有饭吃，老百姓就会造反。三是轻徭薄赋，也就是说尽量减轻农民的负担，激励他们创造社会财富。因此，无为也不是什么都不干，而是要依法而行，不是胡干乱干。但这里的"法"是从"道"中生发出来的，也是人们定纷止争的依据，法一经制定，就不能凭借私人好恶废止。制定法后，要按照这个标准约束自己，让天下知道这个法度。因此，我们可以看出，无论是儒家，还是道家，尽管都反对外在的强制，但在社会治理的现实中，这些思想都不得不面临这样一个问题：社会治理需要惩戒和暴力机构的武力威胁，而道家和儒家实际上都主张不到万不得已的时候不要滥用这些外在的强制力。鉴于此，也有人将中国的社会治理模式说成外儒内法模式。

佛家治理社会的模式是仁王之治。由于佛教假定事物变化是因缘和合而生，随着缘聚缘散而生灭，要远离苦难，只有觉悟成佛一条道，要看轻世俗利益纠纷，不但不能侵犯他人的利益，还要帮助他人解除烦恼。因此，佛家的理想社会是一个觉悟者组成的社会。佛陀主张国家应当不侵犯他国，爱护本国百姓。最高统治者（转轮王）应当尊法敬法，教化百姓，向学者请教治国之策，照顾弱势群体，以十善训导百姓，重视生产。也有些国家以佛教为国教，例如唐朝时期的日本圣德太子宣扬佛教，以佛教为国教。中国古代很多王朝统治者基本上都比较重视佛教，最著名的是南北朝时期的梁武帝，唐朝杜牧写诗道："南朝四百八十寺，多少楼台烟雨中。"佛教思想不仅深刻地影响了南北朝，实际上也深远地影响了以后的中国历史。

3.3.3 自身问题：个人如何摆正与自身的关系？

（一）人生观

人生观主要是指个人对于生活道路、目的及意义的看法，是个人对于怎么过完这一生的基本假定。每个人对于人应当如何度过这一生的基本假定很难达到完全一致。有的人宁愿及时行乐，有的人愿意过着有德性的生活，孔子则提倡人应当"朝闻道，夕死可矣"。人生观实际是人在洞察了人与自然关系及人与社会关系的基础之上，对于个人该如何生活的基本信念。

儒家首先假定人在万物中具有崇高的地位，而人性的基本倾向是向善的。例如，孔子认为人比物重要，孟子认为人是有异于禽兽的，荀子则从人能够群居出发，论证"人最为天下贵"。也就是说，人不能过着生物性的生活，更不能过着禽兽的生活。孟子说："无恻隐之心，非人也；无羞恶之心，非人也；无辞让之心，非人也；无是非之心，非人也。"没有同情心和羞恶感、不懂谦让、分不清好坏，都不是"人"，这样的人生不值得过。儒家要求君子们要把修己与治国平天下结合起来,而不是仅仅做一个只关注自己的人,所以,儒家的君子要做一个有格局的人,做到不侵犯别人(己所不欲,勿施于人)和帮助他人(己欲立而立人,己欲达而达人)。孔子在《论语·为政》中讲述了他的人生经历:"吾十有五而志于学,三十而立,四十而不惑,五十而知天命,六十而耳顺,七十而从心所欲,不逾矩。"孔子的求学问道经历激励了无数读书人,他们为了达到从心所欲的境界而努力拼搏。孟子和后来的王阳明都强调,只要努力,人人皆可为尧舜。孔子将圣人定义为"博施于民而能济众",也就是说君子应当做到对人有爱心而且能够帮助他人,成为万世师表。孟子要求君子要有大丈夫气概,善养浩然之气。君子还要有独立人格,做到富贵不能淫,贫贱不能移,威武不能屈。士可杀不可辱,做到折节而行。对待祖先和父母,要做到"慎终追远",即谨慎对待去世的父母,怀念祖先,这样就能培养良好的品德。具体行动方面,孔子要求君子"讷于言而敏于行",王阳明的观点是知行合一。

道家对待人生的态度也很复杂,但可以大致归结为不役于物,谦下不争,淡泊名利。老子要求人们做淳朴的"圣人",老子的圣人与孔子所说的圣人不是一个概念,老子反对世俗的仁义道德,而崇尚返璞归真的赤子之心的"圣人"。这与其小国寡民的理想社会密切相关,这里的人处于自然无为的状态。庄子提倡做"真人",什么样的人才能算是"真人"呢?庄子的观点是"不以心捐道,不以人助天",即对待自然不要人为地去损害大道运行,也不要人为来帮助自然,实际上与老子所提倡的圣人类似,倡导自然无为的生活方式。《庄子杂篇·天下》认为理想的社会应当是一个人人"不累不俗,不饰于物,不苟于人,不忮于众,愿天下之安宁以活民命",即老百姓不被世俗所累,不装饰不求人,天下安宁,老百姓能够活命。老百姓能够"织而衣,耕而食",不屈从人为的外在强制压力,过着自然淳朴的生活。

道家教导人们做人要尽量不役于物,也就是说不被外物所累,不要被外在物欲支配了心灵,这与近代西方思想的"异化"观念类似,即追求的东西或生产的东西反过来支配了人。人们创造了宗教,但宗教却支配了人们。人们追求外在的各种功利性目的,往往会导致"人为财亡"的结局,在社会上学会保命与养生最为重要。

为人处世要谦让不争,这与道家的无为思想密切关联。道家用水说明了

"真人"们应当像水那样"利万物而不争",这对后来很多功臣功成名就之后隐退起到很大的启发作用,不少功臣居功自傲或者不知进退,结果惹上杀身之祸。老子说,"我有三宝,持而保之。一曰慈,二曰俭,三曰不敢为天下先"。为什么呢?老子的解释是"慈故能勇;俭故能广;不敢为天下先,故能成器长",意思是说,人要有三个"法宝"来保护自己,一个是慈悲,一个是勤俭,一个是不当出头鸟。有慈悲之心就会产生勇气,勤俭才能积累,才能行得远,而不当出头鸟才能被人认可,反而能够当领袖。老子主张的不争、谦让并不是无所作为,而是以无为达到有为的目的,他说:"是以圣人抱一为天下式。不自见故明;不自是故彰;不自伐故有功;不自矜故长;夫唯不争,故天下莫能与之争。"不自以为是、自认有功,谦虚谨慎才能获得真正的东西。

老子要求人要能够做到"贵柔守弱",因为恃强凌弱,往往会失败,树木强大,则容易被砍掉。做人做事要以守静为本,烦躁不安往往会导致失败。庄子则要求人们要像镜子一样待人接物,既不掩饰也不隐藏,即所谓的"至人之用心若镜,不将不迎,应而不藏,故能胜物而不伤。"(《庄子·应帝王》)对待荣誉和侮辱,都要有自然的心态。

佛教的人生观可以简单地概括成为两个问题:一是要认识到生命为什么会受苦,二是如何使得自己和众生摆脱痛苦。佛陀解释得很清楚,大致是说万事万物都是变动不居的,人生是受苦的,例如生老病死,为什么有那么多苦,主要是由"贪欲、嗔恨、愚痴"三种烦恼所诱发的。如何才能不痛苦呢?要灭掉这三种烦恼,达到涅槃的状态,涅槃实际上是解脱了上述三种本能烦恼的状态。佛教派别很多,各种经典也是浩如烟海,但总体上都在强调人生是受苦的,要尽早觉悟,而且还要帮助他人觉悟。

(二)道德观

最近一段时间,出现了医生到底该不该救助那些身无分文来到医院的病人的问题。如果救助,情况一多医院就无法承担,难以为继;如果不救助,医生就面临不人道的指责。这是人们常说的道德悖论。类似的现象还有很多,例如,学雷锋却助长了贪小便宜的风气,救助弱势群体却制造了更多的懒汉,医生面临病危病人是以实相告还是应当说一些善意的谎言来安慰患者,如此等等。出现悖论和两难选择一般情况下是前提和边界及基本假定出现了问题,也就是做出道德判断的依据和假定存在冲突或不一致。儒家的一些观点认为当维护诚信与维护仁义相悖时，就要选择牺牲诚信而维护仁义，这也是父子相隐规则之所以产生的基本假定。

其实，道德观的核心问题是我们如何判断好坏。道德的一般含义是一种社会意识形态，它是人们共同生活及其行为的准则与规范。但是，人们又把伦理定义为在处理人与人、人与社会相互关系时应遵循的道理和准则。这样定义道德并没有将伦理和道德区分开来，事实上，道德往往是一种内心的法则，是对行为、责任、职责好与坏的价值判断，而伦理是基于此上的一系列规范和准则。当然，很多情况下道德与伦理是可以互换的，我们中国人将之统称为伦理道德。从知识整体论的角度来看，道德观是人对自身行为是好是坏的一种价值判断，我们更倾向于将道德观视为一种内在的法则。人对自身行为对错、好坏的判断，我们称之为道德观，我们将在此基础上涉及的规范体系称为知行观。价值观是对事物与个人自身行为孰先孰后的一种重要性判断，当然这种判断是基于信念基础之上的；道德观则是就自身行动好坏与否的价值判断，是基于价值观基础之上的。同时，在这两者基础之上形成的价值观是一种规范体系，即达到目的的手段和准则。

由于道德是一种内在的心理活动，为了论述不得不表达为规则，我们所说的道德如无特殊说明，基本上意指"内心的法则"，而不是外在的法则。道德情感的根据是良心，朱熹对孟子的良心注解是"良心者，本然之善心。即所谓仁义之心也"。很多人从"同情"出发，论证自己的伦理体系，例如孟子的恻隐之心、孔子的仁爱之心、亚当·斯密的同情心、佛教主张的大慈大悲之心，这些"同情"的不同替代词实际上都指向一个关键点：不伤害他人，同时尽量帮助他人。叔本华认为人类行为只有三个源头：利己主义、仇恨和同情。利己主义和仇恨很难成为道德基础，而利己主义的对立物是公正，仇恨的对立物是仁爱，公正与仁爱正好来源于同情，同情是愤恨的解毒剂。

道德的根基是人们的同情之心，同情的通俗含义是指能够感受到别人在特定场景下的感受。比如说，看到一个人正在虐待小孩，很多人会很自然地想象自己是那个小孩会如何感受。同情的原则实际上是推己及人，"己所不欲，勿施于人"，以及"己欲立而立人，己欲达而达人"，就是站在别人立场感受别人的内心体验。道德内容尽管很多，但无外乎是说明两件事情：一是不要侵犯他人的正当利益，二是尽可能帮助他人。

道德的根基是人类的情感，而非理性，这是大卫·休谟的一个基本论点。但是，如果将这些道德观念理论化和系统化，就会形成道德观念，这些体系化的道德法则（比如公司的行为操守准则）实际也成为一种理性知识了。一般人的道德观实际上是受到这些道德观念体系的影响的，因为每个人基本上都是生活在特定的社会中，受到教化从而获得了社会生存技能。

　　很多情况下，我们发现的道德悖论实际上是没有分清底线道德与理想道德（或高尚道德）。"己所不欲，勿施于人"，实际上是最基本的底线道德，底线道德的核心是不要侵犯他人的基本权利；而所谓"己欲立而立人，已欲达而达人"，实际上是高尚道德，高尚道德的核心是帮助他人。自古以来，我们就喜欢宣扬高尚道德，例如倡导"人人皆为尧舜"，现代我们倡导学习雷锋精神。

　　道德观虽然是个体对自身行为的内在要求，但它具有很大的社会性。道德高尚的人为了他人、家庭、组织、团体及整个社会和人类活得更好，愿意让步、妥协、奉献乃至牺牲。能够完全符合理想道德的人不多，做理想道德的人是需要修炼的，正是因为稀少所以才很宝贵，需要提倡。高尚道德的核心看起来"违背"生物个体的本性，即有利于自身活下去或更好地活下去的本能。例如，"董存瑞炸碉堡"就是舍身为国，每一个人都想活下去，但是为了更多的人活下去能够牺牲自己的生命，的确是一种高尚道德。白求恩被毛泽东主席誉为"一个高尚的人，一个纯粹的人，一个有道德的人，一个脱离了低级趣味的人，一个有益于人民的人"，那是因为他为了中国人民的解放事业牺牲了自己。包拯和海瑞在中国民间被称为官员楷模，他们的主要特征是清正廉洁，敢于与腐败势力斗争。特别是海瑞，为了让皇帝不要相信方士骗术，规劝皇帝上朝理政，结果被下诏狱，几乎被处死。现代县委书记的楷模焦裕禄在 1962 年担任河南省兰考县委书记时，身患肝癌，带病工作，被誉为"共和国的脊梁"。理想道德具有激励人向善的功能。在社会转型期，不但不能降低高尚道德的宣传，还要加强高尚道德教育，激励社会向这些道德楷模学习。

　　底线道德应当是全社会共同遵守的道德底线。正是因为底线道德是一种共同遵守的规则，违反它就等于侵犯他人利益，因此往往表达为一种禁止性规定。比如说"不在公共场合大声喧哗"就是一种底线公共道德，在公共场合大声喧哗会扰民，侵犯了他人的权利。最近一段时间公众对于大妈跳广场舞的高音扰民问题反应强烈，因为这侵犯了公共道德的底线。你可以不成为"圣人""雷锋"，但是不能侵犯他人的利益，因为说到底道德是一种调节与他人交往的规范。

高尚道德与底线道德虽然有模糊地带，但在评价社会问题时不能混淆。如果将高尚道德变成了底线道德，实际上是加重了对人们的道德义务的要求，如果大部分情况下都做不到，这些道德规则很可能变成"假大空"的道德规则，从整体上损害道德规则的尊严。同样，如果将底线道德拔为高尚道德，实际上是减轻了对人们的道德义务的要求，如果道德楷模的行为大家都能轻易做到的话，那就失去了道德激励的意义。

就说身无分文的病人到医院看病，医生该不该给他看病的问题，需要分析高尚道德和底线道德的要求，高尚道德的要求是帮助他人，无论他人会不会给自己带来益处，底线道德的要求是不要侵犯他人的权利。按照高尚道德的要求，医生应当积极救助病人，也就是医生有救死扶伤的义务，救死扶伤本身就是义务，而不是说有多少钱就看多少钱的病；按照底线道德的标准，医生可以在没有报酬的情况下选择不救助病人，原因是他至少没有去主动侵犯病人的利益。如果我们把救死扶伤定义为底线道德，那毫无疑问医生是应当去救助的；如果我们把救死扶伤定义为高尚道德，那么医生救助病人是一种道德楷模的行为。也就是说，在一个道德规则中，道德是属于高尚道德，还是属于底线道德，那要看社会如何定位这个道德规则。

中国传统社会是如何定义高尚道德与底线道德的呢？

儒家一贯讲究人们以道德自律来处理人与人之间交往的关系，儒家的治国方式也被称为以德治国。实际上，儒家很多观点同时也是道德信条，例如儒家最高学说仁的含义就是"爱人"，孔子最担忧的事情是"德之不修，学之不讲，闻义不能徙，不善不能改"，即孔子担忧人们"不培养道德""不好学""不能按照正确道德改变自己""有错不改"。因此儒家道德的核心思想实际上是根源于孔子对仁的论述，仁的基本含义是"爱人"，即要有同情他人之心，在《论语·雍也》中记载了孔子与子贡的对话，子贡问孔子：如果有人广泛施恩于老百姓并能普度众生，是否能够称得上"仁"。孔子的回答是，岂止是仁人，肯定是圣人了，连尧舜都不一定能做到，"夫仁者，已欲立而立人，已欲达而达人。能近取譬，可谓仁之方也已"。"近取譬"就变成了仁的方法，实际上就是以自己作为比喻，也有推己及人的意思。后来的王阳明在龙场悟道成圣，一个关键点就是王阳明不断思考"当圣人处于当下，圣人该怎么办"的问题，而不仅仅是思考我处于别人境地，怎么体验别人的感受。这里的成仁方法，实际上是要求利他，即"己欲立而立人，己欲达而达人"，也就是忠恕之道的"恕"的一个含义。

儒家道德规则尽管很复杂，但基本上用忠恕之道可以概括。在《论语·里仁》中记载孔子和曾子的对话，孔子说："参啊！我的理论贯穿一个基本思想。"曾子说："是。"孔子出去了，其他人问曾子："老师的话是什么意思呢?"曾子说："老师的学说，忠恕两个字罢了。"后世对于忠恕之道的理解差异很大，但还是有些基本共识，例如，所谓"恕"，孔子解释得很清楚，即"己所不欲，勿施于人。"忠的基本含义是尽力做好本分的事情，对自己要"无二"，一以贯之。为仁由己，不受胁迫。忠恕实际上是一以贯之的，朱熹的《论语集注》释"忠恕"的含义时说："尽己之谓忠，推己之谓恕。"真诚地面对自己，自己不想要的就不要强加于别人，这一点说的是底线道德，自己想要的也要帮助别人达到这一点说的是高尚道德。二者结合起来，才是孔子学说的核心点。承认自利是忠，不侵犯他人利益和帮助他人利益是恕。孔子从爱人之仁出发，得出尽力做道德的事情实际上是由自己决定的；既不要侵犯他人利益，又要帮助他人，因此儒家道德实际上是将底线道德与高尚道德结合在一起。中国传统道德又被称为仁义道德，仁主要说仁慈，义主要说公正。当然，不侵犯他人利益，实际上就是说的公正，孟子把这个公正之义突出出来，作为儒家的论证核心之一，仁义实际上是比较抽象的概念，从仁义这两个概念引申出具体的规范，即"礼""孝"的诸多规定。

以德治理也存在不足之处。随着高尚道德越来越成为"底线道德"，假装行仁义道德的人越来越多，假仁假义的人多了，仁义道德被批为虚伪的仁义道德了；又因为一些人动不动拿高尚道德说事，铲除异己或侵占他人利益，仁义道德被批为"以理杀人"。

道家对"道德"似乎是批判的态度。《道德经》说："大道废，有仁义；智慧出，有大伪；六亲不和，有孝慈；国家昏乱，有忠臣。""故失道而后德，失德而后仁，失仁而后义，失义而后礼，夫礼者，忠信之薄而乱之首。"道家为什么反对仁义孝慈等道德规范呢？道家的思路主要是盛世中人人行"道德",所以道德表现不出来,而乱世道德失范的行为太多了,道德规范才会彰显出来。实际上,道家主要是反对儒家所倡导的统一或绝对的道德观念,这与他们的基本主张密切相关。道家认为社会治理应当无为而治,法令和道德规范越多,老百姓越不知道如何适应。"绝仁弃义"和"绝圣弃智"实际上主要是想表达超越现实"恶德"和"恶法"的束缚,实现道德自由。道家实际上也是从公正和仁慈两个角度论证道德观念的,无为而治实际上是不侵犯民众利益和决策权,对民众要有爱护之心,而不是偏爱某一部分人。如果说儒家关注道德规范拯救人心和世界秩序,道家则更关注大道和至德对人和世界的引导和规范功能。

佛家道德观念很多,但基本上就两个内容:自利和利他。所谓自利,实际上是佛教徒修习佛法,驱除烦恼达到觉悟的状态,《佛说无上依经》认为,"何者自利?圆满解脱身持净法身,灭烦恼障、一切智障,是名自利"。利他是指不仅要使得自己得救成佛成菩萨,还要普度众生,帮助他人驱除烦恼,救济帮困。自利和利他二者并非是孤立的,往往是二者统一在一起,才算功德完满,例如《大般若经》是这样阐述菩萨修行正道的:"诸异生道非诸菩萨摩诃萨道。诸声闻道非诸菩萨摩诃萨道。诸独觉道非诸菩萨摩诃萨道。自利利他道是诸菩萨摩诃萨道。"也就是说,自利和利他才是修成菩萨的正道。

小乘佛教主要是证"阿罗汉果",主要是强调个人觉悟,但并不是说小乘佛教就不利它,修行毕竟依靠信徒或民众施舍才能成行,因此即使小乘佛教也要求回报社会。大乘佛教的主要戒律内容是帮助他人(六度:布施、持戒、忍、精进、定、智慧)与自己成佛相结合。

自利之心,如果不侵犯他人的正当权利,对社会所产生的作用并非都是负面的。斯密证明了自利之心可以导致社会公利的增加。自利之心虽然不会自动导致公共利益的增加,但是一个社会必须建立这样良好的机制——个体的自利之心可以转化成为推动社会发展的动力。斯密还证明利他是为了自利,你要说服别人买你的东西,就要证明你的东西对他人有利。这二者实际上是结合在一起的,纯粹的自利或利他是非常罕见的。

(三)知行观

知行观是中国哲学特有的概念,它将认识和实践的关系表述为知与行的关系。知与行的认识早在两千多年前就被表述出来,如《尚书·说命中》说,

"知之非艰,行之惟艰",意思是说知道不难,实践起来很难。

中国哲学就知与行的关系问题,主要的主张有以下几点:行先于知,由行致知;知之明也,因知进行;以行验知,以行证知;知行并进,相资为用。需要说明的是,大部分思想家都不会将之割裂,没有纯粹的认识,也没有纯粹的实践,但这些观点确实有差异,他们强调的角度和论证的思路是不相同的。从整体论的视角来看,知行观表现为个体基于对自身基本假设和价值导向的基础之上,一套处理和指导自身的身心关系的规则体系。

心理学家认为,知与行是一个过程的两个方面,知识的学习需要调动人的心理活动,即思考、想象、描述、沟通、交流、感染、体会,将概念依照自己的思路纳入到自己的概念系统之中。通俗地说,就是将知识具体化和内在化,只有经过自己体验的知识才能变成自己的东西,没有体验的知识只能是别人的知识。现代心理学证明,知识不仅仅存储在大脑皮层中,还存储在身心体验中,也就是加州大学圣地亚哥分校的心理学教授劳伦斯·巴斯劳提出的"具身认知"(embodied cognition)。例如,看到鱼的概念,我们还能联想到它在水中追逐、嬉戏、吐泡,甚至能够将自己想象成鱼,像鱼一样游泳。小孩子经常将自己想象成为自由飞翔的鸟,在模仿与体验中,他们的认知和行为活动都得到提升。因此,知识的学习不是死记硬背理性知识,而是一种身心投入的体验过程,身心体验是个人认识自己和世界最基本的方式。

儒家的知行观。儒家的知行观很复杂,我们这里主要介绍王阳明的知行观。宋朝理学一些学者认为,先知而后行,例如程颐说,"故人力行,先须要知。非等行难,知亦难也"。认为人的实践是以认识为前提,并不是唯独实践难,认识也很难。他举例说,如果要去京城,需要先知道路线图,否则,很难到京城。朱熹认为,"论先后,知为先;论轻重,行为重"。朱熹的意思是说,虽然认识先于实践,但如果论重要性,实践更为重要。

陆九渊认为,"为学有讲明,有践履。《大学》致知、格物,《中庸》博学、审问、慎思、明辨,《孟子》始条理者智之事,此讲明也。《大学》修身、正心,《中庸》笃行之,《孟子》终条理者圣之事,此践履也"。其实,这也是儒家整体的知行观,即认为知行是一个系统化的过程。

王阳明认为,"知是心之本体",行是"发明本体"。知是指良知良能,不需要外求,自然而然。王阳明的良知之说,是受到孟子的启发,孟子论证人的道德本性之时，就是从良知、良能出发，"人之所不学而能者，其良能也，所不虑而知者，其良知也"。王阳明假定致知是指致良知，但人的心灵被私欲遮蔽了，"未有知而不行者，知而不行，只是未知。圣贤教人知行，正是要复那本体，不是着你只恁的便罢"。圣人教人认知和实践，其实就会恢复本心。王阳明还论证说，心即是理，天理和圣人之心本来就是契合的，他早年按照朱熹的方法修炼，得了一场大病，最终追随陆九渊的观点，从求助于格物，变成向内心求天理了。

王阳明认为将知行分开是错误的。只行不思考就是"冥行妄作"，反之只思考不行动只是"揣摸"。王阳明说，"今人却就将知行分作两件去做，以为必先知了然后能行，我如今且去讲习讨论做知的工夫，待知得真了方去做行的工夫，故遂终身不行，亦遂终身不知。此不是小病痛，其来已非一日矣。某今说个知行合一，正是对病的药。又不是某凿空杜撰，知行本体原是如此"。由于知行分离是病，王阳明开出的药方是知行合一。

王阳明的知行观还有伦理意蕴。"知是心之本体，心自然会知，见父自然知孝，见兄自然知弟，见孺子入井自然知恻隐，此便是良知，不假外求"。也就是说，良知是一种内心的道德法则，不需要向外求证其合理性与合法性。虽然如此，也不可过分。例如，有一次听说儿子病了，他认为爱子是人之常情，但"天理本体，自有分限。不可过也"。王阳明认为，格物致知等一套方法体系，不能"使之深居端坐而一无所事"，最终于国于家无意，而应当洞察变化，事上磨炼，从而练就一身治国平天下的本领。

如何做到知行合一呢？

首先要立志。"夫学，莫先于立志。志之不立，犹不种其根而徒事培拥灌溉，劳苦无成矣。世之所以因循苟且，随俗习非，而卒归于污下者，凡以志之弗立也。"立志主要是为了确立学习方向，如果志向不明，如同将没有根的植物埋在土里灌溉，很辛苦但没有收获。立志向还要立圣人的志向，一切作为按照圣人的做法去做。立志的根本是定心，有人问读书过程中定心遇到问题，如何处理？王阳明回答说："只要良知真切，虽做举业，不为心累；总有累亦易觉，克之而已。且如读书时，良知知得强记之心不是，即克去之；有欲速之心不是，即克去之；有夸多斗靡之心不是，即克去之。如此，亦只是终日与圣贤印对，是个纯乎天理之心。任他读书，亦只是调摄此心而已，何累之有？"读书也好，做事也好，都需要定心，摄心为上。

其次，圣人人人可做。王阳明将圣人界定为人格修养达到某种境界者，所以知识的多少并不是决定是否成为圣人的标准。因此，只要按照圣人言行去做，人人皆可成为圣人。即"人皆可以为尧舜""学者学圣人，不过是去人欲而存天理耳"。事实上，圣人只不过是去除自然本性而保留儒家伦理道德的人，"天理"二字就是儒家提倡的仁义礼智信等一套理论体系。天理与人的心性是一体的，如同孟子证明心有四端（恻隐之心、羞恶之心、辞让之心和是非之心），每一端有一性，每一性对应一个道德法则：仁义礼智。王阳明认为，"仁义礼智也是表德。性一而已。自其形体也，谓之天。主宰也，谓之帝。流行也，谓之命。赋于人也，谓之性。主于身也，谓之心。心之发也，遇父便谓之孝，遇君便谓之忠。自此以往，名至于无穷，只一性而已。犹人一而已。对父谓之子，对子谓之父。自此以往，至于无穷，只一人而已。人只要在性上用功"。即仁义礼智只是表现出来的道德规则，而它们的根源是由"性"决定的，性来自于天命，在人身上表现为"性"，但性是由心主导的。诸种道德行为都是源于人性，所以要成为圣人，就要在人性上下功夫。不仅如此，他还认为知识和才能往往是成为圣人的障碍，他说："专去知识才能上求圣人，以为圣人无所不知，无所不能，我须是将圣人许多知识才能，逐一理会始得。故不务去天理上着功夫，徒弊精竭力，从册子上钻研，名物上考索，形迹上比拟。知识愈广而人欲愈滋，才力愈多而天理愈蔽。"用现在的话说，没有明白价值导向的真实内核，而去从书本上、文献上或者案例中来寻找所谓的规律，只是白白耗费精力罢了。

再次，格物与致良知并不矛盾，早年阳明先生遵循朱熹格物之法学习，最终病倒，从此开启向内求道的方法。阳明先生一日发现，"格物之功，只在身心上做"。其实，朱熹格物致知之道并非完全无道理，格物致知本身含义是要面对客观事物，具体感知对象和认识对象，才能获得对象的真正知识。然而，为什么王阳明得出格物并不能致知呢？原来王阳明的致知主要是指"致良知"，他认为所谓"致知，不是后儒所谓充广其知识之谓也，而是致吾心之良知"，即王阳明将致知界定为不是扩充知识，而是发现自己内心的道德法则。

然后，致良知有着系统的方法。王阳明这段话说明了致良知的原因及基本修行路线："人之心神只在有睹有闻上驰骛，不在不睹不闻上着实用功。盖不睹不闻是良知本体，戒慎恐惧是致良知所工夫。学者时时刻刻常睹其所不睹，常闻其所不闻，工夫方有个实落处。久久成熟后，则不须着力，不待防检，而真性自不息矣。"人总是愿意在见闻上胡思乱想，而没有在不闻不见上下功夫。而不闻不见才是致良知的根本所在，因此，"戒慎恐惧"才是致良知的功夫。如果学道之人能够遵此原理，就能将修养落到实处，习惯和熟练之后，就不需要再努力追求，真性长久不息。王阳明认为，致良知关键要简易，而不是通过烦琐论证得到致良知的效果。他认为致良知关键是"须从自己心上体认，不假外求始得"，也就是说良心是一种内在体验，其合理性不能从外在角度得到论证。因此，致知功夫不能向外求证，而应当向内心求证，"知如何而为温清之节、知如何而为奉养之宜者，所谓知也，而未可谓之致知；必致其知如何为温清之节者之知，而实以之温清，致其知如何为奉养之宜者之知，而实以之奉养，然后谓之致知"。如果只是知道某些道德法则，而不去实施，那就是只是知道而已，而知道这些法则且践行，才能称为致知。王阳明的论点与康德论证道德法则有点类似，康德认为，在自然领域，人们被迫服从自然的理性，但在实践领域，人们的自由意志不需要任何外物来证明。唯有人类拥有自由，人才自觉地行善而非被迫行善，唯有自主自觉的行为，才有道德价值，而强迫之下无善恶之分。康德论证的目的就是善良意志，自由只以自己为目的，如果以其他为目的，就不自由了。自由意志不借助经验材料，而是一种先验的天赋。由此可见，康德在一定程度上与孟子和王阳明的论证有类似逻辑，康德与朱熹的出发点相同，即强调的是理性，通过理性可以达至善良意志；而孟子和王阳明则强调个人往往要借助经验材料才能说明良知，才能践行良知。

最后，王阳明用四句话表述自己的核心思想，即"无善无恶心之体，有善有恶意之动，知善知恶是良知，为善去恶是格物。"王阳明认为这四句话是不能分割的整体，割裂理解就会伤害本意。心的本体是没有善恶之分的，用善恶标准来判断它是人的意念，知道善恶标准是良知，能够做到为善去恶就是格物。其实，王阳明的这四句话很多人的解释是不同的，但从儒家特别是孟子的基本假定和价值导向来看，王阳明的论证逻辑无非是说，人们内心的道德法则是自主决定和自明的，不需要用外在的伦理规范来确证。我们向内求助于自己的内心，就能知道哪些是对的，哪些是错的，因为良知是不学而知，我们知道这些法则，而且能够做到为善去恶，才能明白做事的道理。阳明心学并非没有思想背景凭空而生，唐朝之后，基本上形成了儒释道三家，都对心与性进行重点研究。南怀瑾总结出：佛家强调明心见性，道教强调修心炼性，儒家强调存心养性。从我们的理论逻辑来看，对身心关系的假定、价值选择不同，就会产生不同的人生修养逻辑。儒家之所以要存心养性，因为儒家认为"心"（良心）"性"（人性）"理"（道德规律）其实是贯通的，只有保持良心，才能践行人性善良的一面。佛家因为假定凡人是没有觉悟的人，因此重点要从明字开始，只有有觉悟之心，人才能践行善行。道教假定人只有清静无为才能无不为，因此，他们强调通过静修来达到历练人性的目的。

道教的知行观。2015年7月19日，中道协权益保护委员会主任孟崇然道长向导演陈凯歌发出谴责声明，称陈凯歌执导的电影《道士下山》肆意丑化道教及道士形象，违反多项政策法规，要求立即停播《道士下山》。孟崇然道长的主要观点是文学艺术毁坏了道教徒的形象。我们知道，道教是中国土生土长的宗教，道教在中国历史上形象并不一致。在唐代由于统治者自认为是老子后裔，所以道教被认定为三教之首；到了明代，由于统治者过于迷恋道教长生不老之术，政治腐败，所以民间对道士的形象并不看好，吴承恩的《西游记》里的诸多反面人物都是以道士的形象出现的。但道教从本身来说，有自己的知行观，即对待修道有自己的认识规则和实践规则。

从整体上来说，道教的核心理念是借助于道家的知行观，道家的知行观主要是为了能够认识大道和实践大道而采取静观玄览和无为而治的基本思想方法。静观玄览的核心含义就是认识大道就要采取静修的方法，清除杂念，深入地思考问题，心浮气躁无助于认识大道的本质。无为而治是基于静观玄览的基础之上，对于大道的一种践行，就是要顺从自然而不是人为地干扰事物运行的方式来促进事物达至自身的修行目的。

就道教来说，这些理念主要体现在戒律上。任何宗教都有一种戒律，这些戒律就是教徒对待认识与实践关系的具体体现。我们这里主要论述道教的戒律，因为我们之前已经区分了道家和道教，这里不再重复。唐代的孟安排在《道教义枢》中指出："戒律者，戒，止也，法善也。止者，止恶，心口为誓，不作恶也。""律者，终出于戒中，无更别目，多论罪报刑宪之科，如师制鬼，玄者、女青等律具。斯则戒主于因，律主于果。以戒论防恶，律论止罪故也。"在道教文献中，戒主要是从动因来防范作恶，律主要是从后果上来惩戒恶行。

道教主要规范以下几个方面的行为，来体现其知行观。

第一，降伏心念，返邪归真。道教戒律多如牛毛，但归根一条就是平息欲念，使心能够专注于修道，专一而不是求多求快。心往往会被各种杂思邪想迷惑，人就丧失了道，戒就是通过提醒，来防止这些邪念的产生，从而冲击人对道的把握和持有。元代神霄派道士王惟一在其所撰《道法心传》中指出，"万法从心起，万法从心灭；晓得起灭处，生死事方决""先持戒行为根本，次守天条莫妄为"。也就是说，修道的目的在于修心，修心的根本是依戒行事，其次是遵守各种上天的律令。

第二，以戒律控制身体，对修行进行控制。道教认为人的感官所获得的经验性知识不靠谱，老子说，"五色令人目盲；五音令人耳聋；五味令人口爽；驰骋田猎，令人心发狂；难得之货，令人行妨"。因此，道教徒修养需要"塞其兑，闭其门，挫其锐，解其纷，和其光，同其尘，是谓玄同"，即以心与物同一。道教将眼、耳、鼻、舌、身、意视为六根，它们容易受到外物的侵染而受到欲望的主导，万物只有在"清净"状态才能显现"道"的本真。六根不净会产生"六情"，即由六根产生的种种感觉，六情戒是道家最基本的戒条。

第三，道教徒的宗教仪式活动都要遵守戒律。做法事的道士要严格遵守道教设定的程序，否则就会受到严惩。例如，道士在未入神道场之前要清净身心，行斋过程中必须严格遵循道家的戒律。

第四，道教徒日常生活的言行举止必须"合道"。《正一威仪经》说，"道士行住坐卧，皆当合道，正容敛色，端直其身，不得倾斜，失其仪相，威仪先首，可不慎之"。因为日常生活中的种种行为，事关良好修道习惯的养成。道教要求道观简洁干净，不能追求奢华。道教徒禁酒或节酒，是素食主义者，道教的诸多严格饮食规范在民间退化成习俗，对中国饮食文化影响很大。

第五，道教对于道观内部的管理规范，要求做到"上下和睦，尊卑信顺，如运手足"。师徒关系主要模拟世俗父子关系，例如徒弟要尊敬师傅、忠于师傅、听师傅的话。对于同道关系，不能欺骗、妒忌他人，选择人品好的人交往。

第六，道教的价值观基本上是"当念先度人后度己身"。要求教徒劝人行善莫作恶，"边道立井，植种果林，教化童蒙，劝人作善"，同时，要懂礼节，尊敬国君，尊重世俗政权，但不能参与政事，夺权乱政。

佛教的知行观。佛教知行观的基本思想是要认识到人在世界受苦的"因果关系"主要是因为实体是"空",变化无常是常态,认识到这一核心命题,就要"破妄显真",日常生活要持戒修行,以达到真正觉悟的目的。基于此,佛教徒更重视实践,《箭喻经》基本上表达佛对于哲学及人学佛的基本态度。尊者摩罗鸠摩罗,因佛不回答世间有常无常、有边无边等问题,就不想从佛修行而要离去。佛就对他说:譬如有一个人身中毒箭,请来了除毒箭的医师。病人却问:医师姓甚名谁,身形长短,住在哪里,从何方来?毒箭是用什么竹木和羽毛做成的?弓和弦又是用什么材料制成的?解答了这些问题,才让拔箭。佛主要表达这样一种观念,人的认识是无边无际的,时间无始无终,空间无边无际,佛教徒最重要的事情是要解决当下的社会实践最迫切需要的问题。

佛教的持戒修行的戒律很多,每个宗派的标准和松严尺度也不一致,我们这里主要阐述禅宗的知行观。禅宗是佛教基本教义与中国文化相结合的一个典型教派,它有自己的鲜明特征。其一,不立文字,主传心法。它主张"不立文字,教外别传,直指人心,见性成佛"。其二,禅宗主张人人都可以通过"悟"来学佛,反对到别处拜佛求经,即"佛是自性作,莫向身外求"。其三,禅宗主张"定慧不二"。禅宗有三个重要的观点,即修行时无念为宗,无相为体,无住为本。主要是说修行时不要有杂念,不要被各种现象迷惑,不要被各种东西迷住。其四,禅宗重视因材施教,每个人都可以通过自己的努力成佛。

禅宗的知行观总结起来就是要通过自己的悟性来达到觉悟的状态,实际上,佛教派别虽然很多,但各派别知行观的本质差别不大,主要的差别在于觉悟的手段和方式不同。

3.4 文化的意义 包含时空观

3.4.1 文化中的时间观念

中国留学生到美国去留学一般会被提醒美国人特别守时。美国人无论何种约会,都很守时。相反,中国人往往没有严格意义上的守时概念,至少是没有将守时视为最重要的法则。2014 年 5 月《长沙晚报》调查长沙市民守时观念时发现：六成长沙人无严格守时习惯，由于一方不守时，九成的长沙人愿意通过预约来约会谈事聚会，但通常只有20%的人能够在预约时间内到达，有的女生甚至说"约会迟到是女生的特权，如果你不愿等，说明你没耐心，不够爱我"。不守时不仅浪费了等待人的时间，同时也让交往的不确定性增加。

美国人在会议上发言尽量言简意赅，不兜圈子，不浪费别人时间。相反，国内一些会议的发言中，很多演讲者在不停地兜圈子："我下面简单地讲几分钟……"一讲就是一个小时还没有切入正题。美国人基本上按小时计算报酬，所以大家知道"惜时如金"，真正贯彻"时间就是金钱"的箴言。国内一些人上班就是喝茶、玩电脑，浪费一天是一天，大量时间不是用在创造或工作上，而是用在得过且过上。当然，随着中国市场化进程不断深入，守时逐渐成为一个重要的交往概念，尤其是在经济发达地区。很多商人因为不守时，丢了商机，例如交货不准时或吃饭谈生意不准时，"马上就好""马上就到"等，让很多生意伙伴感到非常不满，这样的教训越来越多，所以在市场发达的地方，守时越来越成为一个重要的交往规则。

时间是一个基础性描述变化的概念，但却是一个争议非常大的概念，在康德看来，时间实际上是人的内在感官活动，而在物理学家看来，时间描述的一般是连续的及有既定方向的概念。物理的时间一般没有太多的争议，现实生活中冲突最为严重的是"时间观念"的冲突，不同的人或文化群体对于时间观念的感知和认识的差异导致这些冲突。

一般来说，就时间观念而言，中西方文化差异是中国奉行循环时间观念，而西方奉行的是线性时间。对于一件事而言，西方人往往是先确立起点和终点，然后再在起点和终点之间画一条直线，然后发现哪些是需要克服的障碍；中国人往往是将起点和终点连成一个圈，认为"福祸相依"，尽管会离开初始点很远，但最终会回到起点。

从历史上来看，中国古代的一种纪年方式是以天干地支纪年，六十年一个循环，周而复始；西方以耶稣基督的诞辰作为纪年，然后无限向后向前延伸，这种公元纪年的方法是1582年教皇格列高利十三世颁布推行的，这种方法具有宗教性意义，即将上帝创世作为开始，到人类末日审判为止，这是一个单箭头运动方向。基本上作为世界性纪年的方法。就历史观念而言，中国人强调天下大势分久必合合久必分，即有所谓的历史周期律；西方人认为历史是一个线性的演化过程，例如黑格尔就将历史看作是一个由低级向高级文明不断演化的过程。

那么，中西方时间观念差异的文化根源在哪里呢？苏联历史学家古列维奇在《时间：文化史的一个课题》中提出一个很有意思的观点："假若文化的确是人类的'第二自然'，那么，同样毫无疑问，不曾研究从属于相应文化的时间感觉和知觉模型，也就不可能理解人类结构的某种特殊历史形式。"也就是说，不同的文化甚至个人对于时间的认知图式是不一样的。例如，康德就认为时间实际上是一种内感官的认知图式，而空间是一种外感官的认知图式，时间和空间构成了人类认知的先验图式，以此来整理经验世界的种种现象。爱因斯坦认为时间、空间与物质不能分割，其中"时"是对运动过程的描述，而"间"实际上是人为的划分，现在物理学一般认为时间是一个连续的、不间断的、有既定方向的量。不同的文化对于"时间"的假定、价值导向及对如何利用时间的规则存在很大的差异。

从基本假定来说，我们的祖先重视实用和经验，然而很多事情需要不断反复才能做成，从时间上来说，事物运动具有循环性。中国人的时间观念受到《易经》及其后世的解释文本影响很大。《周易·系辞上》说它是先人"仰以观于天文，俯以察于地理"而形成的，仰观天文实际上看到的是日月星辰的循环周期性变化。而《易经》实际上是探讨变化的过程和规律，例如每一卦象都有初、二、三、四、五、上六爻，表征事物的变化过程，同时也揭示事物运行的规律，而且每一卦象都是处于特定情境中的变化规律，这些都是中国先人认识的时间概念，这种认识感知的时间是一种循环的时间。而后世一些学者又把易经所传达的时间关系应用到社会变化上来，例如邵雍把象数之学的原理推广到了社会历史运行领域来，即所谓的"元会运世说"，元、会、运、世分别是邵雍划分的时间单位，一元等于十二会，一会等于三十运，一运等于十二世，一世等于三十年，因此一元等于十二万九千六百年。他又将十二会配置到十二属卦，根据阴阳变化，就能知道每一元（具体世界）一次生灭的变化，而且时间会永远循环下去。在他看来，天人虽然不同，但天道和人道是一致的，即他在《观物内篇》中所说的"天与人相为表里。天有阴阳，人有邪正。邪正之由，系乎上之所好也。上好德则民用正，上好佞则民用邪。……天地人物则异矣，其于道则一也"。中国传统的循环时间感知方式，上影响到国家社会治理，下影响到企业和个人的行为方式。自1945年黄炎培与毛泽东主席提出中国共产党能否跳出"其兴也勃焉，其亡也忽焉"的历史周期律之后，如何跳出历史周期律就成为治国理政的一个重要命题，毛泽东的回答是民主。由于中国历史上很多王朝都是在打破旧王朝的基础之上重新构建起来的，所以呈现了一个周期性的兴衰规律，这个周期性规律的重要线索就是公正问题，也就是偏离儒家所谓大同社会的程度，从内在角度来看，影响公正程度的最核心因素是土地集中程度。因为在传统社会，土地是最重要的关键资源，掌握土地基本上就掌握了整个社会的权力。王朝初期往往是比较公正地分配土地，土地所有权是分散的，但随着和平日久，随着内部竞争和权贵不断侵占农民土地，结果是土地所有权越来越集中，最终严重偏离了公正的状态，失地农民活不下去了揭竿而起，打碎了旧王朝的统治机器，政权或者被外族渔利，或者被内部权贵取代，或者被农民领袖取代，等等，进入一个新循环。

西方文化由于重视理性思辨，所以观念的确定性和准确性得到重视，并把这些观念认为是"客观的"存在。因此西方文化对待时间观念具有抽象性和方向性，是一种线性的时间观念。西方文化对待时间问题的基本假定深受"犹太—基督教"时间观念的影响。西方的时间观念受到了救赎观念的深刻影响，正如洛维特在《世界历史与救赎历史》一书中所言："对于犹太人和基督徒来说，历史首先意味着救赎历史。"犹太民族自古就是一个多灾难的民族，他们的希望不在过去，也不在现在，而在于未来，一种对弥赛亚的期望。弥赛亚意指神的受膏者，相当于基督教的"基督"，后来的基督教文化深受其影响，寄希望于未来的一维的和线性的时间文化感受便成为西方的特色。近代资本主义崛起以来，征服"时间"便成为西方社会各个领域的主题，经济活动被精确的和单向性的时间计量，时间被认为是最有价值的资源，而且一去不返。例如，利息率也是资本借贷时间的价值，工资被认为是劳动者牺牲时间的报酬，技术进步的主要导向是节约时间，社会发展也被定义为从低级向高级社会运动的单向度过程。

如果说时间是描绘事物变化的工具，那么，能够深刻把握变化的最伟大哲学家莫过于黑格尔。他创造的"辩证法"不仅仅影响了革命导师马克思，而且影响了整个西方思想界。黑格尔在其《自然哲学》中指出，"正是现实事物本身的历程构成时间"，事物不是在时间中产生和消失的，这种变化本身就是时间，而且这种时间的变化是有方向的，具体的事物是有限的，但作为整体的时间因为运动本身是绝对的所以也是无限的。黑格尔对时间的看法从整体来说是为了论证"最初的意识"（人的思想）能够通过一个环节、一个环节的运动最终达到"绝对精神"（指上帝）的历程。这种环节性的运动过程可以描述为波浪式前进和螺旋式上升。但自黑格尔以来，西方就倾向于重视"时间"而忽视"空间"，认为时间是多变的和主动的，而空间是空洞的和背景性的，据此认为现代性（现代化的性质）是事关"时间"的，而不是"空间的"，空间是属于后现代性（现代化完成之后的性质）的。后现代主义者强烈批判现代性，让"时间"压倒"空间"，因此，还引起了各种学科的"空间转向"运动。

社会主义的时间观念实际上是受到黑格尔的时间观念影响的。恩格斯在《自然辩证法》中提出"由矛盾引起的发展或否定的否定——发展的螺旋形式"，毛泽东主席在1957年的《在省市自治区党委书记会议上的讲话》中指出：世界上的事物的运动和发展，"都是波浪式的"。因此人们将之总结为：螺旋式上升，波浪式前进。尽管这种解释有些牵强和极度简化而失真，但确实说明了社会主义看待事物运动的特点和时间观念。社会主义解释社会发展实际上是一个由低级向高级社会运动的过程，从细节上来看，这一过程并非是单向性的进步，有些时候甚至会出现大倒退，但从整体上来说，社会发展是一个向共产主义社会运动发展的过程。

3.4.2 文化的空间假设：以组织文化为例

文化的另一个基本前提是要有"空间"。我们在这里仅以空间组织为例，探讨空间对文化的影响。空间组织在研究社会性动物方面提供了有意义的素材，蜜蜂和蚂蚁进行的自发性社会分工，蚁后（蜂后）、工蚁及卫士，它们在巢穴的位置和享有的空间大小并不一致，这些自发性的空间组织被认为是一种系统的自发性组织系统。信息在传递过程中并不是任意的，它总是按照某种位置或空间有秩序地被组织出来，这就形成了空间组织概念的核心。例如，当店员向顾客推荐某些商品时，他是按照虚拟的或现实的空间逻辑顺序介绍这些商品，哪些商品应当处于突出位置，哪些商品应当摆置在陪衬的空间内，都是按照某种基本空间假设做出决定的。因此，当组织利用空间放置组织成员、物品、信息时，他们的空间逻辑并不是任意的，只有当组织成员与组织整体或其他组织的空间潜在假设存在冲突并凸显的时候，组织才意识到空间假设至关重要。因为空间不仅是组织成员组织感觉素材的工具，同时也反映组织成员如何看待组织内信息、物品甚至其他成员。

事实上，时间假设和空间假设从根本上决定着一个组织对事实的界定、价值观念及行为规范，从而影响一个组织的生存状态及命运，但时间假设和空间假设无论在西方还是东方都未能得到重视，不同时间假设和空间假设引发的冲突和悲剧反复上演，而卷入其中的人往往只关注冲突的表层，而没能意识到这些冲突的时间假设和空间假设是背后的推手。因为不同组织成员采取不同的空间模式来组织来自客观世界的信息，空间作为一种秩序安排，例如该采取什么样的结构来形成一个获得认可的报告，不同的组织成员对于报告的安排是不一致的。西方人采取从小到大的空间摆置来描述地点的关系，而中国人往往从大到小来排列一组地点信息，空间的这些差异实际上反映了个人与整体的关系，不同的文化对于空间摆置的秩序强化了不同价值导向。

不同组织对于时间和空间的基本假设存在差异，这些差异从深层次反映组织的核心价值。例如，就时间的假设而言，迟到在工业时代与农业时代的含义不同，传统社会的时间度量与工业时代的时间度量差异很大；组织的时间取向也会存在不同，有的组织沉溺于过去，有的组织以完成当前任务为导向，有的组织则着眼于未来，时间取向不同的组织之间交往往往就会存在很大冲突，因为时间取向的不同导致他们对于组织的战略、制度及利润的理解各不相同。就组织内部而言，对于时间是线性的还是多向性的理解不同，也会发生激烈冲突，线性时间认为时间可以分割成独立的单元，一段时间只能做一件事；与之相反，多向性时间的奉行者则认为同一时段可以做几件事，典型的案例是研发人员和销售人员对于"马上做"的含义的理解是不同的。因此，二者经常产生冲突，因为奉行一段时间只做一件事的单向度时间的员工与奉行一段时间可以同时做多件事的多向度时间的员工也会因为对于时间取向的不同而产生误解。组织给员工多大程度的自主时间，也是影响组织发展的重要问题，一些员工抱怨公司制定任务不听取他们的意见和建议，从本质上来说是组织与员工对于自主时间的基本假设存在巨大的冲突，如果这种冲突严重，会导致组织和员工极端对立。

就空间假设而言，组织中位置和视野最好的办公室会分配给谁，领导是不是应当占据最好的位置，办公室是如何布局的，谁是组织内的核心成员，以及人与人之间应当保持多大的距离，这些都是反映最深层的组织理念，并通过礼仪、制度和规章的形式传递给整个组织。中国典型的餐桌礼仪文化，领导与下属位置应当怎样排列，这些排列的象征含义是什么，空间假设对组织影响深远，但却因为它处于潜在形态而无法被及时地识别出来。

组织的物理空间布局往往会强化企业的核心价值观念，社会空间会强化组织的隐性和显性规则，精神空间会强化组织知识的学习和创造。

组织中个体对于时间与空间的取向非常重要，例如，时间向度的效率导向往往需要通过空间向度的重新布局，组织不需要那些浪费时间效率的空间结构。空间导向也可以通过信息或技术的进步使得时间压缩，从而实现整体时空压缩的效应。马克思强调以时间消灭空间，这意味着随着交通运输技术的进步和发展，空间距离已经不再成为阻隔人、财、物流动的主要障碍。但通过空间的重新布局也可以实现以空间消灭时间，例如，机场安检排队的问题，通过简单的重新设置通道布局就可以节省通过时间。这就意味着空间结构的重新调整，也可以节省时间、提高效率。

中西方文化对于组织空间假设有着很大差异，这根植于中西方对空间的不同哲学反思。西方对于空间的哲学是从僵死的空间观念向能动的空间观念转化，从虚空、绝对空间向相对空间转化。欧几里得几何是西方对现实世界秩序的基本描述，这也是牛顿绝对空间假设的重要根源，空间被视为对象存在的方式和背景，是一种容器而且毫无价值的观念，是僵死的和绝对不变的。康德意义上的绝对空间又变成了先验假设，是一种组织感性经验的方式。爱因斯坦对此并不认同，他发现了时间和空间的相对性。马克思认为资本主义生产就是要"用时间消灭空间的限制"，其实就是创造新的空间关系。到了现代，列斐伏尔发现空间是资本主义生产的一种方式，组织不仅生产具体的产品，而且还生产空间，他认为需要将空间从空洞无物的背景地位解救出来，我们要视之为互动性的存在。哈维认为之所以资本主义没有灭亡，是因为资本可以以扩充空间来解救经济危机，时间和空间都被压缩。由此可见，空间假设一直是西方哲学家阐述哲学理念的最原初假设，这种原初假设对于西方文化和企业影响深远。中国哲学对于空间的基本假设更加精神化，空间被赋予更多的社会象征意义。

在中国传统社会中，空间被用来强化组织等级和边界，界定亲密关系和命令服从规则，确定谁是圈子成员，他们的亲密度有多大，谁是命令发布者，谁是命令服从者，他们的权力该如何界定和行使。

中国的亲密关系是以血缘和拟血缘关系为核心的圈子文化，它界定了熟人与陌生人之间的边界；中国的权威分配则遵循以"命令—服从"为核心的命令服从体系，它界定了人与人之间谁决定谁与谁服从谁的规则。中国传统管理者认为，管理者应当保持神秘性，在意见征询阶段，不能明确地支持谁和反对谁。在政治哲学上这是权术，但从空间的基本假设来看，管理者认为自己具有权威性，如果不遵循命令服从法则，就会受到各种亲密关系原则的羁绊，导致不公正的判断，对整个组织运行伤害极大。但这种原则经常与亲密关系原则搅拌在一起，例如，判断一项提议的好坏不是基于提议本身的正确性和可行性，而是基于是谁提出的，以及它与自己的距离是什么样的。

（一）管理主流派的深层空间取向假设

管理学中向来有重视时间的传统，企业的生存与状况往往以时间（效率）来衡量，但影响更深的空间往往不被重视。这是因为时间是单一性和抽象性的，而空间是异质性和具体化的，理论往往也需要具有抽象性和单一性，管理理论往往追求管理观念的普世性，实际上是要求脱离具体的空间，成为"脱域"的符号。社会学家兼经济学家吉登斯用脱域性来表达现代社会从具体的地域关联和不确定性时间过程中脱离出来，事实上他想表达这样一个含义，即人们往往沉迷于抽象的符号，例如货币，而不去关注这种符号的空间和时间情景，人们为了避免焦虑，需要信任这些抽象符号（货币、专家），例如坐飞机要信任机长等，所以现代社会越来越危险。吉登斯其实说明，现代社会交往系统只重视抽象符号的运用，而忽视了多样化空间的基础，从而使得这种抽象符号产生种种组织危机。

基于同样的理由，传统的西方经济理论往往将时间视为经济理论的基本假设，而空间由于多样性构成了经济学家理论体系的敌人。尽管有其他学派对于主流经济学忽视空间不断进行抗议，直到20世纪90年代克鲁格曼等人通过新古典理论范式将空间纳入主流经济学领域并形成一种空间经济学的新分支，空间才逐渐被视为"经济学的最后前沿问题"。管理学与经济学一样，没能对空间问题进行重要的开拓，尽管管理理论中有很多对空间问题的精辟论述。这不意味着空间对于现实的管理和领导不重要，而是强调模型和范式的管理模型无法容纳异质性的空间概念。

管理学诸种流派其实也有自己的空间假设，例如马克思在资本论中发现工场和大工厂空间下的管理是不同的，泰勒的科学管理也是从大工业时代工厂内秩序的优化和重组中提炼出来的。在泰勒那里，人被界定为经济人；而在组织行为理论中，人被放置在更大的社会视角下考察，人被界定为社会人；而在知识经济时代，人又被放置于文化背景中解读，人被界定为文化人。空间在管理学中通过潜在的形式不断强调它的重要性。

野中郁次郎对知识创新的研究非常经典，他有一个重要的观点是知识创新必须要在一定的空间（他称之为巴，实为"场"）中才能进行。在野中郁次郎看来，一定场所是知识创新的支撑条件。例如，高科技聚集区的咖啡店往往会成为知识创新的重要场所，知识和信息在这里交换并创造。沙因对于组织中空间问题的研究比较深入，他从组织文化角度看待对空间的基本假设。他认为空间具有物理和社会意义，距离和相对位置等空间假设影响组织运作机制，空间还具有象征意义。例如一些老板愿意拥有私人卫生间，他的基本假设是老板没有员工那些一般需求，但挨着老板小便会让员工感到不舒服。肢体语言也是空间表达的重要方式，在笔者的访问案例中，一位老板强行要求员工见面微笑和问好，无论是陌生人还是熟人，只要到公司就要有这一套肢体语言，这引发了老板与员工的冲突，最后演变成为若要在公司待下去，必须要按照这种肢体语言去做，否则就得辞职或被开除。这么巨大的冲突实际上是员工和老板之间的空间假设出现了巨大的不一致性。就老板而言，他的空间假设是员工进入公司就不再有私人空间，他们应当遵循公司的礼仪规范，让自己的肢体语言服从公司的需要；而对员工而言，是否问好与微笑是私人的问题，再说，无故对人微笑可能被视为精神有问题。

我们应当靠谁坐，避免与谁有肢体接触，向谁问好、致敬，都传递出相对地位和亲密程度的感知。组织往往会通过空间位置来强化组织的层级，例如，下属应当知道领导在会议中的座位，当与领导存在意见冲突时，应当通过什么样的途径和方式进行沟通；领导也应当知道，他自己在会议中处于何种位置，以及在何时何地给予适当的评价。只有大多数的员工和领导共享空间假设时，冲突和误解才能降到最低程度。在案例访谈中，一位下属当着众人的面在会议上向领导提建议，建议是对的，但该领导奉行的是权威假设，结果那位下属被降级，那位下属的亲密关系原则与老板在会议场合奉行的权威原则，二者对于空间的假设存在差异。亲密原则是处理横向空间关系的原则，而权威原则是处理垂直空间关系的原则，亲密关系的根基是情感，而权威关系的根基是支配，即自上而下的命令服从体系。当然，如果这位领导奉行的是公正性和真理原则，该下属的处理方式就与领导的基本空间假设存在一致性，可能就不会招致降职处理。谁位置高听谁的与谁说得正确听谁的基本假设是不一致的。传统的管理理念没有考虑到这些空间假设的差异，一味追求普世的管理理念，在现实中经常听见企业家们抱怨，那些理论听起来很好，而实施起来很难，一个重要的原因是没有考虑理论的边界和前提。

（二）空间类型

野中郁次郎提出了现实空间和虚拟空间及心灵空间之分，他的组织知识创造过程与其说是一个时间概念，不如说是一个空间假设。首先，知识创新的过程表现为知识结构的转化，从一种知识形态转化成为另外的知识形态，从一个知识层次转化成为另外的知识层次，在这种理论的支撑下，野中郁次郎强调组织的知识从中间层次变革比从个人层面或组织层面变革更有效；从现实意义的角度来说，团队知识的创造是连接个人知识和组织知识的枢纽，他认为组织创新的有效形式是从中间突破而非自上而下或自下而上。其次，知识创造需要巴（场）的支持，巴是野中郁次郎根据日本哲学家西田几多郎的 basho 提出来的，野中郁次郎所谓的"巴"，意指共享的场，是创造知识、运用知识的动态语境；知识创造不仅需要一定的语境，而且需要一定的场所支持。野中郁次郎提出的知识分类的标准主要是基于波兰尼的隐性知识（tacit knowledge）和显性知识的分类。事实上，哈耶克更早提出默会知识的概念，他还以默会知识作为论证完美市场的重要依据。在哈耶克看来，个人的知识总是对某一物质世界的主观看法，由于个体的局限，很难从整体上把握整个市场的信息，正是由于个人的知识是分散的，往往存在于行动中，描述特定时间和空间的知识，无法被语言描述出来。哈耶克提出的默会知识反对"计划经济"公式化和明晰化决策，否认个人认识整体知识的能力，这使他成为最激进的新自由主义代表人物，是完美市场的重要代表。

从西方哲学的角度来说，近代知识论主要反对神本论，而强调人的"自我意识",自我意识其实就是强调个人。组织行为学主要是研究组织中人的行为,其实从某种意义上来说就是研究组织空间下个人的行为集合。自我意识的发现是组织空间个人最重要的发现,用黑格尔的表达就是个人的知识怎么从被动、主观和教条中走向主动、客观和圆融的绝对知识。科学管理时代,将组织中的个人束缚在工厂这一物理空间内,工人被定义为某一流程空间或某一局部空间的一个位置,这体现了一种服从整个时间效率意义上的空间屈服,马克思将这样的一种安排视为异化劳动。随着自我意识的崛起,人的主体性逐渐显现出来,人不能仅仅被理解为利己的经济动物,人还是一种社会存在意义上的动物,他需要爱、关注和自我实现,正是这种工厂哲学所提倡的科学管理使得劳动不断异化,组织空间内的时间在利己心和外在生存压力的驱使下不断增加,吞噬了个人维护社会空间关系和改善精神空间关系的时间。知识不再被定义为对客观真理的表达,而是变成了具有主观性的个人认识,对于个人的定义也从经济人向社会人及文化人的假设过渡,其中的寓意是从单纯的工厂空间向社会空间甚至文化空间拓展,对人的认识的知识日益拓展,组织的边界不断被模糊,组织所关联的社会关系也在不断被重构和定义。在不断定义个人空间的同时,组织的知识也得到了拓展。

物理空间。物理空间是组织的外显特征,物理空间往往被认为是"客观"的,牛顿在《自然哲学的数学原理》中提出了两种具体的物理空间,"其自身特性与一切外在事物无关,处处均匀,永不移动。相对空间是一些可以在绝对空间中运动的结构,或是绝对空间的量度,我们通过它与物体的相对位置感知它"。自身可以运动的空间是相对空间,除此之外,比之更大的是绝对空间。这个绝对空间,被视为牛顿力学的最基本假设,它无须参照任何物体,而且是均等和静止的,即物体在其中运动而它自己不动。也就是说,空间是物体运动的容器和背景,被认为是僵死的。与之相反的,贝克莱认为空间只是人通过视觉印象抽象出来的一种概念形式,也就是说空间是人的一种视觉经验的产物。康德认为空间可以分为两类:"自身可运动的空间叫作物质的空间,或者也叫作相对的空间;一切物质最终都必须在其中被设想的空间(因而自身绝对不动的空间)叫作纯粹的空间,或者也叫作绝对的空间。"如何评价绝对空间与相对空间,就成为物理空间要解决的内在逻辑问题。在牛顿意义或康德意义上的绝对空间,其实是一种逻辑的预设,牛顿直接将之视为信念和最终的假定,从而为自然神论留下空间，而康德从先验的意义上对之进行界定和描述，也为他的上帝留下一个位置，实际上也是康德进行理论构建的原点。相对空间对于人来说就比较好理解，它是一种经验层面的空间。由此可见，对于空间的基本假定不同，其产生的知识体系也就不同。超验世界与经验世界的矛盾一直为西方困扰，基督教对之做出的基本反应是不能以经验的世界想象上帝的形象。物理学家们在谈及空间概念时，一般将之作为一个容器和背景；在谈及空间相关具体概念时，又变成了可以测度的具体空间概念了。

对于组织行为学而言，组织对于物理空间的不同层次，有着不同的反应。在某种情况下组织被视为一个作为背景的空间，只有那些命令无法下达或者超越了组织边界的冲突发生时，人们才意识到组织作为一个空间概念，应当有着严格的物理边界。诚然，组织的物理空间，例如办公场所，是一个任谁都能一眼看透的空间，它具有明显的边界和结构，但是这些物理空间的组织含义往往是非常模糊的。例如，对于整个组织的办公场所是应当统一装饰，还是每个成员有自己装饰空间的自主权，就需要通过物理空间的表象来看待空间所表达的真实意义。我们从经验空间角度来谈组织的物理空间，显然这些空间是异质性的，有时候甚至互相矛盾。但这些具体经验空间实质上内含着绝对空间的基本假设，只有具体经验空间产生了重大冲突，这种绝对空间基本假设才会浮现出来。例如，一个员工未经敲门就进入他领导的办公室，引起了领导的强烈不满。这个事例的文化含义是，员工对于公司空间的基本理解与领导对于公司空间的假定存在冲突，员工认为整个公司都是具有绝对性和同一性的公共空间，尽管他认为这种同一性和绝对性也有差异性。从员工的逻辑思维原点上来说，他对于公司公共空间的理解应当是明晰和确定的；而领导则认为公司的办公室是私人的、异质性的空间，尽管他的思维原点是将空间视为一种绝对的出发点，但他更重视空间的差异。当然，社会空间和精神空间的差异要比这种物理空间的差异大得多。

社会空间。沙因将组织的空间分为物理空间和社会空间。由于近代哲学研究的重点从神学转向人学，其实就是研究自我意识，但自我意识的主体是活生生的个人，这个个人不仅生活在组织内部，而且生活在一个人类的社会中，社会往往又通过生产各种空间关系来确立这个社会价值导向和行为规范。所以，社会空间的意向性指向了物理空间背后的各种象征和意义。例如，在传统社会中，每个中国人在饭桌上的位置和肢体行为都要受到社会习俗的限制，餐桌的每一个位置都有固定的含义，餐桌在房间中也不能随意摆置，进入这个物理空间的人都要通过恰当的位置选择为自己定位，然后选择适当的肢体动作和语言表述。定位错误不仅被认为是没有教养，在某种重要的场合下还会导致失去合作的机会或丢掉工作。

社会空间关系最主要的假设是我在组织中处于一个什么样的位置，在这个位置上什么样的行为是组织可以接受的，什么样的行为是组织难以忍受的。对于什么是"恰当行为"或者"可以接受的行为"，每个组织的定义千差万别。这些定义往往体现在组织的规则和行为守则中，但更多的和更实际的意义隐藏在领导者的行为和态度中。一名员工认为自己按照守则在行动，但仍引起了领导的不悦，这是因为守则往往只是一种适用于一般空间内的通则，最终的法则还是存在于领导的内隐行为和态度中。例如，领导往往为了显示自己纳谏如流而要求员工提出建议和批评，有些员工公开批评领导的某些不切实际的行为和逻辑，往往会导致不可收拾的后果。对于某些员工来说，即使是私下提出更有效的建议，也会因为与领导的内在假设相悖而导致领导勃然大怒。在某些文化背景下，领导被认为是创造组织一切的上帝，他创造了组织，同时通过提供工作创造了员工，定义了员工的行为和奋斗目标，上帝是不会犯错的，公然或私下向领导提建议是对领导不会犯错的假设的挑战，这无关何种空间及何种方式的问题。当然，在某些文化背景下，领导被视为有血有肉的个人，这个个人也会犯错，他通过纠正错误不断完善自己，同时不断完善组织的知识，在这样的基本假设下，领导者往往对下属的意见非常宽容，同时鼓励这种有益于组织的行为。

上述一个老板要求自己的员工采取见面微笑的肢体行为实际上是他对于组织空间基本假定的一种显现。他认为是他创造了这个组织，并通过这个组织为员工创造了机会，养活了这些员工，相当于他创造了这些员工，因此，组织作为一种物理空间和社会空间的集合体，都应当按照他的意志行动才能体现他的价值和权威。通过物理空间的隔离或者合并，可以强化或弱化社会关系。组织空间分为横向的圈子关系和纵向的层级关系，我们将之界定为组织的圈层，圈层涉及组织最基本的关系分配，即谁和谁处于一种亲密关系或疏远关系，谁处于命令者地位，谁处于服从者地位。传统中国的组织往往是一种以血缘关系和拟血缘关系为核心的宗法关系，而阶层关系表现为组织的中央对于每一个部分的命令服从关系。西方弱化血缘关系强化个人身份，弱化中央、强化地方，这是两种不同的对于亲密性和权威性的分配。

（三）组织的精神空间

电影《盗梦空间》以艺术的形式分析了人的意识结构，从隔离到潜入，以一个商业间谍的表现形式形象地刻画了意识的内在空间结构。对于个人意识结构的分析，黑格尔将之分为三个阶段：首先是意识层面，它产生于观察，得出的知识结构往往是明晰的数据和公式；其次是自我意识层面，它产生于行动，得出的知识结构往往是隐性的感觉和经验；最后是理性层面，这里的理性其实是一种反思，对于观察和行动的反思，体现的是个人摆脱明晰知识和隐性知识的一种自由，是一种明辨性能力。根据黑格尔的理论，我们发现个人的精神空间层面实际上反映了组织中个人获取知识的三种能力：获取明晰抽象知识的能力，接触或改变对象时产生的感性能力，以及摆脱这两种限制的自由反思的能力。这三种意识能力构建了个人的整个精神空间特征。一个组织的成员获取明晰知识能力的大小往往与成员受教育水平密切相关，当然，能够理解抽象事物是这种能力的前置条件。从整体来说，整体成员的整个明晰知识的多少，实际上反映了整个组织的知识空间的大小，即制度系统性、专利技术的数量及员工对于业务知识的理解与创新程度。与之相类似，公司员工的实践能力和业务操作能力，在具体情境中解决问题的策略及其有效性等构成了公司员工的感性精神空间。而价值观念、明辨性思维及对于前景和历史的反思，构成了公司员工的活性精神空间。这些精神空间不仅体现在物质层面和行为层面，还最终沉淀在组织成员的能力和思维中。

（四）空间组织的内在生成动力

空间距离的最小化往往是一种经验的选择，两点之间线段最短，既可以作为一项基本几何的假设，也可以从无数实践中获知，甚至变成了一种生物性本能。早期观察到空间对经济的影响的是德国古典区位理论的创始人图能，他发现了运输成本与租金的反向关系，受制于这种反向关系平衡，厂商的区位与中心市场形成一种同心圆形的空间分布关系。

但从空间管理的角度来说，追求空间管理的秩序化有各种目的，有的是为了彰显权力和地位，有的是为了追求经济效率，有的是为了巩固某种理念，这与组织追求的价值导向密切相关。一般来说，组织领导的价值观基本就是整个组织的价值导向。一般来说，高科技企业的办公室相对比较开放，便于人和人之间交流；但一些传统企业的办公室往往就倾向于保守，特别是不同级别的企业领导之间，办公室大小、有利位置及办公室内的空间布局都不一致。中国的一些民营企业领导在早期还能和工人打成一片，随着企业的壮大，领导所占据的空间性质就发生了改变。历史上最有名的典故是刘邦称帝之后对礼仪和空间的强调，使得很多功臣勋旧很不适应。中原皇帝总是按照礼制标准来布局皇宫和皇城，以此宣示权力和正统性，空间变成了维护皇权最基本的假设。紫禁城是明清两朝皇权的中心，古代认为紫微垣居于中天，位置永恒不变，是天帝的居所，地上皇帝居住之地便称为紫禁城，不容闲杂人等入内。紫禁城的整体布局符合宗法礼制的要求，以突出皇帝的权威。从空间上来说，紫禁城讲究数量、中轴、对称、格局、节奏、方位等理念，把中国的传统理念浓缩到一个形式化的空间里。但是，一旦帝国终结，紫禁城变成了故宫，传统权威的社会意义就失去了既定的价值，更多的是体现历史价值和文化价值。

占据优势空间并将之彰显，可能是其他动物也具有的本性，例如头狼往往占据群体中最好的位置。列斐伏尔最先发现，资本主义利用空间来管理工人，资本主义不仅控制生产产品，还控制生产"空间"。哈维发现资本在空间上的扩张是资本主义能够存活至今的原因，与此类似，罗森堡认为如果资本主义充满全球，再无空间进行扩张之时，就是资本主义灭亡之日。

空间管理成本不仅仅是物业费或者运输费用的问题，也不仅仅是协调不同位置的费用，空间管理的隐性成本也很大，即不同的空间形态会影响管理者和员工的思维模式。例如，有些管理者用超大豪华的空间布局来宣示企业的雄厚实力和扩张野心；也有些管理者故意简化空间布局，或者说在一栋小楼里以彰显节约的理念。多数公司的组织架构这些年来也一直向扁平化演变，传统的那种等级森严的自上而下的组织架构开始越来越不适应变化多端的市场行情。商机瞬息万变，这就要求韦伯式的官僚层阶结构做出改变。由此可见，公司组织和物理空间的改变是为了适应时间而做出的改变，但改变的动力是公司追逐利润的结果。

（五）以空间生产空间

组织生产物质成果和行为成果的同时，也在生产空间关系，并且越来越表现为以空间生产空间。组织不仅在空间中活动，而且还通过空间的再生产来生产新的组织。例如，通过对组织生产流程的改进、业务结构的重组，组织创造了一种新的业务空间关系，旧有的空间结构被新的空间结构替代，组织的物理形态和精神形态都会发生重大的变化。现代市场变化多端，如何捕捉瞬息即变的机会，规避潜在的风险？组织变得越来越灵活，为适应这种灵活性，很多公司构建了事业部制，旨在重构组织结构关系和地域关系，从而赢得新的商机，开辟新的市场。

空间本身也具有重要的社会价值和经济价值。组织所在的区位和大小代表的经济利益也不尽相同，公司位于大城市的核心区，在获得信息和机会方面会占有优势，当然成本支出也很高。公司的区位和办公区域的豪华程度，也是一个公司宣示经济实力和获取合作伙伴信任的重要象征。

当下中国正在进行大规模的空间创造，"一带一路"从字面上来看是旧丝路的复兴，实质上是在构建新的关联，而新的关联创造新的空间关系，重构地缘政治和经济价值。中国的城镇化不仅是一种地理空间的再造，而且是事关经济增长的重要议题。新自贸区的设立试图通过要素的空间集聚创造新的空间关系，从而为中国经济发展提供新的动力。要素的空间集聚不仅有利于经济关联，而且有利于知识的创造，使得要素结合成本更低，形式更加多样，从而为知识创新提供新的机会和平台。以自贸区来说，知识的分散性使知识需要更大的综合才能进行各个层级的集合与创新，大量知识（各式各样的项目）与大量的资金、可供备选的劳动要素等相结合，从而更有利于各类及各个层次的创新。

通过创造空间可以有效节省时间，达到以空间消灭时间的目的。现代信息技术及运输业的发展，从一个意义上来说是由于空间交通工具的改变而节省了人们商务和管理的时间，从而提升了人们的时间效率。

本章小结

文化是一个非常广泛并被常常引用的概念，我们把它看作历史上沉淀下来的社会性知识。就如自然界有其规律性一样，文化所遵循的规律是适应性、适用性和精神性。文化就是一群人为了适应外部环境、整合内部秩序、构筑精神家园而共享的社会知识。历史悠久的文化都有着强大的魔力，外来的个体进入一个既定文化中往往很容易被同化与改造。文化的魔力又体现在凝聚一群人的力量，而这神奇的力量在于共同价值观、共同信仰和行为意向。本章阐述了文化的分析框架：从人与自然的关系、人与社会的关系及人与自身的关系这三种关系，以及文化的基本假定、价值导向和行为意向三个范畴，形成九个分析文化的维度。需要说明的是，这九个维度是演绎推理而得出的，与以往用依赖归纳的方式探讨文化在方法论上有着很大的差别。这或许会造成一定的歧义，这是因为文化的魔力难以言状。本书提出的分析框架是探索性的，这个框架的价值在于，我们由此可以较为系统地剖析传统文化中的儒释道三种文化的要素，以试图透视中国传统文化的本质。最后我们还系统阐述了文化的时间观念和空间观念。

4 主义的动力

> 砍头不要紧,只要主义真。杀了夏明翰,还有后来人!
>
> ——夏明翰

中国共产党党员夏明翰在被反动派杀害前，写下了以上一首气壮山河的就义诗，并一直为人们所传颂。主义有这么重要吗？为了主义真，有多少先烈像夏明翰那样赴汤蹈火、义无反顾、壮烈牺牲、在所不辞？主义到底是什么？有那么重要到为之而献身吗？

说到主义，我们可能马上会联想起通常所说的一些很大的名词，如社会主义、资本主义、国际主义、集体主义、恐怖主义等。或许有些读者会感到这些主义对我们平头百姓而言太大太泛、遥不可及、空洞说教，对日常生活没有意义。近代学者胡适就倡导过"多研究些问题，少谈些主义"，而究其实质仍然离不开"主义"——实用主义。虽然主义一词看起来很高大上，但其实离我们日常生活非常近，为了找到生活的意义，我们每个人内心其实都信奉一定的主义，不管是直白的还是隐含的。为了日常生活富有意义，我们总得找个自圆其说的理由，以明白什么时候是重要的（价值观）、什么是要相信的（信仰）及追求的（理想）。

北京大学教授钱理群批评大学教育时说，我们现在的教育，特别是实用主义、实利主义、虚无主义的教育，正在培养出一批"绝对的、精致的利己主义者"。所谓"绝对"，是指一己利益成为他们言行的唯一的绝对的直接驱动力，为他人做事，全部是一种投资；所谓"精致"，是指他们有很高的智商、很好的教养，所做的一切都合理合法、无可挑剔，他们惊人地世故、老到、老成，故意做出忠诚姿态，很懂得配合、表演，很懂得利用体制的力量来达成自己的目的。"精致的利己主义"一词一经提出，在社会上形成了强烈的反响。有人对之很认同，认为它描述了当下精英群体的一种现实信仰、理想和价值导向。也有人认为这是一种误解，不代表精英群体的全部，即使精致的利己主义描述得很恰当，也是由于现实的压力（例如高房价、高节奏生活方式等）迫使这些精英做出这样的选择。

社会大众未必认可精致的利己主义，但它恰如其分地描绘了一部分中国精英群体的某些利己倾向。改革开放之前，人们崇尚"一大二公"的价值分配模式，即第一人民公社规模大，第二人民公社公有化程度高。引入市场经济之后，我们追求利益的重心逐渐转到开发与满足个人的欲望上来了。新自由主义经济学向大众灌输了一个"客观"的价格变化体系的世界图景，而这个价格分配机制背后的信仰、价值观念往往被忽视了。亚当·斯密定义经济人的重要前提是道德同情心与法治，在这个前提下遵循只有利他才能利己的模式才能使得价格分配机器正常运转。然而，当今的理性经济人却变成了在快乐与痛苦间闪电般选择的彻底利己主义者，在现实生活中只要利己，不管是否利他，这已不是真实意义上的功利主义者了。

中国社会正在经历一个大转型时期，在这个转型时期我们的信仰、价值观及行为规范正在重新塑造，还没真正的定型，有些方面甚至非常混乱。比如，当今中国到底是个什么样的国家，是社会主义还是资本主义？如果我们的分析缺乏历史性与整体性，仅仅从社会福利和保障等某些社会功能来看，我们做得的确不如一些西方经济发达的高福利国家。尽管如此，我们还应该坚定地相信中国是一个社会主义国家，这是因为这个国家的基本理念与思想符合社会主义核心价值观及追求的理想。我们更应该相信符合中国现实的价值导向是在一次一次的争论中和实践中逐步生成的，而不是固有的或一成不变的。就拿经济相对发达的西方资本主义社会来说，其核心价值观及社会治理模式也经历了一个改进演化的漫长过程。一个社会发展是要有梦想的，中国领导人多次提出中国梦，就是要实现中华民族的伟大复兴。阿诺德·汤因比在其巨著《历史研究》中发现，一种死亡的文明往往会以某种新的形态复兴出来。他认为世界的未来在中国，主要是因为中国人守住了一个长达几千年的超级稳定的文明，这给世界带来很重要的经验。中国的儒家人文主义适合新时期的人类社会；道家对技术支配世界提出反对观点，为人类提供了另一种选择，等等。尽管梦想是美好的，但变为现实是需要一步步努力奋斗的。

当今中国社会，是不是应该沿着胡适所提倡的那样"多研究些问题，少谈些主义"？要说我们面临的问题，那可谓成堆成山。我们当然需要一个一个、实事求是地解决这些问题，但是问题的核心是如果缺乏一个系统科学的指导思想，能够很好地解决这些错综复杂的问题吗？这就涉及主义了。从字义上讲，主义是指人们推崇的理想观点和主张，某某主义指以某某为最高理想和准则的思想体系。比如，拜金主义是把追求金钱作为最高理想和基本原则，一切活动都是为了金钱；极权主义是把追求权力的最大化作为最高准则；自由主义是把人的自由作为最高理想和准则的思想体系；社会主义是把社会团体的价值和利益作为最高理想和准则的思想体系。词典是这么给主义下定义的："某种特定的思想、宗旨、学说体系或理论；对客观世界、社会生活以及学术问题等所持有的系统的理论和主张。"既然"主义"的核心是人类思想，我们就从信仰、理想和价值观这三个范畴来做进一步的分析。

4.1 信仰价值观 理想乃主义

我们认为，主义是人类为了寻求生命的意义而构建的特定思想体系与学说主张，表现为明晰的核心价值观、坚定执着的信仰和鼓舞人心的理想，以引领人们的行动。它是人类进步的重要动力。主义之所以对人类行为与社会变革有着强大的驱动力，是因为其明确的核心价值观与信仰为追随者所接受，并为崇高的理想所激励和鼓舞。信仰是对某种观点、主张或教义的遵从，以它的规范作为指导自己思想、行为和体验的准则。按照我们在第一章中提出的知识整体论，人类认识世界往往是沿着图1中的顺时针方向进行的，信仰首先要解决的是对事实的理性判定，不同的人对同一事实的判断是不一样的，这是感知差异造成的；在解决了事实判断之后，个人会以此为基础，选择与之相匹配的价值，并对这些价值进行有序排列，形成价值观念；以这些事实和价值导向作为自己行为的准则，指导我们的行为。因此，信仰是系统化的信念体系、价值体系及规范体系的灵魂。信念和基本假定要解决"怎么样""是什么""为什么"等问题，价值体系解决"对我有什么用""对我有什么意义"等问题。而规范体系解决的是"如何做"的问题。

知识首先是一种信念，在信念的基础之上才能对知识进行系统化梳理。例如，欧几里得几何相信平行公理，而非欧几何并未将之作为基本假设。再例如，牛顿对于绝对空间的描述就是一种信念，康德对于空间作为人类先验知识的描述也是一种基本假设，对于空间的不同定义，实质上是一种信念或者说高级的信仰。苹果对手机的定义与诺基亚对手机的定义也是不同的，他们追求的价值导向和为实现这些价值导向的规则体系也是不一致的。传统手机制造商和营运商坚定地相信手机是语音通信工具，因而注重通话的价值。比如，中国移动在各大媒体进行广告宣传时，口号由"移动通信专家"改成了"移动信息专家"，后来又加上了"沟通从心开始"。"通信"与"信息"，虽然只有一字之差，但是含义相差甚远。"通信"接近"通话"，属于2G语音时代；"信息"更接近"数据"，代表着3G数据时代；而现在的"沟通从心开始"，充分反映了手机的功能已深入人们的日常生活。

没有基本的信仰,个人无法解释很多现实发生的事情,人们就会感到非常恐慌和不安。换句话说,基本信仰是我们对理性知识推理的前提与基础。尽管有些事实暂时无法按照某种知识体系解释,权威者也要对此进行解释,这就是神话的功能。例如,股灾发生时,人们无法通过正常的金融学或经济学知识体系解释,但权威者还是要对之进行某种解读,以避免踩踏式恐慌。早期人类对于各种不确定性的解释倾向于神话式解读,随着宗教的兴起,人们对于这些不确定性的解读是一种宗教化的解读,而现代科学倾向于用数学知识和实验的实证知识来解释这些不确定性。对于不确定性的解读实际上是避免人类的心理焦虑过度传染,从而导致一系列的个人灾难和社会灾难。例如,各民族对日全食有着如天狗吃日、狼逐日等不同的解释,并有其各自解决的方法。中国古时候,民间是以敲锣打鼓的方式来对付的,而且朝廷也会有所行动。中国人认为天代表大自然,太阳在大自然里有着最崇高的地位;皇帝称为天子,则意指其为上天派来管理人民的。既然天代表皇帝的父亲,它会透过太阳表面上的现象来警告其地上的代理人——皇帝,明示他做错了什么事情、有什么事情要小心,等等。公元前585年,米提斯与利比亚两族打仗,打到一半太阳忽然消失不见了,两族族人害怕灾祸的到来,终于达成美好的结果——两族讲和通婚。对于日食现象的看法,除了大溪地人从正面的意义解读日食,其他的国家都对其作负面的解释。又如,公元前六百多年雅典攻打某族时,因为发生食相而害怕不敢继续前进,因此延迟了进攻,这让敌方趁这段时间做了准备,结果当雅典军队进攻敌方时就被打败了。

我国宋代堪称文人士大夫们如鱼得水的时代,包括西方人对宋代也是十分向往。法国著名汉学家埃狄纳·巴拉兹认为,宋代是中国最令世界很多人神往的朝代。英国科学院院士李约瑟指出,中国的科技发展到宋朝,已呈巅峰状态,在许多方面实际上已经超过了18世纪中叶工业革命前的英国或欧洲的水平。日本文史学家内藤湖南认为唐代是中国中世纪的结束,宋代则是中国近代的开始。但对于宋朝的衰落,《说岳全传》的解释很值得玩味。岳飞原是佛祖身边的护法神金翅大鹏,而秦桧的老婆是"女士蝠"(女宿,古代的神仙)。佛祖讲法,女士蝠放了一个屁,被金翅大鹏啄死了,到王家投胎后嫁给秦桧为妻残害忠良。金翅大鹏也被佛祖罚下界投胎修行,大鹏飞到黄河边,啄伤了"铁背虬王",啄死了团鱼精,二者一个投胎为秦桧,一个投胎为万俟卨(mò qí xiè），大鹏鸟则投胎为岳飞。而宋徽宗祭奠玉皇大帝时将"玉皇大帝"写成"王皇犬帝"，惹得玉皇大帝愤怒不已，"王皇可恕，犬帝难饶"。于是命令"赤须龙下界，降生于北地女真国黄龙府内"，这个赤须龙投胎为金兀术，此后搅乱大宋江山。而大鹏鸟的使命是保护宋朝江山，"以满一十八帝年数"。这样，北宋灭亡的悲剧被解释为宋徽宗不敬天帝导致江山蒙难，而岳飞惨死风波亭被解释为大鹏鸟、女士蝠、铁背虬王、团鱼精恩怨相报的结果。宋徽宗不敬玉皇大帝导致玉皇大帝派赤须龙扰乱宋朝江山，但佛祖觉得如果这个赤须龙不受制约就会失控，于是趁机派大鹏鸟来制衡它。

南宋初期已经开始演绎岳飞的故事，《说岳全传》成书时间是康乾时期，是当时民间对于宋王朝和岳飞悲剧的一种解释。按照传统中国人的解释，好人有好报，坏人有坏报，但忠君为民的岳飞惨死在风波亭，而通敌祸国殃民的秦桧却颐享天年。人们实在无法用正常的忠孝理念体系来解释，只好用这种神话式的解释来平息国人对于忠奸报应逆转的不安和焦虑。地处中原的大宋经济繁荣、文教昌盛，却不敌还处于野蛮状态下的女真人，这也让人难以置信。将之解释为宋徽宗不敬天地的结果，一方面是警示皇帝要尊天地，不能胡作非为；另一方面是安慰民众恐惧和不安的情绪。信仰的基本功能是一种安慰剂，它有解释那些不能解释的现象的功能。信仰还具有反思的功能，苏格拉底曾经说过："稀里糊涂的人生，不值一活。"反思是需要根据一定的信仰进行的，即寻找论证的终极支点，以此撬动整个思想体系。

信仰在心理学家的眼里被视为一种简单精神模式的反映，是建立整个思想意识的积木；而哲学家倾向于把它作为分析的基础，并以此来印证他们的概念体系的有效性。信仰实际上也有显性的信仰和隐性的信仰之分，一些人所说的并不一定是其所做的。部分原因是这些人从来没有认真思考过这种信仰知识，但他们却依照一定信念去做事，并形成一种行为规范，只有在冲突发生的时候，这里面的基本假设和基本信念才能被揭示出来。

人们对于信仰的态度大致有以下几种认识：一种观点认为人们对于信仰的基本观点是正确的，它是一种心智模式，这种心智模式是判断的基础，而且基本上符合科学家对此的解释。另外一种观点认为人们平常对于信仰的看法不完全正确，但它确实对人们的日常生活有用，人与动物的差别就是人类有信仰，而动物没有，而且人可以有效预期他人在某些状态的行为和观点。还有极端的观点认为人们日常的信仰是错误的,科学家无法用实验来证明它。我们对于信仰的理解是信仰是认识的根据,每一种知识体系首先要用最基本的信念作为推理和解释的基础,其次要有它相信有效可行的方法,最后要有实现知识得以扩展的目标。如果缺乏信仰这种基本假定和知识体系,人类社会的很多功能都无法实现,人的很多行为都将无法解释。当然,在这个过程中我们往往会把问题简单化,比如,一些学科为了体系的完备性和逻辑推理方便,把人性假定为自私的。

假如说信仰是人类知识的推理基础,理想则是人类行为的重要张力。理想是个人或群体在现实的基础之上对未来的向往和追求,它是人们追求的一种价值观念。从哲学上来说,理想通常被描述为未来目的的心智图像。哲学家们相信,理想是人类生存的根基,理解和创造理想对于塑造人类未来的生存至关重要。柏拉图的理想国是人类乌托邦的重要源头,人们对于理想社会的描述是人类克服现实状态的动力,并为人类社会的改进提供基本的蓝图。有些理想看似荒诞不经,却非常有益。陶渊明为中国士大夫提供的桃花源就成为失意士大夫的心理安慰。另一些远大理想往往是一个民族长期不变的追求,例如大同社会激励了一代又一代的中国人,从孔夫子对恢复周礼的努力,到谭嗣同、康有为等人"冲决网罗"实现"大同社会"的拼搏。历代士大夫根据不同社会环境,对大同世界进行不同诠释,但理想始终没变。孙中山认为他的三民主义就是孔子描述的大同世界,他很重视心对物的功能,重视国民的心理建设,强调"改变人心"很重要。在中国,共产主义的理想与大同社会的理想从实质上来说具有很大的一致性。中华人民共和国的重要缔造者毛泽东主席在《论人民民主专政》一文中指出:"康有为写了《大同书》,他没有也不可能找到一条到达大同的路。"为什么康有为没有找到这条道路呢?是因为他将大同世界的实现寄希望于圣人的"不忍之心",说白了是期望依靠皇帝来改变人人不平等和天下不公的现状。康有为的大同书没有找到实现大同理想的路径,而共产党人通过努力找到了这条道路。毛泽东深受共产主义思想的影响,他最初就是在学习《共产党宣言》等著作后,建立了对共产主义的信仰。

理想无论对于个人还是对于群体来说,都起到了赋予生活意义的功能,它能够给个人或群体克服当下困难的动力,以及引导个人或群体超越现实从而达到对现实的超越。庄子说,哀莫大于心死,愁莫大于无志。一个人的心死了,对生活没有信心是最大的悲哀，一个人最大的忧愁是没有志向，这是因为如果没有志向，就像打靶没有靶子，到处乱射。

价值观是一种系统化的认识体系，一般来说，某物或某事对于每个人来说功用和意义是不一致的，因此形成了千差万别的价值观念。价值观往往是基于对现实的判断之上的。梵高眼中的向日葵与植物学家眼中的向日葵的意义和功能是不一样的。价值观往往具有稳定性，这些稳定性是基于现实和历史的选择。例如，一个经理发现销量下降后通过打广告能够提升销量，反复实践之后发现都是有效的，那么这位经理就相信广告对于产品销量提高是有价值的。但价值观也不是绝对的、稳定不变的，当打广告并不总是有效，他就会尝试其他方法，选择对他更有效和有价值的行为。

价值观反映的是人们对于事实的认知和内心需要选择的模式。我们这里使用的价值观不仅包括道德价值观，实质上还拓展到物或事对个人的功效和意义的评价。清朝原礼亲王昭梿的历史笔记《啸亭杂录》说苏麻喇姑"终岁不沐浴，惟除夕日量为洗濯，将其秽水自饮，以为忏悔云"。为什么苏麻喇姑如此节水，一种解释认为这与她是蒙古人有关，蒙古草原缺水，因此蒙古人小时候就养成了节水的习惯，到了中原地区之后，水是不缺了，但养成的节水价值观念却没有改变。

个体的价值观实际上反映的是个人对于"什么是好的、有利的、重要的、喜欢的、有建设性"的复杂看法。人们在现实中往往对这些价值进行排序，使之系统化，用来解释人们为什么选择这样的行为而不是其他行为。价值观隐藏在人们的日常生活之中，是法令、习俗及风俗的根基。传统中国认为做官比做农民好，做农民比经营工商好，一般朝廷对待商人及其子女都有一种特别的限制，"士农工商"的价值排序反映了传统中国人崇拜权力和农业，否认金钱和工商业的价值导向。这种价值导向与中国主要是一个以种植业为主的农业大国的国情密切关联。一般来说，价值观念具有地域性。例如，中国人在结婚时喜欢穿红色礼服，但西方人偏爱穿白色礼服。中国拜过天地、父母及夫妻对拜即履行过一系列的结婚程序之后，才能定义为夫妻，而西方则往往强调在教堂举办过婚礼才算合法夫妻。但同时也有一些概念是具有普世性质的，例如几乎所有的文化都认为成员应当勤劳，不劳而获在绝大多数情况下都被认为是没有道德的。

如果一个群体成员的价值观念发生激烈冲突，权威者就会通过某种方式使得这些观念和谐一致，从而避免群体发生分裂。权威者并不一定压制某些价值观念，如果采取非暴力的手段能够解决问题，理性的权威者往往不会选择暴力手段来解决冲突。

信仰、理想和价值观，作为个体或一个群体寻求生活意义的思想基础，都具有整合群体多样性观念的功能，也构成了各种各样的"主义"。如果个体的信仰、理想和价值观互相冲突，会导致严重的心理和精神疾病；而一个社会的信仰、理想和价值观互相对抗，就会导致社会的对立乃至分裂。当然，适当的冲突是产生新信仰、理想和价值观念的动力，然而这些观念的冲突超越一定底线，就会给整个社会带来巨大的精神错乱，进一步导致社会性精神疾病，例如底线道德丧失、社会共识破裂、群体自我认同感丧失，从而会导致社会分裂、衰退。

在自然科学领域，一个学科的发展进步往往是原有基本信仰、传统习惯和价值观的改变。美国学者托马斯·库恩用范式理论解释科学革命。范式大体说来就是为一群科学家普遍所接受的共同信念，一种得到普遍承认的科学成就，它包括科学概念、规律、形而上学理论、解题模型、范例、应用及工具等在内。自然科学与工程技术研究的对象是自然环境和物理世界，一些基本假定和信仰在一定条件下跨越得到验证。然而，作为社会科学基础的一些基本假定则往往难以做实验。如果不负责任地拿人类社会做实验，则会背负严重的后果，甚至付出惨痛的代价。辛亥革命前后中国面临的问题及各种争论的焦点，其实就是立宪还是革命；如果走立宪道路，是英国式立宪还是日本式立宪。显然，各派争论源于不同的推理前提，包括对现有政权的基本信仰，以及有关社会稳定与发展的价值观。

4.2　整体性思维　儒释道合一

信仰是个体或一个群体重要的生活动力，一句"我相信"足以令现状发生重大改变。当然，由于人类知识的产生与转化不仅沿着图1中的顺时针方向发展（感性→理性→活性），活性知识也会反作用于理性知识。这就是我们通常所说的"屁股决定脑袋",立场不同、出发点相悖,信仰体系也随之改变。信仰有善的信仰,也有邪恶的信仰。善的信仰能够给人带来正能量;反之,邪恶的信仰则会将人引向歧途。邪恶的信仰如希特勒主张的日耳曼人种高贵论,使得成千上万的犹太人在大屠杀中无辜惨死。根据知识整体论的观点,我们把活性知识中有利于人类生存、发展并实现最大价值的认识与行为看作善与良知。

现代一些评论认为大部分的中国人缺乏信仰,主要依据是大部分的中国人没有宗教信仰。著名主持人白岩松曾经对那些急功近利的现象评论说:"我觉得中国有很大的焦虑痛苦,来自我们的确是一个没有宗教信仰的国度,中国只有1亿多人有着各种各样的信仰,剩下的都是临时抱佛脚。中国人进入庙里或者道观里目的非常明确。什么事?没孩子,那去找观音。什么事?病了,进药王殿。什么事?缺钱,拜财神爷。指向特别明确。另外,中国还发明了'许愿'和'还愿'这一说,全是临时的,千百年来就这样。"

儒家及后来西方学者理解的儒教,被公认为中国传统的主导思想。这种思想是不是一种信仰,即儒教是不是宗教?对于这个问题的争论也非常激烈。一种观点认为儒家思想体系是处理人与人之间的关系的,而不是让人成为神或得救的,孔子对鬼神是敬而远之的怀疑态度,因此,儒教不能被称为宗教。例如,学者邓晓芒就认为信仰需要一种超越性的东西,这种超越精神有三个特征,一是彼岸性,二是纯粹精神性,三是永恒不变性,而儒家的信仰不是真正的信仰,中国人也没有真正的信仰。另一种观点认为儒教虽然没有显在对鬼神的信仰,但却有一种内在的信仰,即通过克己复礼等成为"君子"甚至"圣人"。儒学被大力提倡成为儒教时,也有庙堂,并与敬天、祭祀祖先等活动联系在一起,因此儒教也是一种宗教。

白岩松所表达的中国人在世俗生活中对待各种神像的"功利"主义导向的种种行为,实际上体现了传统中国人对待宗教信仰的一种基本假定,即我信你并奉养你,你要维护我和给我带来好处。所以,有一种说法是中国人进庙堂无非是求子女、求财富、求权力和求健康。

市场经济的引入激发了许多人对金钱的崇拜,中国人的拜金主义已经成为世界性话题。2010年美国一家报纸报道说,根据路透与艾普索斯的民意调查,80%的受访网民承认中国是第一"拜金主义"国家。中、日、韩三国人民最看重钱，这三国皆有84%的受访者表示在金融危机后，他们更重视金钱的价值。传统中国社会以士农工商排序，工商业从业者不被社会重视，中华人民共和国成立之后的计划经济时期，工业一度成为主导产业，但忘记了商业即市场的价值，老百姓即使有钱也需要与其他票证一起才能用，这个时候金钱的价值没能真正发挥出来。改革开放后，市场的价值得以重新确认，通过激发国民创富的欲望驱动了整个经济的迅速发展，金钱的价值逐渐显现出来。有钱可以购买很好的教育服务，有钱可以购买宽敞、排场的房子和车子。这样，金钱的价值通过一批先富起来的人的示范效应逐渐散播，最终导致国外对中国人是第一"拜金主义"的刻板印象。

西方学者所称的儒教其实在形式上也不是典型的宗教，这主要是因为儒家思想缺乏对来世的明确信仰及一套宗教程序。儒家思想所表达的信仰和知识体系，确实是中国传统文化的主导意识形态，同时也是民间日常生活最重要的准则。当代哲学家邓晓芒所说的中国人依附于集体，缺乏反思的精神，所以就没有真正的信仰，在某种意义上是存在的。这是因为中国人讲求血缘宗法关系和命令服从体系导向的层级关系，每个人都在这两个导向中占据一个位置，享受某些权利，履行一定的义务。然而这论断并不意味着中国人没有真正的信仰，邓晓芒严格依照黑格尔对宗教的界定标准来看待中国问题，而黑格尔又是以基督教的模式看待别的宗教和信仰体系的，所以才可能得出中国儒家是一个没有真正信仰的体系的结论来。事实上，信仰无非表达的是一套具有对世界基本假定、价值导向及行为规范的内在体系。有些信仰体系有很明确的体系性，有的信仰没能揭示出其内在的基本假设和价值导向，行为规范也并不是非常清晰。仅此而已，没有所谓的真正信仰与假的信仰之分。即使是那些伪装性的信仰，也有一套内在和潜在的基本假定、价值导向及各种各样的潜规则。

中国人的信仰是一个非常复杂的问题，因为中国是一个多民族和多元文化的国家，人们的信仰并不一致。目前主要的宗教有佛教、道教、基督教等。除了这些影响广泛的有组织的宗教，中国很多地方的民间信仰也非常复杂，很多农村地区仍保留着鬼神的信仰。当然，这些鬼神信仰往往具有地域特色，随着科学的发展，这些信仰的迷信层面逐渐消失，变成了当地民风民俗。为了论述方便，我们这里主要探讨影响中国社会的主要思想流派儒家学说、道教及佛教信仰，随后谈谈外来的基督教对中国一些人信仰的影响。

儒家思想既是一套维护社会秩序的学说，也有一套信仰体系。对于自然的认识，孔子保留了对天命的敬畏，他说，"君子有三畏：畏天命，畏大人，畏圣人之言"。他又说，"获罪于天，无所祷也"。对待鬼神，孔子却是持怀疑态度，"未能事人，焉能事鬼""子不语怪、力、乱、神"，但又要求"敬鬼神而远之"。由此可见，孔子对外在超自然性的存在基本上是持怀疑的态度，但又保持敬畏之心。孔子更重视对仁的实践意义，所谓仁其实就是爱人，但爱人也要有差别。与重视外在的信仰的观念相比，孔子更重视人的内在信仰，特别是更重视人在社会上的信仰。儒家要求君子们要把个人的前途与社会的前途结合在一起，形成一套既遵从礼制又能够为家庭和社会负责任的成圣系统。后来，董仲舒将天与人合一，以自然特性比附人间的特性，提出了天人感应说，将儒家的信仰体系变成了内在与外在有机统一的思想体系。皇帝既是天子，又是人间的圣人。皇帝、官员及普通百姓都要敬畏天地鬼神，获罪于天的后果很严重，所以，中国人一生中最重要的一件事就是拜天和祭祀祖先。黑格尔说孔子是世俗的道德教师，教人们如何处理社会关系和精神问题，这一点说得不错，但黑格尔严重低估了孔子的智慧。孔子的思想也是一套体系，这套体系至今仍深深刻在中国人的潜意识之中。很多知识分子在内心深处都有一个情结：穷则独善其身，达则兼济天下。尽管不同时代知识分子的使命和任务是不同的，但这个情结始终未变。历代士大夫们最信仰的是有着人文关怀的古训：自强不息，厚德载物。

这个情结实际上受到儒家社会思想的深刻影响。《礼记·礼运》记载着儒家的社会理想："大道之行也，天下为公，选贤与能，讲信修睦。故人不独亲其亲，不独子其子，使老有所终，壮有所用，幼有所长，鳏、寡、孤、独、废疾者皆有所养，男有分，女有归。货恶其弃于地也，不必藏于己；力恶其不出于身也，不必为己。是故谋闭而不兴，盗窃乱贼而不作，故外户而不闭，是谓大同。"这种理想的核心特征是一个有人情味且公正的社会。这实际上是中国大治时代的原始模型，这种抽象的社会理想的心智模型虽然不可能在实践中存在，但它可作为一个评判各个时代社会的重要量具。如果一个社会太偏离这个心智模型，社会失序的可能性就非常大。例如，王莽改制，试图对西汉后期的一系列社会矛盾进行社会变革。西汉后期，官员和权贵富豪兼并大量的土地，蓄养大量的奴婢，而在传统社会，创造财富最重要的两种资料一个是土地，一个是劳动力。豪强地主挥霍无度，不将大量的剩余劳动投入到社会再生产过程中来，因此造成国库空虚，民不聊生。随着土地兼并运动不断扩大，奴隶和流民数量恶性增长，社会矛盾非常尖锐，再加上天灾不断，走投无路的失地农民和失位的地主、官员，开始选择起义。这种现象与礼乐所描述的社会理想恰恰相反，天下不公的事情越来越多，而且人们还见怪不怪、习以为常。奸佞当道，信誉全失，权贵将别人的土地强取豪夺归为自己，将大量农民变成奴隶，别说鳏寡孤独皆有所养，正常的人都小命不保。贼盗四起，社会动荡不安。面临这种状况，一些官员与权贵也深感如此下去自己的家产和地位不保，要求积极改革，而大量失地农民当然也期望重获自由和土地，也支持改革。然而改革总是要付出代价的，在承担这些代价的时候，每个人都希望别人承担，还有的人希望趁着改革捞一把。王莽在改革的过程中，又过于偏信周礼，他企图用周代的理念来治理国家乱象，临死的时候还在工作。在积弊难返的西汉末年，王莽改制不但没有成功，反而激化了社会矛盾，核心原因是当蛋糕没做大的时候，只是醉心于分配蛋糕，让那些当初支持改革的人变成了反对者。

儒家思想追求社会公正的社会理想引人入胜，但还需要注意的是驱动社会发展不仅是靠公正这个单引擎就能完成的，社会运转的效率也是不可或缺的。中国传统思想重视社会和谐与公正，在一定程度上忽视了开发和利用人的欲望，忽视了将大量的剩余劳动投入到社会大生产。马基雅维利对统治者说不仅要重视道德，还要重视激发人的欲望，受人尊敬不如受人畏惧。马基雅维利认为，人类总是受到利己心的驱使，人性中隐藏着恶，"慈悲心是危险的，人类爱足以灭国"。因此，"只要目的正确，可以不择手段"。究竟是恶还是善推动了人类历史的进步？历史上总是争论不休。在西方近代，恶是历史的推动力似乎是整个西方崛起的写照。尽管资本原始积累是恶的，资本的每个毛孔都流着肮脏的血液，但资本却又成为推动社会发展的杠杆。在中国古代社会，主流观点是善推动了历史的发展，那些偏离了公正的社会就会被推翻，所以忠臣良将都希望帝王们能够重视社会公正，亲贤臣、远小人。但水至清则无鱼，只重视某种公正往往也会引来灭国之灾。随着时间的推移，王朝承平日久，人口不断增加，维系社会公正的成本越来越高，因为像骑自行车一样，走得缓慢就需要很强的能力来维系平衡。

公平和效率，到底哪个才是人类生衍的真实推动力量？实际上还是回归到两者的关系上来。只重视公正，忽视效率，社会可能变成一个简单再生产的、没有前进动力的停滞社会；相反，只重视效率，不重视公正，社会虽然可能在某一个时期出现大跃进，但随后随着不公正现象越来越普遍，正常的社会生产和生活秩序都会被破坏，从而陷入动乱和灾难。因此，一个理想的社会形态是兼顾公正与效率的，无论哪个驱动轮都不能偏离太远，这样的社会在公平与效率之间相互冲突又能很快适应的过程中不断演进。

总体来说，儒家的基本信仰是人类本质上是善的，合理的开发教化可以达到天下太平和万世太平的理想，他们的核心价值观是社会稳定而有序地发展。为了维护社会稳定，儒家崇尚"一大二公"，"一大"就是国家要统一强大，不能像春秋战国时期那样裂土分疆，战火不断，各种不义战争此起彼伏。"二公"是国家不患寡而患不均，穷点没关系，但要命的是各种不公现象成了常态。在这种理想和信念的指引下，儒家影响下的士大夫和国民们大都拥有家国情怀，一代代为了维护天下一统而不惜牺牲生命，为了与丑恶现象做斗争甚至不惜逆龙鳞。

道家心中的社会理想是由老庄奠定的，老子将理想社会描绘成为一个小国寡民的世外桃花源。庄子认为人不受到物的支配，有自由的空间是一个理想社会。道家的社会理想和基本信念与儒家迥然不同，例如，道家主张小国寡民，小国寡民能够避免地域、人群及文化的冲突，内部竞争力也不至于太过残酷；而儒家主张"大国""子孙满堂"，着重强调国家一统有利于维护华夏文明的地位，人口众多当然是国家实力和国祚延绵下去的最可靠保障。无论是老子还是庄子，他们描述的理想社会实际上也是一个静止的共同体概念，这一点与儒家描绘的没有太大区别。儒家和道家实际上都比较关注公正和公平，都反对不义战争，区别之处在于儒家的着眼点在天下苍生，道家则重点关注社群中的个人。

当然，人们对小国寡民的思想有着不同的理解。例如，南怀瑾认为老子并不反对大国之治，重点要理解"国"的含义，他说：

> 大家忽略了一件事，就是春秋战国时所谓的国家，不是现在国的观念；那时的"国"，是个地方政治单位的名词，直到三国时代都是如此。到了唐太宗时代封地区领导人时，对他儿子还引用"诸侯治

国"的制度，派他儿子到一地区去管理。所以，"小国寡民"这个"国"，是"地区"的意思。不要看到一个"国"字，就拿现在的国家观念来读《老子》，那就不对了。我们了解这些以后，就知道"小国寡民"就是地方自治，进一步主张要一个国家天下太平，必须国民道德充沛，人人能够自发自动，国民道德才能提升，然后才能讲自由自主，达到天下太平。这样解释"小国寡民"，才可能是老子的原意。

假如南怀瑾先生的理解是正确的，那么老子的小国寡民实际是主张地方自治，而地方自治只是国家大治的一种手段，本身不是目的。这种理解有一定道理，不可忽视的是，主张通过地方自治与主张通过天下一统来达到消灭诸侯战争，这两者最终达到天下太平的目标相近而手段有别。孔子和老子都反对失序社会，反对不义战争。孔子主张通过恢复周礼及重塑周天子来实现，老子主张消灭兵器和技术及限制人们交往来实现。

道家主张的"小国寡民""老死不相往来"，实际上是生动描绘了自然经济的核心特征。传统社会确实安土重迁，很多农村人都是围绕固定的土地转来转去，一辈子都可能不出县域。李成贵在《国家、利益集团与三农困境》中说，"皇权不下县，县下是宗族，宗族皆自治，自治出于伦理"。乡绅与官僚共同分享基层政权，是传统中国政治的一个特质。这种社会治理模式并没有产生出近代西方的地方自治和民主概念，原因是乡村社会本身是大一统国家的一个细胞组织，这个细胞组织要受到各级官僚系统的控制，那些士大夫在朝为官，在野为绅，严密控制各个宗族，进而控制每一个人。庄子主张的个人自由，实际上更多层面的是免于被物支配。美国总统罗斯福提出过四项自由的观点，即言论自由（freedom of speech and expression）、信仰自由（freedom of worship）、免于匮乏的自由（freedom from want）和免于恐惧的自由（freedom from fear）。庄子的自由观点主要是免于被物支配的自由，试图控制个人的欲望，而不是开发技术或发展生产，重视控制个人对物的欲望而忽视创造更多的物来达到自由的境界。西方社会在近代崛起的一个关键因素恰恰是重视对于物欲的开发和利用。不断制造商品、不断开拓市场空间及不断创造新技术，并与科学研究密切结合起来，西方摆脱了庄园经济的面貌，将市场和资本变成了国家主导教条。

商品拜物教也因此产生，马克思在《共产党宣言》中很生动地描绘说：

> 资产阶级在它已经取得了统治的地方把一切封建的、宗法的和田园般的关系都破坏了。它无情地斩断了把人们束缚于天然尊长的形形色色的封建羁绊，它使人和人之间除了赤裸裸的利害关系，除了冷酷无情的"现金交易"，就再也没有任何别的联系了。它把宗教虔诚、骑士热忱、小市民伤感这些情感的神圣发作，淹没在利己主义打算的冰水之中。它把人的尊严变成了交换价值，用一种没有良心的贸易自由代替了无数特许的和自力挣得的自由。

马克思和恩格斯描绘出当时资本家为了物而沉迷各种各样的利己主义活动，把社会关系都简化成为金钱关系。出于对物的崇拜而不是逃避，资本家像推销员一样，不断地开拓市场，必要的时候趁火打劫甚至武装到牙齿进行赤裸裸的掠夺。"不断扩大产品销路的需要，驱使资产阶级奔走于全球各地。它必须到处落户，到处开发，到处建立联系"。如果说地主们按照自己的形象创造了一个"封建"（这里指地主专制时代，而不是分封建制的含义）社会，而像浮士德或守财奴葛朗台那样的资本家按照自己的形象创造了资本统治一切的时代。

道家所主张的小国寡民的自然经济特征的社会理想，不仅与儒家主张的大国之治的观点有差异，也与西方主张的市场经济市场不同。庄子主张"免于物役"的自由，更多的是控制物欲而非通过控制物主动实现"自由"。我们这里进行的对比并不是要论证"不受物役"的自由与通过开发人对物的欲望之间，哪个价值观念是正确的，哪个是错误的；我们只是想说明对物的不同态度会导致不同的历史进程。重视开发人对物的欲望，可能会导致货币或资本主导一切，从而依赖技术进步，贫富差距会进一步拉大，这已经变成了当前人类社会的重大问题。向自然宣战、过度破坏自然不仅破坏了人类的生态环境，同时也破坏了资本扩张的前提和空间。如果全球人都像美国那样被极度消费主义左右，地球资源将会很快消耗殆尽。

佛教的基本信仰来自对人性的失望，即现实世界是一个"苦海"，理想世界是西方净土。净土是与世俗的污秽之土相对的概念，只有觉悟者才能到这个彼岸世界来。佛教的基本社会理想与《礼运》、基督教描绘的世界有类似的地方,都是强调人世间的疾苦,而彼岸世界是美好的,没有不公正的现象,人与人之间和谐相处。但佛教有自己描绘"天堂"的逻辑,即佛家的一个基本假定是社会变化是常态,不变是非常态。在这个假定的基础之上,万事万物(诸法)都是"因缘和合而生",即由内部条件和外部条件共同作用而生成的。万物的本性是"空",这个空不是指"没有",而是指由于内外条件不断发生变化,所以万物是变动不居的,佛教因而力图促进内外条件的"和合"。因此,中国化的佛教都为国家祈祷和平和庄严国土——要在心灵上净化自己,在日常生活中要遵守国家法纪和社会公序良俗。同时,佛教一般要求教徒做到家庭和谐,孝敬父母。因为任何一种宗教文化,如果不能变通,不能与当地社会的基本假定相融合,就很难生存下来。人类的知识一旦产生之后,就不再仅仅属于生产地了,正如一个文本在流传过程中不再仅仅属于作家一样,不同的人根据当时当地的基本假定和价值导向对之进行诠释和重新解读。佛家思想也是一样,除了要求遵守国家和社会规范,佛教还有一套修行的戒律。

佛教的最高境界是涅槃,其基本特征是"清凉寂静""恼烦不现""众苦永寂"。涅槃的主要要求是"断爱""无为""止贪""寂灭",其本质含义是说要领悟生命的本质是不断变化的,熄灭各种各样不切实际的欲望之火。万物都是因缘和合而生,但涅槃状态不是因缘和合的结果,而是无条件、不变动的东西,也就是永恒境界。宗教一般将世俗世界视为变动不居的,与之相对的是一个永恒的天堂。这是人类思维的一个核心特征,牛顿希望在描绘相对空间后,再找出一个与之对应的绝对空间。经济学希望找到一个绝对理性经济人,用这个理性经济人来解释变化多端的经济现象。佛教基本的信仰实际上是对生命本质的反思,通过反思生命体在世间的种种遭遇及对这种遭遇的看法,人们能够理解生命在生长过程中的种种变化,并能够以觉悟者的思维看待自己的人生。佛祖在创立佛教基本思想之前,到处漫游,经历人间各种痛苦,发现了人间多种悲惨的现象,最后在菩提树下寂静地思考人生而顿悟。佛家这些理论实际上与佛家创始人的经历密切相关,据说佛祖在菩提树下静坐了七天七夜,战胜各种欲望和诱惑,终于在启明星升起之时大彻大悟,成为觉悟生命本质的佛陀。

中国传统文化博大精深,并不是用几个段落就可以深刻描述领会的。我们分析在传统文化中占主导地位的儒释道思想,试图说明这三种思想各有其基本信仰、理想追求与价值体系。另外，儒、佛、道之所以能够在经历一段时期的冲突磨合以后，自南梁梁武帝时开始走向融合，乃至达到三教合一的境界，是因为这三家学说的逻辑基础并不存在根本性冲突。儒家从人性善出发，追求社会大同的理想，强调社会和谐的价值观。与注重社会关系的儒家思想不同，道家的基本信仰、理想与价值观关注人与自然的关系，理想的境界是天人合一。佛家则认为世界（"世界"一词来源于佛经）的一切问题皆有因果，苦恼来自人心，因此需要"放下"以追求自身心灵的和谐。

4.3 资本逐利润 平等为回报

法国经济学家皮凯蒂的《21世纪资本论》近几年走红全球，他的研究结论再次震撼了西方世界。皮凯蒂用实证主义经济学家最擅长的统计数据的方式"证明"了资本主义内在的不平等现象。资本回报率高于经济增长率，而且资本主义的制高点被世袭制占领，人生而不平等。诺贝尔经济学奖获得者克鲁格曼评论称这本书引起了"皮凯蒂恐慌"现象，他说：

> 它让保守派大惊失色。所以美国企业研究所（American Enterprise Institute）的詹姆斯·佩特库奇斯在《国家评论》上警告说，必须对皮凯蒂的作品进行反驳，否则"它就会在知识界传播，重塑政治和经济观念，而未来所有的政策论战都会在这些观念的基础上展开。"那就祝他好运吧。这场辩论中真正令人惊讶的事情是，到目前为止，右翼似乎未能对皮凯蒂的论述提出任何实质性的反击。他们做出的反应全都是贴标签。具体而言就是宣称皮凯蒂是个马克思主义者，任何认为收入和财富的不平等是个重要问题的人，都是马克思主义者。

克鲁格曼评论了《21世纪资本论》这部书在美国引起的恐慌现象，无论是左派还是右翼学者，都难以解释为什么这样一部模仿马克思的著作会引起如此巨大的争论。而引起"皮凯蒂恐慌"现象的原因，克鲁格曼认为主要是因为这部书"摧毁了保守派最为珍视的一些错误信条。保守派坚持认为，我们生活在一个靠才能成功的时代，富人的巨额财富都是赚来的，也都是应得的"。在克鲁格曼看来，这本书的重点是揭示了当下资本主义的经济制高点不是掌握在有创造力的个人手中，而是被世袭的家族王朝掌握。

英国《金融时报》发表评论说："皮凯蒂的书表明，美国梦正日益成为一种神话。他指出，过去几十年里，美国确实比欧洲更为平等。而如今美国的财富分配则比世界上几乎所有其他地方都更不平等。此外，在美国累积财富产生的回报太高了，越来越多富翁手中的财富是通过继承得来，而不是亲手创造出来的。"

西方知识界对《21世纪资本论》所做出的本能辩护反应，实际上是基于对资本主义体系基本信仰和理想的一种重申。在重申的过程中，一些人也确实在反思资本主义的基本信仰体系及这种信仰对现实世界的影响。微软创始人比尔·盖茨基本上认同皮凯蒂的观点，即不平等是资本主义内生的现象。在一次会议上，皮凯蒂爆料说："他（盖茨）是这么对我说的，'我喜欢你书中的一切，不过我还是不愿意多交税'。"平等、自由、博爱等西方资本主义系统性的信仰和理想实际上来自"两希文明"，即古希腊和古希伯来。古希腊的思想为当下资本主义体系提供了一些重要理念：理性、平等和自由；而古希伯来文明为西方提供了信仰和博爱等观念。

柏拉图虽然主张人应当按照自己的天赋和能力选择职业，将人分为哲学王、武士和劳动阶层。但他非常看重公平，他对由于财富积累使得贫富差距不断扩大的现实非常不满，他认为"立法者应该同两个敌人——贫穷和富有——作战"。正义就是每个人在自身品质范围内做自己的事，"每个人在国家内做（最适合他天性的）他自己分内的事"。亚里士多德认为平等是一种美德，每个人都要按照自己的贡献获取一定的财富，"应该按照各人的价值为之分配这个原则是合乎绝对的正义（公道）的""所谓平等有两类，一类为其数量相等，另一类为比值相等"。

古希伯来文化的平等思想直接影响到西方社会每一个人，人与上帝之间立约，是为了保护社会秩序和社会公正，尽管个人在上帝面前并不是平等的，但每个人都是平等的。现在的以色列非常看重教育，在教育上追求人人机会平等。

平等是资本主义反对封建主义的一个有力武器，作为理想和核心价值观的"平等"更是资本主义崛起的一个重要推动力量。资本主义意识形态发端于文艺复兴，其人本主义反对神权，主张将思想智慧从神学中解放。马丁·路德宗教改革运动动摇了神权，启蒙运动又直指封建制度。因此，资本主义意识形态比封建意识形态更加进步，从而产生了社会经济文化上的活力。资本主义在经济领域的一个重要概念是市场，其逻辑就是要求每一个人以等价交换的形式获取别人的商品，而不能通过掠夺或欺骗等形式获得财富。资本主义本身是私有产权和自由个体进行商品或服务的交换，以及控制这些商品或服务的生产及分配。社会生活的市场化，"唤醒了心中沉睡的贪欲"（历史学家让·德·弗里斯），市场社会扩展了个人生活和生产的可能性。但由于市场化分配财富必然会带来财富两极分化，不平等确实是资本主义内生的产物。杰瑞·穆勒在《资本主义与不平等》一文中说，"社会的金融化仍然导致了一些不幸的后果，它通过增加处于经济阶梯上部的群体的收入（这得益于金融管理者获得的高到惊人的奖金）而加剧了不平等，它也加剧了处于经济阶梯下部的群体的不安定"。从整体上来看，西方资本主义要求平等，废除不利于资本主义发展的各种政治特权和经济特权，随着社会不断商品化、市场化及金融化，财富积累和集中也在不断加速，财富分配的不平等现象也在不断挑衅西方人的心理底线。美国著名政治哲学大师罗尔斯认为正义是社会发展的根基，他指出"每个人都有权拥有与他人的自由并存的同样的自由，包括公民的各种政治权利、财产权利""对社会和经济的不平等应作如下安排，即人们能合理地指望这种不平等对每个人有利，而且地位与官职对每个人开放"。他的一个重要主张就是"正义对效率和福利的优先"，即经济效率和社会福利固然重要，但只有正义才是最应当强调的。

平等只是资本主义的一个重要价值观，其他理念如自由、博爱、民主、法治等，都隐含着资本主义思维模式的重要特征，即将世界理性化进而将世界符号化，从而便于人们操作这个世界。例如，自由是资本主义的一个重要理念，但如何将自由理性化，就成为一个重要命题。学者和实践者都在用理性衡量和界定自由的边界，甚至还创立各种各样的自由学说，这些学说的目的就是将自由理性化，从而为某些行为进行合理性和合法性的论证。

我们认为，西方资本主义思想还有一个非常重要的特征是理性。对理性论述最为丰富的哲学家是康德。康德本人从未离开过他的家乡科尼斯堡，终身未婚。他有着固定的作息时间，被当地人作为对表的标准。一次，康德没有出去散步，这引起了小镇混乱，人们坚持认为教堂的钟敲错了。康德最重要的贡献是引起了哲学上的"哥白尼式的革命"，之前人们对于事物的本质是什么的本体论感兴趣，实际上是在论述人的认识为什么能够符合现实；但康德将之反转过来，让物向人看齐。通过人的认识能力与认识的关系、实践（主要是道德实践）能力与实践的关系、审美判断能力与审美判断的关系，哲学从本体论转向了认识论（通常理解的"本体论"及"认识论"）。人们开始重点认识人的认识结构、规律和特点，而不是研究本体是什么之类的问题。康德意义上的理性主要有三个层次：第一个层次的理性实际上是要遵循形式逻辑的基本原则，主要特征是前后不能矛盾，概念清晰，论证严密；第二个层次的理性实际上是理论，用最少的原则概念解释大量纷繁复杂的现实现象；第三个层次的理性实际上是指人形成概念的高级能力，这种形成高级概念的能力实际上是一种先验能力。资本主义的理性主要是从这三个原则构建起来的，马克斯·韦伯认为资本主义的核心特征就是一个使世界理性化的过程。

商业行为并非仅仅是西欧独有的行为，像中国和埃及早就存在许许多多商业行为。但韦伯认为这些商业行为缺乏一种"理性"的精神，所以无法进一步展开资本主义的逐利行为，缺乏一种精确计量的簿记、组织和法律支持。西方资本主义实际上是一套全面理性化的意识形态体系。在经济上，人们遵守理性经济人的法则追求以最小的成本获得最大的利润；在政治上，建构一套理性化的官僚政治体系和运行程序；在社会生活中，遵循一套理性化的法律和习俗体系。正如马尔库塞在《工业化与资本主义》一文中所言，西方式理性是资本主义整个体系的基础链条，它联结着资本主义的文化和物质体系，例如经济、技术、艺术甚至生活方式。在韦伯的著作中，社会理性构建至关重要，这种理性致力于将所有的知识和经验数学化；它不仅适用于自然科学，还适用于社会科学，并且能全面影响西方的社会生活方式。在科学组织和生活中坚决贯彻将实验理性的必要性与合理证明相结合，建立一个普遍化的无法被我们整体控制的官僚层级体系。遵守形式理性的原则，使得资本主义企业有利润可图，反过来又加强了簿记制度及理性算计在经济组织的运用和拓展。经济组织逐渐被系统化、条理化、抽象化。无论在科学研究层面还是在实践层面，抽象化的原则被广泛应用，任何物品和个人都要被换算成为货币价值的存在，企业以赚钱的效率为基本导向。无论是生产还是交换，都遵守可以被观察和控制的实践效率原则。如康德的思维模式，一个企业的理性化能力事关企业的生存与发展。当下云计算和大数据的出现，将大量原来不可计算的资源和知识都变成可以计算的资源和知识，大量的经验和实践知识都可以文本化、数字化和系统化，从而促进了企业理性知识不断增长，企业运用理性知识的能力空前上升。

资本主义以前的传统社会主要是依靠习俗，即感性知识来维系社会发展，而以市场为根基的市场社会更强调理性化治理模式。在新兴的资本主义社会中，辩论成为选举的重要形式，现实的材料加上理性的逻辑论证使得论点和主张更有说服力。商品销售也是如此，清晰地展示商品的优点和功能，往往更多地依赖理性逻辑。尽管那些广告表象是直觉的和充满感性的东西，但设计这些表象背后的是经过调查、经过设计的有目的的理性化的行为。当整个资本主义社会是建立在理性化的原则基础之上的，理性成为资本成功的最重要法宝。

由于现实世界不可能完全被可计算的或普遍化的理性原则控制，过于强调理性化能力往往陷入理性至上的陷阱里。人们过于依赖技术理性的进步，导致人类的生存危机。海德格尔就发现技术不仅仅变成了一个不断向自然强求索取的工具，而且还作为一种思维框架，框死了人类的思维。人类也因此成为只为技术服务的技术动物。当下金融市场是以理性化的制度和技术组合为基础的复杂系统，然而人们很容易发现，金融市场的现象往往并不能用理性原则来解释。凯恩斯承认，虽然大部分经济人都服从理性法则，但也有大量的经济行为受到动物精神的支配。诺奖获得者席勒认为，现代金融市场更多地依赖信心，而动物精神是经济危机的根源。所谓动物精神，其实是指不能用理性来解释的行为，是一种动物本能。

马克思发现，资本主义的内在逻辑是追求利润最大化，并将这些追求到的利润转化成为新的资本，在这样不断循环的过程中，资本不断积累和扩张。资本同时会通过杠杆、兼并等集中手段快速集聚资本，从而最大化地获取利润。实际上，追求利润最大化作为经济活动的唯一目的，这样一种特有的理念是资本从小到大的关键所在，西方中世纪的赚钱可耻的思想被赚钱是天职的思想取代。在中国，传统社会将大量的利润转化成为固定的土地和各种奢侈品，有的还被埋在地下供人死后继续享受人世的繁华富贵，社会无法进行扩大再生产，这是造成中国历史循环宿命的一个重要因素。资本的唯一原则就是扩大资本，扩大资本本能成为扩大再生产的杠杆。能够赚取更多钱可以说是整个资本主义的理想和信仰,也是深入骨髓的基本信念。赚钱受到个体利益所驱动,资本的扩张很大程度上是非道德的。例如,早期资本主义国家对美洲的掠夺,对黑奴的奴役,对亚洲的侵略,资本的血管里流淌着肮脏的血液。资本主义的基础是资本原始积累,整个过程从头到尾滴着肮脏的东西。欧洲的暴力圈地,迫使农民与土地分离,造就大批自由劳动者,土地集中在少数人手中。西班牙在海外进行殖民掠夺,从中、南美洲攫取黄金250万公斤,白银1亿公斤。英国在非洲贩卖黑奴400年,赚取5 000%的巨额利润。在世界各地殖民贸易一个多世纪,掠取数以亿计的财富,给其他国家造成了大灾难。

正是基于理性化的原则,资本主义生产方式将市场的扩大和分工的细化结合起来。斯密经济学描述的就是一个分工和交换双向循环运动将人类带入一个市场社会的过程。这种分工不再是按照自然本能进行分工,而是按照理性和科学原则进行分工,分工的细化使得大工业生产所需要的技术门槛降低,一个人不需要学太多的东西,只要进行简单培训就能很快成为流水线上的熟练工人。在资本主义初期,大量工人都是从失地农民转化而来的,他们丢掉锄头进入工场和工厂,变成了流水线上的操作员工。理性的一个重要原则就是将复杂的问题不断分解从而使其得以简化,从几个简单、显而易见的原理推出一系列的理性知识体系。欧几里得几何是西方文化形成理性思维的最重要文本,而《圣经》是西方人理解信仰体系和历史文明体系的文本。

资本主义倾向于将分工不断深化和细化,这为个人成为机器的螺丝钉提供了历史前提。然而,个人的发展目的是全面、自由的发展,这种螺丝钉式的位置限定了个人能力的全面发展,人成为单面人。资本主义这样一个庞大的分工系统,在有限的时间内提升了个人的经济效率,但牺牲了个人全面发展的空间。人被训练成为某一单项活动的存在者,肉体上和精神上都受到了限定。这种现象被称为"异化劳动",从本质上来说是对自由劳动的一种阻碍。自由劳动是人的本能特征,劳动的最高境界是人自由自觉地劳动,发自内心想做好事情,而不是被迫进行劳动。20世纪60年代,扩大工作的范围盛行一时,简单地说就是以前只做一道工序,现在做几道工序。这样做的好处是克服过度专业化带来的沉闷和低效率。但是,个人发展不仅仅是多做几项活动的问题,而是激发个人的积极性和创造力。

总体来说，西方资本主义的理想社会有以下几个特征：在经济上市场能够成为配置资源的基本工具，个人私有财产能够得到保护；在政治上以选举的方式体现民主，每个人都有机会成为总统或首相；在思想上能够自由思考和自由表达；在社会生活上应当人人平等、人与人之间互相关心和爱护。从整体上来说，资本主义的观念要遵守一个理性原则，通过理性与自由之间的平衡与博弈，推动整个资本主义在全球扩张。

问题是，理想作为漂亮的词汇是一回事，现实又是一回事。资本主义体系内生着不平等和不自由、不民主的问题，也因此成为各种文学和学术作品嘲讽的对象。之前马克·吐温的《竞选州长》一文将美国式"民主"乱象一针见血地揭示出来，两党之间为了竞选上任，不惜造谣中伤，该文最后一段说：我呈递上退出候选人的声明，并怀着痛苦的心情签上我的名字："你忠实的朋友，过去是正派人，现在却成了伪证犯、小偷、拐尸犯、酒疯子、贿赂犯和讹诈犯的马克·吐温。"《21世纪资本论》也揭示了为何不平等现象会扩大，而不是缩小，资本回报率为何高于经济增长率。康德将理性视为大自然一项隐秘的计划，黑格尔说理性也有狡计。实际上，理性的目的是将生产和生活按照特定的空间组织模式安排成为一项秩序性的活动，从而为这些活动提供合理且合法化的证明。这种证明往往基于某种狭隘的原则，导致整个资本主义思维方式的简单化和特定化。人的存在变成了能够快速计算快乐和痛苦的理性经济人，这个理性经济唯一的目的就是获取最大收益。早期经济学还关注经济的分配问题，斯密的市场之手还有其道德情操论作为前提和根基，而如今新自由主义经济学直接把这一块切掉，变成了黑板经济学，变成了一个"纯粹客观"的价格学。马克思在他的时代揭示了资本内在具有否定性，即大量的有组织、有理性的企业会导致整体社会的无理性和产品过剩；凯恩斯时代的问题不仅仅是产品过剩，而是再生产过程因为货币流量断裂而无法持续；现代社会的危机往往是生于金融市场的杠杆化危机。尽管这些问题并不一致，但从整体上来说，都是资本主义希望用理性的力量来掌控整个世界，却被世界的隐秘计划不断击败。

当今社会，现实的商品符号化现象非常严重，人们不再关注商品的实体价值，而更加关注商品的符号价值。为了获得更多的利润，大量的垃圾产品（垃圾食品、易耗的电子产品等）和有毒资产被兜售给消费者和投资者，进而制造了一场又一场诚信危机和金融危机。最近二十年的金融危机历史其实就是杠杆化的历史，在这个杠杆化的过程中，大量的有毒资产不断被制造出来，不断引爆整个经济系统的危机。泡沫生于信贷宽松之时，灭于被迫紧缩之日，信贷宽松导致整个杠杆化过程加速，杠杆化的加速导致有毒资产形成市场泡沫，而市场泡沫对实体经济抽血非常厉害，信贷政策不得不收紧，信贷政策收紧导致去杠杆化和去泡沫化，结果为了挽救危局，不得不再次宽松货币，国家救市，结果是国家信用大规模贬值。金融市场的理论和工具不断复杂化和理性化，但最终没能躲过"理性狡计"的欺骗。

需要指出的是，以上对资本主义的解读是基于残酷的原始积累时期的现象及原旨资本主义教义的思想。西方不同资本主义社会的诞生都把追求自由平等作为资产阶级革命的重要目标，倡导废除封建身份制，这与其他以人类公平正义为目标的思想体系有着异曲同工之处，目的是追求人的自由解放。西方资本主义社会经历多次重大危机而没有崩溃，一个重要的原因是这些社会中的历届政府多多少少吸取了马克思对资本主义的批判思想，采取了一系列的措施。例如，凯恩斯就比一些信奉市场万能的经济学家有眼光，他看到了经济危机如果仅靠自己调整，没有国家干预，老百姓就要造反，社会就要崩溃。另外，西方的企业管理学也从仅仅将工人假定为经济性动物，逐渐转换到认定人还是社会性动物和文化性动物，为员工提供了不断发展的条件和平台。更重要的是，资本主义不仅仅关注时间问题，即经济效率问题，而且积极拓展空间问题。当代西方人文地理学家大卫·哈维清楚地看到，如果没有资本主义在空间上的扩张，资本主义早就崩溃了。资本的运动不仅是一个时间（利息、价值）运动，而且是一个空间（运费、交易成本）运动，在空间扩张过程中，资本不再是一个线性循环逻辑，而是一个多向度的复杂系统的运动。例如，由于国际金融市场的不断开放，资本不仅能够重新配置一国或几个国家，而且能够影响到世界的每一个角落，金融掠夺比战争掠夺更具有破坏性。最后，当代福利资本主义为缓和阶级矛盾而采取了一系列用于缓和贫富差距的措施。例如，给予工人一定的股份，提高工人的劳资保障和医疗服务等。虽然技术创新及不断改进的经济运营机制为劳动者，尤其是智力劳动者，而非仅仅局限于资本家，提供了广阔的发展机会，但诚如《21世纪资本论》所揭示的那样，资本主义按照资本来分配价值（高于其他生产要素）的本质没有根本的改变。

4.4 革命的信仰 公平和正义

"各尽所能、按需分配"(From each according to his ability, to each according to his needs)被视为共产主义理想的重要特征,最近一些互联网众筹概念正在网络范围内、非严格意义上实践这一原则。众筹(crowd funding),是一种预定消费的模式。众筹与 P2P 不一样,众筹的主要目的是获得产品或服务,而 P2P 是一种信贷模式,是为了获得利息或利润。

很多电商平台都推出了众筹项目,很多项目都通过众筹模式取得了一定的成功。这些众筹模式得到了政府的大力支持,已经形成一个巨大的新兴产业,涵盖电子商务、金融、服务、产品销售等领域。众筹是集中众人的力量来实现个人或少数人难以实现的理想或目标,其表现形式是投资众筹、消费众筹、销售众筹。所以它的核心思想是"各尽所能,各取所需",这与共产主义思想高度契合。因为在他们看来,在参与众筹项目的过程中,人们投入的是平台、资金、资源、时间、精力等,而且是完全自愿、全程参与,这是"各尽所能"的真实体现;众筹相关各方之所以发起或参与众筹,是因为其有相应的需求,而通过众筹项目,平台方、项目方、参与方、推广者均可获得相应收益,即满足自身的需求,这充分体现了"各取所需"。例如,有的人众筹建房。建房是一个大项目,仅靠一个人或几个人的力量无法完成,于是就开始众人筹资建房,建好房屋后大家各取所需。

在互联网时代,人们或许将共产主义的分配原则很简化地运用到互联网的众筹活动中,然而这一原则自提出以来在实践中经历了很多风雨和曲折。社会理想往往是对现实社会不公正现象的否定。《共产党宣言》说出了共产党人的社会理想:"代替那存在着阶级和阶级对立的资产阶级旧社会的,将是这样一个联合体,在那里,每个人的自由发展是一切人的自由发展的条件。"马克思主义关注的核心是"人的解放",使得人变成完整的人而不是片面畸形的人,使人成为真正的人而不是成为机器的"奴隶",使人成为自由的人,而不是被迫服从各种胁迫。在这个"自由人"的联合体里,每个人都是平等地、充分地发挥自己的潜能。"各尽所能、按需分配"是马克思主义理想社会的基本标志，我们需要从其基本前提和假设中完整理解这个社会理想。

这个原则最初来源于空想社会主义，莫尔在其《乌托邦》中描绘了这一原则：人人劳动，各取所需。马克思在《哥达纲领批判》中指出：在共产主义社会第一阶段，消费资料的分配必须而且只能实行按劳分配；而"在共产主义社会高级阶段，在迫使个人奴隶般地服从分工的情形已经消失，从而脑力劳动和体力劳动的对立也随之消失之后；在劳动已经不仅仅是谋生的手段，而且本身成了生活的第一需要之后；在随着个人的全面发展，他们的生产力也增长起来，而集体财富的一切源泉都充分涌流之后，只有在那个时候，才能完全超出资产阶级权利的狭隘眼界，社会才能在自己的旗帜上写上：各尽所能，按需分配"。实际上，要实现这种社会理想，有三个前提条件：一是个人只能服从劳动分工的情形消失，脑力劳动和体力劳动不存在特大差别。二是劳动不再是谋生的手段，如果劳动是谋生的手段，那么，劳动者就会变得不自由；当劳动不再是谋生手段的时候，劳动是自己本身内在的需要，劳动者的创造力和满足感都会大幅度提高。三是个人全面发展，个人的生产能力很高，也就是说，个人不再是单纯只会某项特定的技术，而是根据自然的潜能充分开发自己的潜力，而且生产效率非常高。这三个原则实质上是针对当时社会工人被迫强制劳动，个人只能从事某种职能而不能自由发展自己的能力，以及劳动效率低下的状况而提出来的。在资本主义初期，劳动者和资本家的关系非常紧张，资本家处于主导地位，而劳动者处于被支配地位。随着历史的演进，这三个原则可能以不同的面貌表现出来，我们需要充分挖掘它们的具体形式。

马克思和恩格斯经常引证当时官方和一些媒体报道出来的资料，来说明当时英国工人的地位有多悲惨。恩格斯在调查曼彻斯特地区的工人现状时说，"曼彻斯特及其郊区的 35 万工人几乎全都是住在恶劣、潮湿而肮脏的小宅子里，而这些小宅子所在的街道又多半是极其糟糕极不清洁的，建造时一点也没有考虑到空气是否流通，所考虑的只是业主的巨额利润"。曼彻斯特式资本主义是整个早期西方资本主义的蓝本，中国的一些"血汗工厂"也能够折射其影子，亚当·斯密的经济学实际上就是对这类资本主义发展规律的一个总结。曼彻斯特式资本主义是大英帝国征服世界的真正武器，是在工人受到严重伤害的背景下制造出来的。在这个资本主义大工厂内，劳资矛盾非常尖锐，工人常常以破坏工具或不合作来回应工厂主的皮鞭或制度。甚至到了泰勒的时代，资本方与工人的对立都非常严重,劳资关系严重影响了生产效率。正是在这种背景下,泰勒创建了科学管理的一系列原则和方法,泰勒认为通过提高生产效率,雇主和工人双方的收益都会提高。泰勒的方式在一定程度上缓和了劳资矛盾,提高了生产效率。泰勒思想体系的基本假定是将人视为经济人,看到工人受到利益驱使的一面,却忽视了工人其他方面的需求。因此科学管理在提出来的早期往往成为冷酷无情、非人性化的代表,遭到工人和工会的反对。

社会主义革命理想往往并不一定是在资本主义最发达的地方出现,而往往出现在宣传和观念最匹配的地方。法国人在历史上爱好社会运动和革命是出了名的。卢梭的思想可以说是法国人革命情结的思想源泉。在卢梭看来,"如果我们探讨,应该成为一切立法体系最终目的的全体最大的幸福究竟是什么,我们便会发现它可以归结为两大主要的目标:自由与平等。自由,是因为一切个人的依附都要削弱国家共同体中同样大的一部分力量;平等,是因为没有它,自由便不能存在"。1789年法国的《人权宣言》中人生而自由平等和主权在民的重要点基本是对卢梭社会契约论的复制。

法国大革命震惊了世界,与此相媲美,巴黎公社运动也被视为社会主义民主政治的一场社会实验。巴黎公社革命的社会性质很复杂,有的认为它是无政府主义的社会实践,有的认为它是社会主义的早期实践。巴黎公社运动的起因是法国第三帝国与普鲁士军队作战失败,巴黎市民和工人为了保卫巴黎而掀起的运动。巴黎公社运动采取"公社"制度,喊出"自由、平等、博爱"的口号,公社采取"普选制"。巴黎公社的民主制度非常值得研究,当时的巴黎公社主流观点是反对个人专断,坚决制止公社委员擅自决定和处理问题,一切重大问题必须集体讨论决定,在充分讨论的基础上明确表态后进行表决。实际上是少数服从多数但又特别尊重少数的原则。简单地以"少数服从多数"会导致托克维尔所言的多数人的暴政,阿克顿勋爵曾经说过:"我们判断某个国家是否是个真正的自由国家,最可靠的办法就是检验一下少数派享有安全的程度。"革命运动对社会的基本假定或信仰是人的阶级性,列宁就指出:"国家是阶级矛盾不可调和的产物和表现。在阶级矛盾客观上达到不能调和的地方、时候和程度,便产生国家。反过来说,国家的存在表明阶级矛盾的不可调和。"当一个社会不同阶级之间的冲突对立达到不可调和的地步,而这个社会又缺乏疏通民意、让大家活得好的机制,暴力革命往往是社会变革的不二选择。"打土豪、分田地",把坏人赶下台、让好人执政,人世间就会变得更好,这是多少革命志士的一个基本信仰。不幸的是,这种信仰也往往会随着革命的胜利而延续相当长一段时期,由于"好人"执政,革命胜利后的一段时期往往忽视监督机制、权力制衡。

巴黎公社运动可以说是共产国际的产物,社会革命的理想是建立一个自由全面发展的联合体。巴黎公社就是一个初步尝试了这个理想的社会实践的活动,马克思认为巴黎公社"是把人类从阶级社会中永远解放出来的伟大的社会革命的曙光"。尽管巴黎公社革命很快失败,很多法律和措施都没能完全实施,但"公社的原则是永存的,是消灭不了的"(马克思)。巴黎公社失败的原因大致有以下几条:没有趁机消灭凡尔赛军队势力、没有没收法兰西银行、无法理解新的社会共和国原则,以及光有民主而缺乏必要的集中等。

巴黎公社的失败教训对俄国十月革命产生了重要影响。列宁发现,当时的资本主义已经从自由资本主义过渡到了垄断的帝国主义阶段,社会革命有可能在帝国主义的薄弱环节出现,"社会主义可能首先在少数甚至在单独一个资本主义国家内获得胜利"。

毛泽东主张理论要与实践相结合,马克思主义的本本要学,但更要与中国国情相结合。新民主主义革命时期,中国共产党领导老百姓推翻了三座大山,建立了中华人民共和国。在社会主义革命时期,对农业、手工业、资本主义工商业的改造,初步建立了社会主义制度。社会主义建设阶段我们取得了很大成就,也不乏惨痛教训。一个重要教训是,计划经济曾经被认为是社会主义的根本特征,市场的功能与作用被忽视了。计划经济的显著特征就是几乎全面控制经济的各个领域,生产与消费无法真正动态匹配,劳动成果被简单地均分,成了"吃大锅饭",影响了老百姓生产的积极性。中华人民共和国自成立至改革开放,基本上建立了比较完整的农业体系、工业体系,但缺乏商业体系和现代的管理体系。四十余年来,中国引入了市场经济体制,经济和社会发展产生了根本性的变化。

尽管经济社会状况发生了剧烈变化,中国共产党作为执政党所追求的最终理想并没有改变。每个人都能够各尽所能和按需分配也是对那个向往社会的关键概述,这在生产力高度发达的背景之下才能实现。在现代社会,这个原则已经有了某些激励机制保障。例如我们提到过的一些众筹类网站和一些互联网购物平台,就是"有钱出钱,有力出力""各尽所能,按需分配"。

各尽所能和按需分配需要在较高级的生产力条件下才能全面实现,但这仍不影响一些地方在现有条件下有效地推行实施类似的制度。例如以色列的一种集体社区基布兹,早期从事农业,现代也从事工业和高科技产业,在这个社区内,实行公有、平等、自愿等原则,他们实施"各尽所能,各取所需或按需分配"的分配制度。在这个社区内,所有有能力的成员都要工作,没有能力工作的成员被照顾。资料显示,2013年以色列有274个基布兹,自1948年建国至今共有8位总理,其中4位来自基布兹,他们是本·古里安、摩西·夏里特、莱维·艾希科尔和果尔达·梅厄。以色列的精英人物中有相当多的人要么生活在"基布兹",要么在那里出生。也就是说,各尽所能、按需分配的原则,并非非要等到遥远的未来才能实践。

社会主义初级阶段的一个重要分配原则是"按劳分配"。这是因为无论是什么形式的财富创造,最终都要依靠劳动来创造,尽管其他要素加速了或者使得某种劳动创造成为现实。明晰这一点非常重要,随着市场化和金融化的不断推进,我们有一段时间过于重视"按资本分配"财富。假设十年之前,两个家庭的总收入是一样的,一个投资楼市,买了一套甚至多套房产,另一个没有投资房产,十年之后由于房价大涨,当初购置房产的家庭的收入要比原来没有购入房产的家庭的收入多。这并非一个严格的理论模型,而是中国过去十几年的黄金时代比比皆是的现象,房地产市场变成了一个重新分配财富的工具。在股票市场上,股票也是一个按资分配的工具,亏损者财富损失,投机者不劳而获的财富急剧增加。股市本来的设计思想是投、融资功能,但现在因制度缺失、监管不当等各种因素导致其功能在财富的重新分配和集中上,造成很大的不公平。

《21世纪资本论》所批评的资本利润增长率高于经济增长率,说明了西方资本主义社会中劳动在分配过程中的地位显然弱于资本。马克思多次说明资本运动过程中的这个悖论:由于资本家希望占有更多的利润,这导致新价值中工资部分在分配中占据弱势地位,而资本扩张又需要足够的消费市场来消化产品,劳动者工资较少又难以支撑足够的消费,产品过剩从而是资本主义的常态。虽然马克思已过世一百多年,各种话语形式及现实的经济形式发生了巨大变化,但他揭示的这个逻辑依然没有根本改变,这依然是资本主义内生的难以克服的致命因素。

中国执政党的领导者对信念和理想做过精彩的解释：坚定理想信念，切实解决好世界观、人生观、价值观这个"总开关"问题。理想信念就是共产党人精神上的"钙"，没有理想信念，理想信念不坚定，精神上就会"缺钙"，就会得"软骨病"。"总开关"问题没有解决好，这样那样的出轨越界、跑冒滴漏就在所难免。中国要实现中华民族伟大复兴的中国梦，革命的理想不可或缺。没有目标的航行是盲目的，没有信仰的民族无法看到未来，无法衡量现实与未来的各种张力。中国社会转型过程中，各种信仰和理想在互相冲击与融合过程中不断明晰。整个社会应当有一个共同的理想和价值导向，而社会主义革命的初心，即追求公平公正的信仰和理想绝对不能放弃，否则就可能得"软骨病"。

4.5　中国的特色　伟大的理想

无论是中国传统文化、西方资本主义还是社会主义革命所带来的行为与实践，背后都有其完整的思想体系，都有一套自己的信仰、理想和价值观。新时期中国特色社会主义理论的建立，应该吸取各种思想体系的精华要素。这个理论体系必须建立在理性的科学发展观基础之上，形成一个契合现实、与时俱进的信仰体系，培育符合最广大人民根本利益的核心价值观，塑造崇高的共同理想。

如果说资本主义打出的口号是平等、自由、博爱，强调的是个体的全面发展，那么中国传统文化和社会主义都强调建立一个公正、和谐、有秩序的社会，更加强调的是社会层面的价值导向。中国传统文化追求的是"大同社会""桃花源社会"或"极乐世界"，而共产主义社会追求的是公正。新时期中国特色社会主义必然要求建立一个理想社会，包含着公正、有秩序与和谐等主要特征。尽管理想社会具有抽象化或理想化特征，在现实中可能并不完全符合，但历史事实多次证明，如果一个社会偏离公正太远，就很容易遭到重创。因为当不公正成为正常现象，人们对于不公正的行为习以为常，这个社会无论从经济利益分配上还是在社会生活方面，都处于一个畸形的状态，各方都想打破这种不公正的非均衡状态。目前我们的理想是实现中华民族伟大复兴的"中国梦"。中国是一个社会主义国家,处于社会主义初级阶段,一个重要分配原则是按劳分配。尽管我们也承认"按生产要素分配"的分配原则,但目前主要且最重要的还是要强化按劳分配。这是因为在现实生活中,按生产要素分配往往使得资本处于强势地位,很可能成为放大贫富两极分化的机制。社会主义与资本主义的最大差别在于是以"按劳分配"还是"按资分配"作为其核心价值观。社会发展首先要重视社会公正,而重视公正的同时不能抑制社会发展的效率。

如果只重视社会的公正,忽视社会效率,则无法调动个人的竞争心和积极性,社会缺乏打破旧有格局的动力;相反,只重视社会效率不重视社会公正,社会虽然可能会在某一个时期内出现繁荣或大跃进的景象,但当不公正成为常态时,同样会抑制人们的竞争心和积极性,导致社会混乱,从而影响社会效率。从西方资本主义崛起的历史事实来看,资本主义首先是从要求公正权利出发的,英国、美国和法国人民都曾经通过暴力革命主张公正的权利。资本主义的理想社会其实是描绘各种"自然状态"的社会契约理论,典型的是洛克在《政府论》中所设置的自然状态:人类天生都是自由、平等和独立的。如不征得本人的同意,不能把任何人置于这种状态之外,使其受制于另一个人的政治权力。尽管洛克描绘的西方世界如此美好,但西方经济学或政治学的主流指导思想是功利主义,功利主义强调个人利益的增进能够带来社会利益的增进,公正因而通常被忽视,在实际操作层面就常常简化为资本的增值逻辑。

虽然罗尔斯的《正义论》在西方风靡一时,但实际上西方资本主义的主导理念仍然是效率高于公正,通俗地说就是将资本的增长看得比公正分配更重要。比起增加工资和福利待遇,政策更愿意为企业减负。我们的理想社会应当是一个兼具公正与效率的社会,在这个社会中,公正原则与效率原则处于一个动态平衡演化的过程之中。因为理想社会并不是一个永恒不变的天国或终点,而是一个不断完善不断逼近理想的动态进化过程。

本章小结

本章我们说明了主义作为一种基本的理想信念体系与价值体系，对人类社会发展的牵引力量。可以说，符合时代进步的主义是人类社会发展的不可或缺的主要动力，因为它给人们指明了前进的方向。主义是指人们推崇的理想观点和主张，以及背后的基本信仰，某某主义指以某某为最高理想和准则的思想体系，缺少这种思想，只是热衷于谈论问题，恐怕陷入"只见树木不见森林"的困境。中国传统社会的基本理想是追求一个公正、有秩序的大同社会或小康社会，而资本主义则追求的是自由、平等、民主等一系列有利于资本积累的理想社会，其主要特征是看重效率和经济发展。最后，共产主义的理想是建立一个自由人的联合体的社会，在这个"自由人"的联合体里，每个人都是平等地、充分地发挥自己的潜能。公正、效率与发展，确实也应当成为指引我们当下社会前进的重要理念，带领我们走过迷茫，走向中华民族的伟大复兴。

5 现实的压力

理想很伟大,现实很残酷!

"理想很伟大,现实很残酷!"这句话道出了许多人的心声,虽然充满理想的人生给我们带来活力,但往往又不得不在面临残酷现实的时候艰难抉择。本书第一章介绍的知识整体论说明,个体行为是理想、现实与理性三者动态平衡的结果。同样的道理,一个社会的治理也必须考虑这三者的动态平衡关系。虽然各种思想、主义的倡导者都提出了社会的理想状态,但在实践中管理者必须面对各种现实问题的压力。"理想类型"(ideal type)又译为"理想型"或"理念型",是马克斯·韦伯所提出的重要的社会科学研究方法与分析结构,也是其社会学方法论的精髓所在。韦伯指出理想类型不是对实际社会存在的概括,只是理论家为了分析现象、理解现实而构想的理论模式。在韦伯看来,客观事物的性质只有经过概念化才能被认识。理想类型仅仅近似于社会现实,绝不等于社会现实。理想类型是人们对社会现象中许多各不相同的、支离破碎的、偶然存在的具体个别现象,经过分析综合而成的思想观念;反过来,社会现实永远是各种理想类型的错综复杂的组合存在。下面我们首先简要分析一些我国所面临的现实因素,尤其是那些有别于西方社会的现实问题。这样可以使得我们认识到任何理想都是与现实充满矛盾的,在借鉴和应用西方相关思想与理论时避免盲目性。中国社会处于世界上独特的自然地理位置,近代的社会发展又受到不同理想类型及各类思想观念的影响。

5.1 自然之条件 地理之状况

李克强总理在 2014 年谈到人口分布的"胡焕庸线"时说,"这与我们强调的新型城镇化理念不谋而合"。随后李克强发出了"胡焕庸线怎么破"之问:"我国 94% 的人口居住在东部 43% 的土地上,但中西部一样也需要城镇化。我们是多民族、广疆域的国家,我们要研究如何打破这个规律,统筹规划、协调发展,让中西部老百姓在家门口也能分享现代化。"李克强总理的问题实质上是我们如何尽最大可能在自然环境的刚性约束之下完成中西部居民的城镇化和现代化建设。

中国的自然地理状况事实上制约着中国人的生活和生产方式,同样也塑造着中国人的生活方式和生产方式,以及心智模式。我们要进行的社会变革转型也是在地理和大自然的约束下进行的一场全方位的社会活动。孟德斯鸠认为地理环境决定一个民族的性格和精神。他说,"气候的王国才是一切王国的第一位",居住在热带地区的居民与居住在寒冷地区的居民的性格秉性是不同的。尽管孟德斯鸠说自然环境决定一个民族的性格和精神有很大的片面性,但有一点我们需要承认,人类社会的生产方式和生活方式是受到自然环境制约的,人类是以当地和当时的自然环境作为原初条件来从事创造财富活动的。

从整体上来看,中国的地势是西高东低、依次递降,形成三大阶梯式地貌。第一阶梯青藏高原,是世界的屋脊,是诸多大河的发源地;第二阶梯有蒙古高原、黄土高原、云贵高原和塔里木盆地、准噶尔盆地、四川盆地,地形非常复杂;第三阶梯是北起大兴安岭,中经太行山,南至巫山一线以东,以及云贵高原以东的中国东部地区,平均海拔高度低于 500 米。这三个阶梯,从整体上影响中国的自然环境的景观布局和气候特征。

所谓"胡焕庸线",是中国地理学家胡焕庸在 1935 年提出的划分我国人口密度的对比线,最初称"瑷珲—腾冲一线",后因地名变迁,先后改称"爱辉—腾冲一线""黑河—腾冲一线"。当时这条线的东南半壁 36% 的土地供养了全国 96% 的人口;西北半壁 64% 的土地仅供养 4% 的人口。二者的平均人口密度比为 42.6∶1。这个线实际上不仅是人口分布线,还是一个两种不同社会生活方式的划分之线，即线以东是一个农耕、宗法、儒教文明的社会，也是人们通常理解的中国传统社会，而线以西则是一个游牧、部族及多元文明的社会。历史上，汉唐时代的关中地区地理环境适宜，酝酿了周、秦、汉、唐等诸多辉煌文明。自秦汉以来，黄河文明的河洛地区事实上一直处于帝国文化、经济和社会的核心地位。宋朝后，气候变化，环境恶劣，经济中心逐渐向南转移，政治中心也逐渐迁徙到线东。我们从日常生活中都能感受到东西部地区的人口差异。中国东部地区人口密度很大，但在西部由于自然环境的限制是地广人稀。

胡焕庸线揭示了自然环境与人口的分布规律，竺可桢曲线则揭示了中国文化变迁的气候因素。竺可桢于1972年发表了《中国近五千年来气候变迁的初步研究》，绘制出近五千年来中国气温变化曲线图，即"竺可桢曲线"。这个曲线的基本结论是：从仰韶文化到安阳殷墟的两千年间，黄河流域的年平均温度大致比现在高2℃，一月温度约3—5℃；此后的一系列冷暖变动，幅度大致在1—2℃，每次波动的周期约400—800年；历史上的几次低温出现于公元前1000年，公元400年、1200年和1700年；在每400—800年的周期中，又有周期为50—100年的小循环，温度变动的幅度在0.5—1℃。这个曲线对于解释王朝更替有着重要的历史意义，气候稳定期也就是温暖期，国家处于强盛统一状态，而在不稳定期或变寒期，国家处于分裂状态。为什么会这样呢？学者们猜测这是因为气温降低1—2℃意味着无霜期缩短，对农作物是一种伤害。中国是季风气候，如果季风不能深入，内陆可能变成一个大沙漠，而温度变化会影响干旱程度的变化。旅欧的国际知名科学家许靖华发现气候变化会影响民族迁徙和社会稳定，例如，"中国第一次向较冷气候的转变发生在公元前后，王莽是一个有能力的统治者，但当寒冷与干旱引起大面积的饥荒时，他强有力的政府也不能阻止农民起义。在东汉王朝期间，很少有和平和繁荣。气候继续明显恶化，纷乱最终导致了汉王朝崩溃"。气候周期性变化被一些学者认为是由于太阳活动造成的。中原农耕文明与草原文明冲突得比较激烈的时期很多是气候灾变期，大规模的饥荒驱使草原民族向中原地区扩张，对中原农耕文明造成重大冲击，所以中国历史上的重要边患不是来自海洋，而是来自内陆边疆。

正是因为如此，中原农业文明塑造的是一个宗法血缘的和自上而下的官本位的社会网络结构，而草原文明塑造的是一个部族的和多元的社会网络结构，草原各个时代的先民与中原先民们多次冲突、融合，最终塑造了中华文化的主要特征。

中国的整体地理环境是内接欧亚大陆、东接太平洋的。地理环境往往决定一个民族是内敛还是开放的性格。古代中国是一个资源丰富、气候宜人的国家，地大物博是其特征，我们缺乏对外扩张和需要与外界交换的动力。乾隆皇帝对英国使臣说："天朝物产丰盈，无所不有，原不藉外夷货物以通有无。"很多人认为这是中国人故步自封、骄傲自大的表现，这种片面的观点忽视了文化乃是由地理环境所决定的（社会文化至少是由其成员的环境感知所决定的）。美国学者艾德佳·沙因认为文化是一个特定组织在处理外部适应和内部融和问题中所学习到的，由组织自身所发明和创造并且发展起来的一些基本假定与信仰。这些基本假定类型能够发挥很好的作用，并被认为是有效的，由此被新的成员所接受。我们认为，只要是生存下来的人类群体，都在一定程度上适应了外部环境并成功地战胜了特有的挑战。因此文化很难区分孰优孰劣，真要分析比较就必须考察人类群体的时空与环境条件。

古代中国确实称得上是地大物博、人口众多的超级大国。具体来说西面的青藏高原和北方的大漠，以及东面和南面的汪洋大海将中国隔离成为一个独立的单元，中国人习惯构建一个"华夏—四夷"的天下模型。在这种模型中，华夏文明不断吸纳四夷的文化，滚雪球式地变大。随着人口的增加，由于可以扩张的土地数量及交通工具的限制，大规模移民难以再找到适宜的空间，于是土地单元不断细分，老百姓习惯了安土重迁的生产和生活模式。土地的固定性决定了人口流动没有太大的动力，百姓落地生根、稳定保守。因为农业生产主要靠经验，只要遵循上一代人的教训和模仿上一代人的动作就可以完成农业生产，这不要求冒险创新及很高的想象力，因此人们逐渐形成自我封闭的、内敛的性格。当然这也不是绝对的，由于时空的转换，中华文化在强势时期，往往是广交四海，只是到了特殊历史时期，才出现"海禁"现象。

中国有着漫长的海岸线，拥有大量的岛屿，却没有发展出海洋文明，这种说法是仅仅从总体上观察得来的。中国其实也是有海洋文化的，只不过它不占据主导地位。三国时期，东吴制定了"舟楫为舆马，巨海为夷庚"的海洋战略，东吴远征辽东，将台湾和海南岛纳入中国领土。宋元时期中国的造船技术世界领先,到了明朝,众所周知的郑和七下西洋比西方著名航海家哥伦布、麦哲伦航海早半个多世纪,可惜这些壮举并没有使得中国走向未来的"海权"时代。

由于空间的制约和生产方式进步缓慢,内部战乱或饥荒成了传统中国解决人口压力的主要方式。周期性的王朝更替和战乱,以及天灾人祸导致的大饥荒事件的出现解决了过剩人口问题。在进入现代社会之后,随着工业化和科技化的深入,中国开发资源的能力迅速提高,在改善人民生活水平的同时,资源环境的压力也在不断增加。工业化的推进使得中国资源消耗加速。2013年8月2日,联合国环境署发布报告《中国资源效率:经济学与展望》称,中国已成为世界上最大的原材料消费国,并产生了强烈的环境压力,若中国不能加快改善当前的资源利用效率,环境压力或将快速增加。该报告数据显示,中国的建筑用矿物、金属矿石、化石燃料和生物质等原材料的消费量均为世界第一,其国内物质消费总量已为美国的4倍;中国物质生活水平的快速提高伴随着人均资源需求量的大幅增加,与资源的开采、加工和利用相联系的环境压力也相应增加。

当下的社会转型是在资源紧张和低效利用的背景下展开的,同时工业化带来的废物不仅污染了空气和水资源,还导致人的健康危机不断涌现。普通老百姓感受到最为明显的是雾霾大规模出现,这让人们对环境危机有了更深刻的认识。我们的社会转型正是在资源紧张和环境危机的背景下展开的,改革应当尊重资源和环境的刚性承载能力,在这个边界下推动社会转型才可能不会造成永久性的伤害,社会才可能持续发展。

在人口众多的中国社会,土地一直是最重要的关键资源。任何一个时代最害怕的事情都是土地兼并,豪强林立,导致失地农民变成流民。中华人民共和国成立以后,土地一直是中国农村的最重要的稳定器,有关土地改革的问题历来都被非常慎重地对待。土地一直是农民的养老和福利依靠,一旦遇到危机,当城里工作做不下去的时候,最起码回家还可以有饭吃。

最近,一些人开始大谈土地私有化,但土地私有化真的是解决问题的灵丹妙药吗?土地私有化是早在春秋战国时期就出现的现象,它让中国自此进入"封建社会"时代。中国实施了几千年的土地私有制,历史教训很深刻。土地私有制内置着严重的危机:人们普遍追求土地和房产作为最终的财富,会导致土地所有权不断集中。土地所有权的集中，使得大量自耕农失去土地变成了流民或家奴，社会动荡为期不远，而战争导致土地所有权的重新分配，使其又回到分散的状态。这是一个不断的历史循环，也是中国王朝更替的关键因素。私有制并不能保证土地永远掌握在大多数农民的手中，除了地主豪强掠夺外，还有各种经营失败的风险，以及自然灾害导致失地的风险。

有些观点认为，让土地集中在某些人手中，可以集约化经营，雇佣失地农民作为劳动力，这不是双赢的局面吗？问题是，集约化经营和大规模生产并不能吸纳那么多失地农民，农民仍然可以通过市场购买的方式实现利用高科技工具经营农业。现在大资本着急下乡圈地，很多人希望延续早期土地—房产的开发模式获取暴利，其本质并不是为了发展农业。这些在土地流转过程中已经出现的苗头，应当予以重视。土地流转如果是有效的，不造成土地兼并的局面，那对于提高社会效率和稳定社会经济是有一定好处的。如果土地流转造成了大量土地兼并现象及大量失地农民，这就会冲击社会经济的内在稳定器。因此，土地改革应当考虑到土地数量和土地在中国农民心目中的位置等刚性条件，要既能提高土地的利用效率，又能稳定整个社会和经济体系。

5.2 传统之文化　民族性基因

毫无疑问，我们处在"千年未有之大变局"的社会变革时代。往哪变？如何变？以何变？这是摆在每个关心中国社会发展前途的人面前无可回避的问题。这也是中华民族复兴过程中必须解决的理论课题。社会变革转型不仅仅是工业化、信息化、城市化这些文化器物层面的改变，从根上说，成功的社会转型有赖于社会大多数人的心智模式和行为模式。社会变革关键在于要深刻理解传统文化。在传统文化基础之上进行变革，嫁接变革要素而不是铲除传统，往往能够取得预期的效果。如果社会转向的观念和制度与原初的社会文化处处抵触，人们无法适应新文化，或者遵守起来非常不自然，这不但不能取得很好的效果，还很可能造成巨大的危机。传统文化影响了国人的心智模式和行为模式，并深深地烙印在其价值体系和信仰体系之中，中国社会转型需要重视传统文化对社会转型的深层次的影响。

中国传统文化通过塑造民族国家的性格特征，最终对中国民族、经济、社会发展具有正反两方面的影响。五千年的历史造就了中华民族复杂的文化和性格，外柔内刚、中庸、智慧、坚韧、孝悌，但又缺乏独立自由思想（道家的自由思想是一种消极性自由）。民族性格是民族成员间整体的、统一的、稳定的民族价值观，以及与之相适应的具有核心意义的民族心理特征，这一性格最终影响了民族、经济和社会发展的走向。

中国文化在春秋战国、秦汉时期的内生发展和佛教传入的冲击下，形成了儒家、墨家、道家、法家、佛教文化的多元文化融通、和谐包容的体系。在百家争鸣的春秋战国时期，儒家先祖孔子的思想就孕育了传统的政治思想和道德准则，老庄的道家学说建构了传统文化的哲学基础，其他各派争鸣，大体上是在儒释道三家的共同基础上，构成了中华民族传统文化的基本精神。庙堂之高的需求和市井社会的需求两方结合，最终形成了以下文化格局：以孔孟为代表的儒家思想主导政治生活，以老庄为代表的道家思想及外传而最终内化了的佛教文化主导社会生活。中国古代思想共同影响着中华民族的性格，由于儒释道三家文化思想有阴有阳、刚柔并济、对立互补，促成了中华民族性格的多重特征。

儒释道是中国传统文化的主流，社会变革转型就需要重点关注这三种思想对中国人的影响。首先，儒家文化对中华民族的影响是最直接和最深刻的，儒家思想体系一直是中华民族的主流价值观。而孔子和孟子是儒家文化的开创性代表人物，儒家思想又被称为"孔孟之道"。三纲五常是传统社会的核心规范，三纲主要是说哪些身份的人是主导者，哪些身份的人是被支配者，主要有三种常见的关系：君臣、父子和夫妇；五常（仁义礼智信）实际上是五种社会规范，当然这五种规范实际上也是一种价值导向。

孔子思想体系的核心是"仁"。孔子看到了社会动乱不安，当时统治者对待百姓像对待动物一样不人道，他们的手段是威胁他人而不是让他们心悦诚服，因此提出了仁政的思想体系。在仁的体系统领下，出现一个人伦和谐的社会状态，这个状态就是"父慈、子孝、兄良、弟悌、夫义、长惠、幼顺、君仁、臣忠"。这全面影响了中华民族待人接物的态度、行为和认知。任何中国人，包括帝王将相，在儒家的伦理体系内做事才具有合法性与合理性。

孟子的核心主张是"义"，他认为"羞恶之心，义之端也"，即知道羞耻善恶，是"义"的源头。鱼和熊掌不可兼得时，舍鱼而取熊掌，同样，如果在生和义不可能兼得时，宁愿舍生取义。孔子主张杀身成仁，孟子主张舍生取义，都是在生命与仁义价值观存在尖锐冲突的背景下的一种选择。孟子之所以强调义，是因为孟子认为天下正义感的消失是因为正义观混乱所致，他特别反对杨朱（重己、贵生）和墨子（兼相爱，交相利）的正义观。在与梁惠王的对话中，孟子阐述了国家应当以义为先，反对不当得利行为。这开启了中国长达几千年的义利之辨，实际上义利的冲突情况毕竟是极端情况，但正是从这种极端情况中可以看到一个国家或一个人的价值取向。孟子要求建立一个正义国家，社会充满浩然正气。

儒家思想还主张以礼治天下，强调礼的作用。礼制实际上是将礼仪规范和习俗权威化、规范化，并将之作为奖励或惩戒某些思想和行为的标准。既不是通常理解的德治，也不是法治，它实际上是道德习俗与法律体系的结合，非常重视人的名分和地位，因此礼教又被称为名教，如果超越了本分，做了不符合身份的事情被称为僭越。礼实际上是长期积累下来的风俗习惯和维系社会秩序的规范，孔子对于当时的礼仪（形式）与礼义（内容）的分离很不满，因为时间一长，很多仪式与实质所代表的含义就模糊不清，礼被人滥用或误用，孔子通过自己的努力将古礼整理出来，并要求恢复周礼，以拯救当时失礼的混乱社会。孔子曾经说过，"不学礼，无以立"。孔子认为践行礼制是一种发自内心的行为，现代学者发现礼仪展示实际上是塑造一个群体的文化认同和社会认同的重要活动。礼不是简单机械地遵守某种程序，而且还要音乐配合，《礼记·乐记》中说"乐者，天地之和也；礼者，天地之序也。和，故百物皆化；序，故群物皆别。"这一观点对中华文化影响深远，音乐被上升到使得社会和谐的高度，礼仪规范被上升到能够维护社会秩序的地位，所以中国文化又称为礼乐文明。中国古代很多宗教都很重视礼仪程序和音乐，给人一种庄严、愉悦的美感。

儒家思想也重视"智"，孔子提倡仁义礼，孟子加了一个"智"，即"是非之心，智也"。智实际上是认识和理解儒家的主张，能够辨别是非，实际上就是要求人们要有辨别知识的能力和智慧。中国人讲究"一分为三"，认为"三是成之数"，实际上表现为一个中庸原则，"执其两端，用其中于民"。中国传统社会要求人们不走极端，做事要恰到好处，既不能达不到要求，又不能过分，这就是中国人的智慧。

"信"是董仲舒加上去的，变成五常之一。信这个词在儒家那里非常复杂，如果是对于亲缘关系或熟人关系，信就非常重要，对于陌生人或敌人而言，信就要服从仁义礼智。实际上，当信与仁义冲突，信的原则就不能被执行了。这影响了中国人几千年，即信这个价值理念，并没有经过充分的思辨梳理。历史上的沉淀下来的"信"往往是对熟人关系而言的，即"圈子文化"，而对于大规模的市场社会而言，失信现象非常严重。比如，社会上出现的老人摔倒该不该扶起来的问题。实际上这种现象通常是在陌生人之间发生的，熟人之间讹人或不扶的情况几乎没有或者非常少。

儒家思想这种重忠孝人伦，促进家族团结，以血缘纽带把人口固定在一起的理念，一定程度上推动了协作精神。忠是忠于国家，服从大局，强调牺牲自我。孝是"善事父母"之伦理意识，体现着亲亲、尊尊、长长、贵老等伦理精神，从而强化家族、宗族意识。忠孝的观念深刻影响着中国传统政治、文化和生活方式、民俗、艺术，也形成了人伦关系构成秩序、控制社会与群体的局面。

儒家学者在思考问题或做事时强调中庸，"喜怒哀乐之未发谓之中，发而皆中节谓之和。中也者，天下之大本也；和也者，天下之达道也。致中和，天地位焉，万物育焉"。"中庸"折中平和，精神内敛，形成了中国人具体、明显、表面化的性格特征：宽厚、有礼、心平气和，以及克己、修己、忍耐等。国家达到"中和"的境地，天地正常运行，万物生长发育，社会也就太平了。"中庸"在社会治理和日常行为中，要求人们立定"中"道，在极端之间进行折中，做到不偏不倚，既不过分也不要不及，要求人们安于自己的社会地位，不做越权非分的事。在稳定的世界中，"中庸"在处理矛盾，协调人与人、群体与群体等各种社会关系方面功能独到。然而这种思维在很大程度上并不容忍异端思想，不鼓励人们创新冒尖，从而不利于技术进步和经济发展，只能是老道守成有余而创新发展不足。

另外，儒家思想强调的"重义轻利"对社会经济生活造成很大的影响。儒家提倡君子以义为上，"义"是指道德原则，"上"就是价值取向，把人伦道德置于上位，而把经济功效、实际好处排置于下位。按照道德原则去做，就是最大的道德，实现了最大的价值。道德本位，孟子提倡不必曰利，有仁义即可，董仲舒进一步说"正其谊不谋其利，明其道不计其功"。儒家有目的地将义与利对立起来，并要人们对此择其一，这种道德至上的价值取向，造就了重义轻利的中华民族性格。这对于后世产生了极其深刻的影响：一方面，造就了一批又一批为国捐躯、舍生取义的民族英雄；另一方面，由于士大夫们不屑于追求经济利益，甚至将之看成可耻的，这造成了社会上缺乏在技术进步、发明创造方面拔尖的人才。中国社会最终形成了士农工商的四民社会，抑制了个体创造力，贬低了活跃经济的主力军工商业。

道家的《道德经》是影响世界的经典，道家主要向中国人传递两种观念：一是尊重自然和社会运行规律，二是人应当意识到有被他物支配的可能。具体到指导国家和治理社会方面来说，道家主张无为而治，给老百姓一定自由，不要总是骚扰百姓，宽刑简政。具体到个人修为和处事，道家主张清虚自守，齐物而侍，清静无为。

一些王朝某段时间实施道家主张的"无为而治"的治国之策并取得了良好的效果，例如"文景之治""贞观之治""开元盛世""康乾盛世"，都与道家这一政治主张有关。为什么"无为而治"会取得很好的效果呢？主要是中国古代社会是专制集权的社会，很多王朝的官员总是骚扰百姓，违背农时和农业生产规律滥用民力，同时对自耕农进行抽血式盘剥，导致民生凋敝，王朝倾覆。实施"无为而治"的策略正是对政府到处干涉经济社会的一种制止，因此往往会收到良好的效果。

道家主张人应当遵守"道"，而以"俗"治理社会。风俗习惯深入人心，往往不需要强制就能够被遵守。因俗而治后来成为统治者治理社会的一个重要理念，对待少数民族问题一般都是因俗而治。像清朝那样留发不留头的行为还是非常罕见的。

道家"道"的思想推动了中国科学和技术的进步。尽管老子对待技术是一种消极的态度，但是他这种对待技术的消极态度主要是基于人们滥用技术谋私利或被技术支配的现实。后来道教的炼丹术实际上是古代的化学，而一些不正规的道士装神弄鬼实际上是利用此技术来行骗。

道家还影响中国人的思维模式，道家的思维模式是一种辩证思维模式，也是明辨性思维，注重研究抽象的概念、规律与法制，同时注重研究变化的规律。一些奇才异士多是出自道家，例如战国时期鬼谷子的学生苏秦、张仪，汉朝的张良、诸葛亮，唐朝的徐懋功、李靖，明朝的刘伯温。在社会转型期，道家对自由的反思和注重辩证灵活的心智模式，会对社会产生有益的影响。如果说儒家思想让中国人变得文静庄重、彬彬有礼、自强不息，那么道家传递给国人的信息就是静观玄览、顺势而为、灵活而变。

佛家思想传授给中国人的主要观念是"觉悟"，佛的本意就是觉悟的意思，佛家的觉悟同样是对变化的深刻理解。人世间的生死病老，都是因缘和合而生，没有真正的实体，真正不变的是觉悟状态下的涅槃状态，由于洞悉了生命的本质而实现了对生命种种遭遇的理解和超越。

佛家重视仁慈，讲究慈悲为怀，注重个人的内在生命力，以及启发人摆脱世俗的羁绊和烦恼。中国化的佛教引入忠孝观念，维护社会善良风俗，同时净化社会风气。佛教重视用话本故事来宣传教义，这对中国人爱听故事的思维模式产生了重大影响。大体而言，德国人重视逻辑推演，英美人重视事实数据，中国人则重视联想故事。中国人很喜欢从故事中获得现实的经验和启发，并不重视逻辑演绎和事实数据。例如，中国股民炒股最爱听的是各种段子和故事，以至于很多企业在营销和上市时，最高的要求就是要讲好故事。一个商业计划书，如果没有好的故事，在中国很难落实到位；同样，如何用最生动形象的故事情节和语言宣传好自己的主张，也是取得信任和获取最大认同的关键。

重智慧而非知识、重变通而非执着、重思辨而非对立、重和谐而非冲突、重德治而非法治、重实用而非抽象，也是中华传统文化熏陶下的民族性格。传统文化对商业竞争有独到的支撑，这主要在于传统智慧。在急剧的内忧外患和激烈的派系对立中，中华民族形成了独到精巧的智慧，表现在我们民族的实用理性上。先秦百家在当时社会大变动的背景下纷纷授徒立说，推动商周巫史文化解体并形成理性，追求解答即时性的实用问题，虽然没有走向西方闲暇从容的抽象思辨之路，离希腊的科学文明也有不小差距，但也没有沉入厌弃人世的追求解脱之途，更没有固执在虚渺的宗教精神之中，中国的古代智慧一直执着对人间世道的实用探索。中华民族获得和承续着一种清醒冷静的心理特质，重经验，好历史，不狂暴，轻逻辑，贵领悟，不玄想，服务于现实生活，以保持现有的有机系统的和谐稳定为目标，珍视人际，讲求关系，反对冒险。在世界处于农业社会、工业文明还没有端倪的历史时期，中华民族的智慧主要体现在哲学智慧、医学智慧、农学智慧、科学智慧、艺术文化智慧和技巧智慧等。中华民族从来就不乏大智慧，事实上，大智慧基本上是在探讨生存之道和发展之道，这与当代的市场竞争相契合，也契合生态文明及和谐发展。

传统文化的某些主张对社会的经济发展有一定的抑制作用。例如重农抑商是中国传统社会的一种经济思想和经济政策，适应着农业社会和农民性格。在中国漫长的农业社会演进中，传统的"重义轻利"的思想具有普遍的道德意义，"为仁不富，为富不仁""工商众则国贫"等农本思想主张影响深远。但工业文明却主要表现为商品经济，在于追求价值，追求增殖，这就要求消解传统的维系人际关系的价值系统。因而在以商品经济和市场发展为特征的现代工业化社会中，求利与竞争是促进社会和社会经济发展的原动力，"重农抑商"的传统价值观势必成为发展商品经济和现代化的障碍。

中国传统伦理强调以德治国，法治只是起到辅助作用，这难免形成人治传统；另外，传统文化以伦理为先，这也必然伴生深厚的人治传统。《中庸》的"人存政举，人亡政息"便是比较典型的人治现象。认为政治好坏完全取决于为政之人本身品格和道德的好坏，这在熟人社会中具有一定的正面作用。但是，在流动和交换盛行的市场经济中，不论为政者还是平民百姓都把希望寄托在圣君贤相、清官廉吏的身上，而不从制度上、法制上考虑为政的根据与方法，必然抑制经济的正常发展。这种不重法治而重人治的传统在我国一直延续到近现代，牢固在大众的头脑之中，有法不依、有禁不止、执法不严、以情代法屡见不鲜，难以形成商业契约和商业文化。

5.3　儒释道文化　稳定与秩序

中国本土产生的思想文化有两个内核，儒家与道家。这些思想对发展经济到底起到了阻碍还是助推作用？对这一命题讨论得已经非常久了。韦伯以其论述资本主义的精神起源而闻名，他的一部论述中国为何没有产生资本主义的著作《儒教和道教》中有很多对儒家和道教误解的观点，虽然其在一定程度上也揭示了中国传统文化对于资本主义发展的某些阻碍机制。

在韦伯看来，中国传统社会不能自发生出理性的资本主义，原因主要有以下几点：一是中国城市主要依靠帝国推动发展，而非企业家推动，因此这些市民也没有自治权利。二是由于中国人保持与土地和宗庙的联系，血缘关系纽带无法割断，因此城市不过是个人在外漂泊的地方。三是中国缺乏有助于资本主义发展的法律体系。四是中国的资本往往是官僚资本，依靠掠夺获得的，而且这些官僚的兴趣主要在于土地。最后，最重要的是中国受到儒教意识形态的约束，无法发展资本主义。与新教徒节俭为了再投资不同，儒教的君子们追求的是身份和地位。对于韦伯的解释，同时代的汉学家罗斯托恩就不能接受，他认为儒教反而有利于资本主义的发展。这是因为儒家集世俗、俭约与理性为一体，很难找到比之更适合发展资本主义的体系（参阅丹麦学者柏思德的《马克斯·韦伯论中国社会和儒家思想》）。尽管韦伯对中国有很多误解，但韦伯的分析值得我们反思。

以儒家与道教为代表的中国传统思想对于资本主义的产生到底有没有阻碍作用呢？在韦伯看来："儒教的理性主义旨在理性地适应现世，而新教的理性主义旨在理性地支配这个世界。"韦伯的话有一定道理，儒教的理性与新教的理性是不同的。问题是，适应现世到底是指什么呢？我们认为主要是指以血缘关系和拟血缘关系为核心的关系本位，以及自上而下的以命令服从为核心的官本位。新教的理性支配世界实际上是从近代开始，西方人的精神从神转向了人，以人的尺度丈量和掌控这个世界。我们认为，这两种对世界的基本假定和导向的不同，造就了近代中国与西方的差别：中国人主要积累的是土地财富，近代西方人主要积累的是货币财货。土地财富无法无限扩张，而货币财货在数量上可能实现无限扩张，因为货币具有流动性、可以切割及量化的特性。中国传统社会的富人将大量剩余劳动用于维护社会秩序和奢侈消费，而清教徒将大量的剩余劳动转化成为资本扩大生意。最重要的是，现代资本主义社会生成的核心机制是资本家将大量的剩余价值据为己有并将之转化为资本，或以各种手段，例如兼并、集中及掠夺加速资本积累的杠杆。资本的这种逻辑一方面积累了大量的资本，另一方面推动了社会再生产的扩张，而不是像以前那样只能进行简单再生产。相反，中国传统社会则几乎处于一个停滞状态，形成"周期性王朝更替"的钟摆机械运动。

儒家思想的哪些观念阻碍了社会生产的扩大化呢？

首先，儒家的价值观是为了维护社会秩序和稳定，这就有可能牺牲经济效率，即秩序优于效率。一般来说，社会经济发展当然需要一个稳定的环境，但过于稳定的环境就会出现保守的倾向。在传统社会中，土地和劳动力是财富创造之源，但土地具有固定性和分散性，劳动力也由于户籍限制无法自由流动。生产要素的集聚往往是经济发展与创新之源，但传统社会中土地和劳动力的固定性导致了经济发展动力不足、创新能力欠缺。在传统社会中，劳动力为什么不能自由流动呢？一方面是受安土重迁的传统习惯影响，另一方面是统治者发现无法有效管理人口流动，没有手段管理这些流动的人口，他们很容易变成流民，影响社会稳定。儒家强调的孝道在传统社会中保护了经验（农耕时代经验最重要，老人是经验的化身），提高了社会储蓄率。然而，高储蓄没有用来扩大再生产，而被不断增加的人口消耗掉，人口扩张到与土地不兼容的地步，再加上土地的占有结构集中化，就会引发一系列的社会危机，孝道维系家庭和谐的功能反而不能实现。也就是说，儒家过于重视社会秩序的稳定，需要付出很大的维稳成本。如果没有发展，或者说发展被消耗掉，长期稳定是难以保障的。

其次，儒家思想对待商人有一定的歧视和偏见，认为商人有违礼的规范和仁义的精神。钱穆指出中国传统社会得失时提到两个关键词：第一个是"集权"，"中央政府有逐步集权的倾向"，第二个是"抑商"，"中国传统政治上节制资本的政策，从汉到清，都沿袭着"。钱穆的说法确实点出了中国传统社会的两个关键特征。集权的具体化过程是受到自上而下的命令服从的官本位指导，而抑商实际上是维护血缘关系的纽带，资本和商业的功能往往如马克思所说，打破了温情面纱。事实上，集权和抑制商业其实是一个互相支撑的过程，原因是在传统社会中，土地和劳动力是关键资源，而统治者最大的挑战是如何将大量的劳动力安置在特定的土地上而不是到处流动。这要求人们不能到处流动，商人和商业从根本上被抑制，人们只重视生产功能，忽视了交换功能。周灭商之后，周吸收了殷商的教训，认为过于重视工商会忽视农业的根基，因此周朝商人和工匠的地位几乎和奴隶差不多。《礼记·王制》说工商"出乡不与士齿"，意思是说士大夫要远离商人。商人被看不起有统治者偏见的原因，也有奸商祸国殃民的原因。法家韩非子也有批商人的观念，造车的人盼人富，造棺材的人盼人死。孔夫子反复地说，"君子喻于义，小人喻于利"。在儒家思想体系里，仁义的核心主要是要有爱人之心，以及做事要公道正派，但商人的种种行为表现的是重利轻义，商人的投机行为可能造成国家和社会混乱和动荡。

因此，商人在传统社会中被列为四民之末。其实，不仅中国古代如此，西方早期也是如此。哈耶克说出了这里面的小九九："对商业现象的鄙视，对市场秩序的厌恶，并非全都来自认识论、方法论、理性和科学的问题，还有一种更晦暗不明的反感。一个贱买贵卖的人本质上就是不诚实的。财富的增加散发着一股子妖邪之气。对生意人的仇视，尤其是史官的仇视，就像有记录的历史一样古老。"儒家对待商人和商业的态度基本上是贬抑的，因此，从这个意义上来说，儒家成为阻碍中国商业进一步发展的障碍。

再次，儒家对"信"的工具性偏见导致了中国的信用制度难以发展，而市场和资本的发展需要一个信用前提和基础。信这个词在儒家的体系中只是服从于仁义目的的行为规范，规范的主要是朋友和乡党关系。而一旦信与仁义相悖，儒家的价值导向是舍弃信用而取仁义。这样，中国的商业诚信制度难以有效地建立。李鸿章与戈登共同镇压了太平天国运动，有次戈登因为"苏州杀降"事件要与李鸿章决斗。事件的大致经过是这样的：1863年11月，戈登配合李鸿章攻打苏州。守城的太平军纳王郜云官想投降，经过谈判，双方都认为戈登值得信任，而戈登也信誓旦旦地向郜云官亲口保证了其生命安全。不料投降后郜云官及投降的士兵惨遭屠杀，李鸿章的背信行为激怒了戈登，戈登到处找李鸿章决斗，甚至要打淮军，英国当时的公使非常愤怒，要求各国外侨毫无保留地谴责发生在苏州的背信行为。戈登当然是屠戮中国老百姓的刽子手，但李鸿章的背信与戈登信守诺言的举动实在是差异太大，这就反映了中西文化对诚信理解的差异。信在中国传统思想文化中的地位是要服从仁义秩序，为了仁义可以牺牲诚信；而在西方社会里，信守诺言和遵守契约是市场经济的基础。如果没有诚信做保障，任何行为都是无法预测的，市场交易成本会大幅度上升，最终损害经济效率。现代中国商业界最大的问题是信用问题，有些商人依靠各种权谋获取最大利益，诚信对他们而言只是装点门面用的。因此，在中国社会做生意的成本非常高，要防止各种各样的骗局。诚信还有对自己真实不欺的含义，而现实中一些商人往往倾向于夸大自身实力，甚至制造假象让别人相信自己的实力，从而骗取各种各样的资源和获得收益。

最后，儒家稳定社会秩序的目的与抑制商业行为的主张实际也是基于中国传统的社会经济结构，并强化了传统社会的经济结构。美国制度经济学家海尔布罗纳认为人类社会要维护合作、防止分裂有三种手段，早期主要靠传统的习俗和自上而下的命令手段来维系，而现代社会主要靠市场手段来维系。传统中国社会是一个停滞型的自然经济社会，组成这个社会的是一个个圈子，圈子的基本元素是家族，中国人都能在这个圈子中找到自己的位置，发挥自己的功能。西方社会也有圈子，但这个圈子的组成元素是一个个独立人格的个体，这个个体有自由和私有产权。市场经济要求主体要有自由决策的权利，要有处置自己财产的产权，要有信守契约的精神。中国传统社会的个人大部分没有自己决定自己命运的权力，也没有自由处置自己财产的权利，决策、产权大都归于家长、族长或官员。根据海尔布罗纳的原理，传统中国社会运转的模式主要靠习俗（礼制）和命令（官僚制度）来维系，礼制和官僚制度又反过来支持它的社会基础：自然经济结构，而不是市场经济结构。

当然，儒家思想对经济发展的影响实际上并不是全部都是负面的，一概否认儒家的积极意义是盲目"打倒孔家店"时代留下的偏见。新加坡将儒家精神与现代理念相结合，就促成了新加坡的经济增长奇迹。李光耀政府采取各种措施贯彻"忠孝仁爱礼义廉耻"的儒家价值规范，改变了新加坡的社会面貌。1994年10月15日，当选为北京国际儒学联合会名誉理事长的李光耀在成立仪式上致辞："从治理新加坡的经验，特别是1959年到1969年那段艰辛的日子，使我深深地相信，要不是新加坡大部分的人民，都受过儒家价值的熏陶，我们是无法克服那些困难和挫折的。新加坡人民有群体的凝聚力，能够以务实的态度，来看待治理国家和解决社会的问题。"儒家哪些观念有利于促进社会发展和经济增长呢？实际上，儒家思想的某些缺失在特定情况下也是优点。

首先，儒家以稳定社会秩序为其首要目标，这在正常状态下对经济发展有推动作用。追求社会稳定需要从公正与效率两个角度来分析。不公正的社会即使社会经济发展比较快，迟早要出大问题；同样，仅仅考虑维护社会公正性，经济不发展，社会也难以保持稳定。无论是什么社会形态，都要在公正与效率之间保持合理的动态的张力。儒家强调立国要以公正为核心追求，这对经济发展有促进作用。改革开放之前，中国人的财富差距不大，因此有了稳定和公正的社会基础，改革之后发展就非常迅速。没有社会和经济秩序的稳定，连正常的经济行为和社会交往都难以进行，哪里还能考虑到经济发展的问题。强调稳定社会秩序有利于社会的平稳转型，避免为急风暴雨式的动荡付出不必要的代价。

其次，儒家文化的家国情怀是中国民族的一个优秀基因，不能丢弃。中国传统文化在儒家思想的影响下，培养民众对国家和家庭的忠诚和责任，这与西方的个人主义和自由主义存在根本差别。如果没有民族自尊心，民众对国家没有忠诚度，对家庭没有责任感，很难形成集体力量，新加坡的发展就证明这一点非常重要。当年新加坡刚刚独立，李光耀政府很重视培养国民对国家的忠诚，在家庭中贯彻儒家的孝道思想，以达到国家与小家和谐的目的，和谐的家庭和社会环境促进了新加坡民众的创富意识。20世纪六七十年代，韩国就是用"忠"来推动经济的发展的。儒家的重视贤能，有教无类，也被韩国用来培养各类人才。韩国在现代化的过程中特别重视人力资源的开发和培养，韩国人宁愿卖掉黄牛也要让小孩上学，高素质的人力资源是韩国经济发展的重要支撑，韩国的公共道德，仍然是中国宋代提出的"八德"：孝、悌、忠、信、礼、义、廉、耻。这些道德规范深入韩国民众内心，成为维系社会稳定和经济发展的重要思想资源。可见，只要将那些为等级服务的观念体系从儒家的规范体系中去除，儒家文化对于经济发展的推动作用要大于其阻碍作用。现代学者李金波和聂辉华通过调研发现，孝道是一种变相的储蓄机制，是对纵向代际交易产权的保护，对经济的可持续增长具有重要意义。实际上，儒家很多制度规范之所以长期成为中国社会的主导思想，都有其内在的像李金波和聂辉华证明的经济机理。例如，日本企业终身爱护员工，而员工终身忠于企业，员工与企业达成一种良好的契约关系，规避了很多不确定性，这创造了所谓的日本式奇迹。日本企业的员工，大都有着强烈的主人翁意识。

再次，习俗和命令在一定范围内有着特别的效率。例如，懂得良好的礼貌能够促进人际关系的和谐。现实中很多交易行为都要依靠契约和法律保障则会增加交易成本，根据约定俗成和习惯化的内隐性规则则会减少交易成本。儒家虽然强调信要服从仁义的统治意志，但在一般情况下，儒家还是很重视诚信建设的。孔子说："人而无信，不知其可也。"就是说如果人没有信用，是不行的。明代大儒王阳明说："盖良知之在人心，亘万古、塞宇宙而无不同……不欺，则良知无所伪而诚，诚则明矣。自信，则良知无所惑而明，明则诚矣。"所以，儒家主张做人做事要讲究诚实、维护信用。命令服从体系在特定的时段和条件下也会发生奇迹。计划并非一无是处，在特定的历史环境内有在短期内办好大事的特点。例如，韩国在推动经济发展的时候，就充分运用儒家某些激励经济发展的价值规范来激发国民创造财富的热情。因为工业的本质是集体的活动，儒家的群体主义精神，以及提倡节俭勤劳的品质为资本积累提供了重要的精神燃料。

最后，儒家在长期的社会演化中不断改变自己的话语体系和重点，适应不同的社会环境，同时促进社会发展。虽然说儒家主要是在"封建"社会历史环境下成长起来的，但如果能够改变某些观念或对某些观念进行重新定义，也能促进市场经济的发展。儒家思想文化在过去半个世纪成为热门现象，受到儒家思想文化影响的国家，例如日本、韩国及新加坡等的经济发展都非常迅速。儒家思想强调忧患意识，自强不息，以及处事要讲究中庸之道，这些都是企业家做生意应有的素质和意识。中国改革开放四十年，儒家思想不但没有式微，反而出现了复兴的局面。商人们都以读儒家经典为荣，国学班也逐渐建立起来，以孔子命名的孔子学院正在海外兴起。清代大儒张之洞对儒家思想的判断还是比较中肯，他在《劝学篇》说，"孔门之学，博文而约礼，温故而知新，参天而尽物。孔门之政，尊尊而亲亲，先富而后教，有文而备武，因时而制宜"，儒教那种刻板的形象实际上是统治者不断强化的结果，真实的儒学精神还是比较灵活务实的。中国古代的官僚制度是非常理性化和系统化的，这些管理知识为西方政治现代化做出了重要贡献。近代西方社会将这些制度结合自由民主精神，形成了西方重要的文官制度。这些文官制度对于西方发展资本主义起到了类似推动机的作用。

儒学对于不同的历史环境有着很强的适应性。例如，在探索近代化和现代化的过程中就出现了新儒学学派，代表人物有梁漱溟、钱穆、余英时及杜维明等。早年梁漱溟认为世界文化的复兴是儒学的复兴，中国的路实际上是孔家的路。自20世纪80年代开始，东亚儒家文化推动经济发展，新儒家的一些观点得到世界认同。新儒家首先肯定了诸如自由、平等、科学、民主等思想的重要性，在此基础上提出儒家的传统价值对现代社会也有普遍指导意义，同时要对这些价值规范进行"创造性转化"。杜维明自称是"一个儒家思想的信徒"，其实中国知识分子大部分都是儒家思想的信徒。即便痛批儒家思想的学者，如邓晓芒，也承认自己从骨子里没有摆脱儒家思想的影响。儒家知识分子有一种强烈的精神面貌、忧患意识和家国情怀。历史上，受到忧患意识驱使的儒家知识分子往往不顾逆龙鳞的危险，也要保全儒家知识分子的精神气节。杜维明在

《儒教》一文中说:"儒家标示出一条通往现代性的途径,这是较少个人主义、较少自我利益、较少对抗斗争、较少墨守法规的途径,还显示出一种真实的可能性:实现一种彻底现代化的生活却又完全不同于现代西方的方式。"新儒家实际上是以儒家思维框架挑战现代化过程中的文化观念体系,西方现代化的过程中充满着血腥的斗争和强烈关注自我利益。历史条件的改变,使得儒家文化圈要进行现代化不可能再通过殖民地的掠夺,以及推进强烈的个人主义文化来实现,而改造过的儒家确实推动了东亚一些国家和地区的发展,走出了一条新的通往现代化的道路。

5.4 西学之东渐 社会之变迁

改革开放之前,社会主义革命文化占中国社会的主导地位,当政者试图用行政手段追求社会公平。很长一段时期内,中国实施的是计划经济,彻底排斥市场经济,极左时期的口号是"宁要社会主义的草,不要资本主义的苗"。那个时候从根本上排斥市场和资本,农民养个小鸡都可能被"割资本主义尾巴",市民摆个地摊都要冒着坐牢的危险。客观地说,这既是左倾思想造成的严重后果,又是在一定程度上延续了中国传统思想中士农工商排序的一种做法,即重视官员、农民、工人,而忽视商业和商人在经济中的作用。市场作为一种资源配置的手段被排除在外,经济活动主要依靠习俗和命令来进行。

计划经济下的凭票供应导致人们生活非常不方便,命令式的管理制度与科学管理体系相差万里,吃大锅饭现象普遍严重,市场化和管理科学化从而成为当时一种内在的变革需要。改革开放40年来,中国经济取得了举世瞩目的成就。这种经济奇迹背后的内在动力也引起了人们的分析思考,对资本的利用是支撑经济增长的重要因素也得到了广泛认同。亚当·斯密认为经济增长有两个关键因素,一个是资本积累,一个是资本配置。凯恩斯认为一个部门投资增加,不仅该部门收入增长,而且会带动相关部门收入增长,最终远远超过当初的投资,这种现象被称为乘数效应。自2003年以来,房地产投资不仅使得中国房地产迎来黄金时代,还带动相关62个产业的增长。资本这个概念不仅包括物质资本,还包括知识资本和人力资本。随着科技的进步及管理水平的提高，经济越来越依赖知识资本和人力资本，甚至心理资本。

中国社会的改革开放是从思想解放运动开始的，整个社会改变了以往对资本和市场的负面态度。活性知识的变革推动了市场经济制度的建立与发展。尽管资本和市场对中国经济的腾飞起到关键作用，但是不同的社会群体对它们的功能及其产生的作用，往往因为受益不同而抱有迥然不同的态度。

首先，改革开放以后，取得巨大成功的商人和企业家利用市场和资本积累了巨大财富。改革开放之前，中国实行的是计划经济，不允许私人办企业和经商。早期企业家和商人是顶着投机倒把的罪名白手起家的，例如，"傻子瓜子"的年广久的命运实际上就是早期企业家命运的缩影。1983年年广久雇工超过一百人，安徽省委派人查后上报中央，惊动了改革开放的总设计师邓小平，他说："我的意思是放两年再看，让'傻子瓜子'经营一段，怕什么？伤害了社会主义了吗？"好景不长，1987年年广久被查，1991年年广久被判刑三年，邓小平又一次保护了他："农村改革初期，安徽出了个'傻子瓜子'问题，当时许多人不舒服，说他赚了100万元，主张动他，我说不能动，一动人们就说政策变了，得不偿失。"年广久是幸运的，他的问题得到了中央最高领导层的关注，避免了牢狱之灾。引起轰动的温州"八大王"的故事就是当时中国艰难转型的历史缩影。1982年打击经济领域犯罪，温州的五金大王胡金林、矿灯大王程步青、螺丝大王刘大源、合同大王李方平、旧货大王王迈仟、目录大王叶建华、线圈大王郑祥青及电器大王郑元忠等八人作为"典型"被列为打击对象。尽管1984年4月"八大王"全部被无罪释放，但他们在挫折的打击下最终暗淡落幕。不过，中国改革开放的舞台上又迎来一批批新的企业家。例如刘永好兄弟，1982年底从养鹌鹑起家，经过30年的奋斗成为中国富豪榜上的常客。改革开放不仅让一些农民变成了企业家，知识分子、官员也在下海大潮中成为时代的弄潮儿。1984年初，当时在中国科学院做研究员、且年已四十的柳传志创办北京计算机新技术发展公司，开始了"联想帝国"的传奇生涯。1985年张瑞敏砸冰箱堪比历史上的"司马光砸缸"，砸出了一个质量过硬的伟大的"海尔帝国"。80年代的王石，到处开拓业务，"除了黄、赌、毒、军火不做，基本万科都涉及了。"如今万科成为中国有影响的专业住宅开发企业。万通集团董事长冯仑写过《野蛮生长》一书，该书概括了"万通六君子"如何从20世纪90年代初历经艰辛创业的故事，书名"野蛮生长"传神地概括了中国民营企业成长的波折历程。这些成功的企业家大多数都是从计划经济体系下游离出来,正好赶上资本化和市场化的浪潮,从而创造了一个个商业帝国。

其次,那些在改革中下岗的职工及失地农民对市场存在重大的疑虑。改革总是要付出代价的,尽管改革不是零和游戏,尽管改革使得几乎所有的人都总体上受益,但一个不可否认的事实是,在市场化和资本化改革浪潮中,一部分人获利了,而一部人并没有获利甚至利益受损。国企改革背景下,有大批工人下岗,城市化浪潮中有一大批农民失去土地,这些年来一些社会矛盾主要集中在下岗工人的安置,以及因为圈地和拆迁引起的社会冲突上。国企改革过程中,企业被兼并或破产而使得一部分员工的工资、福利待遇降低,在精神上蒙受沉重打击,特别是使一些老职工有一种强烈的无依靠感和被抛弃感。在国企破产和被兼并的过程中,出现了一些不公正的现象,比如以改革的名义将国有资产据为己有。例如,2015年7月中纪委监察部网站刊发《推动国有企业从严治党之———全面从严治党 国企尤为紧迫》一文指出:权力寻租、以权谋私问题严重,亲属子女围着企业转,靠山吃山、损公肥私;以改革为名,打着建立现代企业制度的旗号,贱买贵卖、予取予求,侵吞国有资产如探囊取物。这些不公正的现象让很多下岗职工对市场化与资本化很不满。近年来,土地流转也成为资本追逐的对象,资本下乡对农民来说有利有弊,有利之处在于盘活了农民手中沉睡的宝贝:土地,不利之处在于一些资本圈地之后套取国家的补偿,而农民无法获益,还有一些资本圈了土地就变成了商业开发,或者闲置起来浪费土地资源。对待土地问题我们要慎重,因为土地自古以来就是中国历史王朝更替的推动因素,如果出现了大规模的圈地运动或者土地兼并,会导致大量的失地农民出现,会给整个社会和经济发展带来非常大的危害。

最后,知识分子对市场化和资本化的态度差异非常大。市场化和资本化给中国经济带来了前所未有的效率,但同时也带来了种种不公正。一部分知识分子非常反对市场化和资本化,西方一些维护市场的学者往往认为知识分子之所以反对市场是出于妒忌或者无知。例如,哈耶克还写了一本书就叫《知识分子为什么反对市场》,他认为知识分子之所以反对市场主要是因为理性的自负,知识分子善于构建各种理念,善于将自己的成见移到社会上来。米塞斯认为知识分子之所以反对市场化是因为"红眼病",因为知识分子技不如人,所以把自由资本主义当作敌人。诺齐克认为知识分子之所以反对市场,是因为学校培养的知识分子是按照智力来分配奖赏的，但社会并不是仅仅按照智力分配的，资本主义的回报逻辑是你在多大程度上满足他人需要，而不是在于"个人价值"。

事实上，我们不排除知识分子反对市场化和资本化在某种程度上是出于无知或妒忌，但大量知识分子之所以反对自由资本主义和市场化，还因为自由资本主义和市场化本身存在致命的缺陷，即过度市场化和资本化会导致整个社会都围绕着功利原则行事，而不顾公正原则，人人都从狭窄的赚钱视野来看待经济和生活，生活被资本逻辑支配。例如，过度市场化已经造成买不起房、看不起病、上不起学等诸多问题，过度资本化和金融化导致金融市场裹挟整个经济，一旦出现泡沫崩溃，参与其中的人强烈要求政府救市，将国家拖入债务危机的漩涡中去，让全社会承担他们投资失败的成本。如果知识分子对此毫无反思，那他们就失去作为知识分子存在的功能和意义了。还有一部分知识分子对市场化和资本化比较支持，他们在"文革"时期受过很多不公正的待遇，而且亲身经历了计划经济带来的很大弊端。

从历史上来说，中国人对资本主义的印象比较负面。因为正是这个资本主义，给近代中国带来了莫大耻辱。随后出现的帝国主义形式的资本主义对中国进行了野蛮侵略，特别是在政治上使中国失去了独立发展的可能，也带来了深重的历史灾难。在中华人民共和国成立以后相当长的一段时期内，中国与西方社会在意识形态领域存在严重的对立。资本主义国家对中华人民共和国的封锁与挑战，迫使中国走向独立自主的现代化道路，从而摆脱了长期停滞型的传统社会。如果仅仅从社会经济和思想观念领域来考察，从1840年鸦片战争爆发到1949年中华人民共和国成立前夕的历史，是近代帝国主义对中国的侵略史，也是中国落后和封闭社会解体并积极学习世界先进文明成果并进行艰难探索的社会转型过程。作为人类生产领域的高级组织形式，资本主义模式对中国当前的经济、社会组织模式仍然具有很大的启发意义。虽然我国在政治领域对于这一点存在巨大的分歧，但在社会生产层面上并没有。改革开放以来的经济发展表明，产权保护、多元化所有制、公平竞争、价格引导、契约精神等市场机制，极大地释放了生产力，推动了我国经济的空前发展。

由于失去了昔日的经济地位和军事优势，中国在19世纪成了西方资本主义国家的"囊中之物"，受尽了西方国家的欺凌和干涉。西方资本主义给中国的历史冲击是巨大的，带来了一些消极影响。特别是世界资本主义以帝国主义形式出现，帝国主义列强推行炮舰外交，凭借武力威胁，实行殖民侵略。帝国主义的侵略在政治上使近代中国的主权逐步丧失，沦为半殖民地半封建社会，中国的近代化发展最终失去了独立发展的可能性，政治经济上完全沦为资本主义世界的附庸。从经济上看，帝国主义在中国掠夺资源和倾销商品，经营轻工业和重工业并操控中国的经济命脉，挤压民族工业的正常发展，导致了近代中国经济的落后和人民的贫穷；从军事上看，帝国主义多次发动侵略战争，杀害中国民众，抢掠财富，侵占中国领土并支持不同的政治势力，中国因此形成不同的政治派系，而其引发的多次内战更是严重阻碍了中国社会的顺利发展。因此，中国近代最重要的任务就是首先要赢得民族的独立和国家尊严。

西方资本主义思想文化同样也给中国社会带来了十分积极的影响，现代化的完善制度在思想观念、政治法律制度和社会经济模式上几乎是全方位地挑战了传统的中国社会的结构与治理模式。外来的挑战对中国社会的发展与进步具有很大的推动作用。例如，在政治上，西方列强的侵略冲击着当时中国铁板一样僵死的专制制度，新思潮的萌发冲击了专制思想。中国正统社会形式逐步解体，并且知识分子开始放眼世界，形成世界观念并主动融入世界发展的潮流。在经济上，西方资本主义带来了市场经济与新的管理模式，洋务运动终于产生了显著的有别于中国传统手工作坊的生产载体——企业。虽然洋务运动中诞生的企业仍然是世界最落后的、最无效率并且可能还是掠夺国民而不是面向民生的，但它们在客观上却逐步瓦解了中国的自然经济，从而为中国民族资本主义，或者说近现代生产方式的产生和发展提供了条件和可能。

西方资本主义对中国的影响有几个高潮。首先是鸦片战争和洋务运动。第一次鸦片战争直接破除了中国的封闭，中国被迫卷入了世界经济体系。但中国的经济体系并没有全面破产，原先的天下体系观念已经初步解体，国人发现我们已经不再是"中央之国"，而是在一块大陆的边缘地带。第二次鸦片战争使得中国国内经济体系全面崩溃，特别是广州十三行的全面崩溃，大量商品的输入导致传统自然经济的解体，进而引发了一系列的社会危机，太平天国运动正是在这样的背景下走向巅峰的。洋务运动是中国社会主动向西方学习器物文明的开始，当时洋务派的官员从视觉上和实践上发现，大清帝国的军事装备与西方差异太大。他们当然还来不及深层次地思考为什么西方能够造出坚船利炮，而只是希望能够引进这样的技术。洋务运动虽然使得中国社会在器物上有微量的进步，但实际上更多的是官僚管理体系和官僚企业对民间企业的挤压，因为社会结构及深层次的思想意识没有变革。其次是甲午战争，中国士兵还没有改变农民的身份，而要面对经历过近代化改造的日本士兵。甲午战败直接刺激催生了大清帝国的改革派，一些知识分子希望利用政治斗争的方式在短期内强行推进社会变革，以完成千年政治运作模式和社会治理的转变，可这在现实中没有可操作性，而且思想上也没有做好必要的准备。这些知识分子最终在后党的反扑之下，如同昙花一现，只进行了百日就被剿灭。后期的清末新政比百日维新在改革形式上要深入彻底得多，可无奈大清帝国已病入膏肓，多次被资本主义国家打败的耻辱已经让中国人对这个王朝彻底失去信任。

真正自主地向西方资本主义社会全面学习应该是民国期间，中国社会虽然在价值追求中仍然保持了一些传统因素，但在社会体制的各个方面都在主动地适应和学习西方社会。那个时期的教育、医疗、商业等民生行业获得了重生，政治、司法等上层建筑领域也很有起色，甚至出现了民国的"黄金十年"，从1927年到1937年这10年间，中国在经济、文化、教育等领域进步很大。那十年的工业增长达到6.7%，在同时期算是比较好的。尽管一些学者批评说这"黄金十年"有很大的水分，但无论如何，相对之前的军阀混战和清朝晚期的腐败无能来说，这个时期的中国现代化确实得到较大的推进。这个时期中国社会的现代化主要体现在工业化和经济建设方面，思想文化层面虽然呈现出了百花齐放、百家争鸣且空前活跃的局面，然而各种流派各抒己见、莫衷一是，并没有找到社会变革与进步的核心问题，更遑论国家的自主与统一、百姓的生计与安定。随后日本帝国主义的入侵打断了中国社会的进步与经济发展，虽然那个时期代表财阀利益的当政者也不可能成功地引领社会走向独立自强的现代化变革。秦正为在2010年第四期的《党的文献》中研究指出：

> 在经济上，1928年发起了废约、修约运动，1930年底同意裁除厘金，1933年和1935年实行币制改革，1935年资源委员会实施重工业五年计划，1933—1937年先后设立"中央"农业实验所、全国稻麦改良所和"中央"棉产改进所等等。在文化生活上，1934年开始发起"新生活"运动，培养"现代国民"，造就"现代国家"。在

1927—1937年间，中国的公路通车里程增长到11.6万公里，新建铁路7 895公里。1935年至1937年，国内工商业高速发展，1936年1月甚至出现了几百万美元的贸易顺差。

1978年以后在经济基础领域的改革开放是中国最为深刻地、全面地向西方世界学习先进的东西，这一时期也是市场经济影响中国、全方位推动中国经济发展的时期。得益于和平与发展这个世界性潮流，得益于发达国家的产业和技术的转移，中国利用近40年的时间走完了历史上资本主义国家两百多年的工业化道路。虽然当前中国社会出现了一些深刻的矛盾，但这些矛盾都得以管控和有序治理。

资本主义思想中最应该引起重视和借鉴的是资源配置理论。资本主义注重生产和经济效率的原则也冲击了我国学习苏联模式形成的计划经济的一些弊端。中国自1978年以来在社会生产、流通和基本经济领域广泛地采用了西方管理模式，这带来了社会和经济的极大发展，被冠以"中国奇迹"。这个过程也带来了一些严重的社会问题和环境问题，社会贫富分化、不同社会观念急剧冲突而不能和谐共处，以及相当严重的环境污染，经济社会以片面追求量的增长模式来发展是不可持续的。当前还存在一些对社会问题的不妥当的解释，那就是把微观层次的生产和管理领域中的资源配置问题和宏观领域的社会分配中的阶级、政治、权利，甚至是国家体制和制度等方面联系起来，进行"鸡同鸭讲"式争论。有的学者甚至简单地把几乎所有社会问题都归结为政治体制的问题，而忽视了经济发展的前提是社会稳定。例如，公平和效率是两个不同的范畴，属于不同的层面。效率是微观生产领域中的核心问题，合理地进行资源配置，提高生产效率和经济效率只能在微观管理层面上完成；但公平确是甚为宏观和综合性的问题，包含机会公平、起点公平、结果公平、权利公平等相关内容，是系统性问题，经济福利公平或许只能在宏观层面上进行顶层设计才能合理地达到。美国经济学家阿瑟·奥肯等学者把效率和公平放在一起加以讨论，说明效率和公平是密切联系的，两个问题必须贯通才能加以解决。

作为西方文明兴起的重要因素，资本主义必然具有某种稳定的逻辑模式，逻辑模式稳定意味着其他文明可以借鉴和学习。当前我国在政治领域存在一些不同观点及争论，不同层次的民众有不同的利益诉求，对资本主义模式因而也保持不同的态度，社会思潮也在有关私有化的问题上存在尖锐的对立。必须承认的是，过去 40 年改革开放的经验证明了，中国社会完全可以，而且有能力利用资本和驾驭资本为社会发展服务。40 年成功变革的经验是，在微观层面上采用具有激励效应和具有效率的资源配置模式，在宏观上达到共同富裕的社会目标。这就是把资源配置、生产问题、管理问题和政治制度等问题合理区分，不再做单纯僵化的意识形态争论，吸取一切生产管理中的技术性因素为提高生产效率和丰富社会物质财富所用。一般社会群体所持有的利益诉求往往是短期的，在短期的利益诉求得不到满足时便滋生固执的、情绪化的狭隘观念。当前中国一般社会民众对资本主义并没有一个清晰的理解，如果把微观层面上的社会生产技术和宏观层面上的社会理想、价值判断生硬关联，特别是在当下由于贫富差距造成的普遍心理落差的情况下，只会加剧民众对现代社会治理技术和世界优秀文明的排斥。例如，有一段时间我们曾经将市场与计划视为区分资本主义与社会主义的重要标志，其原因是没有理清理论适用层次及边界条件。

当前我国的民营企业得到了充分和良好的发展，企业家作为一个有着清晰利益诉求的群体已经十分壮大，一个中产阶层占大多数的橄榄型社会正在形成。在这种背景下，企业家的主要诉求就是产权保护和财产安全。尽管在现实社会运转层面，不少企业遗失了传统优秀文化的基因，一些企业为了经济利益而不顾良好的商业伦理，但这些都是可以克服的商业治理问题。在社会变革转型过程中，越来越多的人更加理性地对待市场和资本这两个资本主义思想的核心要素，积极地利用和发挥市场与资本的正面作用，服务于中国社会的可持续、健康发展。

5.5 曲折之道路　艰难之探索

现代中国最大的特征是我们走上了社会主义道路，尽管这道路不平，甚至艰难曲折乃至摔跟头，但中华人民共和国取得的成就充分证明了这个体制的优越性。应该认真总结过去的成功经验，从失败中汲取教训。改革开放以来，市场经济在管理微观企业、进行资源配置和提高生产效率方面具有自然而然的优势，我们借鉴了资本主义社会所采取的价格机制来管理社会化大生产，借鉴了资本市场价值以更好地配置资源，较好地保证了微观领域的信息畅通。哈耶克论证市场的优势主要是基于这样的一个事实，即知识和信息是分散存在的，没有一个机构能掌握全面的知识，因此计划经济是低效率的。但是需要指出的是，哈耶克的论证既可以针对计划经济，也可以针对市场经济。

哈耶克的推理存在这样一个逻辑错误：以有限的理性追求无限的信息，这如同芝诺悖论的阿基里斯追不上乌龟一样。阿基里斯是希腊跑得最快的英雄，而古希腊哲人却论证说他追不上乌龟，因为如果乌龟在前面，阿基里斯必须跑到乌龟起步那一点，如此类推，所以阿基里斯永远无法追上乌龟。悖论之所以产生主要在于逻辑错误，在于将有限的理性用到无限的信息上来。这与一个人吃苹果一样，你永远吃不完一个苹果，因为你咬一口咬掉苹果的一部分，然后再咬一口仍然咬掉苹果一部分的一部分，再小的一部分也永远有一部分。事实上，人们吃苹果咬几口的次数毕竟是有限的。如果哈耶克设定每一个人、机构都是有限的理性存在者，当然无法获得被他设定的无限信息。无论是计划者还是企业家，大部分情况下，他们真正需要获取的信息量在特定时间是有限的，而不是无限的。哈耶克所说的企业家们同样也是有限理性者，也无法获得全面的无限信息。

一些信仰市场万能的经济学家，常常用哈耶克的逻辑和传统计划经济时代的弊端来反对政府调配计划。他们往往忽视了两个基本事实。首先，改革开放之前的中央计划经济模式的告终并非说明不需要计划。做任何事情，有计划本身并没有错，虽然理性不是万能的，难道就不需要理性，一切随意？当时的问题主要出在自上而下的计划过多了，忽视了自下而上的信息收集。其次，信息时代为制定切合实际的生产、流通、分配计划提供了前所未有的工具。试想一下，如果没有合理的、基于宏观经济发展与微观消费者的各种信息收集与分析基础之上的计划，诸如顺丰快递这样的庞大企业怎么样才能保证每个快件及时、准确、高效地送到单个客户手中？还有，市场原教旨主义的逻辑往往难以自圆其说。如果政府主导的计划配置不可能成功的主要原因是由于计划者不可能掌握足够有效的信息的话，从而得出自由市场下的资源配置更加高效，应该让企业自由竞争，那么单个企业还要不要计划？按照此逻辑，企业也就不需要做战略发展规划和各种年度、季度的计划了，因为只有在市场一线直接与客户打交道的销售人员才能掌握准确的供求信息。销售员比企业领导更能了解市场的供需变化，企业只需要销售员而不需要企业家和战略分析师了。从上可见，彻底否定人类的理性能力而过于迷信市场的调节作用的逻辑基础是混乱的。不过，哈耶克确实指出了全面及僵化的计划经济难以执行的本质：知识和信息是分散的，完全计划是不可能的，客户需求与市场信息是不断变化的，因而需要不断更新计划。

从宏观层面上看，倡导自由竞争的市场原教旨主义也有本质性的局限。市场过于强调单纯的利益结算，而且这些结算都是短程利益，一旦积累到了一定程度，就会出现市场失序的现象，表现为经济波动。资本主义市场内置着这个矛盾，导致每隔一定周期必须通过一场市场崩盘来解决。资本主义世界在转嫁危机时导致了资本主义国家之间不可调和的矛盾，导致了两次世界大战。正是第二次世界大战削弱了资本主义对世界各国的控制，中国的新民主主义革命获得成功，并最终实施了社会主义改造，建立了社会主义制度。不可否认，早期中国社会主义改造获得了巨大的成功，迅速地建立了基本齐全的工业体系，虽然在以后的社会主义经济建设中由于政治因素遭受了巨大的挫折，与世界发达国家的水平有一段时期被极大地拉开了。除了政治因素以外，经济方面的重要原因是过度依赖命令模式而忽视了市场配置资源的模式。市场本身是经济活动的一个环节，《周易·系辞》中说，"神农日中为市，致天下之民，聚天下之货，交易而退，各得其所"。可见，尽管中国古代重农抑商，但早就有市场的存在。早期的"市场"一词是指交换的地点，如今"市场"已经包含两层主要的含义：一是交易场所，二是交易行为的总称。中国在社会主义改造后没有很好地运用这个人类自发的配置资源的机制，当时主流思想认为计划与市场是社会主义与资本主义不同的重要特征，并把它们对立化，上升到阶级斗争的层面。

最终在一次次政治运动教训之后，我国又回到了经济建设这个中心，充分开放市场，建立了中国特色的社会主义市场经济体制。社会主义在中国的实践与探索积累了极其丰富的经验。但是，随着市场化的深入，有一股否定社会主义存在的风潮，例如人们只看到"市场中国"，忽视了"社会主义中国"。2013年1月5日习近平在《关于坚持和发展中国特色社会主义的几个问题》中进一步明确中国将坚持中国特色社会主义道路。习近平指出："近些年来，国内外有些舆论提出中国现在搞的究竟还是不是社会主义的疑问，有人说是'资本社会主义'，还有人干脆说是'国家资本主义''新官僚资本主义'。这些都是完全错误的。我们说中国特色社会主义是社会主义，那就是不论怎么改革、怎么开放，我们都始终要坚持中国特色社会主义道路、中国特色社会主义理论体系、中国特色社会主义制度，坚持党的十八大提出的夺取中国特色社会主义新胜利的基本要求。"习总书记的讲话点明了中国特色社会主义的重要性。社会主义并不是一个抽象名词，社会主义重视社会公正，当年马克思批判资本主义的重要目的是指出资本在给社会带来巨大进步的同时制造了种种不公正。社会主义重视劳动，强调按劳分配，纠正了那种按生产要素分配带来的种种扭曲现象。

就现实而言，我们既要重视资本和市场的效率导向，也要正确发挥政府的引导与调节功能，更不可忽视社会的公正和稳定导向。单纯强调自由竞争的市场导向，为了利润和扩张不择手段，不仅会带来经济危机，而且会造成生态危机和社会两极分化，造成社会对立。虽然我们承认资本、土地、资源及企业家能力等其他要素参与创造了新价值和社会财富，但我们要把握劳动与科技创新创造价值的主线，否则社会公平公正的分配可能就会跑偏。例如，股市上涨吸引了大批不明就里的民众参与股市投机，大家都把心思放到炒股上去了，没有心思去搞实业和工作，大家心里想着一夜暴富，在股票市场这个分配机器中获得一大笔收益，勤劳致富的观念被抛弃。当股市下跌之时，投机失败的股民又强烈要求救市，但政府的能力总是有限的，不可能成为推动股市上涨的主体。所以，救市等于救急，不应当助长投机心理，更不应放任杠杆化和泡沫化。同样，我们的房地产市场也存在这种不良的激励机制，产生了一定程度的泡沫。香港自由放任的经济发展模式曾经被诺贝尔经济学奖得主弗里德曼称为自由经济的典范，然而放任的市场经济政策也有一定的风险。香港的高房价已经全面影响居民的生活及企业的商务成本，有人戏言"一盘菜的价格有一半是房租"。高房价全面系统地给香港经济带来冲击，使"自由经济"变得越来越"不自由"，各种成本显著增加，居民收入差距加大，社会撕裂，这就需要政府宏观调控。

当前中国社会内部产生了一部分所谓的"利益集团"，引起了很大的关注，这与社会主义的公正性相悖。布坎南认为利益集团有以下特点：垄断一个行业或某个市场，为了一己之私不惜破坏社会公正底线。从字面上说，所谓利益集团是一个为了维护自身利益和诉求而组成的社会团体。一个社会的组成成分总是包括不同阶层、行业和地区等具体单位和集团,他们之间的差别一定会导致不平衡的利益诉求,而在中国社会这种不平衡性尤其突出。不同社会团体应该有适当途径表达其诉求,但如有团体为私利而不惜损害他人和全局利益,这种利益集团当然要打破。由于历史原因和制度缺失,当下中国社会也形成了一些不正当的利益集团,需要我们客观地对待和处理,运用社会主义的优势纠正这些畸形。

在经济领域,社会主义在中国的实践和探索,也形成了无可比拟的优势。首先是中国的基本经济制度是公有制为主体、多种所有制经济共同发展的基本经济制度,这里要强调的是国有大企业所具有的优势。虽然在生产效率和适应市场方面确实不如中小企业灵活,但国有企业资本雄厚,集中在基础设施和公共工程领域等国计民生领域。如果国有企业缺位,比如在修路架桥的过程中过分依赖社会资金,就会导致路桥收费的居高不下,无形之中增加了区域社会和经济运行的成本,加重了城市居民的负担。通过国有企业,政府在基础设施和公共工程领域,当然也要运用"成本效益分析法"预先优选出投资项目和方案,提高财政资金的使用效率。同时,依托国有企业,加大财政投资的力度,减少对民间投资的依赖性,从而淡化项目经营的利润追求,切实增进公共服务水平,提升居民的福利。国有企业也更能贴近政府政策,例如在技术改造领域和环境保护等领域。虽然政府对环境保护问题日渐重视,但由于各类型企业在经济成本和社会成本的核算上不一致,特别是私人企业只注重单个企业的经济成本的核算,而忽略社会成本和环境成本,加上民众对环境保护问题的紧迫性认识不足,财政方面的投入也远远跟不上社会经济发展的步伐,出现环境保护事业明显落后于经济发展并直接妨碍了经济的可持续性发展。因此,政府可以在逐步完善环境保护法规、制度的基础上,使国有企业具有公益性,能够带头遵守国家有关环境保护的法律和法规。当然政府也可以吸引民间资本、私人企业投资、追加投资,增加社会对环保企业的直接投入。

最后,中国特色社会主义事业之所以能取得举世瞩目的成就,发挥集中力量办大事的优越性无疑是成功秘诀之一。现代西方经济学也承认,由于存在垄断、外部性和不完全信息等因素,经济运行中存在市场失灵现象。许多发展中国家虽然实行市场经济,但由于缺乏合适的举国体制,无法集中力量攻克科技难关,形成符合本国国情的优势产业,难以解决市场失灵问题。我国作为拥有广阔市场的最大发展中国家，如果不集中力量办好大事，就不可能办好绝大多数小事；如果不集中力量，就根本办不成大事。当下，我国面临的国际环境更为严峻复杂，特别是随着科技水平逐步接近世界前沿，一些重大核心技术和关键装备是买不来的，靠市场自发的力量短期内也是搞不起来的，必须发挥集中力量办大事的制度优势，推动工业化不断迈上新水平。两弹一星、大飞机制造、重大基础设施的建设、大型水电技术等事例，充分体现了集中力量办大事的优势和传统。

从改革开放之初至今，学术界与媒体批评国有企业各种管理弊端的声音不绝于耳，对民营企业的管理推崇有加。尤其是一段时间"国退民进""抓大放小"的政策促使各地政府纷纷"卖"掉所属的国有企业，国有企业成了"包袱"，民营企业成了"香饽饽"。国有企业的确有一些需要改进的问题，垄断不是国有企业的特性，国有企业应当通过市场竞争来获取合法性及合理性。首先，国有企业应该实现分类管理。如前文所述，分类是科学的基础。不久前，国家相关部委明确将国有企业界定为商业类和公益类，跟把所有企业一刀切相比是一个很大的进步。我们认为企业分为四类比较合适。第一类是公益保障类国企（如邮政、电信、电力、供水、铁路、交通运输等），这类企业以保障民生、服务社会、提供公共产品和服务为主要目标，其功能是：政治上保障国家的平稳发展，经济上追求一定的效益，社会上为民提供服务，技术上相对成熟稳定。这类企业应该突出政治稳定和社会效益，经济上追求适度利润。第二类是商业效益型国企（加工工业、矿产业、建筑业、大型商业服务业、旅游业、大宗商品贸易等），这类企业以增强国有经济活力、放大国有资本功能、实现国有资产保值增值为主要目标，其功能是：政治上平衡国民经济所有制的多元化，经济上追求很高的效益，社会上保障就业，技术上逐步提升。第三类是战略发展型国企（航空航天、军工企业、黄金、能源等重要行业和关键领域），是指那些服务于国家战略目标、承担特定任务的企业，它们的存在与发展关系到国家安全和国民经济命脉。这些企业的功能是：政治上保障国有经济的主导地位和执政党的地位，经济上保持较高的效益且在国际市场上保持竞争性，社会上保障稳定，技术上快速发展。第四类是优先发展型企业（需要国家扶持、特殊发展的一些高科技产业，如高端通信、芯片、商业飞机、特种金属等）。第四类与第三类的差别在于，前者的技术相对成熟，产业已经发展到一定规模了；而后者迫切需要国家重点扶持。

由于激励机制存在一定问题，国企存在着机构臃肿和员工积极性不高的问题，部门之间利益协调不畅，部分高管通过各种手段侵吞国资。因此，我们要注重企业经营机制的再造，要建立起具有有效产权约束和经营激励、符合市场经济规律的投资机制和经营机制，特别是由于国有企业的国有性质，在支配矿物资源方面具有优先权，从而导致资源价格核算扭曲，对此要予以纠正。在我国幅员辽阔、社会经济发展水平极度不平衡的条件下，社会主义有能力促进区域平衡发展，达成整体效率和国家竞争力的提高，这一点也可以通过国有企业合理布局，发挥其带动作用，加快落后地区的发展，促进中国整体上的平衡发展，使各个地区顺利建成小康社会。

在社会主义的实践和探索中形成的经济建设的五年计划机制，使我国在宏观方面的投资具有一定规划，约束了盲目性，在一定程度上稳定了市场的巨大波动，但市场的盲目性还是不时出现。如河北奶农倒奶事件等，这体现了单纯的微观市场难以做到在整体上实现资源配置的效率。

在社会主义的实践和探索中形成的开放性观念，使我国向世界开放并认真学习借鉴资本主义创造的有益文明成果，同时也能发挥群众的首创精神。例如，中国社会主义改革是从农村率先突破的，一些地区的农民群众从实际出发，创造了多种形式的家庭联产承包责任制，农村改革蓬勃兴起，家庭联产承包责任制在全国推广开来。而为了适应短缺经济的需要，市场自发催生的乡镇企业异军突起，转移了农村剩余劳动力，农村改革的巨大成就及农村经济的发展对城市的推动，为进行以城市为重点的整个经济体制的改革创造了有利条件。创造性运用包括资本主义在内的一切文明优秀思想和成果，对我们这个国家来说尤其重要。社会主义并不起源于中国，但在中国发扬得最好。历史上，佛教并不起源于中国，在中国发展得也是最好的，而在佛教的发源地印度，佛教早已经沦落。中国人善于融合各种文明，在分析其基本假设和价值观，以及规范的基础之上，吸取精华，创造性地结合中国本土文化，创造出一个个新的灿烂文明。

从中华人民共和国发展的整体而言，从1949年建立并进行社会主义建设和1978年后开展的特色社会主义建设都为我国积累了重要经验。个人的挫折能够促进个人今后更好地成长，国家也一样。近代的耻辱固然是中华民族的一大不幸，但也提醒我们的民族长期保持忧患意识。历史上的中原帝国的传统敌人在北方，而到了清帝国末期，致命的边患来自海上，而且农耕文明的挑战也不再是草原文明和大漠文明，而是来自西方的资本主义文明。这让中国一时无法适应，连敌人的底细都没有摸清楚，导致一败再败。随着中国人对西方文明的理解越来越深，中国逐渐有能力应对西方文明的挑战，并融合其优点。社会主义建设是一个前无古人的创举，中华人民共和国成立后进行的社会主义改造和建设都是根据马列主义经典文本和苏联模式，以及自己的探索进行的，难免发生失误。理性知识与感性知识永远不能等同，理论上行得通在实践上可能会遇到很大的挫折，这是因为理论的前提和边界与现实的基本情况可能存在重大差异。重大挫折能够以矛盾的形式揭示理论的基本前提和假设，从而让我们更清楚地认识社会主义的本质。

　　1949 年中华人民共和国建立并开展社会主义建设，积累了正反两方面经验，为后来创造了重要的思想、物质、制度条件。若无这些经验的积累，改革开放也很难顺利推进。毛泽东时代就破除了对苏联经验的迷信，走自己的路，从实际出发建设中国社会主义的思想，为探索中国特色社会主义道路起着思想解放的作用。1978 年后，中国特色社会主义建设取得了具大成就，形成了初级阶段的基本路线和强大的经济基础，为解决中国当前社会热点问题提供了经济支柱。

　　新知识和高科技的发展为国家建设注入了新的血液，这使得很多社会主义的主张变成了现实。例如，社会主义主张配置资源要有计划性，克服盲目性。马克思在分析资本逻辑周期性危机时，揭示出私人企业的理性与整体市场的非理性之间的内在矛盾。互联网和大数据的深入发展让信息流动更加便捷有效，这也为发挥计划手段提供了新的机会。消费者可以通过互联网向生产者传递自己所需求的商品及其相关要求，而生产厂商可以根据这些订单更加有针对性地生产消费者需要的产品。大数据也让厂商有了分析消费者偏好和需求的工具，使其能更好地追踪这些信息的变化。特别是移动互联网的出现，使厂商可以通过专业的大数据分析，深入洞察客户内在需求的变化趋势。消费者也可以通过互联网寻找更适合自己的商品，以及更清楚商品的价格、质量等特点，从而帮助自己选择适合自己的商品和服务。如果仅仅依靠市场自发性来调配这些信息，难免会出现大量的资源错配，且只能靠市场周期性的危机来解决这些错配。

当然，我们应当牢记，只要是工具就会有缺陷，无论是市场还是计划，还是新兴的互联网，都有自己内在的缺陷，这些缺陷如果管理不当可能会带来致命的伤害。例如，大数据也可能造成个人隐私泄露或成为用于隐性控制别人的工具。

信息技术的革命不仅将中国带入信息化时代，也对人们的思维模式产生了重大的影响，例如，现在人们思考问题时越来越多地依赖大数据来做决策。传统产业和互联网融合通过"互联网＋"和"＋互联网"两种基本模式来进行。社会主义是我们的崇高理想，但这理想并不仅仅是一个未来的梦想，还要在现实生活中得到恰当的体现。互联网和大数据时代的到来，使得社会主义的某些原则得到了更好的检验，之前运用受限的工具也逐渐能够发挥自己的功能。

本章小结

自然环境的约束可能是中国社会发展的最大现实，"胡焕庸线"揭示了自然环境与人口的分布规律，"竺可桢线"揭示了中国文化变迁的气候因素。实际上，中国历史上的王朝更迭，与自然资源的空间分布和气候变迁密切相关。土地资源是最重要的资源，对土地资源的利用和分配对中国有着特别重要的意义。中国传统文化通过塑造民族国家的性格特征，最终对中国民族、经济、社会发展形成正反两方面的影响。五千年的历史造就了中华民族复杂的文化和性格，内刚外柔、中庸、智慧、坚韧、孝悌，但又缺乏独立积极的自由思想，同时中国传统文化重视秩序与稳定，这也导致了对于发展关注不足，特别是重农抑商的政策，从长期来看，产生了很大的负面影响。中国人早年对资本印象很坏，因为资本主义的列强总是欺负我们；中华人民共和国成立后，因为思想观念的限制，对资本也采取了排斥的态度。改革开放之后，中国社会以实事求是的态度，利用资本和市场，发展了经济，推动了社会向现代化强国的转型变革。建设社会主义本身就是一种探索的过程，中国社会取得了辉煌的成就，所经历的曲折和教训也应该被汲取。经过四十年的改革开放，中国特色社会主义进入了新时代，社会主要矛盾已经转化为人民日益增长的美好生活需要和不平衡不充分的发展之间的矛盾。在追求国家富强、人民幸福的理想的同时，我们必须清醒地认识到社会经济发展不平衡与不充分的现实，认识到人口众多、资源有限、后发制约等因素。

理性的张力

照耀人的唯一的灯是理性,引导生命于迷途的唯一手杖是良心。

——海涅

理性对人类来说是非常重要的思维能力，是个体成长和社会进步的必要的张力。康德甚至这么评价："我们所有的知识都开始于感性，然后进入到知性，最后以理性告终。没有比理性更高的东西了。"无论是个体，还是社会，理性一直是个人成功和社会运转的重要保障。实际上，近代西方社会的发展就是一个不断理性化的过程。从科学上来说，更多的依赖概念化的理论体系替代了各种经验知识；从经济上来说，强调世界理性化的资本扩张，运用市场和货币把世界通约为一个可以度量的世界；从政治上来说，有规则的民主政治替代神权政治，建构了一个理性化的官僚体系和选举体系。我们用物理学的张力这个概念来比喻理性思维对人类社会进步的作用，张力顾名思义就是弹性物体拉长时产生的应力，即引起弹性物体伸长的两个平衡力之一。我们认为，理性是引起人类社会主动适应外部环境、审问慎思、明辨判断、遵循规律，从而有效组织、发展进步、延伸扩展的重要力量。

理性（rationality）也是西方文明的一个重要特征，它源自古希腊的"逻各斯"，即事物可以理解的规律。作为西方文化的核心概念之一，理性的定义及其分类非常庞杂。古希腊人通常将理性视为高于经验的认识层次，实践经验只是一种"意见"，真正把握事物本质的只有理性。柏拉图认为理念是永恒的，而人类感官所接触到的这个现实的世界，只不过是理念世界的微弱的影子，是由现象所组成，是变化多端的，每种现象因时空等因素而表现出暂时变动等特征。柏拉图的理念论基本上是整个西方理性模仿的原版，无论后来的理性如何定义和分类，都是柏拉图思想的不同注脚。例如，从认识的层次方面，分为感性和理性，理性的层次高于感性。感性认识一般就是指人的种种经验，具有直接性和具体性，而理性认识一般要形成概念、进行判断、演绎推理，是一套以概念为核心的假说或理论体系，通常具有间接性和抽象性。

认识论因方法不同可以分为唯理论和经验论，一些观点认为经验论否认理性价值。两者的真实区别不在于此，无论是理性还是经验，都需要运用理性才能构建理论。它们真实的区别实际上是对知识产生和认识可靠性问题的看法不同。经验论认为人的感性经验是认识最后的标准，拒绝承认理性作为知识可靠的根据；而唯理论则认为认识最后的标准是理性，拒绝承认感性和经验作为知识可靠的根据。尽管经验论强调经验是最后的根据，但并不否认理性，原因是经验论也要运用概念、判断和推理才能形成理论体系。同样，唯理论如欧氏几何强调公理化体系，但也需要借助直观的图形来帮助推理和证明。唯理论过于相信人的理性作为知识的可靠来源，而经验论对于自己的经验过于自信。经验论主要盛行于欧美，唯理论主要盛行于欧洲大陆，特别是以德国为代表，这二者都是在反对信仰主义的基础之上产生的。这两者的关系其实在本书第25页的图1中也有明确的表达。

　　人类的思想天性自由有活力，本能又追求身心自由，但又不得不面对现实的压力；理想自然美好，可我们往往不得不在现实面前低头让步。古往今来，人类有着追求自由与公正的伟大又崇高的理想，然而又不得不面对残酷无奈的现实。如何摆脱传统习惯势力的束缚与思想禁锢？如何消除抵制社会变革的阻力、减少社会转型的成本？社会变革中如何凝聚共识、形成合力？如何把崇高的理想转化为切实可行的阶段性目标并稳步推动变革？我们认为理性是达成社会共识的基础，是社会变革过程中传统与革新之间必要的张力。本章将具体分析人类理性的本质及不同文化思想体系的理性范式，试图寻找各种思想体系中共同的理性成分与要素。

6.1 理性的本质 过程与结果

如本书前文所述，知识整体论将人类的知识分为三种：第一种是感性知识，主要来自直接经验；第二种是理性知识，主要表现为以概念推理为核心的知识；第三种是活性知识，它是一种判断好坏善恶的认识，是在感性思维与理性思维基础上进一步觉悟与反思的结果。整体论强调这三种知识密不可分。在这里，理性知识实际上是人的一种认识层面，表现为概念化的知识体系，其本质是具有可重复性和可验证性的，在人类社会中主要表现为科学知识体系、社会制度系统及系统化的知识体系。有人说中国古代理性知识并不发达，主要是以实践智慧为主的实践性知识。这种论断事实上犯了一个以偏概全的错误，原因是以西方独特的理性标准来评判中国社会的传统理性。中国儒家建构起来一套系统化的社会治理体系，中国的法系也被称为中华法系，都应该被看作理性知识，只不过这种理性知识与西方理性知识的特征（出发点与判断标准）不同而已。

西方理性化的过程实际上是去宗教神秘主义的"祛魅"过程。简单地说"人是理性的"毫无意义，虽然人类生长着智慧的大脑，但还是有很多人做的很多的事情不合乎常识。学究式说"理性是大脑的功能"也毫无意义，虽然人脑和一般生物神经和脑组织有所区别，但功能学说却不能说明理性的目的性及价值意义。从目的上讲，理性应该符合目的的合理性，合乎人类自身的自然需求。活下去保全自己是意识性生物的自然需求，所以我们可以说自杀是非理性的。从手段上讲，理性是能找到解决问题的能力，如果人置于生不如死的境地，自杀的成功倒也可以说是理性的，因为解脱了痛苦。这在许多著名的文艺作品中都有体现，在戏剧冲突达到高潮时主人公用结束自己的生命来解除错综复杂的矛盾。我们从知识整体论的视角，为各种理性划出相对清晰的边界，逐步剖析理性，以获得更为清晰的轮廓。

理性的分类很多，其中有两类比较重要，一类是结果理性和过程理性，一类是经济理性和心理理性。这两类分类实际上有着密切的关联，秉持结果理性的人往往是经济理性者，秉持过程理性者往往是心理理性者，当然这些关系并非绝对的。

过程理性与诺贝尔奖获得者赫伯特·西蒙的程序理性密切相关，西蒙认为人的理性是受到约束的，完全理性是不存在的，人的理性实际上是一种受约束的理性（bounded rationality，中文通常翻译成为"有限理性"）。由于人的理性受到时间、能力、资源等因素的制约，无法选择所谓最优的策略，只能在一定范围内选择那些比较好的方案进行决策。而在面临诸多信息做出选择时，人的决策可以分为程序化决策和非程序化决策。程序化决策主要是那些带有常规性和反复性的决策，可以设定例行的程序来处理。程序理性是过程的理性，不是结果的理性。而结果理性是指在一定条件下和边界内，如果我们的行为达到了预期结果，就被视为结果理性。结果理性实际上重视行为产生的结果，而非行为的过程。

程序理性实际上是规则主义，对会计和金融等领域过程的控制往往秉承程序理性。如果缺乏程序理性，会导致信息传递扭曲、公司内部治理体系混乱、运作不透明，不仅会让人对会计和金融活动的公正性产生怀疑，而且会导致实体的不公正。传统中国礼治模式多少存在这方面的缺陷，程序不透明，也不公正，老百姓无法获知真实的信息，于是对各种判决心存质疑，对政府采取不信任的态度，老百姓期盼的是包青天和海青天这样的好官，而不是寄希望于审判程序。程序理性对组织管理和社会治理来说非常重要，一些例行的、反复出现的问题是可以通过一定的规则来处理的，这样可以减轻管理层的负担，让他们有精力处理更重要的事情。当然，程序理性应当根据每个人、群体（公司、社会和国家）的实际情况总结出来的规则去处理问题，而不是简单地将别人的或别的群体的有效规则搬过来，原因是规则总是有基本假设和价值导向的，不同的基本假设和价值导向会产生不同的规则，尽管表面上很类似的规则，但由于基本假定和价值导向不同也会在事实上产生不同的效果。托克维尔发现法国有类似美国的小镇民主，但价值导向不同。他发现法国的民主议事规则成为中央集权的工具，而美国小镇的人发自内心地关注小镇公共事务的决策，从而促进了美国小镇的繁荣。法国资产阶级发现所谓代表大会只是为国王征税的工具，参加几次就不参加了，效果也非常不同。由此可见，即使规则类同，不同的基本假定会产生不同的效果，而基本假定是一个群体通过种种经历和体验共同产生或认可的理性认识。

程序理性的基本假定是：假定存在大多数人承认的规则，并认为按照这个规则行事是理性的；假定按照这种规则的行为或信息是真实有效的；假定按照这种规则或程序能够为他人提供真实有效的信息并能作为反馈的依据。

按照程序理性进行的决策并不一定产生结果理性，如果忽视程序规则的边界和使用范围，就可能导致形式主义和教条主义。任何程序都不可能完美无瑕、毫无漏洞，因为再周密的程序设计者本身的理性也是有限的。美国现任总统特朗普在2016年的大选中共获得普选票6 224万票，比其竞争对手希拉里要少200万票。按照现有法律程序，美国总统选举为间接选举制，总统由各州议会选出的选举人团投票产生。选举人代表选民意愿投票，大多数州采取"赢者通吃"原则，即某位候选人在该州获得相对多数，那么他就获得该州的所有选举人票。尽管希拉里在这次大选中获得了比特朗普更多的普选票，但特朗普获得了更多的选举人票。这也是20年来，美国大选第二次出现获得普选票更多的选举人输掉大选的情况。上一次发生在2000年，共和党候选人小布什的普选票比民主党候选人戈尔少50万票，但小布什最终赢得了大选。

又如，当票决民主制运用到公司层面时，很可能就会产生各种扯皮的现象，有的规则还可能沦为恶人作恶的工具，或为一些行为提供合法性的外衣。譬如一家公司建立一套一系列的、程序化的流水线，如果输入的材料不合格，产品即使是从表面上看来是合格的，但实质上仍然是次品。程序理性重点在事中监督，而不是事前监督和事后监督，但是大量的活动和工作无法监督过程。计划经济时代，监督那些加入人民公社的劳动者的工作效率实际上是非常困难的，监督销售人员是否尽职尽责地在外跑业务也很难。于是，人们不仅要看程序是否符合理性原则，还要看结果是否符合理性原则。

结果理性的基本假定是大多数人只关注结果，而不关注如何达到这个结果的过程，假定按照结果来分析信息是真实有效的，假定有效的结果来自某种程序，并将结果作为反馈的依据。有些工作种类无法进行事前控制和事中控制，例如销售工作岗位，公司往往无法控制销售员是否尽职尽责，只好以结果论英雄。结果理性的合理之处在于人们行动达到预期的目的是一种效率，但随之引来的一个问题是有效率的结果未必是公正的。理性经济人只关注经济的效率，不顾程序与过程的公正性，过于迷信效率结果因而也可能陷入一个非常危险的境界。

经济理性是老生常谈的一个话题，经济学的教科书上都会赫然写着：我们考虑的主要是理性人。"理性人"是指作为经济决策主体的、充满理智的人，他聪明绝顶，既不感情用事，也不盲从别人的意见，而且能够掌握充分的信息，他精于判断和计算，其行为是理性的。同时，理性经济人是全知和聪明的，聪明的边界不仅包含现在，还包含未来，可以用期望、风险计算等技术手段把边界之外的信息内化。在经济活动中，理性人所追求的唯一目标是自身经济利益的最优化。例如，消费者追求的是满足程度的最大化，生产者追求的是利润最大化。显然，理性人假设实际是亚当·斯密经济人假设的延续，因为斯密还没有进入消费理性的范畴。

现实中处处有经济理性的影子，理性经济人是对社会中从事经济活动的所有人的基本特征的一般性概括：每个从事经济活动的人都是利己的，是为了自己物质、精神生活的改善和提高。例如，努力工作是有成本的，所以理性人会具有机会主义特征，如果有更高的回报，那就更努力地工作，对激励的反馈也是经济理性的表现。如果努力工作能够带来荣誉和精神享受，理性经济人也会努力工作，反正经济理性总能把人的活动最直接地归结到人自身的某些根苗上。总体来说，经济理性就是每一个从事经济活动的人所采取的经济行为都是力图以自己的最小经济代价去获得自己的最大经济利益。在他们看来，心理上，经济理性是自利的，人的动机是趋利避害；态度上，追求完全的理性，人都力求通过成本—收益或趋利避害原则来对其所面临的一切机会和目标及实现目标的手段进行优化选择。

当然，经济理性的实现也是要有条件和工具的。理性经济人拥有他所处环境的完备知识，这些知识即使不是绝对完备的，至少也相当丰富，相当透彻，否则就主动收集知识和信息直到在边际收集成本等于边际收益的原则下终止。理性经济人有稳定的、条理清楚的偏好（即价值观在具体事物上的体现），即使未来偏好可能改变，也要预知，由此产生了贴现原则、期望原则、终生效用原则来解释人类的储蓄问题，储蓄问题只不过是当前和未来的一种替代。理性经济人有很强的计算能力，能算出每种选择的后果，面对非确定的环境，经济理性要求具有风险分析工具，能够计算平均收益，也就是学术术语所称的期望收益等。

在西方经济学的视野里，经济理性人未必是"圣人"（道德高尚），但一定是"神人"(聪明绝顶),能使其选中的决策方案自然达到其偏好尺度上的最高点。用技术化的语言说,经济理性就是依据或收集具备完全的信息和技术的工具,找到实现目标的所有备选方案,预见这些方案的实施后果,并依据自身偏好这一价值标准在这些方案中做出最优选择。所谓"经济理性"就是会计算、能创造、并寻求利益最大化。

假定经济理性的特征可以用数学方法来刻画,那么经济理性是十分清晰和明确具体的,经济理性就是关注最后结果的效用、利润等。李嘉图较早地意识到这一点,将数理方法运用到经济分析中,引入边际概念,用可视化的逻辑演绎系统代替现实经济运动。由于引入了边际的概念,理性性质就有了量的表示,理性就把追求结果最大化直观地表示为对经济变量求极值。经济理性完全转化为最大化的求解和计算,消费者配置消费向量计算最大效用,生产者配置要素投入和产出向量计算最大利润,单方面就是收益最大化或成本最小化,有时还要考虑技术的规模属性和市场容量大小。可测算性就利润而言是无疑问的,但消费效用可测算性是个问题,此后,瓦尔拉斯和帕累托两人分别发明了基数效用和序数效用,量化经济理性的价值目标,这样也把生产统一到消耗上来(也是一种消费)。希克斯引入了约束概念,进一步解决了效用与货币收入之间的联系,用预算线与无差异曲线的切点确定最优消费组合,形成理性的局部特征,理性是实实在在的,他们避免了涉及道德和伦理价值。

经济理性也遭受到一些批判,经济理性近乎神,完全没有情感和情绪的影子。如果说经济理性关注结果,以最后核算结果为出发点来确定行动方案,那么心理理性就是注重行为过程是否合乎逻辑,合乎心理逻辑和环境逻辑;心理理性是过程依赖和心智依赖的。心理理性更注重过程,注重事实发生的逻辑,而不仅仅是事情发生的结果。

心理理性首先在需要层次上对经济理性进行过批驳。心理学主要讨论知觉、认知、情绪、人格、行为等内容。就需求而言,人类的需求是多方面的,但不是杂乱的,而是有层次的。早在1943年美国的心理学家马斯洛就提出需要层次理论,认为需要有轻重层次,只有较低层次的需要得到满足后,较高层次的需要才会出现。这个理论否定了经济理性传统地把经济利益作为唯一需要的观点,使经济理性向现实迈进了一大步。人类在真实的决策中是要占用时空的,决策并不是即时的,决策是一个和整个心理状态密切相关的过程。决策的技巧也是习得性的，现实中的案例已经生动、全面地展示了人们在认知、判断、推理、选择等方面的常见心态、行为误区及正确的决策方法。

再者，人类的目标不是单一的，至少不是单纯的经济利益，还有伦理上的追求，于是有舍生取义的壮举。这些行为也是在清醒头脑下的选择，而且还是受长期形成的观念支配的。很难想象一个人即时地、情绪化地从容放弃自我的生命。

人类是有情绪的动物而非完全理性的，事实上，大部分高等生物都是有情绪的，从而行为具有一定的随机性，而不完全是条件控制的，更不完全是意识控制的。人类的认知也是可变的，人会后悔。人类的价值取向也是有差异的，有人以奢华为荣，有人以奢华为耻；有的人生目标是在社会阶梯上向上攀升，有的人生目标是家庭和美、幸福第一。

心理理性肯定了理性能力的局限性，更注重事情发生的事实逻辑。事实上，即使回归到经济理性，即使经济利益完全可以测算，经济利益最大化行为也是以完全理性为条件的。只有具有完全理性，决策才能够找到实现目标的所有备选方案，并预见这些方案的实施后果，依据经济价值标准在这些方案中做出最优抉择。赫伯特·西蒙认为这种理性的定义是有缺陷的，人不可能知道全部的备选方案，外部环境是不确定的、复杂的，信息是不完全的，计算能力是有限的，把所有的价值考虑统一到单一的综合性效用函数中是有误差的，总之人的智力因素是有限的。由于智力的有限性，了解所有备选方案，特别是了解它的实施后果，对随机的未来估计出一致的、符合现实的概率也是办不到的。事实上，决策过程中人们并不遵循最优原则，而是适可而止，遵循满足原则，反映到经济主体上，消费者追求的不是效用最大化而是适度效用，厂商追求的不是利润最大化而是适度利润。

在我们看来，人类的行为是一个动态平衡理性、现实与自由这三个力量的复杂过程。一般来说，人的行为是理性的，由于受到现实条件的制约而不可能完全理性，而行为方向则是在追求自由时形成的价值观的引导。只有直面现实的约束，进行理性的思考，以理想价值为导向，才能获得正确的认识，增加人的理性能力，实现理性的张力，做出合情、合理、务实的决策，进而成功地推动社会变革。

6.2　实用的理性　和合的逻辑

李约瑟提出的难题：尽管古代中国对人类科技发展做出了很多重要贡献，但为什么近代科学和工业革命没有在中国发生？中国人对这个问题的看法很多，有的人甚至将这个问题视为伪问题。无论如何，这个命题给中国人一个思考自己的历史和心智模式的机会。科学重要的特征就是理性化表达，难道中国传统社会的文化基因里就没有理性吗？无论是经济理性还是心理理性，都会具有一定的抽象。

理性是中国传统文化的重要基因，传统的理性导向并不是基于自然观察的基础之上的理论化，而是导向人们的日常功用的归纳。日常功用技术很重要，然而技术的逻辑与科学的逻辑实际上并不是一个领域的概念，科学的目的是认识自然或社会，发现其中的规律；而技术的目的是改变自然和社会，从而为己所用。科学和技术虽然是密切关联的，但技术注重应用价值，而科学需要演绎推理，注重理论价值。

儒家思想体系是中国社会的主导思想，孔子的学说实际上都是针对当时的社会问题而提出来的一系列的方案。孔子对于思辨性的问题，采取了承认但并不打算研究的态度。论语有段记载说：

> 季路问事鬼神。子曰："未能事人，焉能事鬼？"曰："敢问死？"
> 曰："未知生，焉知死？"

季路向孔子咨询如何侍奉鬼神的问题，孔子说尚没有学会如何将该侍奉的人侍奉好，怎么就想着学侍奉鬼神。季路可能不服气，又问孔子如何看待死的问题，孔子没有直接回答，将主题又转回到生上来，意思是说你还不知道生，如何能够知道死呢？这段对话反映了孔子将做人和做事的重点引向实际生活，而不是玄虚的鬼神问题，将生命的重点引向现世，而不是来世。儒家倡导把精力用在解决现实问题上，具有强烈的实用特性和学以致用的特征。孔子为何会对人生的终极问题做出如此引导，这是因为孔子主要的理想是建构一个大同的理想社会，符合当时社会秩序和稳定的需要。春秋时代，列国征伐不断，所以有春秋无义战之说。为何会出现如此失序的现象？孔子认为是统治者无仁爱之心，礼制约束力下降，社会心理极端不健康。如何匡扶即将倾倒的大厦，孔子知其不可而为之。所以，儒家的理性主要体现在实用上，而非形而上学式思考。换句话说，儒家的理性精神主要是把握社会的具体规律，而非抽象规律。尽管孔子向老子问道，但主要目的是想知道社会规则的渊源，老子送孔子走时，孔子看到大河奔腾，感叹时间流逝，生命不知归向何处，老子的解释是人是自然之物，没有什么可悲伤的，孔子说："吾乃忧大道不行，仁义不施，战乱不止，国乱不治也，故有人生短暂，不能有功于世，不能有为于民之感叹矣。"可见，孔子一心担忧的是无法对匡扶社会秩序尽心尽力。因此，后世儒家强调学以致用，而不务虚玄、无用的学问。

李泽厚先生对中国的传统理性有一个非常正确的概括，称之为实用理性。他认为实用理性就是"它关注于现实生活，不作纯粹抽象的思辨，也不让非理性的情欲横行，事事强调'实用''实际'和'实行'，满足于解决问题经验论的思维水平，主张以理节情的行为模式，对人生世事采取一种既冷静又理智的生活态度"（《中国思想史论》）。在儒家这种实用理性的思想影响下，传统中国人大都秉持积极务实的态度，很少有极端宗教思想者，不同宗教主张和信仰可以在中国社会中共存共荣。这在经验推动技术进步的历史时期功不可没；而在以抽象的逻辑推理发现客观规律，提炼系统的理论体系以解决广泛的潜在问题等方面，则有明显的局限性。

其实，所谓实用理性就是最强烈的直观目的论，强调知识是控制现实的工具，现实是可以改变的，实际经验是最重要的，而原则和推理是次要的。实用理性是一种短期经验理性，信仰和观念是否真实在于它们是否能带来实际效用，对事物短程现象做直接把握，以实用为限，不必演绎推理，无须寻根问底，回避过分思考，达到人和物以及自然的和谐。

实用理性具有以下特征：首先不崇拜任何抽象的理念、信仰和思辨，但仍能保持一种冷静的、以理节情的生活态度。这在中国人的宗教态度上尤为明显，中国的神灵大都是血肉而食的神灵。其次它本质上是一种讲究实用、实际和实行的经验论的思维方式，满足于当下问题的解决而不深究其中的原理。这在数学的《周髀算经》和《九章算术》中都有体现，其中每个问题都直面日常生活，却不能提出公理体系。即使可以把圆周率算到如此精密，也难以形成极限的概念。当然实用理性并不是从当今中国社会中产生出来的,而是古已有之的,也不仅仅是中国社会所独有的。美国社会也具有很大的实用理性基因,主要以实用主义显现,实用理性不过是个工具;中国实用理性却以以天道和人道为基本构成因素的世界观模式和行为规范展现,而并不包含非理性的信仰因素和情感因素。中国传统文化不把此生的幸福放到天堂和心灵之中,只是去接受外在的、更有价值的器物层面上的东西,并进一步深化到反抽象的思维方式和行为模式中去。在利益上,实用理性直接追求效用和功利,在很多场合下都会形成"急功近利"的现象。在政治上,简单和个别地解决问题,不进行系统社会规划和政治、法律思考,而是以直接的利益交换为基础把政治底层化,所以直到现在仍然可见官商勾结的利益输送行为。在法制上,以消除现有矛盾为目标,不过多地分析合理性、权利义务的正当性。实用理性蕴含着一种自然而然的政治和法律诉求,排斥民主政体必需的抽象程序和相关的制度安排,把程序看成无效率和无实际效果的,把程序正义和权力制衡理解为"烦琐""低效",甚至曲解为"扯皮"。

实用理性在不同国家与社会的不同历史时期都有一定程度的体现,而在中国则全方位地深入文化骨髓,形成了独有的"经世致用"思想特征。中国儒家、墨家、道家、法家等无不渗透着实用理性,儒家以实用适应小农社会的需要,形成维护以血缘宗法纽带为特色、农业家庭小生产为基础的社会生活和社会结构的伦理等级和礼仪行为规范。中国传统社会中仁义学说具有普遍价值性,它不会因为时代的变化、经济的发展而变得落伍或不合时宜,而且儒家思想体系以实用需要形成了一定的包容性,吸收融合了其他学派的文化合理成分,最终形成了中国民族的基本心理结构——实现入世致仕、治国平天下,最后归属到封妻荫子和光宗耀祖的个体和家庭的目标上来。即使是儒家的仁义礼智信也是处于维系日常生活的层面,而没有上升到制度层面,礼无非就是日常的行为规范,而没有更深入的思想根源。即使儒教的敬祖法天也是祭祀风调雨顺、国泰民安,而敬祖法天的仪式用动物来祭奠,直接地表明心灵和神灵也是实用的消受和享用。

由手工业者等社会小生产劳动者所构成的墨家学派更是实用理性的,墨家强调"力",以驱使事物的改变,提倡实践,提倡躬行,提倡自我劳动,其最终目的是可以生存,可以更好地生存。兼爱和非攻是墨家实用理性发展的最大价值，虽然也强调物质交换和利益交换。墨家用直接的现实利益作为践行道德规范的理由和目的，实用理性精神在墨家学说里被充分地体现了出来。道家的养生和兵家的制胜也体现着实用理性，无论道家的培养元气、安静通气、宽胃养气等，还是炼丹，无不直接指向个体生命，而不像西方社会从炼金术开始而由此方法创新最终形成科学体系。建立在一定的现实利害关系之上，兵家以现实生存为根本目的，反对感性，重视经验理性对事物本质的分析和判别，是一种"在主客体'谁吃掉谁'迅速变化着的行动中简化了的思维方式"。三十六计无一不是局部保全自己获取胜利的直接诉求，并且上升到战争伦理，包含战术性的技术成分。在中国，以实用理性作为自己思考和行为的出发点的人，无论是对自己与之打交道的周遭事物而言，还是对自己在行为上必须考虑的规范来说，都把当下状态中的得心应手理解为自己追求的目标或理想，具有方法直观明了的短程功效。在文化上，实用理性与传统中国社会中的"人治"状态更为兼容，因为实用理性不必思考一个社会更长远、更全面的共同理想和核心价值，也不需要从抽象的演绎推理中建立起带有普遍性的规则与法律。

实用理性并非一无是处。在生产条件简单且稳定，以及社会尚无支持自由探索和科学试验的条件下，中国就是靠实用理性在现实政治（封建权力的平衡）、公共治理和个体民生、经验积累和技术进步等各个方面的平衡，才守住了泱泱五千年文明的根脉，而避免了西方源于天国追求而造成的分裂隔离、宗教战争和迫害的弊端。也就是说，实用理性的优点是追求社会和谐和工具的实用，具体消解矛盾而不追究矛盾的根源，在感性经验的基础上形成的直观、短程的价值观容易理解。在势均力敌的情况下，实用主义的方案容易被接受，不致消耗巨大的社会成本。也就是说，实用理性在常规范式下往往是有效的，例如一些企业家通过实战积累了大量的做生意的经验，这些经验在一定条件下是直接有效的，往往要比通过理论理性所获得的知识更有实用价值。

儒家的经世致用思想在王阳明那里得到了重要发挥。王阳明时代已经是明王朝的中期，学者以记诵章句考取功名为主要目的，而在实践中知行两分，而王阳明认为，"知是行的主意，行是知的功夫；知是行之始，行是知之成""又有一种人，茫茫荡荡悬空去思索，全不肯着实躬行，也只是个揣摸影响，所以必说一个行，方才知得真"。王阳明的观点不仅仅是针对程朱理学的流弊，而且还针对道家和佛家的某些"空虚"之论。例如，他批评佛家逃避人伦义务说，"吾儒养心，未尝离却事物，只顺其天则自然，就是功夫。释氏却要尽绝事物，把心看作幻相，渐入虚寂去了。与世间若无些子交涉，所以不可治天下"。客观地说，佛家思想有其内在的逻辑和应用边界，但佛家学说的某些论点确实有被世人滥用的危险。例如，很多人出家事实上是为了逃避人伦义务，有些人研究学问研究到了虚幻的迷途中去了。

王阳明所提出的经世致用的思想，主要有两个内容。一个内容是致良知，而"良知只在声色货利上用功"。这也就是说，王阳明的致良知实际上是肯定了人们追求物质利益的合理性，要考虑到利害关系和人情关系。抛弃物质利益和人情关系谈良知实际上是脱离实际的空谈，而且物质利益和人情要服从忠信礼义的价值观。另一个内容是"区区格致诚正之说，是就学者本心日用事为间，体究践履，实地用功，是多少次第、多少积累在，正与空虚顿悟之说相反"。儒家的学说致力于功名利禄，得当之时利国利民利己。王阳明的经世致用思想，主要是强调务实，反对空谈，注重实用，反对各种繁文缛节的无用之功。

尽管王阳明本人融合了儒释道思想，并批判了儒释道的一些弊端，但仍然难免落入传统实用理性的窠臼。比如，王阳明以其极其罕见的洞察力发现了心在人类认识中的重要性并提出良知这一重要概念。但是，为了表明其理论的合理性，王阳明反复强调心即是理，而非深入分析两者的差异。此外，阳明心学并没有深入探究良知的实质。王阳明虽然意识到人之欲望，永远存在人类的心中，无论如何都不可能泯灭；而人类心中永远存在良知，人人都可以成为圣人。为什么良知永远存在、不可能消失？为什么人类有良知？动物植物有良知吗？没有基因的物体，如计算机、人工智能有良知吗？本书提出的知识整体论假定，所有拥有遗传基因的生命体都存在活下去并把基因传下去的根本动力，而对于如何保证活着、怎么活着、如何活着、活着的意义，以及相关生命体共同活着的认识就形成活性知识。"良知"一词语出《孟子·尽心上》，"人之所不学而能者，其良能也；所不虑而知者，其良知也"。基因支持着生命的基本构造和性能，"不虑而知者"，不经过思考而拥有的认识，正是生命体遗传下来的基本性能。无论东学还是西学，根本都是终极的人文关怀。从孔孟的仁义道德、老庄的道法自然，到程朱理学和陆王心学；从笛卡尔我思故我在，延续到黑格尔的存在即合理，再到马克思、哈贝马斯倡导的自由与解放知识，实际是本我—自我—超我的哲学延续。这一系列的命题，反映出一个基本的概念：活性——人类的生命要活下去、有尊严地活着。任何社会变革与方针政策，如果沿着这个思路就可能顺利开展；反之则遇到重重阻力，伟大的理想可能高不可攀、周密的改革设计可能无法落地、雄心壮志的改革家可能寸步难行。

王阳明的思想在日本明治维新过程中起到重要作用，维新派很欣赏王阳明的以实际行动改变社会的务实思想及坚强的精神意志。倡导王学的吉田松阴，培养了大批维新派的领袖，包括伊藤博文、木户孝允、高杉晋作、山县有朋、井上馨等倒幕开国的叱咤风云人物。章太炎认为，"日本维新，亦由王学为其先导"。梁启超也认为明治维新的思想基础是心学。为什么心学在日本明治维新中起到重要作用？归纳起来主要有三点：一是利用王阳明的心学理论突破传统思想，二是将思想和学问从无用引向有用或实用，三是强调实践与理论的结合，特别重视行。为什么王阳明的经世致用思想会成为日本明治维新的思想根基呢？原因是王阳明的心学实际上是儒释道融合的成果，是儒家思想的再一次范式转化。同时，心学实用理性实际上为转型期或变革期提供了理论依据。在社会变革期，如何收拾人心，如何注重实际是非常重要的，特别是要理清利害关系和人情关系。只有清楚社会各个阶层的利益关系和社会真实状况，才能找到解决问题的路径或方向，从而为解决社会问题、推进社会变革提供有效的方案。

改革开放实际上是我国现代以来突破既有思维模式的一次社会转型实践，农民的利益得到了尊重，改变了农村社会；工商业的利益得到了尊重进而改变了城市，中国社会突破了计划经济思维模式，发展了市场经济的思维模式。执政党将重心转向务实精神，把人类普遍性的科学知识与技术与现实的实践问题相结合，走出了一条中华民族伟大复兴的道路。

从孔子为了解决春秋无义战的混乱状态而创立仁学开始，儒家就带有强烈的实用理性的特征。儒学学说的每一次转型升级，例如经学和理学，都是与当时的社会实践相结合的产物。然而实用理性有着内在的逻辑悖论，即在不断实践应用中往往出现例外，而且例外会越来越多，用归纳方法而发展的理论会越来越烦琐复杂。这就导致儒家理论体系内部出现混乱，实用性变得越来越不实用，最终导致新的儒学形式出现。

这是因为实用理性为了过于强调矛盾的统一性、和谐性，在深层次回避了矛盾的对立性与动态性。同时，实用理性避免揭示矛盾的根源，不能解决问题就回避问题，在平衡无法解决即时的问题时，就推动用等级森严的规则和制约个人欲望以强制实现平衡。例如，针对妇女守节问题，理学的一个信条是"饿死事小，失节事大"。这是程颐针对宋朝时代男女关系比较"开放"提出来的一个命题，原始含义不仅仅针对妇女，而且主要是批评男人若丧妻再娶更是"大失节操"。南宋朱熹将之翻出来作为劝人守节的信条，这个信条并没有多大威力。到了元明之后，这个信条变成了绝对理念，成为绝对主宰妇女命运的一个绳索。劝妇女守节的目的是为了实现以家庭孝道为核心的家庭伦理规范。当然，这种婚姻关系对于统治者来说并不是致命威胁，最致命的威胁是谋逆大罪。农民无路可走而被迫走上反抗道路之后，统治者对这些造反农民的惩罚非常残酷，灭九族的惨剧经常发生。

实用理性往往并不重视追求科学真理，以实用为界限制了人们深入探索大自然的欲望和发展成抽象的理论体系的能力。实用理性在依赖历史经验积累而归纳总结形成社会知识时具有一定的优势，从而中国古代历史文献能汗牛充栋；但相比依赖演绎推理和抽象思考为特征的自然知识就相形见绌，实用理性不锻炼抽象的逻辑演绎能力。社会和技术发展中缺乏迂回性时，实用的诉求避免了试验和迂回的成本。其一个显著特征是急功近利，人们只考虑当下的问题，并不考虑更为深远的原因；在规模经济和高度智能化的社会中，社会和技术发展中充满迂回性、复杂性，事物的关联性、因果性增强，那么实用理性就欠缺了。

经世致用的务实精神，将人们的视野束缚在具体可见的事物上，而不去关注更为根本性的、看不见、摸不到、高度抽象的规律性问题。西方科学之所以发展出来，欧几里得几何功不可没。西方近代诸多的哲学家和科学家都是以欧氏几何作为论证楷模，创造出伟大的理论，如牛顿的《自然哲学的数学原理》、斯宾诺莎的《伦理学》，这些都是仿造欧几里得几何公理化体系写出来的巨作。通过几个简单的公理，定义一系列的定理，就能够得出一套逻辑严密的理论体系，这是西方理性在逻辑上最重要的特征。我们中国的实用理性实质上更多的是道德箴言及对四书五经的注释和论证。八股文作为写文章的标准逻辑，束缚了人们的思维。相反，欧氏几何从本质上来说是一个开放、严密的体系，从而激发了欧洲人对科学探索的兴趣。特别是在培根的实验哲学理念确立起来之后，西方在科学领域越来越强；在洛克的政治哲学确立之后，英美政治哲学理念也基本定型。美国的政治体系基本上是按照洛克的原则设计的。

洛克是英美近代自由主义的奠基人，其基本论证逻辑起点是从理想的"自然状态"出发的，在这个自然状态的社会里，人人只听命于自然法，每个人都是平等的，每个人都不用看他人眼色行事，也不用得到任何人的允许就可以自由处理自身、财产，并且具有自由意志。洛克在其《政府论》中说："自然状态有一种为人人所应遵守的自然法对它起着支配作用；而理性，也就是自然法，教导着有意遵从理性的全人类：人们既然都是平等和独立的，任何人就不得侵害他人的生命、健康、自由或财产。""为了约束所有的人不侵犯他人的权利、不互相伤害，使大家都遵守旨在维护和平和保卫全人类的自然法，自然法便在那种状态下交给每一个人去执行，使每个人都有权惩罚违反自然法的人，以制止违反自然法为度。"这些基本的观点，成为美国宪法的主要根基。

在中国传统社会，儒家思想实际上也是主要"宪章"。儒家也论证了人类的理想社会，但那个社会主要传达的是社会公正与社会和谐，为了社会的和谐与稳定，个人利益并不重要，政府可以通过各种牺牲个人利益的手段促进社会稳定。与之相反，洛克论证的根基是个人的自由、私有财产和保障个人的私有权利。在稳定社会方面，儒家学说无疑是中国社会长期处于超稳定状态的思想根基。而洛克的思想注重保护个人的权利，限制政府的权力，聚焦于社会发展。这两种思想体系的不同，主要不是因为学术观念的差异导致的，而是由历史背后的基本假定决定的。中国历史上经历了多次分裂与动荡，人们发现只有大一统的国家才能保护家国，而英国大革命得出的教训是王权太强盛往往会侵犯个人的权利，因此限制王权与保护人权是最重要的。我们在评价一个思想体系的时候，不能离开它产生的社会文化背景和历史条件。

回到前面提到的李约瑟难题，我们可以认为中国传统社会的实用理性是制约科学体系产生的一个重要因素。实用主义注重解决现实问题的技术，重视社会实践而非演绎推理，具有强烈的功用导向，但没有动力去探究这些技术背后的科学依据与机理。例如，中国人很早就发明了火药，但仅仅局限于用在某些实用的领域，没有去研究火药爆炸的化学原理，从而难以发展出现代化学。经世致用导向本身也没问题，传统士大夫读书的目的确实是为了经世致用。经世致用也有大用和小用之分，有些学问看起来与实践没有太大的关系，但对其他理论却产生了重大的作用，从而间接成为推动实践的最重要的推动机。数学就是一个经典案例，数学本身似乎与现实关联并不大，对于老百姓来说除了一些简单计算或推理，数学似乎没有太多的直接功用，但事实上它几乎是近代以来科学的根基和母语言。

6.3 功利的理性 资本的逻辑

如果说实用理性是中国传统文化和哲学，以及技术进步的主要特征之一，那么西方社会传统文化的特征可以归结为思辨理性或逻辑理性，而诞生于西方的资本主义理性则具有强烈功效理性特色。实用理性具有最强烈的直观目的论，实际经验是最重要的，原则和推理是次要的，实用理性是一种短程经验理性，对事物短程现象做直接把握，以实用为限，不做深究，回避过分思考问题，达到人和物，以至人与整个自然和谐。特别是儒家思想，其核心目的是建立一个稳定、公正与和谐的大同社会，但历史的悖论是"常常欲使之稳定却难以真正稳定"，因为没有发展的稳定是很难长期保持的。正如罗素在其《西方哲学史》中所言，"历史证明：稳定的社会制度是必要的，但是至今人类的一切稳定制度都妨碍了杰出人物才智的发展"。其实，稳定的社会制度不仅阻碍杰出人物的出现，更重要的是稳定制度都趋向于保守。由于缺乏新鲜血液的流动，整个社会肌体在一定时段内会陷入紊乱，最终导致社会进入大动荡时期。

农业社会中主要由经验积累起来的归纳性知识具有成本优势，但在社会化大规模生产条件下，感性知识的劣势非常明显，技术和知识的积累跟不上社会发展与大规模生产的需求，而最重要的是它难以推动创新和冒险精神，以及企业家精神等。而以冒险、殖民、开创新世界及功利主义为核心的西方资本主义理性开启了世界发展的历史潮流。可以这么说，西方资本主义的理性的迷人特点就是用效用最大化来满足个人的欲望，欲望的扩张推动着资本者、冒险家在世界上扩张，这就是17和18世纪西方资本主义历史的主要内容。

马基雅维利主义是西方功利性政治的典型代表。早年人们将马基雅维利视为唯利是图的无德人物代表，后来人们发现他的思想实际上为近代西方政治学奠定了基础。马基雅维利最重要的贡献是他劝君主不仅仅要把道德当作推动社会发展的重要因素，而且要重视和开发人类的欲望，人类的欲望比道德更能够推动历史前进。在马基雅维利看来，权力和财产是人性所欲的两样基本组合，人类的欲望也是无穷无尽、无法彻底满足的，因此君主不能将私人道德运用在公共事务上。传统的基督教道德劝人忍让，不如古人的道德威猛有力。他在《论李维》中指出古人"威猛的勇气与体魄，以及能够使人强大的一切，这些德行使他们能够顽强地捍卫着自己的自由与荣耀"。在《君主论》中他坚持认为，"君主为了维护国家，他必须背信弃义、不讲仁慈、背离人道、违反神道"。在此基础之上，国君要懂得"南面之术"，实际上是要赤裸裸地操作权力。西方在近代殖民历史上，实际上是践行马基雅维利主义，为了发展而不顾及私人道德或公序良俗。

西方殖民的历史实际上是大规模生产方式所带来的商品不断在空间上扩张的历史，资本主义强国运用硬实力和软实力在全球范围扩张，从内在逻辑来说，是资本主义特有理性的外在表现。早期的西班牙和葡萄牙的扩张，主要是开垦种植园，开办矿山，成立贸易公司，掠夺而来的资本都挥霍了。这在英国式资本主义看来是非理性的，英国的资本主义的主要特征是掠夺资源并将之变成原料倾销地，是基于工业理性和资本理性基础之上的。

这种理性的最大特征是主张功利主义，资本主义也是功利主义在政治上的自然延伸，而功利主义在社会层面上的体现就是经济理性，在一般生产层面上展开就是效率优先。功利主义强调每个人的利益最大化，强调经济效率，漠视经济公平。在商业实践中，功利主义的应用就是等价交换原则，而等价交换原则实际上是为资本提供理性的市场，从而可以获取劳动力、原料及销售市场。功利主义认为人应该做出能"达到最大的善"的行为，而如何计算最大的善，则必须依靠行为所涉及的每个个体的效用或者苦乐感觉的总和，其中每个个体都被视为相同分量，所以收益和成本、快乐与痛苦是能够换算的，这就表明功利主义的内核就是经济理性。事实上，许多功利主义哲学家都是经济学家。经济学的鼻祖亚当·斯密所处的时代并无经济学的概念，他的学说是在伦理学上拓展的。斯密在启蒙学派"自然秩序"和"理性观念"的基础上，把人性归结为个人利己主义，认为个人自由地追求自我利益便会自然而然地促进全社会的利益。斯密开创了现代经济学，并冠以"国富论"的题目。这个题目本身就说明了一个核心问题，斯密要为当时资本主义竞争行为的合理性进行理论论证，这样的论证后来成为经济学的经典论述。

18世纪末英国哲学家、功利主义者杰里米·边沁的主要观点就是"人生本该寻快乐，众人都应乐中生，避苦就乐乃真性，如苦必降但愿少而轻"，边沁也是西方重要的经济学家。密尔深受边沁功利主义的熏陶，始终坚信"幸福"是人类一切行为的规则和标准，并且是人生的目的，这些功利观念自然而然地向可计算性延展，也就推动了经济概念的生根发芽、开花结果。经济理性的原理发源于功利主义，而经济理性所依托的技术法则也发源于功利主义。19世纪70年代西方出现的边际效用学派仍然是以边沁的功利主义作为其理论的出发点，其时经济学说业已成型，英国边际效用学派的代表人物杰文斯认为经济学的目的是求以最小痛苦（对应于成本）的代价来购买快乐（对应于收益），而使幸福（对应于效用）增至最高度。由于要求对快乐和痛苦进行计算，杰文斯因而把经济学叫做"快乐与痛苦的微积分学"。这也就说明功利主义形成了完备的技术依托，即新古典主义经济学成为功利主义最完善的表达形式。就生产活动而言，就是用最小的成本生产最大的收益，也就是效率原则。功利主义当然具有强烈的目的性，这就需要强烈的实现功利的手段，经济理性就自然而然成为实现功利目的的手段。经济理性就是依据功利原则，考虑生产要素的最佳配置、交换数量原则和消费的最佳配置。

与实用主义相比，功利主义具有独特的长处。实用主义在高成本情况下趋于保守，而功利主义趋于扩展。功利主义的优点就是生产领域的效率，交换领域的赢利，以及市场的扩张，功利主义推动着冒险和殖民，促进了世界历史的形成，以海盗的方式殖民美洲。

功利观念推动了经济理性和经济理论的形成。功利主义提倡追求"最大幸福"，培育着自利观念，塑造着经济理性人的本质特征。功利主义概念"最大善"的计算是所涉及的每个个体之苦乐感觉的总和，形成公共福利的观念，也推动着市场观念的形成。在功利主义者看来，苦与乐是人类活动的基本原则，"趋乐避苦"是人的本性，根植于人性的理论具有很深刻的说服力。从社会现实角度来说，代表当时社会精英的资本家们发现，王朝革命只会带来巨大损失，英国革命就是一个典型教训。资本主义的思想家们设计了一个根植于人性苦乐基础之上的功利主义，其最终原则是最大多数人实现最大幸福。功利主义在西方经济学领域的应用最为成功，新古典经济学的根基就建立在效用论的基础之上，效用的本质就是人的满足程度。

特别要提到的是功利主义者密尔、边沁以功利原理和自利选择原理为依据鼓吹自由放任主义，推动了资本主义价值体系、自由市场观念的形成。边沁认为，经济活动应以个人的活动自由为原则，国家应为之事只限于保护个人活动的自由和保护私有财产的安全，除此之外不应做任何干涉，特别不应该限制买卖、专有买卖和干涉市场自由。边沁的解释是经济上实行自由放任，生产上将会得到最大量，分配上将趋于平等，也就使得幸福也达到最大量。边沁的功利主义思想深深影响了当时和以后英国及欧洲大陆上的许多学者，特别是经济学家，萨伊、李嘉图、特拉西、杰文斯、庇古等，形成了强大的社会思潮，推动着经济理想和经济理论的发展，也推动着资本主义社会的发展。特别是功利主义不考虑或者说不拘泥于一个人行为的动机与手段，更着重考虑行为的结果对最大快乐值的影响，突破了宗教神学的禁锢，彰显了人文精神，也激发了创造性。

功利主义内部也存在着不同观念。例如，情境功利主义强调的是行为和情境的匹配，不将此处的合理性按一般道德律来推广到彼处的合理性，肯定了功效的差异性和需求的差异性。普遍功利主义强调整体性，若其他每个人都按照现在遵守的道德律做出行为，考虑整个世界的功效福利，肯定普遍性原则的有效性，自利和自由就是普遍有效的。规则功利主义强调规则在政治和道德中的重要性，根据规则为全体个人增进"最大的普遍善"来决定规则的取舍，规则功利主义平衡了行为和规则的关系，强调了市场制度建设的重要作用。无论是情境功利主义还是规则功利主义，其内在理性没有本质的区别，都是希望通过公理化的体系论证资本家活动的合理性，以及探讨人类行为的种种规律。

功利主义事实上是武装资本主义的指导思想。城市最先感受功利主义的洗礼，商业资本迅速发展，阶级结构发生显著变化，城市从防御的城堡和行政堡垒变成了用于交换的市场。从14、15世纪到16世纪末的欧洲，农业、手工业和商品经济等经济领域有了相当大的发展，地中海沿岸和西北欧的一些地区萌芽了一种新的生产方式，自给自足的自然经济解体。但是在单纯的一国范围内难以壮大这种新的生产方式，功利主义思想强烈地激励着开拓、冒险，从而在西班牙、葡萄牙等国兴起了殖民主义，冒险家开辟新航路并开垦、掠夺殖民地，推动了资本原始积累。功利观念在思想文化领域推动文艺复兴和宗教改革，破除禁欲清修，冲破天主教会神权的桎梏，资本主义文化和意识形态开始形成。商品经济的发展，封建社会自然经济的解体，生产效率的提升，形成竞争的市场经济，引起小商品生产者分化，最终使得资本主义从自由过渡到了垄断，可以说功利主义思想功不可没。

资本主义除了由功利主义作为精神引领，资本本身也具有特定的理性，表现为资本逻辑。资本的唯一目的就是增值，资本逻辑主要体现在生产与扩张的过程中。资本追求三个最大化：剩余价值最大化，利润最大化，自身扩张最大化。马克思在《资本论》中深刻揭示了资本的这三种所谓理性逻辑：

第一，资本追求剩余价值的最大化。资本追逐剩余价值的过程，从本质上来说，就是改进技术和提高资本回报效率的过程。这个过程也是实现剩余价值动态最大化的过程，也是寻求"廉价劳动者"的过程。转换成为一般的经济学语言来说，剩余价值实际上是被资本的利润及地租分割的。从现实角度来说，企业都在追求利润最大化，而以土地为代表的各种资源也追求自身租金的最大化，由于资本的特性是可以自由流动的，因此资本永远在寻找廉价劳动力。西方资本早年在中国投资，实际上就是看中了中国的廉价资源和廉价劳动力；如今中国劳动力和资源不再廉价，他们又将资本转移到了越南等地方去。

第二，竞争压力导致剩余价值最大限度地转化为资本。通俗地说，企业家赚了钱之后，希望最大限度地将这些转化成为可以再生钱的资本，而不是消费或挥霍。原因是迫于竞争的压力，资本不仅追求剩余价值的最大化，而且追求尽可能多地将剩余价值转化为利润，从而形成资本的积累并塑造了"节俭的资本家"。资本就是破坏性的发动机，其扩张破坏原有的产业结构和社会生产方式，产生更先进的产业结构和社会生产方式，从而推动了生产力的发展。这与传统社会形成了鲜明对比，传统社会生产的剩余产品主要用于维持社会秩序，以及供统治者们挥霍，一些君王甚至将大量的剩余产品埋在地下，希望在阴间继续享用人间的荣华富贵，而不是用于扩大社会再生产。

第三，资本把扩张过程最大化，讲究速度和效率，推动了资本的迅速扩张，资本主义经济的繁荣也来自竞争的压力。与此同时，由于竞争会导致垄断，在某种意义上来说，寡头垄断本身也是一种均衡态趋势。这个过程也就是"快鱼吃慢鱼"的过程。在金融资本主义的当代，资本借助信贷进行杠杆式扩张，更是加速了资本的扩张速度。近些年来中国的资本市场快速发展，单纯依靠本身积累的公司越来越困难，许多公司希望通过上市圈钱等途径迅速集中资金，用于投资或扩大再生产。大量民众将剩余的钱投入到股市中，为这些公司的跨越式发展提供了大量廉价资金。

资本扩张的过程中产生了产业空间，主要通过分工与协作两个向度的扩张，即在产业链之间和企业内的扩张，塑造现代性的经济生产空间。其一，从分工角度来看，企业的外部分工能够形成清晰的产权体系，进一步形成产业链。按照科斯的理论，如果购买比自己生产更划算，就没有必要每个部件都生产，如果每个部件都生产，既不能发挥自身的优势，又可能造成极大的人力物力的浪费。产业之间的物质交换，主要靠市场逻辑支配。从历史形态上看，产业是社会分工的产物，是社会生产力不断发展的必然结果。比如，农业与工业的分工，造成了城市对乡村的征服，"资产阶级使乡村屈服于城市的统治"。用日常语言来说，现代工业实际上控制了农业，农村在现代社会竞争中处于被支配的地位。从企业内部分工的角度来看，协作和分工虽然无助于形成清晰的产权模式，但却构造出工序化的生产销售模式。福特流水线实际上就是一个资本家按照科学理性的原则创造出来的，工序化的过程充分利用了时间和空间，增加了经济效率。资本扩张的过程，也就是资本生产出空间的过程，将自然的空间关系变成了经济空间关系，很多地方原来主要是未开发的资源，现在变成了旅游区和工业区，或者变成了各种交通枢纽和都市。

从协作角度来看，协作是为了节约成本，无论是企业之间以市场作为调节方式的协作关系，还是企业内部以命令作为支配方式的协作关系，都以节约或者效率为标准。当今世界已经被巨型公司主导，股份制的各种实现形式渗透到经济的各个角落，产业资本和金融资本相互结合，使得资本积累加快，集中度增强。股份制的广泛推广造成了资本空前集中，这种高级的协作模式也提高了生产效率。

资本家在内部追求剩余价值的刺激和在外部竞争压力的作用下，进一步推动资本化。资本化主要有三条出路：第一条出路是横向的扩张，即在量上的扩张。资本的生命线在于增值，从而带动整个经济出现扩张的形态，这与以简单再生产为特征的传统社会有本质的区别。因此，在"资本主义精神"的指引下，资本在全球空间内扩张也就成为历史的必然。马克思对此曾评论到："美洲的发现、绕过非洲的航行，给新兴的资产阶级开辟了新的活动场所"。通过不断将资源和劳动力纳入资本的体系，实现资本化，在全球范围内配置资源，追求利润，由此形成全球化。第二条出路是创新，利润率平均化驱使企业家创新。创新首先能够开辟新市场，其次创新之后形成的新产业往往会吸纳落后产业的各种生产要素。所谓"创新"，按照熊彼特的说法就是"建立一种新的生产函数"，也就是说，把一种从来没有过的关于生产要素和生产条件的"新组合"引入生产体系。这样一部分资本就从旧有的产业循环体系中游离出来，在追逐高额利润的驱使下，进入到新兴产业中来，旧有的体系遭到破坏，均衡被打破，即所谓的"创造性破坏"。真正的创新实际上是对产品、市场的基本假定的颠覆或扩展。例如，苹果公司将手机的定义从语音通信工具扩展到更多的领域：播放器、音乐盒、相机、电脑、移动购物终端等，从而实现了产品和市场的创新。第三条出路是虚拟经济或者以信贷资本为扩张载体的金融市场。金融资本实际上是古老生息资本的现代形态，产业资本进一步发展就必然走向金融资本主义。现代银行制度，就是在反对高利贷的情况下建立的。生息资本是整个信用制度的基础，马克思一针见血地指出，"只要资本主义生产方式继续存在，生息资本就作为它的形式之一继续存在，并且事实上形成它的信用制度的基础"。美国的崛起，在某种程度上就是金融逻辑支配的结果。美国学校里从小就教育注重信任，信任是金融发展崛起的关键。另外，美国的协商精神也有利于美国金融的崛起，并反过来为美国越来越细的经济分工提供充足的廉价资本，从而推动整个美国经济的崛起。

如果说功利理性有力推动了西方资本主义的经济发展，另外不可忽视的是由思辨理性与逻辑理性所带来的法治特征。法治社会为资本主义扩张提供了稳定的社会基础。西方社会的启蒙与现代化，发端于笛卡尔、斯宾诺莎、康德等确立的思辨理性范式。这个范式认为只要按照自身确定的严格而精密的规则探索，人类就能够获得真理。虽然这个理性范式有其局限性，但是把它应用于社会科学研究，规范化的理性范式引领了人类进步、启迪了思想、摆脱了愚昧，功不可没。这是一个长时期、经过几代人努力的过程，除了上述几个启蒙思想家，还包括伏尔泰、狄德罗、卢梭等，他们将理性赋予独立个人之本体，摆脱了中世纪神学思想的束缚，带来了人类思想史上的颠覆性革命。无论是功利主义还是资本逻辑，都是基于发展扩张的目的。中国传统社会的实用理性的目的是经世济用，往往局限于社会稳定与和谐。

美国社会也有"实用主义"（pragmatism）倾向，是与中国实用理性有一致性的思想，即要用理论和思想为社会实践服务。这种实用主义的根源是经验主义，又结合了狭义理性主义的一些优点。不仅如此，经验主义也是一种基于实践的理性，也需要进行公理化推理。实用主义者认为，理论只是对行为结果的假定总结，是一种工具，理论是否有价值取决于是否能使行动产生价值。实用主义者提倡"有用便是真理"。中国的实用理性主要针对社会领域，其目的主要是达到社会的稳定与和谐，而西方实用主义的主要目的在于解释行动的合理性和认识真理。实用主义在近代中国也有传播与发展，倡导者以胡适为代表。曾经师从美国实用主义大师约翰·杜威的胡适曾经说过："列位办学堂，尽不必问教育部规程是什么，须先问这块地方上最需要的是什么。譬如，我们这里最需要的是农家常识，蚕丝常识，商业常识，卫生常识，列位却用修身教科书去教他们做圣贤……切莫注重课程的完备，须要注意课程的实用。"且不论及其政治观点，就教育方式和教育内容而言，胡适这种务实观点至今仍有重要的现实意义。这是因为，普通高等教育与职业教育应该注重实用、传授技能、结合实践。之后中国的实用主义与逻辑实证主义融合，与中国传统的实用理性越走越远。

6.4　革命的理性　活性的逻辑

西方资本主义理性以其器物和技术上的先进性，法治组织的恒常和稳定性，文化的世俗性，特别是经济理性的优越性让清王朝吃尽苦头。1840年鸦片战争之后，中国在与西方文明的冲突中总是处于下风的，对如何救国保种这个重大命题，不同时代和不同阶层都进行了艰苦的探索。早期开明地主和士大夫的基本认识是技不如人，西方的坚船利炮让大清帝国吃尽了苦头，他们因此提出了"师夷长技以制夷"的口号。而太平天国的领导者则认为中国之所以落后，是因为清政府的腐败，他们从而致力于推翻清王朝统治的革命运动，但最终被清政府和西方势力联合绞杀。第二次鸦片战争失败和太平天国运动兴起，一部分官僚看清楚了科学技术落后的危险，因而兴起了洋务运动，主张学习西方的声、光、电、化、轮船、火车、机器、枪炮、报刊、学校等科学知识和技术，并打出了自强和求富的口号。随着甲午战争的失败，轰轰烈烈的洋务运动终结。维新派发现，如果仅仅学习或复制西方表层的科学或技术，不改变政治体制和思想，是无法获得民族自强的。因此维新派的主要主张是建立一个近代化的政治体系，走君主立宪的道路。维新派没能解决一个重要问题，即一开始并没有对观念变革进行铺垫，没有做好掌权者慈禧太后的思想转换工作。随着谭嗣同被砍头，康、梁出走日本，维新运动昙花一现，失败的原因固然有袁世凯告密，导致他们被以慈禧太后为首的顽固派反扑绞杀，但最重要的原因在于维新党人错误的变革指导思想。他们以为只靠皇帝下几条命令就能够改变几千年的传统思想和观念，无疑天真幼稚、考虑不周。义和团运动的主体是农民，他们单纯地认为中国老是被洋人欺负是官兵不勇敢的结果，于是兴起了"扶清灭洋"的义和团运动。随着八国联军进京，义和团运动宣告失败。义和团运动有消极的意义，但也有积极的意义，即阻止了帝国主义列强企图瓜分中国的意图。八国联军侵华之后，以慈禧太后为首的清政府被迫实施了清末新政。新政内容甚至比维新运动还要激进，建立了近代化的法律、政治、军事、教育体系，几年前的顽固派一转眼变成了改革派。但是，历史不再给清王朝机会了，不到十年清政府就灭亡了。清末新政失败的原因很多，有一点很关键，即当时的中国社会已经积重难返，清政府陷入了合法性危机，无法再通过缓步改革的方式赢得社会信任。中国社会已经从思想上开始不接受皇权，尤其是外民族入侵建立起来的政权，清政府本身为了维护皇权而实行了一些改革，但无论做什么都被认为是作秀。整个社会从而失去了平稳变革的良机。随着清政府失信于民的程度加深，革命党人开始以推翻清政府为目的开展革命运动。他们的基本信念是，只有推翻落后和腐朽的清王朝，建立民主共和国，中国才能够自强。辛亥革命推翻了清王朝的统治，但随之而来的民国时期又陷入了军阀混战的割据局面，社会动荡、战火不息、百姓遭殃。而后经过抗日战争和解放战争，直至1949年中华人民共和国成立，这才算真正独立推翻"三座大山"。

在一百多年的中西文化碰撞中，中国传统思想文化可以说全面溃败和落伍，但中华民族却表现出了巨大的坚韧性，出现了一波又一波的救国救民的浪潮。这说明了中国文化有深厚的底蕴，儒家文化培养的君子传统与家国情怀，在不同的历史时期通过各种变化的形态出现。尽管五四运动中出现了"打倒孔家店"的过激口号，但在这些斗士身上仍然可以观察到儒家知识分子的特征。中国传统文化由于其特殊的坚韧性，并不是容易断裂的。作为"戊戌六君子"之一的谭嗣同，在死神即将来临时，没有痛哭流涕地忏悔，更没有卑躬屈膝地求饶，而是大义凛然、慷慨赴义、视死如归，从容赋诗道"我自横刀向天笑，去留肝胆两昆仑"。这种悲壮的气概，时至今日仍然让人唏嘘不已、敬佩有加。孙中山领导的推翻清政府的革命，并不一帆风顺，而是经历了至少十余次失败。中山先生的革命精神堪称楷模，其革命道路一路荆棘、辛酸屈辱，但他始终不曾屈服退缩，毫不畏惧、坚韧不拔、不怕失败、绝地奋起、越战越勇。1911 年的武昌起义终于获得成功，为中国长达两千多年的君主专制画上了句点。关于中国社会如何变革，谭嗣同和孙中山各自的主张差异很大，一个主张改良而另一个主张革命，但是他们身上都体现了中国传统思想文化的优秀品质，尤其是家国情怀的精神面貌。

当革命成为不二选择时，革命思想的理性旗帜鲜明，具有强大的号召力。这是因为革命能够直观地反映底层民众最朴素的愿望，即用消灭剥削阶级来实现社会平等，具有十分宏大的社会动员力，能充分调动几乎全体社会成员的动能，并使得几乎全体社会成员都参与其中。当然，革命思想的理性也具有一定的局限性。首先，革命思想是建立在这样的基本信仰基础之上的：这个社会之所以混乱糟糕，是因为"豺狼当道，坏人执政"，只要通过革命的手段把那些坏人赶下台，好人去执政，这个社会就会变得更好了。其次，过分强调结果公平。在生产水平还很落后和发展不平衡的现实下，这容易造成社会群体内部的矛盾和斗争。因此，革命的核心是阶级斗争，寄希望于通过政治手段，许多时候是暴力手段，铲除剥削阶级，实现世界大同。

革命也并非中国特有的现象，近代历史上第一次具有世界意义的革命当推法国大革命。法国大革命的序曲就是理性启蒙和社会现实大批判，这些启蒙带来了未来社会和政治结构上的设计观念，很多设计充满智力理性。法国大革命显示了三种革命形式：（1）多数人自发；（2）精英领导；（3）在观念指导下由精英和群众共同完成大革命。多数人自发盲动的革命最具破坏性和盲目性，但最有冲击力量。精英领导的革命具有良好的先导思想准备，但动员力量不够。而第三种革命形式是前两者的结合，是真正推动社会进步的强大力量。1848 年的欧洲革命又显著地不同于法国大革命，马克思、恩格斯亲自参加德国革命的实践活动，后续陆续形成无产阶级世界性革命，形成了专业化的革命，有理论动员、行动纲领、组织领导等完备形式。这里最显眼地展示了革命思想中的理性，特别是理性的动员能力。最有影响的一次精英与群众共同参与的革命是俄国的十月革命，它直接推翻了沙皇的统治。这为中国革命提供了一个学习模板。

虽然中国近现代革命大多以暴力冲突和战争的形式出现，但在社会运动的支撑层面上——社会思想领域中仍然有丰富的理性批判和前瞻性设计。近现代中国的历次革命等社会运动，其内部具有深刻的理性根源。这种理性根源实际上来源于中国历史和自然环境。例如，近代中国落后的一个重要根源是土地分散导致农民生产和生活方式的分散性，在外敌入侵时这种分散性导致其很容易被各个击破。因此，中国革命的理性最重要的成分是将这些分散的农民和市民组织起来。中国共产党作为一个有理想和有严密组织的组织，逐渐成为领导中国走向独立并进一步走向富强的核心组织，有其历史的必然性。

从组织角度来看，中国共产党在中国的成功并非偶然，作为一个强大的组织，它是在总结教训和经验的基础之上成长起来的。中共一大就明确了自己的性质是无产阶级的政党，党要实现社会主义、共产主义的远大目标。中共二大明确了革命最高纲领和最低纲领，其中党的最低纲领是：消除内乱，打倒军阀，建设国内和平；推翻国际帝国主义的压迫，达到中华民族完全独立；统一中国为真正的民主共和国。党的最高纲领是：组织无产阶级，用阶级斗争的手段，建立工农专政的政治，铲除私有财产制度，渐次达到共产主义社会。最低纲领实际上是组织的近期目标和行动指南，最高纲领实际是远期目标。最低纲领非常契合当时中国的实际，当时中国最痛苦的事情莫过于军阀混战，内乱导致中国无法应对国内外的严峻挑战，只有消除内乱才能真正实现民族独立；当时中国沦为帝国主义瓜分的对象，只有打败帝国主义者，中国人民才能真正站起来。中共三大根据实际情况确立提出了统一战线的法宝。中国的国情决定了，如果不能联合一切可以联合的力量反对自己的敌人，中共就无法实现组织的目标。中共四大再次确立了无产阶级作为革命的领导地位，正确认识到农民是无产阶级天然的同盟者，无产阶级及其政党若不去发动和组织农民斗争，无产阶级的领导地位是不可能取得的。中共五大则犯了右倾错误。中共六大在莫斯科召开，大会批判了陈独秀的右倾投降主义和瞿秋白的左倾冒险主义错误，大会认为当时革命的中心任务是反对帝国主义和封建主义，实行土地革命，建立工农民主专政。斗争已经是当时的主题，因为当时国民党已经在围剿共产党。中共七大在杨家岭召开，大会的政治路线是放手发动群众，壮大人民力量，在党的领导下，打败日本侵略者，解放全国人民，建立一个新民主主义的中国，大会强调毛泽东思想为全党的指导思想。而此时社会的主要矛盾是打败日本侵略者，以及反对国民党政府的独裁统治，进而解放全中国。党的大会如果能够切实根据当时的历史空间和时间制定任务和战略，往往会在指导实践的过程中少走弯路；反之，则会走不少弯路。

共产党人实现革命理想的一个重要思想是要通过阶级斗争的方式实现无产阶级专政。因为共产党人的一个基本假定是社会人群是分阶级的，阶级斗争往往是一个阶级对另一个阶级你死我活的斗争。马克思指出："（1）阶级的存在仅仅同生产发展的一定历史阶段相联系；（2）阶级斗争必然要导致无产阶级专政；（3）这个专政不过是达到消灭一切阶级和进入无阶级社会的过渡。"阶级斗争本质上是反对不公正的制度，马克思批判资本主义的一个重要立足点就是资本主义存在极大的不公正。特别是《资本论》，它揭示了剩余价值来源和资本积累过程，从根子上揭示了资本主导一切社会资源所带来的种种不公正现象。西方社会实际上在后来暗暗地接受了马克思的部分观点，修正了那些不公正的做法，比如建立福利、失业等保障制度。需要指出的是，随着现代学术话语体系的转换，人们逐渐用不同阶层之间的冲突与协调来解释现代利益不均衡的问题。但无论如何，社会不公正是激发革命社会理想的最重要因素。从孔子说"不患寡而患不均"到后来我们强调的"大公无私"，从某种程度上来说是一以贯之的，都是在纠正现实社会与理想状态的极度偏离。

强调社会稳定和社会公正确实对于传统中国来说非常重要，而过分强调"一大二公"则会导致"吃大锅饭"的平均主义，不利于经济建设与社会发展，最终也会导致社会不稳定和社会不公正。同样，过分强调效率而忽视社会公平，很容易导致贫富差距扩大，进而导致社会价值和行为的混乱，进而影响整个效率。社会发展需要在公平和效率两种导向之间实现动态平衡。

中国的 20 世纪上半叶是革命的半个世纪，中国经历的主要革命运动有辛亥革命、二次革命、五四运动、北伐战争和抗日战争及最后的解放战争。1949 年中华人民共和国建立，进行了社会革命性质的社会运动，最为著名的是土地改革、人民公社运动、"大跃进"和"文化大革命"。而 1978 年改革开放也基本上是一次深刻的社会制度变革。随着大规模社会建设的开展,中国共产党从一个革命党转变为执政党。一般来说,政治革命(只改变政权的性质,而不改变社会经济结构的革命)给社会带来的震荡要远远低于社会革命(既改变政权的性质,又改变社会经济结构的革命),非暴力革命给社会带来的震荡要远远低于暴力革命。在这些社会革命中,典型性的社会革命应该是土地革命(1927—1937)和土地改革(1946年后),而最具有政治革命特点的多次革命的本质都是剧烈的阶级斗争。

土地革命是中国革命问题的核心所在,这是由中国的国情与现实所决定的。大部分中国人的职业是农民,而影响大部分农民生计问题的关键资源是土地。如果土地的分配出现巨大的不公正现象,一般来说这个社会就不会稳定,内部不稳定就会招致外患。

土地革命或者说土地改革具有非常丰富的理性逻辑,发动最基层社会力量,改造社会;它也具有深刻的社会根源,就是土地分配不公正。在军阀混战的20世纪二三十年代,土地兼并极其严重,严重地束缚了社会资源的有效配置,也形成了两大直接对立的社会力量:贫农和地主。而且在政治上,中国是分裂和割据的,军阀混战不能形成稳定的市场和稳定社会财产的权利,社会生产极度落后,急需全面深刻地进行社会改造。因为忽视了农民,大部分政治活动缺乏社会动员能力,而只有土地革命才最具社会动员能力,能动员最广泛的社会成员。毛泽东总结土地革命的经验,制定出一条完整的土地革命路线:依靠贫农、雇农,联合中农,限制富农,保护中小工商业者,消灭地主阶级,变封建半封建的土地所有制为农民土地所有制。这充分显示了革命的理性,调动一切社会力量,形成强大的社会改造力量。这条路线,调动了一切反封建的因素,保证了土地革命的胜利。土地革命使广大贫雇农在政治上翻了身,经济上分到土地,生活上得到了保证。为了保卫胜利果实,他们积极参军参战,努力发展生产。根据有关资料,在土地革命时期,湘鄂赣革命根据地,仅半年之内,参加红军的翻身农民就达3万多人;鄂豫皖革命根据地的黄安七里坪的一个招兵站,一天就招收了800名农民入伍。解放战争及中华人民共和国成立后的土地改革运动实际上从根基上清除了土地分配不公平的社会现象,为农民拥护中华人民共和国奠定了基础。在解放战争时期,参军和支前农民极其踊跃。美国学者易劳逸在他的《毁灭的种子:战争与革命中的国民党中国》中写道:

"国民党在农村的失败是由于当局——无能力保证农民的土地、安全和食物——极大地削弱了农民对政府所持有的尊敬。这就意味着政府正失去合法性。沉重的经常性的苛捐杂税、腐败、绝大部分官员所显示出来的倾向地主阶级反对佃农的偏见,所有这些都削弱了政府的权威及其合法行动的社会价值。结果,农民们不是逃难,就是躲避征税和征兵官员。""与之相比,在共产党地区,可能大多数农民仍然是完全不关心政治的,但他们倾向于与这个政权合作。一些人,尤其是青年人,则积极地支持共产党人。"所以,从某种意义上来说,土地分配公正与否直接关系到民心所向问题。这是因为中国主要是一个农业大国,土地是最重要的关键资源,如果土地分配不公正或者出现了大规模的兼并现象,一方面会引起农民巨大的不公正感,另一方面会导致大量失地农民,走投无路的农民会形成一股股强大的力量,从根基上瓦解整个社会。

近代中国革命的另一个理想是打败入侵的帝国主义,赢得民族的独立。在日本加紧侵华后,当时中国面临的最重要的挑战是打败日本侵略者。毛泽东主席在《论持久战》中描述了中国与日本的优势与劣势,日本的主要优势是在一定空间上可以集聚优势力量,善于打正规战,其劣势是广袤的中国大地让他们分兵把守,从而在局部上处于劣势地位,而空间集聚的一个重要条件就是交通运输,因此要实施"以时间消灭空间"的战略。因此,后来八路军的百团大战对日占领区进行铁路破坏,非常有效地限制了日本的空间优势。中国的劣势在于在一定空间内无法集聚比日本更强的力量,但优势是能够在分散的空间内形成一定优势,从而打击敌人,因此当时抗战的策略是"以空间换时间"。空间因素解决时间挑战。从时间上来说,毛泽东主席分析的三个阶段也都被历史证明。因此,真正的领导者是能够从空间和时间上进行准确描述并进行规划的人,而普通的领导者只能在一定的空间和时间限制内描述或规划。

总之,社会主义革命的理性具有非常鲜明的特征,即价值理性。革命理性的基本假定是剥削阶级的存在,而暴力革命是阶级斗争不可调和的产物。革命的出发点是追求公平正义,以武装斗争的方式推翻统治阶级,建立公平公正的社会,乃至解放全人类。在我国建设社会主义现代化国家过程中,核心价值观得到了很好的总结提炼,包括:富强,国家强大,人民富裕;民主,人民当家,民愿主导;文明,开明进步,追随时代;和谐,和合宽容,息斗止争;自由,保障个性,尊重理性;平等,人格权属,不分尊卑;公正,公平正义,权益共享；法治，法为准则，遵法守法；爱国，中华一家，共同关爱；敬业，立足本职，做好本分；诚信，诚实无欺，信义立身；友善，善待他人，博爱友好。

6.5　理性的本质　不同的范式

　　2015年10月5日是一个值得纪念的日子，中国科学家屠呦呦与其他两位科学家获得了诺贝尔生理学或医学奖，而她则被人称为"三无"科学家。国内学术界和舆论界对这个话题进行了激烈的辩论，辩论要害在于当下的中国科研激励机制是否合理。另一个焦点问题在于这次诺奖颁给屠呦呦是否意味着世界对中医、中药的承认。有人说这是诺奖对中医的承认，但诺奖委员会的汉斯·福斯伯格对之的回应是："非常重要的是，我们不是把本届诺奖颁给了传统医学。我们是把奖项颁给受传统医学启发而创造出新药的研究者，今天我们能够将这种新药推广到全世界。这是本届奖项的意义。因此，你可以说受到了传统医学'启发'，但这个奖项并不是给传统医学的。"

　　这两个焦点问题实际上需要从西方理性观念、中国传统理性观念及社会主义的理性观念进行剖析。客观地说，最终判断中医药是否具有"科学性"的核心是如何理解"科学"，以及"科学"的本质是什么。对于科学的定义则反映了不同文化对于理性的理解。现代的科学概念主要是指那些系统化和被验证的知识体系，其特征是强调实验数据和可重复性。这种科学的定义实际上是建构在西方式理性基础之上的。

　　为什么这件事情值得我们仔细琢磨，原因是这里有三个关键词：诺贝尔奖、中医药及社会主义。诺贝尔奖一直是西方科学的典型代表，中医药是中国传统科学的代表，而屠呦呦在"文革"期间带队研究青蒿素为世界做出贡献又可以视为社会主义的理性成功代表。

　　中国传统理性是实用理性，是一种短程经验理性，对事物短程现象做直接把握，以实用为限，不做深究，实用理性的目的实际上是维护社会和谐与秩序，而不是以发展作为主要目标。其优点是面向现实，经世致用，缺点是缺乏近代科学所具备的公理化逻辑推理体系，以及通过实验证明假设的特征，未能发展出近代科学和技术，同时也未能对社会、观念进行深层次梳理和反思。

而西方的理性注重逻辑思维活动，强调人类的思维能力在获取知识和拓展知识中起到重要作用。无论是唯理论还是经验论，实际上都是西方理性的标准形式，只不过唯理论强调"理性"是人类认识之源，而经验论强调"经验"是认识之源，这里的"理性"和"经验"实际上都是人的思维的组成部分，"理性"是人的思维的推理过程，而"经验"实际上是人的思维活动的归纳过程。无论如何，二者都承认理性是科学研究的基础。英国的经验主义把个人的经验概念化，并将之视为"客观的世界"，其所用的方法力图排除主观性，而法国的唯理论往往要从不可怀疑的基点出发，演绎出一系列的理论，那些无法通过现实基点证明的内容，都被排除出去。无论如何，西方理性的核心就是要排除那些未经验证或证明的知识。从现实的角度来说，西方理性表现为两种主导形式：西方倡导的功利主义及深藏其中的资本逻辑，其核心特点不是为了维护社会稳定，而是以发展或进步为主导目标。西方理性的优点是能够深入地分析和探究自然、社会，以及人的心灵问题，其缺点是过于关注效率和发展，以功利为导向的社会经济活动往往会引起社会财富分配不均而导致不稳定。从历史上来看，西方的工业化和市场化的过程，实际上是全球生态系统和其他文明的灾难历史。

革命的理性实际上是一种明辨性、价值性、善恶性思维的理性，这种理性关注现存的和历史的不合理问题，从而通过批判性思维或活动对之进行改造。革命理性的优点是能够关注现实，并将现实问题总结成为理论。一旦伟大的理论被群众掌握，就会变成改造现实的物质力量。革命的理性既反思传统、关注秩序的不足，又反思资本主义、强调效率的缺陷，立足现实，从理论的高度分析问题，并给现实指引未来的方向。

由此可见，实用理性的优点是指向现实，但缺陷是短程的。理论如生产工具一样，需要"迂回生产"和演绎推理才能系统拓展。西方逻辑理性的优点是概念清晰明了，缺点是往往忽视了现实的动态变化，并将理论视为"客观性"的，即放之四海而皆准，因而可能导致教条化。这种理性在一定封闭体系内玩概念、绕圈子，浪费了很多时间和精力，排斥大量实用方法和实践性理论。革命的理性注重激情和价值反思，但其缺陷是有时候过于乐观，往往热情有余、慎思不足。我们区分这三种理性，因为理性的作用从来都是情境性的，没有一成不变的理性。

就屠呦呦获得诺奖这件事情所引起的对理性认识的冲突来看，这反映了三种理性对于基本假设、价值导向及在此基础之上行为规则的差异。

首先，就诺贝尔奖委员会来看，其之所以授予屠呦呦诺贝尔奖，是因为她是"受传统医学启发而创造出新药的研究者"。诺奖颁布的获奖理由是："中国科学家屠呦呦从传统中草药里找到了战胜疟疾的新疗法。她通过大量实验锁定了青蒿这种植物，但效果并不理想。屠呦呦因此再次翻阅大量医书，最终成功提取出了青蒿中的有效物质，之后命名为青蒿素。"从传统医药方中找到新方法在西方人看来只能是一种启发，就像编撰的牛顿故事那样，苹果落地只是一个启发，关键是要运用西方逻辑思维的理性标准论证这个启发。屠呦呦运用"实验"的方法最终提取了青蒿素，这是西方人认定屠呦呦贡献的标准。实验的方法是培根确立起来的"科学"方法，核心是找出共性并系统化为规律。中国传统医药学也有实验，也试图发现共性和规律；但中国医药学不像西方那样，将人体视为"客观"的物质，而是视为有生命的整体。

其次，就大多数国人来看，这是为中医药正名的好时机，也是西方"承认"中国传统医学科学性的重大标志。中国传统实用理性的关注点在于是否能够有效解决现实中的问题，在大部分国人看来，拯救了数百万人的生命，这就是有效的。更重要的是，在西方科学没有成为主流之前，中医药已经作为有效治疗人的疾病的方式存在了几千年，并且中医药也有自己的理论基础：阴阳五行学说。这从理论上来说有一定的自洽性，虽然并没有形成定义清晰、推理严密的西式科学体系。西式逻辑分析理性还有一个特征是，将个人的主观性排除在分析推理之外，即像手术一样将那些他们认为没有经过试验验证的假设割掉。中国传统医学则保留了整体性思维模式，不免带上主观性知识，甚至带有神秘主义的成分。

最后，就屠呦呦本人而言，她说"这不是我一个人的荣誉，是中国全体科学家的荣誉"。实际上，屠呦呦获奖这件事情也有争议。根据公开资料显示，1967年5月23日，在毛泽东、周恩来等领导人的亲自指示下，中国政府启动"523项目"，旨在找到具有新结构、克服抗药性的新型抗疟药物。中国7个省市、60多家科研机构、超过500名科研人员协力攻关。这显然是社会主义优越性的重要体现：集中力量办大事。这次诺奖颁发给屠呦呦个人，不免引起争议。实际上早在前几年她获得拉斯克奖时,评选理由中评委们就对于这个争议给出了解释,即是她第一个把青蒿素带到"523项目"组,第一个提取出有100%抑制率的青蒿素,第一个做了临床实验。西方个人主义文化强调个人在先,科学发现标准是第一,鼓励创新;而我们的社会主义评价标准往往是强调国家和集体,而后再认可个人贡献。革命理性强调价值导向,重要特征是敢于拼搏和积极向上的精神,在当时条件非常艰苦的条件下,中国科学家们凭借这种奋斗精神克服了困难,最终为人类治疗疟疾做出杰出贡献。设想一下,如果没有上述价值导向和精神引领,高效青蒿素的提取恐怕很难成功。

因此,中国的传统文化的实用理性、西方传统思想的思辨理性、近代资本主义的功效理性,以及社会主义的价值理性存在很大差异。这种差异主要是来源于对于事实认定、价值导向的不同,这导致了在评价规则和结果上存在巨大争论。

有观点解释了西方为何从不公开承认中医药的科学性(实际上很多西方人也在使用中医药来治疗疾病)。该观点认为中医药缺乏逻辑、缺乏论证,以及无法证实或证伪,最关键的是无法通过双盲实验这个"黄金规则"的检查。双盲实验要求实验结果避免安慰剂效应或观察者偏向影响。

事实上,这正是中西方传统理性标准的差别,西方力图追求"客观性"而避免将主观性视为有效知识的本质;而中国传统理性则要求将主客观互相作用视为有效知识的本质。传统医学非常重视"望闻问切",但忽视寻找背后的规律原理,重视经验的积累,忽视经验背后的逻辑推演。

就中医药而言,其优点包括:(1)历史悠久,经得起历史考验。传统中医药知识之所以能够传承下来,并能够在实际生活中有效治疗一些疾病,至少说明中医药在实践上来说还是有效的。(2)中医药可以因时因地增加剂量,应用范围广泛。(3)中医药材料天然,能够最大限度地保持其有效成分,副作用小。(4)中医药的特点是关注整体性,因此对于治疗那些慢性的疑难杂症优势明显。(5)随着科技的发展,中药现在也可以制成剂,使用方便。

当然,中医药也有其不足:(1)见效慢,需要一定的疗程,而西药则力求短期内见效,但副作用比较大。(2)由于主要依靠医生的经验,一般医生对于如何用药及用药剂量难以掌握,而西药有理性化的说明,易于操作和掌握。(3)由于中医或中药的治疗原则着眼于整体,对于一些疾病往往不能形成针对性治疗,而西医则力求针对某种特定疾病进行"精确"治疗。

因此,中、西医药都有其使用的边界和范围,中国现代科学工作者最重要的任务是理清二者的边界和范围,挖掘传统医学宝藏,尽量用现代科学的语言进行论证和说明。中国历史文化悠久,留给我们的医学文献非常丰富,各种民间偏方更是数不胜数。世界对待中医药的心态其实很微妙,一方面大量收集我们的古药方进行研制,中医药的专利总是被人抢注。有一种说法是中国的中药出口还没日韩(大约占世界的80%)多,当然这只是一种统计数据,但可以看出国际对待中药实际上很重视。另一方面拼命散播中医药"不科学",即上述所言的不能经受西方式理性的"黄金规则"的验证。

中华民族作为人类的一分子,也不能停留在中医药传统宝藏上而停止更深入的研究。这次屠呦呦获奖给我们一个启发,即中国传统医学完全可以,而且也应该在某种程度上通过现代西方科学模式进行论证。《新华视点》的一篇文章是这样评论的:青蒿素的制作"遵循了现代药理学和化学的方法,经历了非常严格的"提纯—再试验—测定化学结构—分析毒性药效—动物试验—临床试验—提取工艺优化—生产工艺"的制药流程,在青蒿素类抗疟药的临床试验中也全部使用了双盲法,这和传统方法有很大区别"。

我们在这里想要说明的问题不仅仅是中医药的国际化和现代化问题,而是想说明理性的形式不止一个。在解决问题时,我们永远需要理性精神,对各种因素进行理性的分析判断,寻找最适合解决问题的方法。例如,当我们在科研或实践中遇到困难时,一方面要应用科学理性和传统理性,另一方面更要具备克服困难的乐观主义精神与协同作战的集体主义作风。

观念的争论和误解往往是基于历史形成的经验事实和价值导向认识的差异。中美关系问题最近成为世界性话题,中美之间存在某种共识,但也有很多不同见解,甚至出现误解。误解之所以会出现,既有利益原因,也有理性思考出发点的差异。例如,中国人由于受到传统理性和社会主义的双重影响,对待个人与社会关系的理性逻辑起点与美国人是不一致的。中国人认为先有国、家,然后才能有个人,即"有国才有家",而美国人认为是先有个人,然后才有家与国。这两种思维范式都有历史根源。就中国而言,中国受到春秋战国时期战乱的影响,最终秦始皇横扫六国,建立大一统国家,发现国家强大对于防止社会分裂非常重要;而美国受到其宗主国英国的《权利法案》影响,认为防止政府侵犯个人权利是最重要的。1660年斯图亚特王朝复辟，大肆侵犯英国臣民的权利，结果发生了光荣革命，推翻了斯图亚特王朝，邀请威廉和玛丽来保护英国，并要求以法律的形式限制国王的权利。随着中国融入世界，中国社会也认识到限制政府权力的重要性。国家领导人多次强调要"把权力关在笼子里""有权不能任性"。同时，西方社会也开始重视强调政府在经济调控中的作用，不再甘于做市场的"守夜人"。美国政府在2009年金融危机大救市的历史过程中，甚至出台了非常强制性的政策来干预市场。

虽然理性的本质相同，即逻辑思维与分析推理相同，但理性形式往往存在差异，在一种理性看来并不重要的事情，在另一种理性看来却非常重要。有一个差异很有意思，即中国传统的思维模式是"天下"思维模式，"天下"一词不断演变，早期是指中国，后来变成了世界。明末顾炎武论证了亡国与亡天下不同，异族入主中原也并不代表中华文化灭亡。因此古代中国也往往被称为"天朝"，这种"天下"思维模式一定程度上反映了传统文化，而不是简单的一个地理概念。这种文化使得近代中国社会在与西方打交道时存在很大的误会。美国的思维模式是以个体为基础，强调自身的利益。有一个笑话说美国东北部某一个州的居民，写信去州政府询问关于新墨西哥州的情形，得到的答复居然是：关于别国的情况我们不大熟悉，无可奉告。这个笑话说明一个问题，美国人的思维模式是以美国自身利益来看待世界，经常以自身利益来判断世界利益的是非。美国政府常常不顾国际规则对一些国家进行制裁甚至赤裸裸地动武，在自身利益优先的价值导向下，动武之前尽量找理由甚至强迫联合国通过而认可其合法性。从价值理性、逻辑理性及实用理性这三者来分析，也就不难理解美国政府的一贯做法了。

美国人聚餐基本上是AA制，但中国人往往喜欢请客吃饭，有时候中国人会对AA制感到尴尬。这其实反映了中美对待聚餐文化理性制度的理解不同。中国人奉行集体主义文化，吃独食是中国文化不能容忍的事情；而美国强调个人主义文化，强调个人奋斗，不能不劳而获。这里当然也有相通的地方，中国人尽管爱请客，但也强调来而不往非礼也。意思是说，大家轮流请客，这样人情才能继续下去，"集体"才不至于瓦解。不过，随着双方交流的深入，双方对对方的聚餐方式有了一定理解，误解逐渐在减少，一些美国人也开始请中国人吃饭，中国人也很自然地奉行AA制而不被骂吃独食。

6.6 科学的理性 认识方法论

理性是人类战胜迷信和神学权威的有力武器与法宝，西方社会通过文艺复兴和宗教改革，经历了一个从神到人的时代，因此，理性也被视为现代性的一个重要标志。与理性主义伴生的还有反思与批判，以对抗理性主义的过度扩张，适时将理性的张力限制在它自己的领域。休谟实际上最早怀疑人的理性能力，而经过康德的证明及黑格尔的辩护，理性主义达到了历史的顶峰。

人们对于理性发生普遍怀疑是在几乎毁灭人类的两次世界大战之后。两次世界大战的惨绝人寰，让世人看到现代世界危机的根源：将西方的特有理性包装成为世界普遍理性，将西方的意志转化成为世界普遍意志。人们发现，这个现代世界原来是一系列理性设计的结果，譬如经济市场化和资本化，政治民主化和票决制，历史宏大叙事化。具体来说，在历史发展的领域，人们普遍寻找世界历史发展的普适性规律，有人将西方的殖民历史视为使世界现代化的历史。在政治领域，自由意志和民主票选成为政治现代化的标准形式，有人甚至认为民主政治是现代政治的唯一形式。在经济领域，崇尚自由经济与崇尚权威经济并存，权威主义与自由主义交替粉墨登场，但无论如何都离不开市场与政府关系的狭窄理性争论。

从科学发展角度来说，西方的科学与技术无疑是进入现代社会的关键，也是西方理性主义的优越性最有说服力的证据。科学技术与大工业结合起来，以及殖民地扩张所带来的巨大市场，直接引爆了工业革命，导致了传统社会的分崩离析。科学与技术也有很大副作用与危害，直接将世界带入了一个风险集聚的社会。世界拥有的核武器可以将地球毁灭许多次，工业化快速消耗世界资源，生态环境也在加速恶化，人们不禁怀疑，大自然让人类进化到今天这个程度，到底是在加速人类历史走向终结的进程，还是在避免意外事件发生以拯救人类历史。

著名的政治哲学家施特劳斯曾经在《什么是政治哲学》中说过："在最激进的历史主义中，也就是说，在对遗忘永恒观念的明确无疑的谴责中，现代思想达到了顶点，达到了最高的自我意识。因为遗忘永恒，或者换言之，疏远人类最深沉的渴望并随之疏远原初问题，是从一开始就必须付出的代价：现代人为了努力成为绝对的最高统治者、成为自然的主人和所有者与为了征服偶然性，就必须付出这种代价"。换言之，西方人赋予理性的绝对统治地位，实际上是将西方特有的理性误认为是人类的普遍理性，甚至认为是大自然的理性，这种幻觉最终祸害无穷。理性与对理性的批判，实际上是理性不断发现和开拓自己的基本假设、价值导向及规则的过程。如果没有了对理性本质的反思批判，理性就很可能陷入某种绝对的理性范式而不可自拔，而两次世界大战的惨剧正是前车之鉴。

理性本身具有局限性，因而理性也在进化。理性的具体范式已经经历过无数次的危机，又重新寻找到新的范式，这似乎是一个无止境的反思与批判的循环过程。我们或许可以从波普尔对证实理性的批判构建证伪主义理性范式中寻找到科学理性进化的一些轨迹。

1919年爱丁顿的观察证实了爱因斯坦的理论，建立在牛顿体系上的很多理论根据都发生了动摇，爱因斯坦却认为对于他的理论的严格检验不是证实，而是证伪。这给了波普尔很大启发，对于传统的知识理论，波普尔进行了批判。他认为以笛卡尔为代表的唯理论的一个重大缺陷就是需要一个最高权威不停地宣布什么是真的，什么不是真的，这个特征容易导致极权主义；以培根为代表的经验论将"心灵的预期"这种主观的方法判定为假方法，波普尔认为这种带有主观性的诠释其实是知识增长的源泉。因此，在波普尔看来，这种依靠权威或源泉的知识增长图式，忽视了人们的批判判断。所以，波普尔将猜想与知识的来源结合起来，并明确将批判作为他的知识增长新模型的动力。科学知识的进步实际上是一个不断逼近真理的过程，即不断寻找内容更为丰富、普遍性程度更高、精确度更高的理论来解释世界。波普尔将知识的增长模型归纳为四个阶段"问题—试探性理论—排除错误—新问题"。波普尔还提出了他所谓的"科学"与"非科学"的划界标准：凡是逻辑上可以被经验证伪的命题和理论，都是科学理论；而任何在逻辑上不可被经验证伪的永远正确、绝对正确的理论或命题，在他看来都是非科学理论。

波普尔的这种证伪主义实际上确立的是一种试错的和批判性的方法，试错法比归纳和演绎法更有利于创新，并将知识的动力定位在猜想与批判以排除错误。证实也有很大功能，原因是一个原理或理论体系，得到证实越多，越有说服力。波普尔批判了黑格尔的"正题—反题—合题"的知识模型，主要认为正题与反题之间的斗争不是导致合题，而是导致正题或反题的排除。这里就涉及对辩证法的理解问题，我们不能狭隘地把辩证法理解为正反合的模式，黑格尔在精神现象学中描述的辩证法实质上是"同——差异—统一"。差异要比否定或反题更好，而且知识确实是在不断寻找差异过程中不断增长扩展的。辩证法不是要把错误的东西混合在一起，辩证法要求把错误的表述和理论排除出去，要求人们认识到这些错误的来源和基本假定，利用这些错误将知识表达得更准确、更清晰。波普尔的知识增长模型实际上也是来源于辩证法，他也强调"否定"的环节，只不过他这种否定环节被狭隘地理解为"排除错误"。在我们看来，一个理论或知识体系要想不断创新和拓展，就要不断反思理论的基本假定、价值导向及理论规则。无论是归纳、演绎还是试错，都只是审视这些理论假定、导向及规则的手段或视角。

科学的精髓是理性，纯粹理性需要与感性和良知有机结合在一起才能发挥作用。本章讨论了不同文化背景下的理性范式，思辨理性、实用理性和价值理性在不同文化中都是有机结合、相互联系、不可分割的。我们认为，科学的理性可以借鉴《中庸·第二十章》治学的方法："博学之，审问之，慎思之，明辨之，笃行之。"科学的理性思维应该具有明辨性、反思性特征。

博学 博学才能扩展能力。我们的理性思维应该建立在前人丰富的知识基础之上，吸取营养，"站在巨人的肩膀上"。唯理论和经验论纠结在观察、观念谁先谁后。实际上我们认为，如果要进行知识的创新，博学是第一位的，要学的知识不仅仅是理性知识，还有经验知识，以及不为人们关注的活性知识。科学探索和理性思考是需要以博学为前提条件的，由于人的能力具有局限性，才会产生分科，社会才会有分工，但是，当经验材料或专门的理论积累到了一定程度，就需要融会贯通，打破原来的"洞穴假象"，走出学科设定的"洞穴"。培养科学的思维模式同样需要广博的知识，没有广博的知识就无法比较和鉴别，从而也无法反观自己的思维模式，无法评估自己的思维能力。多学科的思考能力可以为本学科带来创新性思维的机会，不仅商业需要跨界，思维也需要经常跨界，以避免坐井观天，沿着某一思路或范式线性地走下去。理论可以以学科为中心，但现实中提炼的问题却是不分学科的，如果想要更好地解决问题、创新思维，则需要广博的知识。历史上那些有名的科学家，很少有人只是在一个领域耕耘，他们大都在其他领域也有所建树。科学发展到现在，研究更加深入，很难再出现是多个领域的开山鼻祖的人物，但即使如此，成功的科学家或人文社科类专家大都拥有广泛的知识。但是，我们还是要明白"博学之"

与"贵精"的关系。朱熹说过,"学之之博,未若知之之要;知之之要,未若行之之实"。意思是说,博学不如精要,精要不如实践。他还说,"为学之道,莫先于穷理;穷理之要,必在于读书;读书之法,莫贵于循序而致精;而致精之本,则又在于居敬而持志"。意思是说,做学问最重要的是寻求道理,而寻求道理的核心方法在于读书,读书要循序渐进逐渐达到精深,要想达到精深的水平又要态度端正且矢志不移。实际上,朱熹还有个要求就是博学,他把博学比喻为打地基,认为只有"先博然后至约",没有博学则难以简约。"人若先以简易存心,不知博学、审问、慎思、明辨、笃行,将来便入异端去",这当然是对简易心学的批评,但可以看出,朱熹认为只有在博学的基础之上,才能循环逐渐达到深入。

审问 审问理论和经验知识的前提和边界,即审问的主要任务就是"澄清前提,划定边界"。理性应该建立在坚实的前提(基本假定)基础之上——已有知识体系的前人思想的前提要搞清楚,别人的东西不能简单地生搬硬套,人云亦云,犯历史上教条主义的错误;在思考问题的时候,一定要问当今面临的问题和条件又是什么?简单地说,"寻本溯真"是审问环节的核心。如果没有审问理论的前提,划定理论的边界,很容易误用理论或滥用理论。例如,狭义相对论并没有颠覆牛顿的力学体系,只是前提和运用的边界各不相同而已,如果没有理解到这里面的差别,就很可能像爱因斯坦的几位朋友因为感到牛顿体系崩溃而自杀了。经典力学、相对论及量子力学对应的领域不同,假定也不相同,如果混淆了,则从某一个知识体系看另外一个知识体系,就会认为很奇怪,得出很多荒谬结论,像薛定谔的那只"不死不活的猫"那样,让人崩溃。任何理论体系都有前提,这些前提或者假定基本上从大体上规定了理论的边界和应用范围。因此,我们要特别重视那些相近理论的假定、导向及规则,否则就容易混淆,纠缠在一起制造思维混乱。

慎思 在推理过程中要慎思,即周密严谨地分析思考问题,包括"系统思维"和"分析推理"。系统思维主要体现整体性、动态性、综合性三个主要层面。因为事物存在是以相互联系的形态存在的,因此在推理过程中应当思考事物的内在关联,把事物放在整体的过程和结构中进行考察。整体思维创造了灿烂的古代文明,例如中国古代的《易经》,就是系统思维或整体思维的典型代表。系统思维实际上是要从整体上全面把握某种知识体系,或者解决某类问题。分析推理也很重要，近代科学的发展就是基于分析思维（也被称为还原论），我们说分类是科学的基础，科学的进步实质上就是不断地分类和归类。近代分析思维的鼻祖是笛卡尔，他有一个原则是：把难题分解为尽可能多的部分和必要的部分，以便能够更好地解决它。如果你觉得一个事情很棘手，就要尝试能不能将它分解，一级一级地分解，直到不能分解为止。分析思维实质上有一个基本假定：事物存在某种最小单位，这些最小单位作为部分发挥的功能与作为整体发挥的功能不变，分拆出来的部分能够重新返回整体，这些假设在机械世界可能有效，但在生物世界可能就无法完全有效。系统思维与分析推理实际上是思维过程的两个方面，不能割裂开来，分解到最后是需要综合的，综合又称为新的分析起点。现代科学长于分析，短于系统，导致分科越来越复杂，人们掌握的知识越来越狭窄，这也是系统论不断被人重提的重要原因。

明辨 通过系统思维和分析推理之后得出的结论，还需要辨明事物的主次、优劣、利弊、因果。明辨主要包括"周密辨析"和"审慎判断"。在经过审问和慎思之后，得出结论时还要进行周全缜密的选择和审慎的判断，清晰辨明什么是真的，什么是假的；什么是好的，什么是恶的；什么是可能性的，什么是现实性的；事物的主要矛盾是什么，次要矛盾是什么；优点是什么，缺点是什么；实施起来什么是有利的，什么是有害的；事物的因果关系是什么。在这里，事物的因果关系实际上是科学的本质，科学的主要任务是探明事物的因果关系。抓住事物发生的内在机理就需要明晰和判断事物的因果关系，我们可以根据这个主要特征，重点研究事物的各种层次的因果关系，在这个基础之上，对得出的结论进行周全缜密、审慎的判断，选择那些趋向真的结论。对结论和观点的明辨，并非仅仅止于对真的追求，还需要考虑善与美。例如，科学研究也有伦理，科学技术的发展既能给人类带来巨大利益，但同时如果不注意价值趋向，就会给人类带来沉重灾难，就像潘多拉的盒子被打开一样，核武器、转基因、化工技术等，没有伦理的强约束，就会被滥用，后果不堪设想。

笃行 努力践履所学，使所学最终有所落实，做到"知行合一"。行的过程中还需要不断学习，有时候需要反过来再次审视原有的前提，重新分析思考，根据实际情况再进行审慎判断。

什么样的理性才是科学的？每个人的理论视角不同，所得出的结论可能存在很大的差异，我们提出一个理性的过程需要有博学作为根基，以审问前提作为起点，以慎思作为推理与分析的过程，以明辨结论作为理性的重要节点，以笃行作为理性检验和反思的重要步骤，形成一种理性思维的螺旋上升。

本章小结

正如康德所言："我们所有的知识都开始于感性，然后进入到知性，最后以理性告终。没有比理性更高的东西了。"我们之所以用张力来形容人类的理性，是因为理性在正确的前提下有着巨大的扩张思想与知识体系的力量，进而带动人类进步。理性实际上不仅仅是西方文明的标志，也是中华文明的重要特征。西方的理性是一种注重演绎推理的思辨理性或抽象理性，而中国传统的理性是一种经世致用的直接理性或实用理性。经世致用的务实精神，将人们的视野束缚在具体可见的事物上，而不去关注看不见、摸不到的更根本的规律性问题。西方科学之所以发展出来，欧几里得几何功不可没。通过几个简单的公理，定义一系列的定理，就能够得出一套逻辑严密的理论体系，这是西方理性在逻辑上最重要的特征。资本主义最大的理性莫过于建立在否定传统特权基础之上的功效理性，功效理性奠定了资本逻辑的基础，推动了整个资本主义各个层面的运转。革命理性的实质是一种批判性思维，即价值理性，关注现存的和历史的不合理问题，从而通过批判性思维或活动对之进行改造。革命理性的优点是能够关注人类核心价值，并将现实问题总结上升为理论。伟大的理论一旦被群众掌握，就会变成改造现实的物质力量。理性的范式各不相同，主要是其基本假定、价值导向及理性规则存在差异。这些差异不是人为的，而是一种在不同历史背景下的总结。波普尔按照黑格尔的范式，将试错法系统化，构建了著名的证伪主义理论；其局限性是归纳和演绎，也是理性的重要形式，试错只是改进理性知识的一种手段。我们总结了科学的理性认识论，即一个理性的过程需要有博学作为根基，以审问前提作为起点，以慎思作为推理与分析的过程，以明辨结论作为理性的重要节点，以笃行作为理性检验和反思的重要步骤，形成一种理性思维的螺旋上升，这种知识的螺旋，我们称之为明辨性（批判性）思维。知识整体论指出，思辨理性、实用理性和价值理性是有机结合、不可分割的，只有深刻理解它们之间的互动关系和相互作用，理性的张力才能更加有效地实现。

7 理想的魅力

> 缺乏理想的现实主义是毫无意义的，脱离现实的理想主义是没有生命的。
>
> ——罗曼·罗兰

苏格拉底认为"世界上最快乐的事，莫过于为理想而奋斗。"孔子说："朝闻道，夕死可矣。"孔子一生奔走呼号仁政的政治理想，他通过上面这句话想表达的意思是：如果一个人早上在某个国度里达成了一直坚持的理想，即实施了自己的政治主张（仁政），那么他就算晚上死了也是值得的。如果没有理想，人不就成为行尸走肉、酒囊饭袋，与动物无异了吗？人的幸福，往往是有理想、有追求、有希望，往往是在理想快要实现而没有实现，但是确定能够实现时的那种愉悦的心理体验。理想是人生的奋斗目标、前进动力和精神支柱。没有理想的人生，如同草木一秋、匆匆枯槁。

理想也是社会、民族、国家、政党的精神支柱。一个组织、一个民族、一个国家，如果缺乏共同理想，就会失去自己的精神支柱，就会失去凝聚力和生命力，失去生存发展的根基和源泉。理想是个人和社会所向往与追求的目标，也是一种内在的精神动力。那些崇高的理想和切合实际的信念能够鼓舞人们的斗志。信仰则是理想的基石，可定义为对某种主张、主义、宗教或某人的极其相信和尊敬，并以之作为自己行动的指南或榜样。在政治多极化、经济全球化、社会复杂化及动态化，以及高科技蓬勃发展的21世纪，有必要系统梳理科学的信仰体系。当下中国社会转型变革需要坚持那些被证明了的信仰，重新塑造科学发展观的信仰体系，万众一心地实现共同理想。

7.1 理想与信念 人类的灵魂

理想和信念，是人类所特有的精神现象，也是人的生活、特别是精神生活必不可少的食粮。理想就像一朵明亮的火花，点燃人们的激情，激发人们的才智，唤起人们奋斗向上的勇气。崇高的理想和科学的信念，具有巨大的鼓舞人心的魅力，对社会实践活动具有重大的指导作用。一个人只有树立了崇高的理想和科学的信念，才有明确的奋斗方向，才能沿着正确的道路前进，生活才会充满意义和动力。同样道理，任何社会的发展与变革，需要建立合乎客观规律的共同理想。由于理想反映了人类的核心价值观，而价值观又体现在我们在各种关系上的取舍与选择，本节首先从人类面临的基本关系层面探析不同思想体系的观念。

就人与自然关系这个层面而言，人类应当与自然怎样相处既是非常重要的信念，也反映了不同社会的理想。中国传统文化对待自然的态度是和谐相处，最著名的是张载的"民胞物与"的观点，即自然界是人类的朋友。而近代资本主义对待自然的态度则是征服，自从培根提出"知识就是力量"的口号以来，西方对待自然的态度就是通过提高科学认识和技术水平来征服自然。早期革命思想对待自然的态度是掌控，最有名的是"人定胜天"。人定胜天原来是儒家的一个观点，特别是荀子认为与其对天思慕，不如研究它并利用它。后来在"大跃进"时期，毛泽东提出了"人定胜天"的观点，以鼓舞人们认识自然和改造自然的斗志。马克思提出了"对自然的支配"概念，这个概念的核心是"人对自然界的了解和通过人作为社会体的存在来对自然界的支配"。人类是通过劳动来认识自然并改造自然的。

人类到底该如何对待自然？这是一个关于自然的价值观问题。中国传统文化提倡与自然和谐相处，人首先是自然的一部分，也应当在自然的限度内从事活动。这种思想的不足之处是，过分强调人与自然的和谐一致，甚至服从自然、屈服自然，从而难以发展出改造自然的高度文明。康德说人类历史的进步是通过"恶"的形式来达到的，这个"恶"意味着不能时时处处都顺从自然，听从自然的必然性摆布。现代保护自然环境的观念已经深入人心，从现代经济学角度来说，由于很多自然资源（如空气等）是公共资源，所以往往陷入"公地悲剧"的陷阱里，即企业无须或较少为污染环境付出代价而导致大量企业竞相污染。技术进步往往成为加速资源消耗的动因。技术进步本来是为了节省资源，但由于技术进步往往会导致价格下降，价格下降同时又扩大了供给，最终加剧了资源消耗。以石油为例，石油开采技术不断进步，汽车节油能力也大幅度提高，但汽车拥有量不断增加，加速了石油资源的消耗。

经济学中有一个反"公地悲剧"的案例，意思是说如果给公共草地安上一个大门，大门有十几把钥匙，必须要这十几把钥匙同时开启才能进入公共草地放牧，这虽然保护了草地，但只要有一把钥匙不打开，草地就无法被利用，也就是说，资源得不到开发。中国传统文化强调顺应自然，这可能会导致自然资源开发不足的问题。

西方资本主义自文艺复兴后逐步形成对自然征服利用的思想，即通过各种实验或生产活动研究并掌握自然规律，进而利用这些自然规律来开发自然。西方科学和技术的进步扩大了人类的生产能力，改变了人类的生存状态。不可忽视的是，科学不是万能的，人的认识能力也是有限的，征服自然的做法往往导致自然资源过快消耗及生态危机，从而从根本上破坏了人类生产和生活的自然条件。现代科学技术的发展，加速了人类对自然资源的消耗，这个过程中排出的废物大面积污染了环境，破坏了人类赖以生存的环境。资本主义发展重视物质生产，创造了巨大的物质财富，但也导致了可怕的生态问题，地球上大量物种灭绝。这里重要的原因是资本以逐利为核心，技术的进步形成了时空集聚效应。从时间上来说，资本利用技术将未来的资源都变现到现在来使用。从空间上来说，资本可以把全世界的资源在特定的时间集中配置到某一个区域内，时空这种集聚效应超越了自然的承受能力，引发了一系列的资源紧张危机及生态环境危机。

在早期革命思想为主导的年代，中国社会一度主张掌控自然。其合理之处在于人类作为自然的一员是应当了解自然，但不是消极意义上顺应自然，而是应当积极地掌握自然规律，并利用自然规律为人类服务。然而，人类往往难以准确把握掌控自然的尺度，超越尺度可能做出违反自然规律的事情。例如，"大跃进"时代的诗歌："天上没有玉皇，地下没有龙王。我就是玉皇，我就是龙王。喝令三山五岳开道，我来了！""人有多大胆，地有多大产。"这已经不是在了解自然和掌控自然的限度之内了，而是欲望的无限膨胀。对于自然缺乏敬畏，生态环境遭到严重破坏，而且由于违反自然规律，出现了灾荒现象。

总之，人类对待自然的态度应当是友好的，而不应是破坏性征服；应当是积极有为地开发自然，而不应是消极无为地服从自然；应当是有信心利用自然，且明晰自己在自然界内的限度，而不应过度自我膨胀，从而导致很多违背自然法则的灾难发生。

就人与社会关系层面而言，人类的理想和信念其实是在人性假设的基础上建立起来的。儒家代表人物孟子主张人性本善的观点，在这个观点上孟子看到了人与人之间关系积极的一面，在此基础上发展出礼乐文明。传统文化思想对待人性问题的看法并非总是一致的，例如荀子认为人性是恶的。总体来说，传统思想文化上占统治地位的儒释道从人性善出发，强调道德的教化与后天的修养，"德治"（礼治）和"仁政"才是实现社会自然治理的根本所在。王阳明的遗言"此心光明，亦复何言！"可谓反映了传统文化所崇尚的圣贤形象。因此，"德治"是中国传统思想的核心之一。

西方社会的主流观点是人性是恶的，看到了人与人之间关系的消极一面，在此基础上发展出法理文明。西方基督教文明持有性恶论观点，基督教的经典文本《圣经》上说亚当和夏娃受到蛇的诱惑偷吃禁果，犯了"罪"，被上帝赶出了伊甸园。西方将人的肉体欲望视为恶，将心灵净化视为善。在近代，性恶论又有了新的发展，例如霍布斯假定人的本能是自我保存，为了自我保存，人与人之间像狼与狼那样争斗；而弗洛伊德从本能的角度解释了人的性恶论，本能的原则是满足快乐，而本能的满足实际上受到压制，与文明社会对立；马基雅维利从性恶论出发，建议君主要利用好人的欲望实现自己的目的。由于人性是恶的，因此立约与法治才是社会治理的关键所在，从而发展出一系列制度而且注重制度的建设与完善，要对这些恶行和恶念进行纠正，这就是西方理性主义的重要特征。"法治"从而成为西方社会的重要特征。

革命理念的一个核心主张是人具有阶级性，看到了人与人之间关系的分层一面。阶级和阶级斗争学说是现代社会学、政治学的基本范畴，也是革命理论整个大厦赖以建立的基础。阶级是指在人类社会发展的一定阶段上，因社会关系特别是对财富的占有关系而形成的利益集团。社会主义革命理论认为，社会分工的发展导致私有制的出现，私有制使阶级的出现成为现实。在人类社会的政治生活领域中，集中反映的就是各社会权力集团的利益及其相互关系。革命理想所追求的是无阶级、无剥削的平等社会，消灭私有制及剥削阶级从而成为革命的终极目标。"政治"作为配置资源、分配价值的权力体现，因而成为革命理论的主要内容。

先贤们将复杂的现象归结为人性论，其实有一定道理。这是因为人与社会的关系问题实际上是人与整体社会之间的关系问题，个人与群体哪个更重要，则成为一个群体文化形成的根本性问题。中国传统社会就这个问题的看法集中在义利之辨上，如果出现冲突，儒家一般主张首先是保护群体利益，而西方则首先保护个人利益；革命理论则强调阶级性，为了集体或公共利益不惜牺牲个人利益。

我们认为，人的本性很难用善恶来评价，善恶并不是先天自然的，而是后天成长的，更是立场与价值判断。人确实是有私心的，这些私心可以通过必要的教化或规范进行修正或升华，即人之初，性本活，有"私"心，可教化，待升华。这里的"私"并不否认"公"，原因是人性的核心问题是个人与个人、个人与群体之间的关系，人既具有自私的倾向，也有利他的倾向。对社会问题进行分析思考，应该考虑到个体具有正当合理的私心，从而建立合理规范的规则与制度；在此基础之上，通过扬善去恶的教化方式，能够鼓励人们做好事，惩罚人们做坏事，从而能够使个体利益与群体利益相匹配。

人与社会关系的另一个重要方面是如何认识理想社会。中国传统文化的理想是大同社会，这个社会的特征是公正、和谐与秩序，这个理想也激励了从孔夫子到孙中山，甚至到现代的政治精英，为了建构公正和谐的社会而奋斗拼搏。资本主义社会的理想社会是人人平等、自由和民主的社会，西方近代以来发展出来的各种社会契约论，都展示出人人平等、能够决定自己的财产、自身以及自由等权利特征。中国传统文化和西方资本主义的理想的一个重要区别是，前者强调公正与秩序，强调社会对个人的支配；而西方主要强调效率与发展，强调独立的个人对社会发展的支配。中国传统文化对待商业往往采取一种抑制的态度，主要是因为商业往往会使得社会失去公正与秩序，人们追逐利益而破坏和谐价值。传统文化思想诞生于种植业经济形态，生活于斯的人们过着男耕女织的生活。西方资本主义文明重视商业，希望借用市场来重新塑造人类社会的生产和交往关系，生活于斯的人们过着为了利益而努力工作和奋斗的生活。社会主义的最高理想是建立一个共产主义社会，在这个社会里每个人都得到充分自由而且全面的发展，社会生产能力极度发达，人们可以按需分配。计划经济时代，中国建立了士（政府官员体系）农（农业体系）工（工业体系）三大体系，唯独对"商"（商业和市场）采取了抑制的态度，结果导致了"吃大锅饭"的平均主义。

习近平主席提出的实现中华民族伟大复兴的中国梦，其本质内涵是"国家富强、民族振兴、人民幸福"。最近召开的中国共产党第十九次全国代表大会，是在全面建成小康社会决胜阶段、中国特色社会主义进入新时代的关键时期召开的一次十分重要的大会。习近平强调，实现伟大梦想，必须进行伟大斗争；实现伟大梦想，必须建设伟大工程；实现伟大梦想，必须推进伟大事业。十九大新时期中国特色社会主义的伟大理想，逐梦三步走实，33年跑全程，可谓目标宏大可期。第一步，到2020年全面建成小康社会；第二步，到2035年基本实现社会主义现代化；第三步，到本世纪中叶建成富强民主文明和谐美丽的社会主义现代化强国。

每个时代、每个人和每个社会都需要理想的牵引。我们还可以从中国传统文化中构建一个理想社会的元素。传统中国社会非常强调人作为自然的一部分，应当与自然和谐相处。人作为自然之子，需要与自然建立一个良性互动的关系；而对待自然的方式应当借鉴西方的科学理性主义的原则，对大自然的态度应当是敬畏自然、崇尚科学。中国传统的儒家、道家及佛家对待自然的态度基本是一致的，都是强调人与自然建立和谐一致的关系。差别是道家主要强调服从自然法、儒家强调人类在帮助自然"化育万物"的基础之上与自然和谐相处，而佛家则认为人类只是自然的产物，人类不仅要爱人类，也要爱万物。

儒家把人类与自然的和谐作为终极目标。儒家谈到人与自然的关系时，通常借助一个基本命题来阐述，即天人合一。问题出在这里的"天"到底是什么含义。冯友兰在《中国哲学史》中指出：在中国文字中，所谓天有五义：曰物质之天，即与地相对之天。曰主宰之天，即所谓皇天上帝，有人格的天、帝。曰运命之天，乃指人生中吾人所无奈何者，如孟子所谓"若夫成功则天也"之天是也。曰自然之天，乃指自然之运行，如《荀子·天论篇》所说之天是也。曰义理之天，乃谓宇宙之最高原理，如《中庸》所说"天命之谓性"之天是也。《诗》《书》《左传》《国语》中所谓之天，除指物资之天外，似皆指主宰之天。《论语》中孔子所说之天，亦皆主宰之天也。

这也就是说，天基本上有三层含义：一是自然之天，二是神学意义上的天，三是道德之天。当代著名哲学家方克立先生在《"天人合一"与中国古代的生态智慧》一文中指出："中国哲学中的天人关系包含着丰富、复杂的内容，但它的一个最基本的含义，就是指人与自然界的关系。也可以说这就是它的'本义'，其他各种含义都是由此引申或演变而来的。"尽管这一看法存在争议，例如有些观点认为"天"并非简单地指自然界，还可能指人的天赋能力或精神主体，但是从整体上来说，中国传统文化对待自然的态度不像西方那样将自然视为敌对的和需要征服的东西，而是将人与自然的关系视为相互依存同时又不完全一致的。相互依存的主要含义是相辅相成和共生共赢。"天"的多层含义实际上是我们生活方式的反映：传统社会是一个自然经济型的农耕社会，我们的先祖们根据最简单和原始的模型，仿照自然论述他们的人生和社会。

人类与自然界和谐相处的必要性是什么呢？其实中国传统文化思想也给出了合理的答案。传统伦理的一个根本特征是"生"，《周易》中说"天地之大德曰生"。首先，这种思想认为是天生了万物，《易传》中说"天地氤氲，万物化醇。男女构精，万物化生"。其次，万物是生生不息的，而人有"参赞化育"的功能，参赞化育实际上是指人类参与自然生成万物的过程。《易传》中点明了人在化育万物中的作用，"裁成天地之道，辅相天地之宜"。人是万物中的灵物，帮助自然化生万物。

按照本书提出的知识整体论的观点，任何带有基因的生命体都有活下去并将自己的基因传递下去的本能，这就是"生"。中国传统文化在论述人与自然的关系时，重在论述"生"，同时又非常重视秩序。基于此，中国传统文化强调人与自然和谐相处，目的是更好地生。

人们在讨论儒家之"天"的时候之所以出现那么多分歧，实际上这种分歧反映了"天"内容的丰富性。儒家还从道德上保证了这种和谐关系，例如孟子要求"仁民而爱物"，宋代学者张载认为"仁者，以天地万物为一体"。道家在论述人与自然的关系时要求人要服从自然，特别是自然规律。服从自然规律往往淹没人类的参赞化育之功。

道家对人与自然关系的看法可以用老子的一句话来概括："人法地、地法天、天法道、道法自然。"主要强调人应当顺服自然法则，与道合一。这种模式实质上与儒家观点并没有太大的区别，主要区别在于道家更强调顺从自然，而不能以技术来改变自然。更为明确的是庄子的思想，他说，"不以心捐道，不以人助天，是之谓真人"，人不要以主观改变客观，也不要妨碍自然规律。有些道家学者往往将儒家作为靶子来批，例如魏晋时代的阮籍和嵇康等人的"非汤武而薄周孔，越名教而任自然"。儒教的核心特征是正名分，所以也被称为"名教"；"自然"主要是顺性而为的意思。当时天下纲纪大乱，道家希望通过寄情于山水之间来挽救人心，让大家都活好。

早期道家认为自然不是服从人类意志的，强行改变自然会带来灾难。例如，老子说："天地不仁，以万物为刍狗；圣人不仁，以百姓为刍狗。天地之间，其犹橐籥乎？虚而不屈，动而愈出。多言数穷，不若守于中。"主要含义是，自然不会感情用事，对万物一视同仁，圣人也不会感情用事，对百姓一视同仁，天地之间如风箱，虽然空虚但不会耗竭，越动风越大，政令多了反而让人无所适从，不如顺其自然。虽然这是借用自然法则来说人事的，但可以很明显地看出老子对待自然的理想是服从自然法则，与道合一，而不是人为地改变自然法则。河上公说："天施地化，不以仁恩，任自然也。"意思是说天地生育万物，不是以仁义为标准的，而是顺其自然而已。儒家主张天地人在化育万物过程中起到重要的作用，道家也有类似的主张，例如老子说："道大，天大，地大，人亦大。域中有四大，而人居其一焉。"除了天地人，老子认为"道"也参与万物生成和演化，这里的"道"其实就是自然法则。人的功能是"以辅万物之自然而不敢为"，这仍然将人定位在辅助自然方面。

应当注意的是，道家所言的无为实际上是不乱为，是清净而为，目的还是有所作为，总体基调是人应当服从自然法则。老子对技术和"智慧"持有反对的态度，例如，他的理想社会是："小国寡民，使有什伯之器而不用，使民重死而不远徙。虽有舟舆，无所乘之；虽有甲兵，无所陈之。使民复结绳而用之。甘其食，美其服，安其居，乐其俗。邻国相望，鸡犬之声相闻，民至老死不相往来。"我们如何看待老子这种反对技术进步和反对"文明"的态度？首先我们应当明白老子所在的春秋时代，进步的技术和仁义道德是用于杀戮人和统治人的工具。其次，技术和道德文明确实有两面性：一方面促进人类适应自然的能力和让人类进入文明社会，另一方面技术进步也会被用来戕害自然和人类，文明道德也会被用来作恶。应当说，道家这一见解具有非常高深的启示意义。德国大哲学家海德格尔就认为现代社会已经被技术绑架了，即人本来是想通过技术改变世界，但却成为技术的奴隶。现代社会往往把大自然视为一个巨大的车间，人在其中利用技术来生产"产品"，技术统治这个世界。人在认为自己成为自然主宰的时候，恰恰是人失去自己本质的时候。再说，以此理论为根本的道家在历史上其实非常重视技术，比如炼丹术，尽管这种技术往往会用于巫术，而早期巫术和技术并不完全分家。

自从笛卡尔以来，西方二元论思想就逐渐占据主导地位。西方思想界对待自然的态度实际上就是将人与自然区分出来，而后"客观"地研究，目的是征服自然为人类服务。黑格尔在《精神现象学》中深刻描绘了近代科学对自然的研究，"对象一旦被描写了，它就丧失了兴趣；于是描写了一个之后，就必须再去描写另一个，并且永远寻找对象，以便永不休止地描写下去。当不容易发现整个的新事物的时候，就必须回到已经发现过了的事物上来，将它进一步分割拆散，以便在它们身上再发掘出事物性的新的方面来。这个永不休止、永不安静的本能，是永远不会缺乏材料的"。这不仅描述了自然界的观察，也生动描绘了西方人对待自然的态度，更有甚者，还要通过做实验的方式，即切开大自然的胸膛，来观察大自然的奥秘。显然，这样的态度和方法与中国对待自然的传统态度是不同的。毫不奇怪，西方对待自然的态度是征服性的，而且在科学技术方面的确取得了巨大的进步。西方科技进步也使得人类对大自然理解得越来越深刻，自然越来越人化，人在改造世界的过程中逐渐走出了巫术化或蒙昧化的状态。自然之谜在人类一代又一代的探索之下暴露得越来越多，人类改变自然的技术能力也越来越强。建立在思辨理性基础之上的现代科学拥有许多优势，概念清晰、逻辑严密、结论可靠；如果假设出现问题，就不断根据实验进行修改。技术的一个重要优势是通过大规模的生产方式解决自然提出的挑战，使得自然更适宜人类生活，而今人类比以往任何时期都获得了更多的自由。西方依靠科学和技术的结合最早实现工业化与现代化，从实践上来说，提高了人类改变自然的效率。西方依靠坚船利炮打开了大清帝国百年锁闭的大门，征服了大量技术落后的民族和地区。

通过系统观察和做实验的方式研究自然，大大提升了人类的理性知识。然而这种探索范式也存在不足。首先是缺乏整体性。它往往依赖分析工具而忽视了自然万物之间的内在联系。其次,它让人类过于自信而轻视自然界本身的强大力量。许多水坝建设的倡导者万万没料到,破坏了的自然生态不可逆转。再次,这种探索范式假定绝对真理的存在,殊不知事物的不断变化。这种思维模式将自然视为征服之物,破坏了生态环境,过度消耗了大自然的资源,从而造成了资源危机和环境危机。局部的技术进步引发了一定的成功,却埋下了其他方面的隐患。例如,水坝的修建可能带来改变地形、诱发地震、使物种消失等负面影响。当然,我们应当承认科学技术进步给人类带来的物质乃至心灵的自由。在应用科学分析(即格物)时,人类应该敬畏自然、顺应自然并进行系统化思维。

中华人民共和国成立之后,有一段时间强调战胜自然的主观能动性,忽视了自然内在的规律性,带来了一系列的灾难。当时的人们在"喝令高山低头,河水让路"的激情中逐渐膨胀。革命思想对待自然的关系主要是主张利用自然并改造自然,进而掌控自然,强调人的主观能动性,这一点从整体上来说并没有错。然而真理多迈一步可能变成谬误,过于强调人改造自然的能动性,对自然没有敬畏之心,忽视自然法则,则会带来灾难。

现代生态环境和自然资源都存在危机,需要人类改变对待自然的态度。美国环境伦理学教授卡洛琳·麦茜特在其《寂静的春天》里说:"生病的地球,唯有对主流价值观进行逆转,对经济优先进行革命,才有可能最后恢复健康。在这个意义上,世界必须再次逆转。"西方社会对待自然环境的主流价值观仍然是对自然进行征服的逻辑,虽然其环境保护意识有所增强。只要资本逻辑是整个资本主义经济发展的动力和根基,对自然的征服性原则就不会有根本性改变。

人类关于处理人与自然关系的重要理想应当是敬畏自然和崇尚科学。敬畏自然实际上并不是说要消极服从自然,而是要尊重自然的法则,与自然和谐相处。崇尚科学,意味着人类应当利用自然规律,参与自然的演化,既不能缺位,也不能越位。

传统中国社会总是希望建立一个公正和谐的社会。儒家的大同社会强调公正、秩序,而道家的小国寡民的桃花源世界强调平等和谐,资本主义的理想社会具有平等、自由和效率特征,共产主义的理想社会是高度发达,以及公平正义。从最抽象的层面上来说,这些社会理想主张都可以归结为公正与效率。因此，我们认为理想的社会是一个在公正与效率的张力之中达成某种平衡的状态，这些平衡点是随着社会不断演化而不断变化的。

以儒家为代表的传统大同社会理想对中华民族的影响非常巨大，这一社会理想激励了从孔夫子到孙中山乃至当下各个时代的精英阶层和民众。尽管有人说这种公正的社会理想是一种虚假的乌托邦，但从历史上来看，凡是远离公正太远的社会往往是不能持久的。中国王朝更替的重要原因是社会不公变得越来越正常，人们只能寄希望于几个屈指可数的像包青天、海青天那样的廉洁官员。农业时代土地是最重要的资源，但中国历代王朝最害怕的事情是土地兼并引起社会极大不公，因为当富人土地连片，穷人无立锥之地时，失去土地的农民变成流民，活不下去了就会被迫揭竿而起。问题是没有一个王朝能够解决土地兼并这一难题，于是出现了"其兴也勃焉，其亡也忽焉"的周期律。

道家所倡导的自由和服从自然法则的桃花源社会，历来是农民和失意士大夫向往的地方，那里没有恶性竞争和战乱，人与人之间处于和谐的状态。除了老子描述的小国寡民之外，道家名著《淮南子》也描述了黄帝时期天下大治的景象："黄希治天上，而力牧、太山稽辅之，使强不掩弱，众不暴寡，人们保命而不夭，岁时熟丽不凶，百官正而不私，辅弼公而不阿，道不拾遗，市不预贾，城郭不闭，邑无盗贼，人相让以财，狗豕吐菽粟于道路，而无忿争之心。于是日月精明，星辰不失其行，风雨时节，五谷登熟，虎豹不噬，鸷鸟不搏，凤凰翔于庭，麒麟游于郊，青龙进驾，飞蝗伏皂，诸北儋耳之国。莫不献其贡职。"大意是说，黄帝治理天下的时候，有贤臣辅助，多数人不欺负少数人，强者不欺负弱者，老百姓能够保命而不无故夭折，风调雨顺，没有贼盗，官吏廉明奉公，老百姓不互相侵占对方财产。其实，这与儒家的大同社会没有多大区别，道家达到这个理想社会的主张是无为，而儒家主张知其不可而为之。

因此，李约瑟对道家观点的看法是："中国如果没有道家思想，就像一棵要烂掉根的大树。"鲁迅的判断是中国的根底在道家，如果没有了道家就像大树无根，桃花源正是这种王道乐土，也是人们修身养性及颐养天年的理想庄园。桃花源还有一个隐喻，就是当时人们为了避秦时乱，才找到这个地方安定下来，这体现了道家的避世思想，远离人世间的纷争和你死我活的战争。事实上，无论道家如何主张，无论是主张无为还是主张"任自然"，这些都是手段，道家最终要达到一个"甘其食、美其服、安其居、乐其俗"的理想世界。为什么道家会有这样的理想呢？一般认为道家起源于中国南方的楚国，老子的故乡是春秋时期楚国苦县，庄子是宋国蒙人。安徽与河南都在争老子的故乡，大致就在河南与安徽交界处，庄子的故乡在皖北则争议不大。我们说道家文化继承了楚文化特色，这里的楚不仅仅包括湖北，因为后来楚国扩张到了安徽北部与河南一些地区。历史上著名的道家人物基本都在安徽北部地区出生或活动，例如关尹在涡阳、文子和陈抟在亳州、范蠡在怀远附近、楚狂人接舆在颍上、《黄帝内经》的作者和淮南王刘安在淮南、嵇康在淮北，这些都是道家历史上著名的人物。楚文化有一个重要特征，就是对水迷恋，很多隐喻都是用水来比喻的，例如上善若水，这与当地的气候和地理环境密切相关。楚地文化具有信仰神秘主义的特征，因此道文化的另一个特征是玄而又玄，玄学也被称为新道家。总之，道家的理想社会与儒家主张的一样，是追求一个公正和谐的社会，这里没有欺诈和过度竞争，要做到这个，社会就要奉行无为而治的思想。儒家与道家所追求的理想有着很大的相似性，即以和谐为主题，只是儒家强调人际和谐而道家注重自然和谐。

资本主义理想社会具有平等、自由和效率特征。最能够代表资本主义对理想社会追求的文本可以说是1776年美国的《独立宣言》，以及1789年法国的《人权宣言》。《独立宣言》主要受到英国哲学家洛克的影响，是美国国运昌盛二百余年的基本保障，其核心是确立了人人平等、天赋人权、主权在民、人民有革命权利等基本原则，这些原则都是洛克思想的具体运用。法国大革命时期的《人权宣言》，主要受到卢梭的影响，其核心是天赋人权，自由平等原则。具体来说，主要是确认了自由、财产、安全和反抗压迫是天赋不可剥夺的人权，确立了私有财产神圣不可侵犯的原则，肯定了法治原则，等等。洛克与卢梭基本上是构造资本主义理想社会的主要人物，他们的观点通过法律的形式成为国家意志。

那么，洛克与卢梭的基本观点是什么呢？近代西方阐述他们的理想社会，往往会通过"自然状态"来作为理论的基础，洛克对自然状态的描述不同于霍布斯的丛林战争状态，他在《政府论》中说，"那是一种完备无缺的自由状态""也是一种平等的状态"。洛克的自由是"在自然法的范围内，按照他们认为合适的办法，决定他们的行动和处理他们的财产和人身，而无须得到任何人的许可或听命于任何人的意志"。洛克的自由主要是否认他人对个人的野蛮干预，别人不能随意剥夺他人的人身、财产和基本权利；同时洛克也承认平等不是指人人什么都一样，而是指人的基本权利应当平等。卢梭的基本观点认为在自然状态下人们各自过着自给自足的和平生活，平等和自由是人的基本权利。卢梭与洛克的观点基本类似，不过卢梭的观点更为激进，洛克的观点相对温和。

自然状态当然不是现实存在的社会，在现实的资本主义中，功利主义和资本逻辑奉行的是效率原则。这种原则主要体现在经济学之父斯密所描绘的自由市场经济的逻辑中。斯密发现，"每个人都试图应用他的资本，来使其生产品得到最大的价值。一般来说，他并不企图增进公共福利，也不清楚增进的公共福利有多少，他所追求的仅仅是他个人的安乐，个人的利益，但当他这样做的时候，就会有一双看不见的手引导他去达到另一个目标，而这个目标绝不是他所追求的东西。由于追逐他个人的利益，他经常促进了社会利益，其效果比他真正想促进社会效益时所得到的效果为大"。其基本含义是，个人利益最大化通过"看不见的手"自动实现社会利益最大化。看不见的手主要是价格机制，引起价格变动的主要是自由竞争，因此，自由竞争实际上是资本主义有效运行的关键。

对这个命题提出挑战的是马克思，他通过研究发现，每个企业都在追求利益最大化，反而会造成相对过剩，并不会自动实现社会利益最大化。为什么会导致"看不见的手"的失灵呢？马克思发现这是由资本逻辑决定的，资本逻辑的核心是增值，增值方式的内在悖论是：资本不惜成本追求剩余价值最大化导致工人贫困，没有足够的消费能力购买资本家生产的产品；资本家奉行"节欲"，最大限度地将剩余价值转化为资本，增加了资本过剩的可能性；资本以兼并和掠夺其他资本加速资本积累，会导致垄断，反过来抑制了竞争。

7.2 传统的理想 社会之大同

中国传统文化所追求的理想是大同世界、公正社会、稳定秩序、人际和谐，强调人的身心、人与自然、人与人之间的和谐关系。

儒家的大同社会、道家的小国寡民或桃源乐土、佛家的西方净土，实际上都在传递一种理想生活方式的信念，这个信念就是希望社会公正与和谐，人民生活安乐幸福。以大同社会为例，"天下为公"的核心意向是社会公正。春秋战国时代，天下大乱，井田制逐渐瓦解，以周天子为代表的宗法权威斯文扫地，各个阶层普遍感到焦虑，不要说平民百姓忧愤不已，连天子诸侯的小命都朝不保夕，战争又让很多人失去赖以生存的家园甚至生命。春秋战国时期的大分裂和大混战，给中国传统社会一个最基本的假设：只有社会公正和有秩序，天下才能太平，百姓才能安居乐业。危害这一基本假定的人，基本上都被斥为奸雄和败类；维护这一基本假定的，大都被视为英雄或英才。秦始皇横扫六国，建立了大一统的秦帝国，顺应了求安的民心，被视为一代雄主。但由于没有重视"仁义"，重视法治而忽视德治，寡恩刻薄，老百姓不是在服役的路上，就是在征伐的途中，没有心思从事生产，最终导致二世而亡。总体上来说，儒家强调社会公利与个人私利是一致的，但如果确实存在冲突，儒家提倡尊重公共利益，舍弃个人私利，能够明义重公。纯正的公是什么呢？不会因为私人利益而废弃公共利益，《吕氏春秋》说："尧有子十人，不与其子而授舜；舜有子九人，不与其子而授禹；至公也。"实际上说的是原始社会的禅让习俗。当时人类处于弱小状态，时刻面临着洪水猛兽的袭击，不进行合作很难存活于世，这种财产公有可能是一种现实，但经过神话，三皇五帝成为儒家先贤尊崇的圣贤，是万世模仿的楷模。天下为公的政治理想，实际上传递的并不仅仅是财产占有和分配关系的信息，还传递着人们对于社会秩序与公正的理想，《礼记》中除了对"大同"理想的想象，还有对"小康"社会的次理想的展望："今大道既隐，天下为家，各亲其亲，各子其子，货力为己。大人世及以为礼，城郭沟池以为固，礼义以为纪；以正君臣，以笃父子，以睦兄弟，以和夫妇，以设制度，以立田里，以贤勇知，以功为己。故谋用是作，而兵由此起。禹汤文武成王周公，由此其选也。此六君子者，未有不谨于礼者也。以著其义，以考其信，著有过，刑仁讲让，示民有常。如有不由此者，在埶者去，众以为殃。是谓小康。"大道没有隐藏的时候，是大同社会，而在私有制出现之后，"天下为家"，每个人都有私心和私利。在这种背景下，圣人制定了礼仪规范来制约这些私人利益和私人意见，以便社会安定和谐，维护社会秩序。由此可见，无论是大道之行的大同社会理想，还是大道既隐的小康社会理想，实际上都反映了我们的祖先对于社会秩序和公正的向往。

"选贤与能"说明中国传统社会理想的政治模式是选贤任能，排斥奸佞小人。贤才和能人，一直是中国用人体制的重要标准。北宋司马光在《资治通鉴》中提出一个人才标准："才德全尽谓之圣人，才德兼亡谓之愚人，德胜才谓之君子，才胜德谓之小人。"这是依据德才两项指标把人才分为四类："圣人""愚人""君子""小人"。德才兼备的人当然是社会、组织或企业选择的重要人才，但此类贤能人才毕竟少之又少，有德之人也很难得，但如果是小人与愚人，到底该选哪一个呢？司马光的价值导向是"苟不得圣人，君子而与之，与其得小人，不若得愚人"。如果不能得到"圣人""君子"，与其选那些能干但道德不好的"小人"，还不如得到"愚人"。因为"愚人"无德也没有能力干坏事，而"小人"可能在某种情况下成事，更有能力干坏事。东汉末年的吕布，勇冠天下，但最终还是被曹操杀掉，被杀死的原因是吕布屡次杀掉旧主投靠新主。吕布先是认丁原为义父，后为了高官厚禄认董卓为义父，成为董卓手下猛将，最终吕布还是杀掉董卓，随后又多次易主，投靠袁术、袁绍等人，后来吕布被曹操所败，他也想投靠曹操。但在刘备的建议下，曹操最终杀掉吕布。业务能力很强，如果总是背主求荣，在古代有违"忠"的原则，被视为"小人"。当然，"德""贤"都是根据历史变化而变化的，不同的历史条件，价值导向是不一样的。这里需要指出的是，道家虽然反对贤良治国，但不是真正反对贤才和德才，只是反对那些伪君子和圣人。真正贤明的人，不一定会显现出来，强调功成而不显。尚贤是墨家的重要主张之一，贤良人才越多，国家就越强盛；反之，国家则弱。因此，举贤选贤就成为治国理政的重要活动。

"讲信修睦"，人际关系讲究诚信和睦，实际上，讲信修睦并非止于人际关系，在邦交关系上同样适用。春秋战国时期，讲究"信义"的宋襄公还被别人嘲笑，奉行王道政治不是被灭，就是苟延残喘，而奉行霸道的诸侯国则日益强盛，可见当时社会已经乱到丛林战争的状态。商鞅立木赏金，就是要树立权威和信任，上下不信任就不可能和睦，离心离德，司马光在《资治通鉴》中总结道："上不信下，下不信上，上下离心，以至于败。"中国古代社会的信实际上是要服从仁义的，如果二者不存在冲突，就讲信修睦，但如果二者存在冲突，背信取义就是儒家的价值导向。

总而言之，中国传统文化的社会理想是建立一个公正、有秩序的社会，政治清明，选贤任能，老百姓安居乐业，社会和谐，没有战争离乱之苦。这种理想所包含的价值导向，是历史的经验教训积累的结果，这些经验教训凝结成为一条条的训条，变成了基本的假设。如果偏离这一基本假设，社会黑暗，不公正的现象经常出现，就会爆发各种危机。中国历史上所谓的王朝周期律与土地集聚与扩散密切关联，当土地兼并严重，社会不公正现象显著增加，社会就会发生动乱，不是被外族击溃，就是被农民战争击垮，或是被其他贵族取代。稳定、公正与和谐是传统社会追求的最核心价值导向。这一价值导向对中国历史产生深远影响，中华文明之所以能够历久弥新，成为唯一传世而不间断的优秀文明，与这一价值导向密不可分。中国历史尽管也存在黑暗的大动乱和大分裂时期，但从整体上来说，统一、安定、公正、和谐是历史的主流。没有统一、安定、公正与和谐，我们的文明就无法稳步发展。

中国传统文化的这种社会理想，也有其缺失乃至弊端，即过于重视秩序与公正，就可能会忽视效率和发展。特别是这种理想所指导的社会治理容易出现为了稳定而不惜一切代价去压制不稳定因素，甚至为了稳定和谐牺牲公正，不仅成本越来越高，而且不稳定因素也会越来越多。就像骑自行车一样，需要动态的平衡，而不是静态的平衡。为了维护社会的绝对秩序，官僚体系就会不断增加，越来越多的人游离出生产体系，大量的社会财富变成了维护社会的成本，而不是被引导到扩大再生产的体系中去，社会日趋静止和停滞。

科举考试自诞生以来就为社会输送大量的人才，但科举考试往往考察的是德、才，这里的才主要是指精通儒家经典的能力，而现实的实践能力没有被培养出来，考试与治理社会脱节太多，官员缺乏实践治理能力。当国家面临危机的时候，不能上马杀敌或治理社会，只能以死报国恩。

中国传统文化也讲求信，但这里的信是基于圈层关系基础之上的，当信违背仁义之时，儒家强调选择背小信取大义，信用只是调整圈层关系的重要规则。而西方的信则以商品经济或市场经济为基础，建立了一套完整的信用体系，成为西方发展经济的重要制度支撑。我们的信用制度没有发展出来，这也是严重制约市场经济发展的重要因素。

7.3 资本的理想 效率与增长

西方资本主义是对传统封建贵族世袭制的反动,其理想是个体全面发展,从而打出了自由平等博爱的口号,虽然在名正言顺的所有制下保留了家族世袭。为了实现此理想,资本主义比封建社会更重视效率与发展,这与中国传统社会的理想实际上存在很大差异。最能体现西方资本主义理想的典型人物形象是歌德笔下的浮士德,他在翻译《希伯来圣经》时,将"太初有道"翻译为"太初有为",资本主义文化的价值导向主要是效率和发展,如果失去效率,资本主义就会发生重大危机,如果经济停滞或倒退,资本主义整个体系就面临崩溃。资本家们要在资本主义竞争体系内生存下来,必须不断追求利润,并最大限度地将这些利润转化成为资本,韦伯所描绘的清教徒为上帝好好工作的形象与马克思揭示的资本家不惜一切代价地赚取剩余价值的形象,实际上都从某一个层面真实地展现了资本主义的原生态。

西方社会的理想实际上经历了三个不同的阶段:著名的《理想国》实际上是柏拉图对于古希腊政治、社会生活的一种理想设计。这个理想国是一个真善美合一的公正社会,哲学家由于是知识和智慧的化身,能够不折不扣地执行这些理念,理想国内要接受哲学王的统治,居民按照等级各安其分。《上帝之城》是中世纪的奥古斯丁描绘的中世纪理想生活方式的重要著作,在上帝之城中,人们互敬互爱;在世俗之城中,人们是自己爱自己,罗马帝国的臣民由于过度纵欲和关注自己的利益,最终走向衰退。但是,近代以来,西方社会的理想又发生了巨大变化:追求自由、民主、平等与博爱,这些好听的词语背后实际暗藏着一个基本理念,即效率与发展。将经济学从伦理学分离的一部著作《国富论》,隐含着效率与发展的价值导向。

资本主义的早期发展历史,实际上也是文艺复兴与启蒙运动的历史,这段历史实际上重新定义了人。英国学者阿伦·布洛克在《西方人文主义传统》中指出:"古希腊思想最吸引人的地方之一是,它是以人为中心,而不是以上帝为中心的。"宗教神学统治过于严苛,贬低并束缚了人,因此,文艺复兴实际上是重新对人的本质和人的生活方式进行了定义,并在此基础上对人的价值导向进行了重新梳理，宗教改革又在某种程度上改变了人们的做事规则。人们不再将利息视为魔鬼，而是希望通过利息的增长推动财富的增长。因此，近代西方重新定义了人，从本质上来说就是更加注重人的欲望和诉求，这些欲望和诉求在中世纪被看成魔鬼试探的诱饵，压制人的本能欲望，被视为人世修行的最重要的路径。但资本主义崛起之后，开发人的欲望，尊重人的意见，既是时代所需，又是思想演进的重要转折。马基雅维利鼓励君主运用世俗的欲望驾驭臣民，而不仅仅是用宗教和道德约束臣民。曼德维尔以《蜜蜂的寓言》为例，提出了一个悖论：私人欲望的"恶之花"却导致了公共利益善的结果。如果人人奉行节俭，那么，整个社会就会衰败。这个悖论出来之后，曼德维尔也因此被视为品行恶劣的人。但该寓言实际上暗含着一个隐喻：不是个人的善推动历史发展，掌握社会繁荣的节律，而是个人的"恶"推动社会的发展，私人利益可以通过看不见的市场之手转化成为公共利益，市场具有神奇的转化能力和净化"恶"的能力。这一条悖论经过斯密的论证，成为西方经济学的基本假设和教条。在斯密看来，国家的强大与百姓的富足，实际上是与资本逻辑和市场机制紧密关联的。政府不需要越俎代庖地干预企业，市场那只"看不见的手"会自动让个人利益转化为社会公共利益，这是西方资本主义理想的最高境界之一。但问题也就恰恰出在这里，后来马克思证明每个人都追求个人利益最大化，结果会导致产能过剩，最终引发经济危机。市场并非一个万能机制，在某些状态下，市场之"恶"还会放大，它不会自动净化各种各样的"恶"，甚至会把各种各样的恶转化成为更大的恶。例如，美国的次贷危机爆发从实质上来说是各种各样的金融衍生品不是在分摊风险，而是在转嫁风险，集小恶变成了大恶。更重要的是，如果没有适当的社会机制，个人利益不会自动转化成为社会利益。

1793年的法国大革命发布了《人权宣言》，这个宣言实际上反映了西方资本主义文化的政治理想，宣扬了资本主义对于理想社会的一种追求，其中的核心概念是：人人生而自由、权利平等、政治民主及保护个人财产等。例如，《人权宣言》称"人生来就是而且始终是自由的，在权利方面一律平等""财产是不可侵犯与神圣的权利，除非合法认定的公共需要对它明白地提出要求，同时基于公正和预先补偿的条件，任何人的财产皆不可受到剥夺"。自由处置自己的财产，以及私有财产保护实际上是市场经济发展的内在要求，也是资本主义制度的重要根基。

所谓美国梦，实际上是亚当斯在 20 世纪大萧条时期提出来的，激励美国人克服困难，大致的意思是无论地位和出身，每个人都可以通过努力开发自己的潜能，实现自己的梦想。越来越多的人不再相信美国梦，因为越来越多的人发现美国梦实际上与富人有关，而与穷人没有关系。美国梦同样暗含着一个重要的命题：要想实现成功就需要高效率的发展。但是，并非每个人都有条件发展起来，由于信息不对称，并非每个人都会理性地行动，也并非每个人都有发展的能力和机会。

重视发展和效率是西方资本主义理想在经济管理中的具体表现。追求效率和发展给西方带来了历史性的超越，一些学者将这次超越界定为"大分流"。美国著名历史学者、汉学家彭慕兰在《大分流——欧洲、中国及现代世界经济的发展》中指出，西欧只有在实现了工业化之后，才逐渐成为世界的中心，与中国走向不同道路的时间区分点在 18 世纪晚期和 19 世纪早期。的确，工业革命改变了世界历史面貌，但工业革命的发生是以一系列其他领域的革命为根基的。科学与技术的发展，资本逻辑的强化，政治治理的转变，社会思潮的铺垫，为工业革命提供了一系列有利条件。工业革命不仅仅是一次产业革命，也是一场世界经济与政治真刀实枪的较量。工业革命背后的资本逻辑是借助先进的武器、创新的商品，进行疯狂扩张，这个扩张背后最核心的教条就是效率与发展。没有效率的都要清除，不能发展的都要死亡。为了获得廉价原材料、劳动力及商品销售市场，西方列强展开了瓜分世界的激烈竞争，甚至爆发了两次惨烈的世界大战。一切稳定的、有秩序的东西都被践踏，因为资本只有打破原有的空间秩序才能寻觅到赚钱的机会，自由公正只是强权者掠夺他人财富的幌子。

追求效率与发展的西方理想观念毫无疑问也存在着很大的缺陷。

第一，追求效率产生的最大问题是很容易忽视公正。以资本运转为中心，以赚钱为目的，破坏了全要素的基本平衡，特别是对劳动者及其他国家的掠夺是建立在不公正的基础之上。马克思早就强调一个基本事实，追逐剩余价值的最大化，会导致工人的贫困，从而使其无法购买商品。资本主义之所以没有灭亡，在新地理学代表人物哈维看来，是因为资本主义还有开拓的空间，可以将危机转嫁出去。凯恩斯主义比新自由主义的高明之处就在于认识到市场调节经济的局限性。

第二，追求发展本身并没有错，但为了发展而发展就可能产生很大的问题。例如，西方曾经走过一段为了发展不惜破坏生态环境的先污染后治理的路径，破坏了资本扩张的生态前提，而资本运转越快，资源消耗也就越快，加速了危机的爆发。中国近年来注重经济发展而造成的生态环境破坏，亦可见一斑。

第三，无论是追求效率还是追求发展，实际上都面临着与秩序、公正的平衡问题。社会各个层面的发展并不是步调一致的，很多资料的价值并非只有一种功能。例如，煤炭的基本功能并非只是一种燃料，煤炭还有很多其他功能和用途，只是根据某种片面的发展观，煤炭很可能在其新功能被发现之前就已消耗殆尽，这对于我们的后代是不公平的。资本利用科学和技术的优势，将很好的资源在现代就消耗殆尽，透支了未来的发展。有些企业为了赚钱，将大量的废气、废水排到环境中去，伤害了生态环境，同时也危害了他人的身心健康，却得不到惩治。最后，资本主义在推动经济发展与效率提升的同时，也带来了物质财富相对过剩及无谓浪费的问题。由于财富过于集中在少数人手中，一方面是产品过剩、厂商卖不出去，另一方面则是广大中低层民众的购买力有限、享受不到科技进步及经济发展的成果。需要正视的是，自我国搞活市场经济以来，以上这些问题在追求经济发展的过程中会不可避免地产生。一些诸如社会公平、生态环境等方面的问题尤为突出，需要其他力量来纠正经济发展与效率优先所带来的不平衡。

7.4 革命的理想　消灭不公正

我国社会主义建设所追求的理想分为两个：一个是共同理想，即建设中国特色的社会主义，把我国建设成为富强、民主、文明的社会主义现代化国家；另一个是远大理想，即实现共产主义，在共产主义社会里，每个人得到自由而全面的发展，整个人类获得彻底的解放和自由，从必然王国进入自由王国。

我国社会主义共同理想意在将我国建设成为富强、民主、文明的社会主义现代化国家。近年来，习近平总书记提出"实现中华民族伟大复兴的中国梦，是近代以来一代又一代中国人的共同理想"。中华民族璀璨的历史文明，在世界文明史上留下了浓墨重彩的一笔。但是，中国在近代落后了，落后的结果就是被动挨打，中国近代史成为一部饱含中国人民血泪的屈辱史。因此，实现中华民族伟大复兴的中国梦，成为近代以来人民梦寐以求的事情。

我国社会主义的远大理想即共产主义社会，马克思主义经典作家描绘的共产主义社会是人类的最高理想社会。经典的共产主义理想有以下几个具体的特征：第一，社会生产力高度发达，这就意味着人类能够更多掌握自己的命运，而不是时时刻刻被自然摆布，服从命运的安排。第二，社会将占有全部的生产资料。如果生产资料被某些集团占有，就会变成剥削和支配其他社会阶级的工具，因为如果一部分人掌握生产资料，而另一部分人不得不依赖这些生产资料，他们就不得不服从这些生产资料所有者的支配。当社会占有全部的生产资料之后，这种剥削和支配的力量就会消失。第三，旧的社会分工趋于消失。传统的社会分工不是基于个人的爱好、特长和兴趣，而是被迫的。到了共产主义社会，这种基于被迫劳动的状况将会消失，人们可以根据自己的特长和兴趣，自由发挥自己的能力，构成新的社会分工。第四，各尽所能，按需分配。每个人都尽自己最大的能力为社会做出贡献，而每个人都可以根据恰当的需要获得自己所需要的东西。第五，国家将会消失，取而代之的是自由人的联合体。

我们可以从这些经典的共产主义理想描绘中找出共产主义社会的基本特征：一是强调社会公正，二是强调社会发展。

中国的传统社会强调社会公正，强化社会秩序，但忽视了发展和效率。中国传统社会之所以能够形成一个长期超稳定的结构，与其价值导向密不可分。传统社会重要的价值导向是保持社会的稳定，于家来说，家和万事兴，于国来说，天下太平，才是最重要的。为了保持社会稳定和家庭和睦，必须要有起码的公正。"公正"一词在不同的历史时期有着不同的含义。在传统社会，维护仁义礼智信的基本规范就被视为正义的本身，每个人都应当做自己分内的事情，而不是越位或不履行自己的责任。但传统社会的重要缺陷是重视秩序而忽视发展，大量的劳动成果不是投入到社会扩大再生产的体系中去，而是投入到等级社会制度的结构中去。这就会导致生产体系越来越脆弱，食利集团越来越庞大，不公正的现象越来越多，以至于难以为继。不公正现象的增加，会影响社会生产的积极性和效率，无法长期维护社会稳定，花费巨额物力和精力维护的社会稳定终究成为梦中花，社会迅速崩溃，呼唤新的维系社会稳定和公正的英雄出现，直至新的王朝建立，耗费了很大成本，社会付出巨大的代价后又终于回归到相对公正的状态。

社会主义强调的公正，与传统社会强调的社会公正有着本质的区别。社会主义革命的基本思想认为，私有制、社会压迫是导致社会不公正现象的主要根源，消灭剥削及其赖以生存的所有制才能实现人的自由全面发展。因此，革命的理想是推翻"三座大山"，实现公有制，从而实现没有人剥削人的自由社会。毫无疑问，这样的理想是极其崇高伟大和神圣的，这样我们也就能够理解为什么要使用"一大二公"的经济管理方法。但是，绝对平均主义手段不免有很大的缺憾。首先，人与自然关系的规律不可违背。"一大二公"的左倾思想忽视了当时中国的生产力发展水平。马克思提出的共产主义理想社会是以物质财富达到极大的丰富为前提，而中华人民共和国建立时的现实状况是刚刚从战争中恢复过来的农业社会。其次，从人与人的关系角度来看，片面追求无阶级社会，以阶级斗争为纲，既忽视了生产效率，又违背了社会正态分布的规律。最后，从人与自身的关系角度来看，"大公无私""狠斗私心一闪念"这样的倡导过于崇高而远大，并非每个人都能达到这样的境界，人的私欲不可能彻底被消灭。

在社会主义建设的新时期，共同富裕作为社会公正的重要象征。老百姓把社会公正问题看得非常重，当下社会的很多问题，说白了就是社会公正问题。例如，仇富事件实际上并不是一般性地仇视富人，而是仇视那些通过不公正手段获得巨额财富的人。即使是通过公正手段取得巨额财富的人，也不能过于炫富，因为我国毕竟是社会主义社会，社会主义的重要本质之一就是要消除两极分化，炫富不仅仅是挑逗老百姓的情绪底线，也是对社会公正底线的挑战。实际上，贫富差距过大的问题是全世界都面临的难题。例如，美国1971年最低收入人口占比为16%，而到2015年，该数据上升为20%；其最高收入人口占比也从1971年的4%上升至2015年的9%。这说明美国的穷人和富人的人口比例正在扩大，有观点评论说，美国中产阶级的萎缩正在威胁美国的稳定。

社会主义的一个重要特征是谋求发展。谋求发展不是单纯谋求经济增长，而是促进社会的全面和谐发展。经济增长只是社会全面发展的一个重要组成部分，而非全部。传统中国社会重视秩序与稳定，在扩大再生产方面追求不高，但最终难以保持稳定与秩序。西方资本主义国家往往谋求扩张，特别是在帝国主义出现之后，资本的积累和扩张是整个西方社会发展的重要动力。然而，西方经济发达国家的发展并非完美无缺的，由于长期缺乏对社会公正的关注，或者口号上关注公正但实际上仍然是以追求资本的积累与扩张为核心，西方社会给全球带来过深重的灾难。标志性的事件是帝国主义列强为瓜分世界而发动的两次惨绝人寰的世界大战。资本的本性就是追求剩余价值最大化，并且希望将这些剩余价值转化为扩大的资本，如果积累不能满足资本的扩张需求，资本还通过兼并、重组、杠杆等方式进行快速扩张。在这种追求效率和谋求资本扩张的价值导向之下，西方资本主义冲破了其他社会封闭的边界，就连中国这样的超稳定社会，也在鸦片战争的冲击下瓦解。社会主义的重要任务就是解放和发展生产力。贫穷首先不是社会主义的本质，那种"宁要社会主义草，不要资本主义苗"的左倾观点，从根本上忽视了社会主义的生产力基础。

社会主义发展的指导思想是一套科学系统的理念。中国共产党第十九次全国代表大会上，习近平总书记提出了"两个一百年"奋斗目标、实现中华民族伟大复兴的中国梦，不断提高人民生活水平。习总书记的报告提出了"坚定不移贯彻创新、协调、绿色、开放、共享的发展理念"。

发展的首要含义是创新，没有创新只有量的增长，实际上很难持续。依靠资源和要素的增长终归是有极限的，中国当下最重要的问题是促进知识的创新和增长，真正做到保护知识和尊重知识，让知识成为社会发展的最重要动力。这里面牵涉到知识产权保护制度的问题，我国知识产权立法缺乏统一的知识产权立法体系，执法缺乏统一权威的执法体系，九龙治水、各管一块，因此，急切呼吁我国尽快出台"知识产权基本法"，建立知识产权最高立法和执法机构，制定适度的知识产权保护法律体系，保护知识（专利、版权、商标等），从而促进中国经济结构调整。

社会分为各个层面，每个层面的转变并非都是步调一致的，而是有先有后，逐步推进的，因此，社会发展要重视协调。不协调就会失衡，失衡就会产生各种各样的问题。社会发展要在保持青山绿水的基础之上才有意义，否则大量的水污染和空气污染会让很多人生病，降低生命的质量，发展也就失去了意义。发展的意义是让大多数人享受健康美好的生活，而不是钱袋子鼓了，身体却遭殃了。

四十年的改革与开放实践证明，只有开放了，才能更好地吸取人类文明的精华。近代以来的主要教训之一就是因为自我封闭导致我们错过了工业革命，结果被动地被列强打开了大门。中华人民共和国成立后我们受到了西方的封锁，立足于独立自主和自力更生，随着国际环境的好转，中国主动打开国门，充分利用国际先进的技术、管理经验和资本，结合自己的实际情况，迎来了历史性大发展时代。对外开放，主要是吸取国际先进的知识，主动甄别善恶真伪，而不是什么都学习，更不能什么都是外国的好，全盘西化，丧失文化自信。

共享不仅仅是一种新经济模式，而且是社会发展的新模式。从经济领域来说，随着互联网技术的大规模推广，人们充分发挥"互联网+"的想象力，构造了众多的产业新形态。例如，"互联网+交通"带来了数量众多的出行模式：拼车、顺风车、专车、快车等。这些模式之所以能够大规模产生，除了出租车和公交车不能满足大众异质性的需求之外，更重要的原因是这些新模式利用了共享经济的原理，节省了乘客的出行成本，同时使得人车匹配更加准确。就社会发展而言，要确保发展的成果为人民共享。共享本质上来说是为了纠正各种不公正现象，例如缩小贫富差距、地区差距、体制内外的收入差距，等等，以促进社会公平正义，让老百姓过上好日子。

发展与公正，既是我们追求的理想社会特征，又是我们实现理想社会的重要途径。理想社会的关键特征实际上并不是空穴来风，理想的魔力在于对现实的超越，并起到引领社会发展的作用。正是因为现实世界发展还存在一些问题，社会公正方面还存在很大差距，才需要我们为了理想社会而奋斗。

7.5 复兴的理想 现代化社会

从以上分析可以看出，不同思想体系对人类社会的发展和理想的描述存在共性。如果说资本主义的理想社会的基本特征是自由、平等与效率，即包括个体的自由、人际的平等和生产的效率；社会主义的理想共产主义也在一定程度上包含这些要素。共产主义的核心特征是一个是生产力高度发达，即在生产效率方面非常发达，物质财富极大地涌流；另一个是在分配领域"各尽所能、按需分配"，这是人与人之间平等的体现；还有一个是个人是自由全面发展的。

其实，中国传统思想文化对理想的描绘，也体现在个体、社会与自然这三个方面。以儒释道为代表的主流传统思想强调公正、秩序社会的重要性，个体应该通过修齐治平为社会服务，人类应该与大自然和谐相处。以上三种思想体系的价值导向明显有差异，中国传统文化看重社会秩序而可能牺牲发展效率，革命理念更是关注公平而忽视生产效率。任何社会都是由个体所组成的，因此个体的价值及个体在生活中的作用与地位是任何思想体系不可回避的问题。尽管以上三种思想系统中都把人放在中心位置上，但对人的认识理解却截然不同。资本主义思想受到西方传统文化的影响，强调人作为有理智尊严和自由意志的独立个体的地位，要求理性的个体对自己的命运负责。中国传统文化仅把人看作从属群体的一分子，是他所属社会关系的派生物，个体的价值因群体而存在并借此体现。革命文化更是强调集体的价值和利益远远高于个体，个人应该大公无私、公而忘私。"螺丝钉"比较恰如其分地反映了革命思想的人格理想，学习模范雷锋这样写道："一个人的作用对于革命事业来说，就如一架机器上的一颗螺丝钉。机器由于有许许多多螺丝钉的连接和固定，才成了一个坚实的整体，才能运转自如，发挥它巨大的工作能力，螺丝钉虽小，其作用是不可估量的，我愿永远做一个螺丝钉。螺丝钉要经常保养和清洗才不会生锈。人的思想也是这样，要经常检查才不会出毛病。"

当前社会变革要树立共同的理想与价值观：这个社会应当是公正和有效率的。在个人层面，应当保护个人的基本权利，不侵犯他人权利是基本底线，按照各自特点发挥优势，提升效率。在社会层面，为了公正原则，政府应当发挥自身功能，对社会进行及时调控，避免偏离公正状态太远。党的十九大描绘的长远理想是：全体人民共同富裕基本实现，我国人民将享有更加幸福安康的生活，中华民族将以更加昂扬的姿态屹立于世界民族之林。

我们认为，第一，理想社会要建立在高度效率的生产机制基础之上。在当前背景下，效率主要具有两个层次的含义：第一个是微观效率，即各种生产要素投入小产出大，以较少的成本获得较大的收益。市场之所以能够存在主要由于它是一个竞争的设置，奉行"优胜劣汰"的法则，这里的优主要是指合适的和匹配的，未必是指最好的。第二个是宏观效率，主要是说全社会的资源是否得到合理的配置和利用，以及社会财富是否最大限度地增加。宏观效率需要政府之手来纠正那些市场失灵的机制所带来的负效应或无效率。马克思早就论证市场之手不但不能自动达到最优配置，反而由于社会生产与个体生产存在着对立，有产生经济危机的可能性。在自由竞争的市场条件下，个体生产是有序、有计划的，但可能导致整个社会生产的无序化，从而产生经济危机。另外，市场的优胜劣汰机制只能保障适应者生存下来，未必保障优秀者生存下来，因为有时候会出现劣币驱逐良币的现象，这也需要政府手段来纠正。因此，宏观效率需要政府之手来调控，才能达到资源有效配置。市场与政府的宏观调控，都是保持经济效率的必要手段，二者配合起来会起到更好的作用。即便是资本主义国家的政治家与学者也认识到这两者要协调使用。例如，针对20世纪30年代的经济大萧条，美国总统罗斯福推出了《格拉斯—斯蒂格尔法案》，适时遏制了投机的同时还扩大了公共投资刺激实体经济。虽然贪婪的华尔街资本家诅咒罗斯福的措施会加剧股市暴跌和经济衰退，但是美国经济明显从动荡中稳定下来并开始复苏。第二次世界大战期间美国金融监管更加严格地禁止资金流入股市，工业高速增长刺激了没有任何泡沫的股市大牛市。西方主流经济理论认为自由市场能够自发实现均衡，任何政府干预都会降低效率并妨碍市场恢复均衡。罗斯福的金融监管法规严禁银行资金流入股市，美国资本市场而后却出现了长达七十多年的繁荣稳定。罗斯福的监管法规如此严厉干预银行自主经营，西方主流经济学无法给予任何合理解释和理论支持。

第二，理想的社会还需要有公平与公正的机制作为保障。中国传统文化和社会主义都强调要建立一个公平的社会，资本主义强调公正，但主要关注点是效率基础上的个体公正。尽管任何社会无法保证每个人的起点和结果公平，但要尽量提供公平竞争的机会。中国正处于社会大转型的历史时期，许多问题都是由不公正所致。比如仇富问题，人们不是一般地仇恨富人，而是仇恨那些不劳而获或者通过不正当手段获取财富的富人。再比如最近几年出现的圈地和拆迁问题，主要是对于拆迁户和农民的分配显失公平导致的。中国历史上历代王朝更替，最核心的原因是社会离开儒家设定的那个看似缥缈的公正社会太远，土地兼并严重，大量社会剩余产品不是用来扩大再生产，而是用于统治阶层的享乐或者埋入地下供其死后继续享用，离开土地的农民很容易集聚成为流民，从而形成一股强大的力量，扫荡整个腐败和缺失公正的社会。

第三，在建设和完善法治的基础上重视德治的不可替代作用，倡导崇高的道德风尚。仁义是儒家的主导思想，在春秋战国时期，奴隶主残酷地对待奴隶，上级残酷对待下级，导致社会处于紧张的状态，孔子提倡爱人的思想，从某种意义上来说是一种重大进步。从整个儒学体系来看，儒家思想是以心性之学为中心的道德理论体系，以道德理想为人的最高生命价值，将完美的君子人格视为个人最终的人生目标。儒家真正的君子往往把仁义道德及礼义廉耻看得比生命本身更重要，主张"富贵不能淫，贫贱不能移，威武不能屈"，这是一种大丈夫的人格气质。在历代中原文明遭遇危机之际，正是这种气概多次挽救华夏文明。

第四，具有开拓进取的精神面貌，而非故步自封。无论是儒家的"天行健，君子以自强不息"也好，还是浮士德代表的资本主义精神也好，还是社会主义提倡的敢为天下先也好，都展现出一个开拓进取的精神气质。儒家倡导积极修身养性的态度，最终也是要"为万世开太平"服务。另外，中国传统文化强调经世致用精神，强调事上磨炼，在实践中提升道德品格，达到理想的人生境界，在实践中自强不息、奋发有为，成就理想的人生。这种学风和做人之风极大地影响了中华民族的主流文化，并由此培养出刚毅进取、求真务实、厚德载物、乐观向上的优秀民族品格。在当代，我们更要发扬这种积极进取的精神面貌。

第五，应当重视个人的心理健康，同时提倡对己诚实、对人友好的精神面貌。很多小说都表现了灵与肉的冲突，最终在冲突中实现灵魂的升华。中国传统思想无论是儒家还是道家、佛家，都强调心灵与天道的统一，这是因为他们相信主体可以通过内省的方式，实现天道和人的心灵相通，求道不是外求，而是求诸心。内求于心的本质是一种心灵的修养，直接体认本心、本性，以及天命和天道。所以，中国传统的心理健康主要是通过内置的尽心、见性等方式直接把握生命的意义。而西方的心理学往往是通过外在的物理验证来发现人的心理和精神问题，把个体与超越性的精神实体（例如神）联系在一起，通过向这些精神实体倾诉，达到缓解精神压力的目的，调节身心健康。中国近些年来出现了一系列伤害社会的事件：为了报复社会砍伤幼儿园无辜小孩的案件、公交车纵火案件、老师性侵小学生案件，等等。这些事件之所以会发生，从某种意义上来说是心理健康问题。例如，社会剧烈变化既给个人带来扩大视野的机会，同时也可能让人变得焦虑，焦虑和恐惧往往是导致一个人心理不健康的致命因素，个人要学会梳理这些焦虑和恐惧，以理性来解决这些恐惧和焦虑的问题。因此，要处理好个人的欲望与个人心灵的关系，以高尚的精神指引个人的生活，如果遇到自己难以解决的身心问题，可以坦白地向专业人士或社会求助,而不是滥杀无辜,伤害他人。学校教育应当增加学生心理健康管理,社会应当建立心理健康援助机构体系,这样可以避免更多社会悲剧发生。

本章小结

理想的魅力在于为人类提供超越现实的牵引力量,越是在科技蓬勃发展的21世纪,越是要有理想的灯塔来指引方向。美国有美国梦,中国也有我们的中国梦。我们相信,只要尊重科学技术,提高生产效率,与自然和谐相处,同时整个社会具有公正和积极进取的精神,就一定能够实现中国梦。中国传统社会的理想追求是大同世界、小康世界、极乐国土、桃花源世界,追求社会公平公正、秩序稳定,强调人的身心、人与自然、人与人之间的和谐关系。西方资本主义梦想的核心是重视发展和效率,让资本获得回报,以实现个体全面发展。美国梦同样暗含着一个重要的命题:要想实现成功,就需要经济发展及生产效率,但是追求效率最大的同时很容易忽视公平。无论是追求效率还是追求发展,实际上都要面临着其与秩序、公正的平衡问题。共产主义理想的基本特征:一是强调社会公正,二是强调社会发展。本章分析了影响当今中国社会三种思想体系的理想观,指出它们都在一定程度上追求自由、平等与效率这些人类美好的价值观,即包括个体的自由、人际的平等和生产的效率。但是这三种思想的着重点有着很大的差异,中国传统文化思想注重生活和谐,宁可牺牲生产效率及个体自由;革命思想强调在经济高度发达基础上的社会公平及个体自由,但是在实践中,往往效率让位于公平、个体自由服从于集体利益;资本主义思想无疑寄希望于以高效的生产和自由理性的个人来实现社会公正,但是常常因强势的资本话语权而只实现部分成员的自由,难以实现社会公平公正。而中国梦既是在对现阶段中国社会面临的主要问题客观分析的基础上提出的宏伟理想,又是对上述三个优秀思想文化关于人类理想的高度概括与阐述。事实上,"民族复兴、国家富强、人民幸福"的本质与内涵更加丰富,中国梦的实现必然会带来高度统一的人民自由、社会和谐及生产高效。实现中华民族伟大复兴的中国梦,需要社会各阶层从认识上借鉴和汲取不同思想文化的精华,从行动上把握和处理好上述三个理想层次的辩证关系。

天下之治,有因有革,期于趋时适治罢了。

——《宋史·卷三三四·徐禧传》

《周易》里面说过这样一句精辟的话:"穷则变,变则通,通则久。"其意思是:一个社会到了止境就要产生变化,变化了就能通达,通达之后才会久长。任何事物都有一个从发展成长到趋于成熟,再到衰败消亡的进程,只有追求变革才能够持续发展。理想是超越现状的美好未来,如果社会发展的方向偏离了理想,就需要变革、转型、调整。然而社会变革往往会遇到巨大的阻力,尤其是帕累托假设不成立时,总有人或感到利益受损、或因观念不同、或由于习惯传统,站出来反对变革,阻挠变革,甚至对抗变革。变革阻力的存在,意味着任何变革不可能一帆风顺,这就给变革领导者提出了更严峻的挑战。社会变革不仅仅是经济技术或生产方式的变化,也不单单是颁布几条法律条款就可以付诸实施的。变革是政治体系内缓和而有秩序的政治变迁。变革毫无疑问是利益分配、决定利益分配的权力,以及人们对利益与权力认识的转变。如何先期预防、压制乃至化解变革的阻力,需要高度的政治技巧。高明的政治家会审时度势、谋定而动、因势利导、循序渐进、树立榜样、化解阻力、凝聚人心、达成共识,从而顺利推动并达成所期望的变革。

8.1 化变革阻力 仗人心之势

社会变革的最大阻力往往是传统习惯。人们常说,"习惯成自然"。习惯性的制度、法律条例,或许可以通过强有力的政治手段得以改变;个体多年积累的行为处事方式,也可能由于外部的强制力量而改变;然而传统的思想观念则难以改变,而且通常是变革的最大阻力。思想观念一经形成,就会产生惯性,而且会形成思想观念的"路径依赖"。思想观念很难摆脱它的历史,当环境变化不大时,这种惯性思维因形成定势而具有节省思维时间和成本的优势。一旦环境发生重大转变,又会成为一种思想的羁绊。

20世纪法国哲学家柏格森曾经提出一套理论,他将社会分为两种类型:封闭社会和开放社会。封闭社会形成了封闭道德和静态宗教,而开放社会则形成了动态道德和动态宗教。中国的传统社会一般被认为是一个封闭社会,具有"超稳定的结构"。自从儒家思想被确定为国家意识形态的主导思想以来,两千年来变化不大,所谓"天不变,道亦不变"。

为什么中国的传统社会变化缓慢?因为传统社会主要依靠种植农业维系社会基本运转,分散的农民只需要与附近的亲朋好友交往,就能解决日常生活和生产劳动所需。历代统治者又非常重视农耕文化的培养,经过长期的教化,中国传统社会的农民和士大夫逐渐形成了稳定且可以预期的思维模式,维系着整个历史演变的大致进程。虽然中国古代史上经历了多次改朝换代,但以血缘关系为根本的礼乐文明和以官本位为导向的中央集权思想没有发生根本性改变。中国传统社会的主导思想观念具有强烈惯性。

这种惯性思维模式,是中华民族文脉相传的根基。中国之所以成为诸多文明古国中唯一文化没断流的国度,超稳定的思想观念体系发挥了巨大作用。每当中华文明遭遇严重危机的时候,无数维护"道统"的知识分子通过各种形式进行抗争,最终让中华文明薪火相传,从不熄灭。万千华夏儿女用儒家经典文本和日常生活的习惯维系着中华文化的传承。汉字尽管经历了多次变革,形态也发生了很大变化,但因为其表意而不是表音,从而成为稳定中华文化的强有力工具。中华传统文化的这种稳定性,当然也不是一成不变的。作为国家主导的儒家思想体系，既不断吸纳本土的道家、法家等思想，还融合了来自古印度的佛家思想，逐渐形成了传统文化大合流的局面。

近代以来，中华主流文化又面临新挑战。中原王朝的威胁已经不再是来自游牧、渔猎为主的草原民族、森林民族的威胁，而是来自海上的西方列强的侵略。西方列强用坚船利炮强行打开了清王朝闭关锁国的大门，西方资本主义文明强势入侵，给传统的农耕文明带来了极大的破坏。

于是，中国各个阶层掀起了各种救亡图存的运动。太平天国的农民运动，以"拜上帝教"为组织进行斗争。洋务运动则倡导学习西方的先进技术，提出"中学为体，西学为用"的口号，企图"师夷长技以制夷"。知识分子们发起了百日维新运动，希望通过改变政治体制来实现国强民富。即使是顽固派的代表人物慈禧太后，也在清王朝统治危机大大加深的历史背景下，推行了清末新政。资产阶级的革命党人以西方的资本主义文化为核心，发动了多次资产阶级革命，最终推翻了两千多年的帝制，建立了共和国。但是，好景不长，资产阶级革命的胜利果实，被大军阀袁世凯窃取。中国共产党以马克思列宁主义为指导，无数先烈通过长期的艰辛奋斗，终于建立了中华人民共和国，从此中国人民站起来了。20世纪70年代末期，中国实施了"对内改革、对外开放"的政策，中国人民逐渐富起来了。当前，中国又进入了一个新的历史时期，站起来和富起来的中国人民，正在通往中华民族伟大复兴的道路上不断强起来。

西方社会的变革往往是从少数精英的思想认识开始，然后从制度层面以法律条例规范人的行为，进而产生广大民众思想观念的变革。美国立国之后，于1787年在费城召开制宪会议，经过代表们的激烈争论，最终制定了人类历史上第一部成文宪法——《美利坚合众国宪法》。这部宪法从开始系统影响美国人的行为，进而深入美国社会的人心，最终成为美国文化的内核。而中国的社会变革，往往是通过宣传动员，先改变参与者的思想观念，然后再改变人的行为，进而在制度上进行完善更改。1978年12月13日，邓小平同志在中共中央工作会议闭幕会上做了《解放思想，实事求是，团结一致向前看》的报告，拉开了中国改革开放的序幕。在思想解放的指导下，中国人民开始了探索建设中国特色社会主义的道路。在不断的实践过程中，逐步完善了各项制度和法律体系。

思想观念的惯性，对人的行为产生巨大的影响。从正面作用来说，人类需要稳定的心智模式来应对多变的挑战及行动的一致性，惯性因而具有强化人的行为习惯和节省思维成本的功能。从负面作用来说，当环境的变化超出了人的思维习惯，人却没有改变原来的思维模式，这会对人的实践活动产生阻碍作用。因此社会变革的根本阻力是主导者、参与者、受影响者等广大利益相关者的思想惯性。

社会变革者应该利用思想观念的这种性质，不断反思自身的思维模式，从而指导变革实践活动。在制定政策的时候，只有在尊重当地人的风俗习惯的基础上，进行优化调整，才不至于显著违背老百姓的习性而使政策难以执行。商鞅变法是古代社会比较成功的变法，而维新变法是近代一次失败的变法。为什么商鞅变法成功了，而维新变法失败了？原因当然很多，但有一条非常重要。商鞅变法不是从根本上改变秦国的传统风俗习惯，而是在尊重秦国人的风俗习惯的基础之上，将这些风俗习惯系统化，将有利的一面强化，将不利的一面去除，进而形成一套完整的激励—惩罚体系。而维新变法则是一些知识分子，希望照搬西方的政治观念体系，没有充分考虑到民风民情，也没有充分发动群众，即使不是袁世凯告密、顽固派发动反击，也很难成功。决定重大历史事件的变量非常复杂，一旦出现，难以更改，也就是所谓的"历史不能假设"。

《孙子兵法·势篇》中有"求之于势，不责于人"的说法，其精髓就在于通过事态的动力学分析来谋取目标的实现，而不是简单地责成于事态局面的参与者。我们认为，维新变法失败的根本原因是变革者没有能够审时度势，不懂得造势，并在造势的基础上顺势而为。许多变革者往往不懂得势的重要性，不善于利用势的力量而使得变革半途而废。老子说："道生之，德畜之，物形之，势成之。"（《道德经》五十一章）比较形象的比喻是《孙子兵法》所说的"转圆石于千仞之山者，势也。"古字"势"作"埶"，字形从"坴"、从"丸"，"坴"为高土墩，"丸"为圆球，字面意思是圆球处于土墩的斜面即将滚落的情形。因此，我们可以把势理解为用以描述事态演变过程的加速度，以及产生这种加速度的影响力。

组织和社会变革过程中，受到变革影响的利益相关者（或受益或受损或不明）以其对变革所带来的利益的认识，可能成为变革的推动者、旁观者或者反对者。利益相关者所产生影响力的叠加决定了事态加速演变的趋向，这就形成了社会变革的趋势。这些影响力中有推动也有阻碍，或赞成或反对，或中立或旁观，有强有弱，有大有小，有攻有守，或明或隐，或促进或抵消，或抗争或妥协，由此形成的整个系统的综合状态可以称为势态。所谓"大势所趋"，就是指该势态所决定的演变趋势一旦形成，往往难以被个别参与者所左右。

成功的社会改革家都懂得势的力量，善于用势。然而，法无常法、势无定势、兵无常势、水无常形，改革家应该充分认识"势"的活性特征，化解可能的变革阻力。具体分析，改革家往往面临三种势态，应采取对应的策略或综合运用以下策略：（1）当下形势有利而且判断未来发展顺利，只需要凭借业已具备的趋势而稳步推进，则称之为顺势、乘势、任势，所谓顺势而为、乘势而上、任势而进。（2）当下形势未必有利但未来发展势头乐观，改革家应该利用各种力量引导发展趋势朝着有利的方向发展，则称之为引势、借势、集势，所谓因势利导、借势而为、集势攻坚。（3）如果当下形势不利而且发展势头也不乐观，则改革家面临最大的挑战，需要积蓄力量、改变势头，通过各种方法营造一种有利于预期的事态演变的趋势，称之为谋势、造势或蓄势，所谓谋势后动、造势积力、蓄势待发。改革家应该培育良好的变革势头，懂得顺势乘势、善于借势集势、精于造势蓄势，从而形成势不可当、势如破竹、不可逆转的变革局面。我们认为，社会变革中人心的向背是变革趋势的根本性、决定性因素。顺势者昌，逆势者亡，智慧型的改革家通常会抓住人心这个重要的活性知识，而非陷于感性、理性的二元论思维模式。

8.2 二元对立论　认识简单化

西方思想体系具有强烈的二元论色彩，从柏拉图的理念世界与现实世界的二元区分，到笛卡尔的精神和肉体的心物二元之说，再到康德的现象与物自体的划分，都具有鲜明的二元对立思想。中国传统思维也有类似的特征，比如著名的太极图，就是阴阳两种元素构成的圆。中国古代也存在着"理气"之争，从宋到明清，张载的气本论与二程和朱熹的理本论进行过激烈的交锋。但是，中国传统的阴阳划分，并不是对立的，而是相生相克。理气之争，也不是截然对立的。如果做一个比喻的话，中国古代的二元论就像一车两轮，虽然平行，但还是依靠车轴相互连接，共同维系着车子的运转。而西方的二元论，往往是绝对对立的关系，例如康德认为现象是可以感知到的，而物自体则无法被感知。

西方的二元论的影响不仅仅局限于哲学领域，而是系统地影响整个西方社会的生活和生产方式。教会与国家、世俗权威与精神权威、劳动力与资本、文明与野蛮等对立，无处不体现二元思想的对立。西方资本主义文明最近出现的危机，往往与工具理性被滥用但决定人心向背的价值理性衰落有关。

2008年美国次贷危机爆发，并迅速在全球引发了一场规模巨大的金融风暴。究其原因，西方人崇拜金钱至上，为了致富不择手段，金融工具的过度创新，使得金融失去了有效配置资金的功能，金融市场变成了一项赌博式的零和博弈。西方经济学家经常讨论政府与市场的关系，却鲜有提及道德的力量。经济学过度数量化，导致经济学者往往只关心工具理性，而忽视这些工具理性背后的价值理性。经济学家曼昆的《经济学原理》《宏观经济学》在全世界影响深远，并使他家喻户晓。但在金融危机爆发后，哈佛大学的一些学生退了曼昆的课程，因为学生指责华尔街的银行家和投机者受到曼昆的经济学的影响，才造成如此大祸。这些学生质疑曼昆虽然有些偏颇，但西方主流经济学教材将人描绘为赚钱的理性经济人，而缺乏道德心和责任感。甚至有些学者认为经济学应当只关心工具理性和"事实"，价值理性不是经济学要讨论的问题。

当前，中国经济学界也深受这种二元对立的思想影响，人们热衷于讨论产业政策是否有效，政府和市场关系怎么样，而往往忽视道德调节的作用。但是，中国一些经济学者也敏锐地观察到，道德调节也是调节经济的重要力量。北京大学教授厉以宁特别强调道德力量在市场调节中的地位，他指出，道德力量调节在没有市场调节、没有政府调节的情况下它是唯一的调节，人类社会存活下来，有了市场、有了政府以后，道德力量仍继续存在，没有市场调节和政府调节时它是唯一的调节，有了市场调节、有了政府调节但仍然存在，起着作用。在中国古代，义利之辨实质上确立了正义在经济活动中的主导作用，而礼乐文明实际上是一种习俗经济，依据道德的习惯力量，按照血缘关系的远近和身份层级对经济进行调节。

二元论在思想史上发挥着正反两方面的作用。从正面来看，分类是科学的基础，只有对万事万物进行恰当分类，才能分析事物运行的法则和规律。因此，二元论特别强调某一属性，甚至将其推向极端，固然有其弊端，但这种极端化也确实揭示了事物某些属性对立的关系。二元论最大的缺陷是看到了事物对立的属性，却无限度放大了这种对立的关系。以柏拉图的理念世界与现实世界为例，柏拉图看到人的思想理念中普遍的共性，却不恰当地认为，现实世界是理念世界的复制。同样，理念世界与现实世界并不是完全对立的世界。

在现实生活中，人们往往用非此即彼的思维问题，造成了无数的悲剧和冲突。在很长一段时间内，影视作品中好人与坏人形象鲜明，人们的思维长期受此影响。幼儿时期，由于无法对复杂的事物进行恰当分类，幼儿动画、故事文学形象鲜明，有助于幼儿树立鲜明的善恶观念体系。如果个人随着年龄、阅历增长，还停留在这种非黑即白的思维模式里，就非常不合时宜了。从现实层面来说，二元思维的特性是非黑即白，非此即彼，敌我对立，会增加变革的成本与阻力。这种思维用到经济政策方面，就很容易出现"翻烧饼"的模式。一旦发现某种政策出现了问题，就全盘否定之前的做法，而不是认真分析哪些是不合时宜的政策，哪些是恰当的政策。就像翻烧饼一样，不是正面，就是反面，极容易造成人们对于政策认知的混乱。

8.3 理想主义者 心高又气傲

从活性知识出发，执着地追求理想而轻视由理性与现实所带来的变革阻力，是理想主义的特点。理想主义者有志向、有追求、有抱负，但往往不顾历史条件约束或缺乏理性分析的引导，激情四射地追求自己的梦想，心高气傲、天真幼稚、好高骛远、不切实际，变革理想往往难以落地。人们常说，既要踏实拉车，又要抬头看路。实际上，理想主义往往是只顾仰望星空，却无法踏实拉车，因为他们急切地关心何时才能达到理想和实现目标。宏伟大厦需要设计师一步一步理性科学地规划，需要建设者一砖一瓦地垒砌。

王安石变法旨在改变北宋积贫积弱的社会局面，是继商鞅变法之后，中国历史上第二次著名的大变法。然而这次变法却从整体上失败了，失败的原因是多方面的，其中一个重要原因是变法的领袖王安石对于变法出现的问题估计不足，又对于变法要达到的目标过于理想化。从根本上来说，王安石变法的思想基础是反对儒家理学思想,遵从法家思想(新学)。他曾面斥理学代表人物程颢,说其理学"如上壁,言难行也"。在礼法之争中,二程将北宋王朝的危机说成是礼废法坏,要灭私欲,恢复"天理"秩序。王安石则认为造成当下危机的重要原因是世人不知法度,一些贵族、富豪作奸犯科,祸害社会,因此,王安石认为应当"变风俗,立法度"。从整体上来说,王安石对于北宋王朝出现危机的原因分析要高于二程,他提出的针对性措施也被后世公认为良策。例如,他的"方田均税法",旨在打击一些大地主瞒报财产;"均输法"和"市易法"旨在平抑物价,防止部分商人囤货居奇、抬高物价;"青苗法"旨在限制地主通过高利贷过度剥削农民。这些措施确实是针砭时弊的。然而,在实施新法过程中,王安石过于着急,出现了以下三个大问题:一是谋势不足,造势无力。在宣传新法方面,没能大量吸取优秀人才,变法过程过于仓促。一些精英人士反对新法,但并非全部精英都反对新法,王安石没能及时笼络他们,导致一部分精英加入了反对新法的阵营。如苏轼本来是拥护新法的,但他的好多建议得不到采纳,就也变成了反对新法的成员。二是欠缺理性、组织不力。新法的想法和思路都不错,但由于没有合适的执行者,导致新法实施过程中变味,从利民变成了害民。三是没有借势而为,顺势而上。当时理学盛行,深入人心,王安石提倡的新学没能及时吸纳理学的优点,一味贬低儒学。商鞅变法之所以成功,重要原因是商鞅实质上是以秦国原有习俗为基础进行变法,而王安石变法没有考虑到理学在北宋社会各个层面的影响力及可能产生的阻力,对理学的功能认识不足。

中国共产党早期领导人瞿秋白为革命事业做出了重大贡献,但他也曾经犯过左倾冒险主义的错误。大革命失败后,瞿秋白为了党的事业积极努力,热情高涨,但他不顾当时革命已经处于低潮的现实状况,放纵了党内滋生的急躁冒进情绪,结果给党造成了更大损失。冒险主义和激进主义,往往具有宏远目标,但为了达到宏远目标而不顾现实条件的约束,激进冒险,最终必然要付出惨痛代价。

有理想当然是好事,塑造共同理想是组织变革的一大要素,然而任何理想和目标都是要基于现实条件的基础之上,一步一步踏实达到的。中国社会正处于转型的历史时期,我们既需要崇高理想的灯塔指引,也要脚踏实地地实干,兢兢业业做好每一件事,不急不躁,一步一步实现我们的改革目标。

8.4 现实主义者 麻木或盲动

与理想主义的幼稚缺陷有所不同，现实主义夸大了变革的困难与阻力。现实主义者对现状敏感，且有着较为深刻的洞察，但也可能过于注重现实问题而缺乏理性分析、整体思维、盲目而动、就事论事，困难与阻力很大时甚至会放弃对理想的追求而变得麻木不仁、得过且过。如果没有正确的方向和理性的精神作为引导，各类组织将变得越来越官僚化，组织成员将会得过且过，不敢坚持底线，不敢硬碰硬、坚守原则。要打破组织官僚化的倾向，需要采取恰当的激励机制，激活管理人员的积极进取心。

个体是选择偷懒不作为还是选择积极进取，实际上是一个囚徒博弈过程。甲乙丙三位，如果甲不偷懒，而乙丙两位偷懒，由于激励机制扭曲，三位获得的薪酬和福利是一样的，甲则遭受损失，原因是甲要付出额外的成本。更重要的是，干事难免会出错，不干事出错的风险要小。在收益一样（或者更少）、付出成本高及风险大的条件下，越来越多的个体会选择懒惰，而不是积极进取，整个组织系统日趋官僚化。

与懒政不作为相比，投机取巧会让组织系统形式化。这类个人不是通过偷懒得过且过，而是善于揣摩上级的意图，然后顺着意图"巧做事"，看起来是积极进取，实际上做的事情都是围绕上级的意图做的，很容易被上级发现，于是获得极大的收益和晋升机会。如果越来越多的人倾向于取巧，整个组织也就越来越形式化，最终使得整个组织系统脱离实际，流于形式。

过去十多年中国房地产调控未见成效，房价不断推向历史高位，究其实质是现实主义思想作祟。调控过程中，甚至出现了越调控越涨的悖论。主要原因是一些地方官员的头脑中现实主义占了上风，遇到核心利益，就回避矛盾，不敢硬碰硬。明明知道房地产出现泡沫会导致地方经济衰退，但在土地财政、政绩考核及其他利益的多重激励下，这些官员对房地产泡沫下不了狠手，出台的调控政策不痛不痒，流于形式，违背了房地产核心价值。众所周知，房价只是房租的转化形式，房价高意味着租金高，租金过高则会导致企业生产和营运成本上升，居民生活成本上升，严重阻碍经济发展。如果出现房地产泡沫，又将对经济造成伤害性副作用。对于普通民众来说，房子是用来居住的，不是用来炒作的，因为居住本身就是刚性的需求。

当今现实主义思想所造成的另一个恶果是医疗领域的不作为乃至乱作为。看病难和看病贵的问题，在中国过去近四十年中已经表现得非常突出，医疗改革的一个重要挑战在于我国医疗资源分配不平衡。中西部地区与沿海地区、农村与城市的医疗资源配置非常不平衡、不充分，导致大城市的医院人满为患。

中华人民共和国成立之后，我们逐渐建立了二元分治的医疗服务保障体系。为了解决农村的医疗需求，国家在农村推广医疗合作模式。那个时候，合作医疗、三级保健站及赤脚医生构成了计划经济时代农村医疗的三大特色。当时的医疗合作大体上有三种模式：大队筹办并管理、大队筹办公社管理，以及大队与公社共同筹办，公社补助部分资金。这种合作医疗带有民间互助性质，由于公社补助较少，往往经营困难。但无论如何，大体上能够解决农村居民的一般医疗需求。改革开放之后，由于集体经济瓦解，农村合作医疗的根基不复存在，大量的赤脚医生离开保健站，村卫生室基本上被私人承包，很多地方的农村又回到了自费医疗的时代了。为了解决农村医疗需求问题，国家在各地进行了很多试点，但都没能找到恰当的推广模式。20世纪90年代开始，因大病致贫的现象越来越多，没有医疗保障的农民希望重建合作医疗体系。国家也从2003年开始，继续按照城乡分离的模式，在农村建构新型农村医疗合作制度（卫计委管），在城镇建构城镇居民基本医疗保险制度（人社部管）。新农合比之前的农村合作医疗相比，有三个突破：一是筹办单位从大队变成了县级政府；二是财政补助力度加大，中央政府和地方政府每年都有专门的财政补贴；三是国家新农合重点关注大病，并建立了医疗救助制度，对特殊人群进行医疗救助。但是，新农合也存在很大的问题，其中最重要的问题是新农合还是建立在城乡二元分治的基础之上，而现实中大量的农村劳动力在城市和异地打工，存在筹集资金和报销费用等具体障碍。2016年国家决心结束城乡分割的医疗服务模式，从2017年开始，逐步建立城乡居民统一的医保制度。

纵观中国农村医疗保障的历史演变来看，农民的医疗服务问题一直难以得到很好的解决。导致这个问题的原因很多，既有客观的经济发展水平和国家的财政支付能力有限的因素，也有农民的医疗需求不断提升的因素，也有制度层面设计存在某种缺陷的因素。但还有一种重要的原因，相关部门在面对农民的不断变化的医疗服务需求时,采取"现实主义"的态度,不敢从体制层面去啃硬骨头。无论是计划经济时代的农村医疗合作,还是后来的新农合,都是建立在农村和城市二元分治基础之上的,这个重大问题没能解决,导致在两个时期都出现诸如逆向选择和道德风险的问题。再加上农村医疗资源的投入远远落后于城市,农民得了大病只好去大医院就诊,导致城市大医院人满为患,也增加了农民患者的就诊费用。

国家开始终结城乡分治的医疗保障模式,从根子上扫除了医疗保障领域存在的重大隐患。然而,在执行过程中,可能还会遇到新的问题,但相信我们只要敢于面对现实、敢啃硬骨头,我们的医疗保障体系就会越来越完善。当下我们需要更多能够干实事和能够解决实际问题的官员,他们能够为了解决老百姓真正所需要解决的问题而积极有为。

8.5 理性主义者　单纯而自负

理性主义思想主导下的社会变革强调人本性中的理性力量,以逻辑推理为基础,以思考分析为手段,构建体系、描绘未来、阐述主张、说服教育。理性主义者往往将知识的来源诉诸推理,致力于构建公理化体系,他们认为只有诉诸理性的知识才是可靠的。理性主义准确地认识到人类的理性知识的力量,但是往往单纯幼稚,忽视现实的复杂多变性及理想的方向主导性,无法形成理性变革方案与感性的现实及活性的价值之间的良性互动,从而很可能陷入不接地气的教条主义。这类改革家往往生搬硬套,不顾实际情况乱套概念和理论。理性主义思想对社会变革有着重要的推动作用,即我们通常所说的改革需要顶层设计、周密考虑、系统分析、统筹规划;但是理性主义有其片面性,这种思想指导下的社会变革往往具有一些与生俱来的弊端。首先,理性主义过分夸大了思维推理的作用,以为理性的光芒可以引领进步,变革社会,改造一切。理性主义往往是精英政治,不相信普通人民群众是变革的基本力量,对社会变革的艰巨性与复杂性认识不足。其次,理性主义指导下的改革家从自身的价值观出发,强迫大家接受其活性价值导向,从而带有某种程度上不切实际的幻想。虽然这类改革家的愿望和出发点是良好的,方向也可能是正确的,但极可能导致变革阻力重重，半途而废；究其原因则往往是变革的主导者或对现实的问题认识不到位，或没有能够用理想的魅力凝聚人心。

　　苏联解体后，俄罗斯大力推行"休克疗法"进行经济改革，经历了严重的不可逆转的经济危机，这是一个因理性主义的单纯幼稚而导致变革失败的典型例子。叶利钦是苏联解体后俄罗斯的第一任总统。作为苏共的反对派，他认为以往的改革，零打碎敲、修修补补，白白断送了苏联的前程。痛定思痛，俄罗斯要避免重蹈覆辙，重振大国雄风，不能再做小脚老太太，应该大刀阔斧，进行深刻变革。此时，年仅35岁的盖达尔投其所好，在美国哈佛大学经济学家杰弗里·萨克斯的点拨下，炮制了一套激进的经济改革方案，叶利钦"慧眼识珠"，1992年破格将盖达尔提拔为政府总理，在俄罗斯联邦全面铺开由其主导的一场以"休克疗法"为模式的改革。"休克疗法"就是一整套激进的经济改革措施，包括：稳定化——以紧缩反通胀，并建立宏观均衡；自由化——放开物价；私有化——明晰产权，出售国有小企业，股份制改造大中型企业。然而事与愿违，叶利钦所许诺的"经济将趋于稳定，人民的生活将逐步好转"并没有在实施"休克疗法"后出现，俄罗斯经济非但没有起色，反而经历了长达四年的严重的经济衰退，直到1995年底仍没有结束。四年间，俄罗斯经济衰退达到了40%，消费品价格上涨了1 411倍，工人的平均实际收入下降了一半以上，很多人节衣缩食来维持生活。此外，俄罗斯社会贫富分化加剧，给社会的稳定造成了很大危害。

　　纵使在著名经济学家的指导下产生了非常理性的方案，但不顾国情的经济改革却使俄罗斯付出了惨重的代价，其原因在于理性主义作祟而忽视了感性的现实及活性的价值。

　　首先，"休克疗法"的主导者没有很好地把握俄罗斯的现实。他们把在玻利维亚实施成功的"休克疗法"当作灵丹妙药，本想一步到位，创造经济改革的奇迹。"休克疗法"最早是萨克斯被聘担任玻利维亚政府经济顾问期间提出的，产生了令人难以置信的奇效——遏制了原先的恶性通货膨胀，稳定了暴涨的物价，克服了严重的债务危机。可是南美小国玻利维亚的变革方案，到了欧洲大国俄罗斯，却是药不对症。玻利维亚原来实行的就是市场经济，国有企业少，经济总量也不大，加上有西方大国帮衬，靠市场机制来熨平通胀，容易取得成功。这些条件，俄罗斯一样也不占，却偏要一口吃个胖子，政府来个大撒把，大搞市场自发调节，满以为播下的是龙种，可到头来收获的却是跳蚤。

其次，俄罗斯经济改革的主导者更是本末倒置、极度轻视活性价值导向在经济改革中的作用。中国改革开放的总设计师邓小平早就明确指出，社会主义的本质是："解放生产力，发展生产力，消灭剥削，消除两极分化，最终达到共同富裕。"这也是我国渐进式经济改革的目的与灵魂所在。而俄罗斯的改革，完全背离了这样的价值导向，急切地要摧毁社会主义经济基础，建立生产资料私有制，培育资产阶级，以巩固新生的资本主义制度。他们把改革看成是达到上述目的的手段，而不是促使社会进步与繁荣、解放与发展生产力、提高广大人民群众生活水平的手段。实行"休克疗法"的目的也基于此，用人称"俄罗斯私有化之父"的丘拜斯的话来说，"无论把财产分给谁，哪怕是分给强盗，只要把财产从国家手里夺过来就好"。改革派们毫不隐讳地承认，"加快私有化步伐与俄罗斯经济健康化没有关系，而是为了短时间内造成数百万私有者，杜绝社会主义复活的可能"。只有围绕最广大人民群众的利益，正确认识并应用好活性知识的改革才可能成功。我国四十年来经济改革所取得的巨大成就，就在于党和政府始终坚持人民的利益高于一切，改革的目的是造福人民。

清朝末年的改革图强、变法维新为什么注定无法成功？从晚清洋务派、清流派及后来的维新派的思想基础来看，就可以很好地理解现实主义、理性主义及理想主义合理平衡才能形成多元思想良性互动的变革势力。社会变革需要主导的改革家在理想、现实与理性三者之间达到正反馈与负反馈的动态平衡。晚清清流派的思想基础是理性主义与理想主义的结合，而缺乏的恰恰是现实主义思想。这个政治派别要求改革弊政、肃整纲纪和兴修水利，尤其主张坚决抵抗外国侵略；但是这个派别的弱点在于对现实缺乏准确的判断，纸上谈兵、好为空言、不识时务。封建社会走向穷途末路时最突出的问题是政治腐败，法纪不修。清流派以封建统治的卫道士自居，对贪官污吏表现出一种不畏强御，不受权贵羁绊，敢于同邪恶势力做斗争的精神。以李鸿藻、翁同龢为代表的清流派在晚清政坛上十分活跃，他们品评人物、抨击时政、弹劾权贵、冠冕堂皇，当然这些人本身也多洁身自好、注重修养、操守廉洁，是中国传统士大夫的代表。他们提出的"恤民者，荒政之本"口号，反映了传统文化的理想主义情怀。清流派的社会变革理想，以封建纲常、伦理道德规范为其思想基础。他们认为"小民皆有天良",即"天德良知",这是传统伦理道德观念的人性假设。

面对现实中明显存在着的恶,清流派们上书言事的主要目标就是抨击现实社会里其对立面"浊流",以及任何"浊"之表现,于是需要理性的解释。饱读诗书的清流派们因而提出了恶产生根源的解释,以解决人何以有恶的问题。他们指出,"民"之所以成为"恶者",原因在于"教化不行,不明正道"。在他们看来,传统制度与思想体系本身没有问题,但国家的"良法美意"往往都被那些贪官污吏所破坏。因此只要为政者"激发天良,廉洁自持",社会就会弊革风清。显然,清流派虽然在理想上道德高尚、理性上头头是道,现实中却对千年未有之变局缺乏深刻的感性认识。他们往往身处高墙深院,缺少实践经验,政治心态守旧,有些成员甚至仍然沉浸在天朝帝国无所不能的信仰之中。他们的一些时政改革建议难免流于虚妄、放言高论、不切实际。在其政治对手洋务派看来,清流派虚骄恃气、夜郎自大、华而不实、闭目塞听,甚至颟顸无知。

作为洋务派的代表人物,李鸿章对流于空谈的清流派评价道:"言官制度,最足坏事。故前明之亡,即亡于言官。此辈皆少年新进,毫不更事,亦不考究事实得失、国家利害,但随便寻个题目,信口开河,畅发一篇议论,借此以露头角;而国家大事,已为之阻挠不少。当此等艰难盘错之际,动辄得咎,当事者本不敢轻言建树;但责任所在,势不能安坐待毙。苦心孤诣始寻得一条线路,稍有几分希望,千盘百折,甫将集事,言者乃认为得间,则群起而讧之。朝廷以言路所在,又不能不示加容纳。往往半途中梗,势必至于一事不办而后已。"如果说清流派的弊端在于对当时的中国现实及世界局势缺乏正确的感性认识,那么洋务派的失误在于现实主义占了其指导思想的上风——既无系统理性分析而成的全盘统筹规划,也没形成上下同欲的共同理想。

首先,洋务派笃行务实、善于学习、勇于进取,但是洋务运动的失败在于欠缺统筹规划,既没有得到实权派的全力支持,更没有像日本的明治维新一样成为系统的基本国策。面临中国"数千年来未有之变局",洋务运动的领袖们并不是事前预料到各种需要从而制订一个建设计划。为了消除"内忧外患"的严重危机,洋务派开始研究了解西方情势,并提出模仿西法"师夷长技以制夷"的口号。洋务运动开始是以军事自强为目的,起初洋务派只知道需要国防近代化,到了后来增加了"求富"的内容,又增加了实业与教育。洋务派在这条缺乏系统设计的路上每前进一步以后，就发现必须再进一步；再进一步以后，又必须更进一步。近代化的国防不但需要近代化的交通、实业、教育、人才等，并且需要清明的政治力量支持和良好的国民素质为基础。尽管洋务派对西方的认识随着洋务运动的开展而逐渐深入，事实上这也是认识的必然过程，然而这并不能让他们对整个改革事业做出系统的思考和通盘的规划。

其次，洋务派注重技术、强兵富国、摆脱困境，而导致洋务运动失败的根本原因在于忽视人心和价值观，也没有像日本的明治维新一样用势造势，从而形成一个上下同欲的共同理想。与纯粹的现实主义有所不同，洋务派并没有抱着麻木不仁的心态来变革中国社会，而是充满强兵富国的情怀。然而他们的一腔热血面对的是晚清权贵们的麻木不仁和朝廷政治斗争的冷酷无情，他们的锐意改革也没有唤起普通百姓的认可支持。问题的核心在于洋务派相信实干兴邦，并不善于用势造势，营造变革之势、形成合力。洋务派以"中学为体，西学为用"为纲领，利用西方先进的科学技术，而改革不触动封建制度，当然更不可能改变此制度的思想基础。如果改革只吸收西方先进技术，但没有学习借鉴西方的先进技术及相应的体制，必定会走上失败。洋务派与保守派官僚的争端，造成了清朝政府官僚群体内部的分裂。他们彼此之间的矛盾有时甚至到了水火不容的地步，社会变革从而难以形成合力。

而后兴起的戊戌变法，主导的维新派意识到制度政策的重要性，并出台了一系列变法措施。然而作为一场轰轰烈烈的政治改革运动，却在政治上显得幼稚可笑。康有为、梁启超、谭嗣同等维新主将，拥有救国救民的一腔热血、万丈豪情，又能够写出动人肺腑的宣传妙文、大造声势；但是他们既无实权，又少谋略，只好把变法成功的希望都寄托在傀儡皇帝光绪身上。倚仗君权而忽视下层民众的力量，应该是戊戌变法失败的一个重要原因；维新派与洋务派从蜜月到走向陌路，没有能够很好地借势是其失败的第二个重要原因；当然，变法失败最重要的一个因素是维新派没有很好地利用以慈禧太后为首的上层国家力量，缺乏强有力的领导变法的核心。变法者天真地希望一蹴而就，而一下子拿出来的方案把清朝权贵全得罪了，根本没想过他们会反扑。

总之，戊戌变法失败源于其书生背景的变法者身上所固有的理性主义弱点。单纯天真是学者们和读书人常年钻研学问所积累起来的优点，但是理性主义的单纯往往在无情的政治现实中被打得头破血流。他们个体理性有余、社会感性不足，对一个庞大帝国中复杂的政治生态没有足够清醒的认识。更为重要的是，变法者仅仅依赖制定和颁布法令条例，没有能够把这些理性认识背后所蕴含的活性知识（即价值导向这个灵魂）循序渐进地传播推广，进而获得上中下不同层次社会阶层的认同接受。由书生学者们发起的社会变革，自然而然地倚仗理性知识的作用并不注定会失败，问题在于如何形成与感性知识及活性知识之间的良性互动。在制定正确的政策和策略之后，需要及时调整乃至妥协以应对复杂多变的现实，以培育共同价值观为核心，最大限度地孤立反对派，甚至争取反对派的中立或支持，获得利益相关者中最大多数人的活性认同和鼎力相助。

本章小结

任何社会变革都会面临各种阻力，成功的社会改革家都懂得势的力量并善于用势。顺势者昌，逆势者亡，人心的向背是变革趋势的根本性、决定性因素。智慧型的改革家抓住人心这个重要的活性灵魂，而非陷于感性、理性的二元论思维模式。整体思维主导的社会变革，认识并利用感性、理性与活性知识的作用及其互动关系，从而更好地平衡变革的理想、现实与理性之间的关系，因势利导，避免理想主义的幼稚，现实主义的盲动，以及理性主义的单纯。

始于1978年的改革开放，可以说使中国社会走出了1840年以来的前所未有的困局。与中国近代史上一些令人扼腕的失败变革相比，过去四十年改革的成功，是以总设计师邓小平为首的改革主导者以高超的政治手腕和智慧，动态合理地平衡了改革的理想、现实与理性。中国社会由此全面打通了理性知识、感性知识和活性知识，并形成了良性循环。从活性知识方面来说，经历了十年"文革"的中国，急需要解放思想，形成在市场经济基础上追求效率为导向的价值共识。从感性知识角度来说，根据中国社会不平衡、差异大、阻力大的实际情况，选择在一些地方搞试点，及时总结经验，逐步全面推广。从理性知识角度来说，避免本本主义和教条主义，在不断总结各地改革开放成功实践的基础上，构建中国特色社会主义的思想体系，并稳步完善政治、经济、文化、社会等各方面的制度体系。思想解放促进了我国的市场化改革，市场化改革促进了思想解放向着更深更广阔的领域发展。市场化改革的生动社会实践，是建构我国各个领域制度体系的基础，各项领域的制度体系反过来又保障了市场化改革的伟大实践活动。思想解放让中国社会逐步抛弃了原有的计划经济体制的观念体系和法律制度，而新的制度体系的建立和完善，更加巩固了思想解放的指导思想。

9 复兴的定力

> 咬定青山不放松,立根原在破岩中。千磨万击还坚劲,任尔东西南北风。
>
> ——郑板桥

读者朋友或许会对我们之前提出的社会理想产生一些疑问：这些理想太大了，能不能实现？现在这个社会是讲现实的，讲理想有用吗？而且，现实中变革的阻力往往很大，中华民族伟大复兴的理想能实现吗？我们提出中华民族追求的是融合不同思想的价值，包括社会主义的本质——公平、中国传统思想的精华——和谐，以及市场经济的优点——效率。人们不禁要问，融合不同思想可能吗？我们以伟大的哲学家康德对理想的解读来说明其意义，然后具体说明上述社会理想的可行性。康德曾经说过："人是为了实现更高的理想而生存，理想所固有的使命就是为了实现这一理想，而不是幸福。这个理想作为最高条件，当然在个人意图之上。"从这句话我们理解到，人与社会的生存不仅仅是为了生存和获得个人的幸福与满足，更是为了某种所谓的"使命"而奋斗。这里面隐含着这样的假设：人不可能单单为了生存而存在，人除了有物质生活的需求，更有精神生活的追求。在社会层面，全体发展（或者俗话说"大家都活得好"）是一个社会持续稳健发展颠扑不破的道理。理想与现实必然有矛盾，理想必定高于现实，因为好的理想不仅仅是指路明灯，更是精神家园。

郑板桥在上述诗句中描写的竹子，之所以有如此的定力，乃是其根深深地立于岩石上、咬定青山不放松使然。我们每一个人就像飘摇航行的一只船，红尘如海，世事沉浮，惊涛拍岸，骇浪滔天。有的人保持足够的定力，心无旁骛，坚定信念，抵达理想彼岸；有的人被过眼云烟所迷惑，走走停停，停停走走，改变航向，到头来期望缥缈无期，信仰被风吹雨打去，精神世界的风帆内空空无几。定力犹如指挥船只的指南针，决定一个人能航行多远，境界能有多高，思想有多精彩，成就能有多大。定力把握人生航向，不让航向偏离理想彼岸；定力守住信仰，不让精神家园的水土流失；定力控制欲望，不让欲望肆虐生命绿洲；定力决定意志，不让迷茫的航程偏离航向。定力使我们超然淡定，耐得住寂寞，守得起孤独，经得起磨难。

一个社会与民族的发展，比个体的成长更为复杂。中华民族，历史弥久，分分合合，生生不息。三教九流，各领风采，诸子百家，各执其端，儒释道文化，融合为主流。华夏文明惠邻里，中庸道德传万古。数千年农耕社会，日出而作，日入而息，长江黄河，抚养了炎黄子孙。三甲子近代风云，中西碰撞，体用之争，家国情怀，延绵了民族精神。百年奋斗谋独立，一心建设为复兴。然环顾天下，依见风雨如晦，尚多雄关险道。全球地缘政治风云变幻，各行科技进步日新月异。丑化虚无，时常制造麻烦；封建余孽，偶尔沉渣泛起。各地自然条件，极不平衡；各人天性相近，习性不同。中国已总体上达到小康水平，一部分地区、一部分人已经先富起来，更广大地区、大部分人如何共同富裕？中国社会的发展下一步该怎么走？我们的立国之本是什么？指导我们治理社会的思想基础又应该是什么？

中国改革开放以来的种种实践和政策举措，无不受到之前讨论的三种意识形态和思潮的影响。以儒家思想为代表的中国传统文化，曾经被许多国人看作是阻碍中国现代化进程的绊脚石，欲彻底打倒砸烂而后快；但是近年来伴随着中国经济蓬勃发展而兴起的新一轮的"国学热"显示出传统文化很强的生命力，国人也开始重拾民族自信心。发端于西方以市场经济为主体的资本主义思想和实践，在很长一段时间内被视为洪水猛兽。然而，面对市场经济所带来的物质文明及西方强势文化，我们在打开国门的时候不得不以"与经济发达国家接轨"的口号来规避意识形态的尴尬和思想文化的困窘。中国的改革开放，首先遇到的是意识形态上的障碍，最根本的是姓"社"还是姓"资"的问题。中国社会主义改革开放和现代化建设的总设计师邓小平同志提出了"不争论"，并且说"不争论是我的一个发明"。邓小平的"不争论"有它的现实意义，纠缠于社会主义与资本主义的争论，不仅无助于问题的解决，还会延误改革良机，成为误国误民的空谈。

改革开放使中国社会蓬勃发展了四十年，经济得到飞速发展，综合国力极大提高，社会制度逐步完善，我们比历史上任何时期都更接近中华民族伟大复兴的目标。当然中国社会还面临种种挑战，其中最深层次的挑战是缺乏严谨坚实的思想理论基础。意识形态观点的基本思想大相径庭，常常令理论工作者为此争论不休，缺乏思想引领的实践工作者及高层次领导者往往又为贫乏的理论和杂乱无章的现实所困惑苦恼。本书虽然不能全面系统地解答中国社会变革中所面临的重大问题，但试图构建一个分析思考的理论框架，并以兼收并蓄的融合视角探讨新时代三源合流的可能性及逻辑基础。我们坚信中国未来发展需要这样的定力——吸取古今中外优秀思想的精华，博采众长、兼收并蓄、创新发展、自成一家。

9.1 三源趋合流　融合聚定力

本书是从知识整体论的三个层次出发，探讨思想文化的三个主要范畴（基本假定、价值导向及行为意向）和人类社会的三个基本维度（人与自然、人与社会以及人与自身），进而系统分析了中国传统文化思想、西方资本主义思想及社会主义思想。本书的分析框架与基本结论如表4所示。虽然这个表格没有完全列举本书探讨的所有内容，但基本上系统说明了三种思想体系与意识形态的差异及对当下中国社会实践的影响。

表 4　影响当今中国社会的主要思想体系

	传统文化	西方文化	革命文化	三源合流、融合创新
信仰体系				
自然：宇宙论（起源）	多神论	单神论	无神论	宇宙无穷、科学探索
自然：世界观（变化）	周期观	线性观	波浪式前进、螺旋式上升	辩证唯物、动态平衡
自身：人生观	精神导向	物质导向	物质与精神的辩证统一	物质基础、精神引领
社会：人性论	性本善	性本恶	阶级性	性本活尔、教化升华
核心价值				
自然：世界观	天人合一	征服自然	人定胜天	合理开发、美丽家园
自身：道德观	情→理→法	法→理→情	共同利益	情理法乎、三者平衡
社会：价值观	分层求和	个人主义	集体主义	开放包容、多元动态
行为意向				
自然：认识论	主观性、情景主导	客观性、理性思辨	主观性、阶级立场论	对立统一、螺旋上升
自身：知行观	知行合一	思而后行	奉献奋斗	自强不息、厚德载物
社会：理想观	世界大同	个体发展	共产主义	和而不同、协调融合

(续表)

经济基础与上层建筑	传统文化	西方文化	革命文化	三源合流、融合创新
生产方式	农耕社会	工业化、信息化	农业向工业过渡	工业信息、服务创新
组织导向	社会效益	经济效益	政治效果	民族复兴、社会和谐
精神面貌	家国情怀	宗教情怀	无私奉献	我为人人、人人为我
经济管理	市场+道德调节	市场调节	计划经济	三者融合、整体发展
治理模式	德治为核心	法治为基础	政治为引导	法治为基础、德治为核心、政治为引导

9.1.1 信仰与假定体系

首先，不同的思想体系对宇宙起源及自然的变化的基本假定有着很大的差异，这实际上是世界观层面的知识。中国传统文化对于宇宙起源的解释基本上是多神论的。尽管儒家对于鬼神的态度是存而不问，但总体上儒家基本的宇宙观是宇宙万物有共同的起源，基本元素按照太极的法则生灭变化。道家把宇宙看成是一个整体，这个整体中蕴藏着阴阳两性，所有的变化，皆因有阴阳的互相推动、反馈、分合而生成。道法自然是道家的宇宙观的根基，而阴阳互相反馈是宇宙万物演化的根本动力。无论是物理世界还是精神世界都是"自性空"及"缘起有"，以"业力"推动整个心物世界的变化。总体而言，传统文化强调"道""天""心"等统领性概念，但实际影响百姓生活的观念是多神论的，例如，各地都有地方神，还有各种各样的祖先崇拜。道教和佛教本身就是一个多位神祇构成的信仰体系。以道教为例，道教有三清：玉清、上清、太清三位尊神，元始天尊的前身是开天辟地的盘古，灵宝天尊是通天教主，道德天尊是太上老君。另外，道教神祇体系还有玉皇大帝、辅助三清的四御（北极紫微大帝、南极长生大帝、勾陈上宫天皇大帝、承天效法后土皇地祇）、开天辟地之前的原始神灵五方五帝、西王母、东王公、太元圣母、太乙救苦天尊、文昌帝君、二十八宿、五百灵官、八仙、四海龙王、九江水帝等。佛教的体系也很复杂：三世佛（过去佛——燃灯古佛、现世佛——释迦牟尼佛、未来佛——弥勒佛）、三身佛（法身佛——毗卢遮那佛、报身佛——卢舍那佛、应身佛或化身佛——释迦牟尼佛）、西方三圣（阿弥陀佛、观世音菩萨、大势至菩萨）、诸菩萨、十八罗汉、十九伽蓝、二十四诸天、十殿阎王等。我们已经区分了道家与道教、佛家与佛教，道家和佛家思想本身是阐述世界的理论体系，它是解释宇宙生成变化的根本性体系，而道教和佛教是将这些理论体系运用到实践中产生的理论与民间相结合的神祇崇拜系统，目的是传递这些信念，以及运用这些信念指导信众生活。

西方社会有各种宗教，大部分宗教对宇宙起源的解释基本上是单神论或一神论的。事实上，信仰一神论的宗教体系主要来自亚伯拉罕诸教，包括犹太教、基督教、伊斯兰教等。就基督教而言，《圣经》记载说世界是由上帝创造的：上帝让光照亮世界之后，接下来的六天分别创造了天空、陆地、行星、太阳和月亮、包括人类在内的所有动物，第七天上帝休息。就人类起源的故事而言，上帝首先创造了亚当，后来又从亚当身上取走一块肋骨创造了第一个女人夏娃，亚当和夏娃禁不住蛇的诱惑偷吃禁果，上帝发现后，让他们离开了伊甸园，成为尘世的凡人。

社会主义思想或革命思想倡导无神论，《国际歌》中说"从来就没有什么救世主，也不靠神仙皇帝！要创造人类的幸福，全靠我们自己""是谁创造了人类世界？是我们劳动群众"。在马克思主义看来，世界并非是由神创的，神创论实际上是一种颠倒的世界观。马克思和恩格斯从费尔巴哈的异化角度说明宗教产生的一系列机制，宗教是一种颠倒的世界观，这种颠倒的世界观之所以产生，是有着深厚的社会制度基础的，他们基于此发现了历史唯物主义和辩证唯物主义。对于中国共产党来说，无神论一开始就并非仅仅是一种学说，还是一种指导实践的思想体系。我们不是将幸福和希望寄托于神仙与来世，而是真真切切地奋斗来创造美好生活。但这里需要说明的是，倡导无神论与做好宗教工作并非对立的，宗教有其产生的历史条件，不是通过行政命令就能消除这些历史条件的，我们要引导宗教信徒依法活动，共创美好未来。

对于世界的变化，中国传统文化秉持一种周期性的变化观。中国传统文化深受《易经》影响，《易经》认为万事万物都存在一种周期性的循环变化。

《易传》的《系辞下》指出:"日往则月来,月往则日来,日月相推而明生焉;寒往则暑来,暑往则寒来,寒暑相推而岁成焉。"日月之道、四季循环实际上都是一阴一阳之道变化的结果。这种观念,深刻影响中国人的社会认知模式,《三国演义》第一回就说:"话说天下大势,分久必合,合久必分。"分分合合实际上就是一种历史循环观念,历史也大致印证了这句话,从夏朝开始,到清朝为止,中国历经二十多个王朝。1945年7月,黄炎培先生到延安考察,向毛泽东主席提出"其兴也勃焉,其亡也忽焉"的历史现象,并指出历代王朝"没有能跳出这周期律"。对于历史周期律的解释很多,但我们认为,导致这种周期律现象的重要原因是没能动态地平衡好秩序与发展、公正与效率的关系。土地作为传统社会最重要的生产资料,它的集中与分散实际上关系到历代王朝命脉。天下初定,土地基本上是分散的,但随着经济发展,土地因为各种原因被集聚在少数人手中,偏离了发展,更偏离了公正,大量的农民变成流民,一旦遇到天灾人祸,活不下去的农民就开始造反,天下大乱,旧王朝不是被农民起义击溃,就是被政变取代,或者为外族提供入主中原的机会。

西方思想文化一般认为事物的变化是一种线性的进程,这与西方的时间观念密切相关。西方的时间观念深受基督教影响,持有一种线性的时间观念。《圣经》开篇就描绘上帝创世的过程。上帝一开始就以光创造了白天黑夜的区别,随后又创造了万物。从上帝创造了时间开始,到末世为止,万物都按照上帝预定的时间线性延展。由于时间不可逆,所以基督教往往劝信徒们珍惜时间。由于把事物的进程看成一条有始有终的线性时间,西方社会更加重视发展和效率。资本主义的崛起,韦伯将之归结为清教徒的资本主义精神:节俭与勤劳,以及为上帝干好工作。事实上,资本主义精神也受到西方世界观尤其是时间观念的影响。由于时间进程的不可逆性,资本家特别重视当下的时间,重视当下做事的效率。

马克思主义认为事物的发展和变化受到事物的对立统一、量变质变及否定之否定规律的内在制约,事物发展的总趋势是波浪式前进和螺旋式上升。事物的对立统一规律实际上解释了事物发展过程中两种相反力量此消彼长的博弈过程;量变质变实际上反映了事物的发展是由细微的量变逐渐导致巨大的质变的过程;而否定之否定规律实际上说明事物总是从相同的某一环节出发,逐渐发展出差异,这样,事物就出现新的样态或性质。受制于这三个内在的规律,事物的发展总趋势是波浪式前进，螺旋式上升。从时间观念上来说，马克思实际上用社会时间替代了自然时间来思考资本主义社会问题，例如他用人类的抽象劳动定义了商品的价值，用人类的具体劳动定义了商品的使用价值。通过区分必要劳动时间与剩余劳动时间，马克思揭示了资本不断增值的秘密。

中华人民共和国成立后的相当长一段时期内，中国模仿苏联建立了计划经济体制。计划实际上是一种未来的时间导向，"先生产、后生活"，当时每个人的时间是被计划和设定了的。改革开放之后，中国社会开始重视当下的时间，认为时间就是金钱，时间是现实的价值。这种重视当下时间的导向，有其长处，即更加重视时间的效率；但也有其弊端，那就是很可能牺牲未来的时间或资源。例如，为了发展当下经济，把生态环境都破坏掉，或者把子孙后代的资源都提前透支。一些人在追逐经济利益的同时，忘记了道德底线。以农业为例，化肥工业的兴起造就了粮食年年增产的奇迹，但是很多农民都不吃自己种的粮食，因为这些粮食含有太多的生化成分。

在宇宙观与世界观特别是变化观方面，人类应该采取科学的态度。宇宙是无穷无尽的，需要通过理性科学的方式进行探索发现，以追求真理。对待事物的发展变化，应当从辩证唯物的视角进行观察，以动态平衡的思维处理事物的变化进程。

在人与自身关系方面，主要体现的是个体想成为什么样的人这个层面，也就是人生观。中国传统文化思想的人生观主要是精神导向的，追求内心的宁静与生命的内在价值；而西方资本主义思想的人生观主要是物质导向的，重视物质利益；社会主义思想指引下的人生观则非常重视物质与精神的辩证统一，既重视物质需要，也重视精神需求。这两者的辩证关系已被越来越多的人所接受，人生追求物质是基础，但需要精神来引领。

就人与社会关系层面，集中体现在人们对于人的本质及人的性质方面的观点，也就是人性论。人性论讨论的实际上是个体与社会的关系问题，社会是由个人组成的，但社会利益与个人利益并非天然一致。个人利益与社会利益如果存在一致，人性问题可能就不会凸现出来；但一旦发生冲突，不同思想的人性论就会彰显出来。例如，当人们发现一个小孩落水的时候，从本能上来说就会产生同情心，至于这些同情心会不会转换成为救人的行动，一方面要考虑到施救人的能力、环境的复杂性，另一方面还要考虑到施救者对于人性的看法。当一个人有了同情心，并转化成为现实的施救行为时，人们说他或她是个好人，是个有同情心的人。当人们发现一个人为了自己的私利而危害他人利益时，或许会得出结论说这个人的人性是恶的。当人们发现不同阶层的人，持有不同的利益，并为这些利益辩护或攻击其他阶层的人时，或许得出结论说人是有阶级性的。人性论是对人本质的基本假定或信念，不同思想学派观察人的视角不一样，对人性的假定也不一样。不同的人性信念，会导致社会治理基本样式的差别，性善论强调人的同情心，发挥个人的自觉意识，自觉处理好个人与社会的关系问题；相反，性恶论则强调人的利己心，强调外在强制力量处理个人与社会关系的重要性。阶级论认为社会阶层的利益冲突有不可调和性，强调从整体上协调和均衡个人利益与社会利益的重要性。

　　中国传统文化的人性论基本上是以儒家孟子的性善说作为依据的。正如我们在前文所讨论的，中国传统文化对待人性的看法是非常复杂的，即使是儒家内部，也有荀子的性恶说，我们这里以主流的观点作为讨论对象。孟子的性善说实际上是对人的本质，以及由人组成的社会本质的看法。孟子说："恻隐之心，人皆有之；羞恶之心，人皆有之；恭敬之心，人皆有之；是非之心，人皆有之。恻隐之心，仁也；羞恶之心，义也；恭敬之心，礼也；是非之心，智也。仁义礼智，非由外铄我也，我固有之也，弗思耳矣。"（《告子章句上》）孟子的基本观点是人性本身是善的，同情心、羞耻感、恭敬心及判断是非的能力，都是人所固有的。因此，仁义礼智都来自人的本性，而不是外物赋予的。孟子所谓的心与性，实际上都是从道德层面来说人类的，这与告子的不善不恶说（把人性比喻成水，你把它引向西它流向西，你把它引向东它流向东，所以人性没有善恶之分）不是一个层面的，人固然会根据利益或欲望做出一些事情，但更重要的是，人毕竟不是其他动物，人还有道德本能。在性善论的基本假定下，传统社会非常重视个人的道德修养及社会教育，充分发挥个人道德自觉以达到维护社会秩序、公正与稳定的目的。

　　西方资本主义思想将人性标定在"恶"的层面。曼德维尔通过蜜蜂的寓言，向世人提示了一个道理：充分发挥每个人的利己心可以促进社会公益的发展。斯密则提示了个人的利己心如何通过市场看不见的手变成有益社会公益的机制。就连道德哲学大家康德也认定，正是由于人类的"恶"，才推动人类历史的发展。将人性界定为恶，就会出现一个重要问题，即如何通过制定某些规制,将这些私人的恶转化为社会的善。在经济层面,西方选择了市场,在市场失灵的时候,会动用国家或社会权力来协调。在社会治理层面,西方将法治视为治理社会的金科玉律。在政治层面,通过民主的各种具体形式,制约权力运行,防范权力过度侵犯个人权利。

马克思主义认为人都是属于某一阶级的成员,人的本质不是单个人所固有的抽象物,它是一切社会关系的总和。马克思主义实际上摆脱了把人类标定为善与恶这一类抽象人性论的传统范式,主要是从社会关系角度来界定人的本质。在阶级社会中,阶级斗争是社会发展的直接动力,社会发展的历史,也是人类实践的历史。

有关人性论的阐述可谓浩如烟海,但由于人的本质复杂多变,始终未能用一两句话简单阐明。人类既有先天善的一面,人心向善的事例比比皆是;同时人类也有先天恶的一面,强调个人利益而忽视甚至侵占他人利益,也是事实存在的。此外,作为社会成员,人还从属于某个社会阶层,人类组成的任何社会都是分层的结构,不同层级的利益与诉求不尽相同。有的社会是金字塔结构,阶层结构的上中下层次分明,富有者只是少数;有的是"橄榄型"社会,阶层结构中极富极贫的很少,中间阶层却相当庞大。因此从社会视觉分析,人还从属于某一社会阶层。我们认为,每个人都有活下去的本能,即性本活,活下去才是人的本性。人性有自私自利的一面,也有利他以组成社会的一面。如果将人性标定在人类"性本活"的一面,更有助于制定社会规则以规范个体的利益和诉求,人的觉悟提高需要社会教育以升华人类的心灵。同时,我们还应当重视不同阶层的人对于社会事实认定的差异,以及利益不一致性存在的冲突,平衡各方面的利益,协调好个人与组织、社会之间的利益关系,尽可能为每个人提供和创造与其思想理念及能力素质相匹配的发展条件,让每个人都活得好、活出精彩。

"性本活"这个新人性论概念汲取并包含了上述三种思想文化的核心要素。人类"活性"的本质,包含了传统文化中"生生不息"所揭示的生命体本质,《周易·系辞上》曰:"生生之谓易。"《周易·条辞传》又曰:"天地之大德曰生。"这句话的意思是,天地之间最伟大的法则是生命。这句话深刻地道出了人类终极的目标,也就是善恶的终极标准,在于使万物生生不息,让各类生命各得其所、安身立命、充满活力。"活性"一词,超越了对西方文化思想因个体追求自由而可能导致负面消极的社会影响("恶")的二元认识,而又吸收了"自由"的合理性,即个体的自由和实现自身价值是人类活下去的一种理想状态。自由是一种状态,带有很大的主观性,而且这个名词会造成较多的歧义;活性则正确反映了人类的终极目标,而且也应该成为共同目标。人类的本质是"活性"这个命题,又能在一定程度上说明阶级斗争的合理性。当一个社会阶级矛盾突出,广大社会成员活不下去、民不聊生,而协商机制失灵,渐进改良无望,统治阶级又暴力压制,革命就成为受压迫者的不二选择。革命的出发点是活得不好、活不下去的群体追求更好活法的暴力行动;群体之间的斗殴,民族之间的斗争,国家之间的战争等行为,是政治集团、民族部落、国家(或联盟)之间的矛盾达到不可调和而用斗争方式解决纠纷的暴力行动。暴力行动的基本假定是"你死我活"的二元论,漠视生命的根本价值。

习近平同志在十九大报告中提出,坚持和平发展道路,推动构建人类命运共同体。人类命运共同体这个概念,发端于中华民族历经沧桑、始终不变的优秀文化基因,包括天下情怀、相爱相利、以和为贵、亲仁善邻、协和万邦。这是对中国优秀传统文化的丰富与创新,包含了"己所不欲,勿施于人""四海之内皆兄弟"的处世之道,"自强不息、厚德载物""穷则独善其身,达则兼济天下"的人生观,"计利当计天下利""万物并育而不相害"的价值观。本书提出活性是人类的本质,可以更好地理解人类命运共同体,因为世界上所有人都想过幸福生活,有尊严地活着,国家与民族也是追求薪火相传、绵延不绝,因此,当今世界的重要任务是构建以应对人类共同挑战为目的的全球价值观。

9.1.2 核心价值观及价值导向

一个社会或团体在基本假定或信念体系基础之上,会形成对特定事物重要性和价值性的认识,这些有意或不经意的认识体现了该群体的价值导向。由于不同的人对于事实的认定存在差异,个人对于这些事实的认定主要是依靠信念来确认的,事实对于每个人的效用或功能也就存在很大差异。树木对于木工来说可能就是加工材料,而对于画家来说就是绘画的素材。手机对于某些人来说就是语音通信工具,对于另一些人来说可能是智能移动终端、相机及上网工具等。

价值体系可以分为三个方面：（1）人对自然看法的世界观；（2）人对自身看法的道德观；（3）人对社会看法的价值观。

就人如何对待自然而言，传统文化思想、西方近代文化及社会主义思想存在很大差异，这些差异源自不同的基本假定。传统文化对待自然的态度总体上来说是"天人合一"。"天人合一"是一套观念体系的集成，其基本观点是人作为自然的一部分，应当在自然的限度之内做人能够做的事情。"天人合一"思想并非仅仅论证人与自然的关系这么狭隘，它还有道德、政治、精神层面的意义。"天人合一"的基本理念是"万物一体"与"天人相参"，即人是自然之子，参与自然创生的过程。天地人三才动态有机的平衡，才能推动人类和社会的发展。西方对待自然的态度基本是征服和支配。《圣经》中人类始祖亚当和夏娃的故事隐喻是，上帝创造了自然和人类，让人类去管理自然，并通过劳动来征服自然。近代以来，自从培根提出了"知识就是力量"的口号之后，人们就开始有了征服自然的有力工具：科学与技术。经过几百年的发展，技术统治世界和征服自然的基本观念已经形成，在这种观念的指引下，征服自然引发了很多悲剧，例如核污染、沙尘暴、雾霾等。中华人民共和国成立之后，我们建立了社会主义制度，起初我们提出了"人定胜天"的口号，其基本的导向是人类可以在掌握自然规律的基础之上，利用这些规律为人类服务。"人定胜天"在当时有鼓舞人们士气的作用，但也有不少人曲解了"人定胜天"，过度自我膨胀，对自然和生命缺乏必要的敬畏，因此对生态环境破坏很大。我们认为，人类是自然的产物，同时也应当积极去发现自然规律，利用自然规律谋福利，不能过度自我膨胀。在实际操作层面，应当是合理开发和利用自然，建设美丽家园。

人们可能因信仰信念的不同而有千差万别的待人接物的方式，个体为人处事的原则、判断好坏善恶的准绳，以及对于自身行为法则的理解，就涉及了道德观。道德观的本质是对价值的排序，价值无限多，哪个为先，哪个为后；哪个为重，哪个为轻。道德观基于情感，是一种内心的法则，而法律则是一种外在的强制性法则，政治则是基于实践活动的利益平衡的规则。我们可以看出中西文化及社会主义文化对于情理法的价值排序差异。就传统文化而言，我们的价值排序基本上是"情—理—法"。中国传统文化并非只是一个呆板的价值体系，而是一个百家争鸣的体系，尽管儒家长期占据主导地位，但并不影响百家争鸣思想体系的存在。儒家讲究道德对于社会治理的主导功能，主要是基于中国社会的圈层社会特点。礼是周王朝社会活动的指导规范，维系的是周王朝的宗法关系。在实践层面，由于种植业的特征，我们的先民形成了一个以血缘关系和拟血缘关系为核心的关系本位。人们做事或评价某些行为，首先看的是这件事与自己的关系如何，评论人的行为也看这个人在自己网格圈子体系内的亲疏远近。做人做事讲究人情，是传统中国人做事的首要原则。其次，传统文化还重视"理"，这个理实际上有两层基本含义：一种是指一系列理性化和系统化的社会治理制度，也就是韦伯所言的理性化的官僚体系；另一种是天道或天理（仁、义、礼、智的抽象规定），是整个社会运转的法则，从合理性上证明当下社会存在的意义和价值。"动之以情，晓之以理"是传统文化解决争端的价值排序。法在传统文化中的价值排序是在情理之后的，"情"不足以动人，"理"不足以服人，就要诉诸法。诉诸法基本上是没有办法的办法了，因为在传统中国社会，打官司的成本非常高，一般人打不起官司，即使诉诸法，也不一定得到公正判决。因为传统社会的"法"，主要是指"刑"，以暴力手段治理社会，规定的责任和义务远远多于权利。近代西方人们处事的原则基本上是"法—理—情"，法治原则是西方资产阶级争取的一个成果，英国资产阶级革命之所以会发生，主要是英王不断侵犯新兴资产阶级的利益，经过斗争和妥协，资产阶级建立了保障公民权利，以及限制征服权力的法治体系。西方的"理"主要是西方近代以来启蒙思想家的理论，主要包括自由、民主、人权、平等、博爱等理念。

个体对于群体的认识构成了价值观或群己观念，群己观也是对于整个社会的认识。中国传统文化的群己观念主要在于分层求和，因为传统社会是一个等级社会，每个等级都有自己的整体利益，社会成员依照身份分别享有某些权利，承担某些责任。儒家的主导思想是当个人利益与群体利益发生矛盾的时候，就要舍弃个人利益服从群体利益。孟子有句名言说得很清楚："鱼，我所欲也；熊掌，亦我所欲也。二者不可得兼，舍鱼而取熊掌者也。生，亦我所欲也；义，亦我所欲也。二者不可得兼，舍生而取义者也。"当二者不可兼得的时候，要舍生取义，实际上是要牺牲个人的利益而服从群体利益。当然，成员的个人利益在大多数稳定情况下与群体利益并不冲突，激烈冲突的情况非常少。西方文化重视个人利益，这是资本主义在反对封建特权社会中取得的重大成果，其特点是尊重个人和反对各种权威对于个人的干预。斯密的经济学理论的重要前提就是个人能够拥有财产，能够支配这些财产，如果个人没有独立的人格，市场经济难以产生和发展。西方经济学的基本观念是认为每个人都追求个人利益最大化，通过市场这一只"看不见的手"就能促进社会公共利益的发展。当然，西方的个人主义并不必然意味着损人利己，个人主义的核心含义也不是只重视个人利益而无视他人及社会利益，而是以尊重个人利益为本。社会主义的核心价值观念之一是集体主义，主张个人利益与国家利益协调发展，兼顾国家、集体和个人的利益，在二者存在冲突的时候，要服从集体和国家利益，短期利益服从长期利益。中国是一个社会主义国家，集体主义的核心价值导向需要坚持。同时，还要注意现实社会发展的阶段性和多元性。在不损害他人利益、社会利益及国家利益的前提下，应当发展个人的利益，建立一个开放包容、多元动态的个人利益与群体利益兼容的体系。现阶段中国社会存在以下四种价值观念：(1) 既保证了公众利益，又获得了个人利益，两者是协调的；(2) 得到了个人利益，且不损害他人和公众利益，两者是基本协调的；(3) 牺牲个人利益，保障公众利益，两者矛盾，但解决方向正确；(4) 损公肥私，损人利己，两者矛盾，解决方向是反社会性的，应该坚决反对。

9.1.3 行为意向层

在基本假设和价值导向的基础之上，每个人类群体都会构建相应的行为意向体系。在对待自然的行为上，基于天人合一的观点，传统文化主张要爱护自然，与自然和谐相处。张载说得很清楚，要与自然做朋友，即"民胞物与"，在认识自然的层面，传统社会多是以实践经验作为主导，这里有很强的主观性，并且以情景作为主导。西方资本主义文化的总基调是征服自然，突出人征服自然的能力，强调以人为中心。近代西方采取通过科学探索的方式发现自然规律，并遵循自然规律，发明创造改变自然的技术工具。工业时代的到来，将科学与技术结合在一起，形成一股强大的改造自然和社会的力量。科学技术这种工具理性，也曾经给世界带来重大的危机，例如先进技术运用于武器，在战争中使用，造成大量的优质劳动力被杀死在战场，给世界带来深重的灾难。社会主义主张人与自然和谐共处，协同发展。当然，我们在中华人民共和国成立后曾经走过弯路，过度夸大"人定胜天"，漠视自然规律，造成很大的生态危机和发展危机；在工业化的进程中，我们付出了惨重代价，经济社会是发展了，但同时生态环境危机也出现了。改革开放之后，我们更加重视科学与技术在认识自然方面的作用。在认识自然层面，我们反对迷信，提倡科学，重视发展技术，强调人的主观能动性。我们认为，在认识自然层面，既应当尊重自然的客观规律，同时也应当发挥人的主观能动性，螺旋式逐步推进人类认识自然和改造自然的能力。

就自身的行为意向和规范而言，中国传统社会强调"修齐治平"的一套规则，而资本主义文化则强调思而后行的理念，革命文化强调奉献奋斗的精神。我们认为，这些都是非常重要的个人修养，都应当作为一个人成为有担当、有责任感的社会人的规范，在此基础之上，我们也希望增加一个"自强不息、厚德载物"的规则。

对于理想社会的追求，发源于人们希望超越现实的生活束缚。中国传统社会追求大同世界，基本特征是天下太平、生活安定、人间和睦、公正和谐。儒家向往大同世界，在黄金时代，圣人辈出，人民生活安定。"老吾老，以及人之老；幼吾幼，以及人之幼"（《孟子·梁惠王上》）。西方资本主义思想追求个人的发展，自文艺复兴和宗教改革之后，启蒙思想将视野从上帝之城转向世俗之城，更加重视人，而非一切围绕着神摆置个人身心，安排人间的生活，其基本特征是追求效率与发展，尊重个人的权利，希望通过限制神权和政权来实现个人的幸福生活。社会主义追求的理想自然是共产主义，共产主义的基本特征是人的生产能力极大提高，社会物质生活和精神生活非常充裕，人们可以根据自己的特点自由全面地发展。理想社会毕竟是人们的终极梦想，我们应当在中国梦的伟大理想的鼓舞下，尊重个人的正当梦想，为这些正当的梦想提供有利条件，做到和而不同，协调融合，进而促进整个社会向着公正与发展的方向前进。

9.1.4 经济基础与上层建筑

为什么不同的自然条件孕育出大相径庭的思想文化体系？为什么诞生在不同地域的人类文明仍然具有共性并能对话交流以求得共生？为什么截然不同的

思想文化经历过对立交锋以后竟然碰撞出新的思想火花？为什么许多国家与社会团体在发展中不断扬弃一些思想理念、吸纳一些新的思想观点，融合成自己的独有的模式？正所谓："人法地，地法天，天法道，道法自然。"人类的思想理念与更为深层次的意识形态，大而化之曰文化，这些上层建筑的东西与经济基础及自然环境密切相关。按照辩证唯物论的观点，经济基础决定上层建筑，而上层建筑又反过来作用于经济基础。

著名社会学家马克斯·韦伯系统地阐释了东西方宗教伦理差异对于社会现代性及现代资本主义发展的影响，在《新教伦理与资本主义精神》中提出了一个知名的论点，即新教徒的生活伦理思想影响了资本主义的发展。韦伯在宗教社会学上的第二本主要著作《中国的宗教：儒教与道教》中，试图回答这样一个问题：为什么资本主义没有在中国发展呢？依据韦伯的说法，西方新教和中国儒教代表了两种广泛的但彼此排斥的理性化，两者都试着按照某种终极的宗教信仰设计人类生活。两者都存在有利于资本主义经济发展的因素，如鼓励节制和自我控制，也都能与财富的累积相并存。韦伯主张，儒教的目标是取得并保存"一种文化的地位"并且以之作为手段来适应这个世界，强调教育、自我完善、礼貌及家庭伦理。相反的是，新教则以那些手段来创造一个"上帝的工具"，创造一个能够服侍上帝和造世主的人。韦伯认为，这样强烈的信仰和热情的行动被儒教的美学价值观念所排斥，而这种在精神上的差异便是导致资本主义在西方文明发展繁荣，却迟迟没有在中国出现的原因。我们认为，韦伯或许在很大程度上误读了中国传统文化，尤其是儒家思想。宗教信仰和热情未必是推动经济发展的唯一动力，激励历代中国圣人先贤奋发图强和当代企业家艰苦奋斗的精神力量是"家国情怀"，而非韦伯的"宗教情怀"。下面我们从不同的维度阐述我们的主张。

从生产方式来看，中国传统社会是一个农耕社会，生产方式在几千年中并没有发生革命性的变化。西方的工业革命则促进了资本主义的发展，而中国近代革命文化时代则处于从农业社会向工业社会过渡的时期。农耕社会的人们主要生活在分散的乡村，日出而作，日落而息，有人或许说这是一个美好的时代，生活在这个社会的人们过着田园般的生活，实际上，农耕社会是一个物质匮乏、生活贫穷的社会。农耕社会的经济基础是自给自足的自然经济，土地和劳动力是最核心的资源，拥有土地和足够的劳动力，就拥有了社会生存的关键资源。我们的先民主要从事种植业，种植业的特征是土地的固定性和分散性，这两个特性决定了传统社会是一个以血缘关系和拟血缘关系为核心的关系本位为导向的社会，对种植业影响最大的因素是治理水患和干旱时期的分水活动，这不是一个村落、集镇、郡县等有限区域就能够处理好的，每个地方都有自己的利益，都有自己的意见。所以，传统社会也是一个以命令服从为主的官本位为导向的社会，关系本位是横线，官本位是纵线，形成一个网格化的治理体系，每一个人都在这经纬线构成的坐标内有自己对等的义务和权利。西方资本主义国家最早进入工业时代，种植业、畜牧业或渔猎已经不再是社会关键资源，工业活动变成了人类活动的核心。机器与无生命的资源成为人类赖以生存的主要方式，科学技术的发展提高了人类的生产效率，专业化的社会分工取代了粗糙的经验实践，阶层流动打破了以血缘关系为纽带的传统社会森严的等级堡垒。资产阶级革命建立西方式民主制度，法治成为社会活动的重要原则，这也适合更精确化的市场经济运作的要求。大城市不断涌现，开启了城市对农村的绝对统治。人们的思想观念更加开放，而不是更加封闭，人们崇尚科学而非传统的神学权威。

近年来，世界进入了信息化和知识经济的时代，知识成为社会运转的核心，与知识相关的产业蓬勃发展，社会的主要驱动力量变成了知识与资本的联姻，而非资本与工业的混合动力。中国仍处于工业化的阶段，发展方向是信息作为主导，服务要创新，更重要的是建立知识产权基本法体系，促进知识转换成为现实的产业，让知识得到合理的回报，成为社会驱动的核心动力。

从组织的管理层面来说，中国传统社会的价值导向倾向于社会效益，而革命文化则强调政治效果。西方资本主义文化倾向于经济效益，西方经济学代表人物弗里德曼认为，企业的社会责任就是在遵守法律和相应道德标准的前提下，赚取尽可能多的钱。中国传统社会，任何组织的主要目的是维护社会效益。从"三纲五常"到一系列的乡规民约，无不反映这种重视社会效益的导向。个人在族群和家国面前是微不足道的，为了社会的稳定、秩序或公正，可以牺牲个人利益。

西方资本主义的组织的价值导向偏好经济效益，一切以资本积累和增值的逻辑作为根据，效率与发展成为主题。在这种价值导向的指引下，西方的组织和个人都变成了利己以促进社会福利的理性经济人。由于革命文化强调阶级斗争，以阶级斗争的方式推动历史进步，促进社会公正与社会发展。因此，革命文化下的组织重视政治效果，集中一切资源和力量办大事，推动经济和社会的双重发展。我们认为，当下组织的价值导向应当是实现民族复兴，促进社会和谐。

从经济管理方面来说，中国传统社会重视道德与习俗的调节，偶尔有自发性的市场作为辅助性调节。近代西方资本主义则重视市场调节，把市场变成了经济配置的主要方式。社会主义早期在革命思想的惯性影响下重视自上而下的计划，曾经将计划经济作为经济资源配置的主要方式。传统社会由于重视秩序和公正，所以主要强调道德自觉在经济配置中的主要作用，偶尔会有自发性的、没有经过发展的市场作为辅助。传统社会将个人限制在某一区域内和行业内，重视秩序，大家都在某个圈子内活动，安分守己，便于管理。尽管重农抑商是传统社会的基本国策，但是，即使是自然经济，也需要商业流动，推动社会的发展，因此，除非商业严重危及农业根本，管理者往往对商业睁一只眼，闭一只眼。由于信用只是在仁义礼智层面之下发挥作用，传统社会没有将信用发展出来，市场就失去了壮大发展的根基。

西方资本主义重视契约和信用，将信用体系化和理论化，发展出市场经济的根基：信用制度。没有信用的市场经济是不可想象的。在经过斯密、马歇尔、凯恩斯、哈耶克等人的论证后，市场作为配置资源的主导方式上升为整个社会的意识形态，特别是哈耶克，把自发性扩散的市场经济推崇到极致。计划经济时代，几乎所有的人财物都要经过统一性的计划和分配才能实现配置，人是单位人或集体人，社会主义集中力量办大事，我们在短短的三十年里建构了完整工业体系的根基。士农工商是一个客观分工，我们建立了系统的行政命令系统，农业也得到发展，工业成绩斐然，但却忽视了市场的力量。计划经济确实避免了因为相对过剩而产生的经济危机，但忽视了人性有自利的一面，导致经济发展没有动力。我们认为，转型中的中国需要平衡运用道德或习俗、计划或命令、市场等手段，促进经济发展。没有根基于中国传统习俗的市场经济或计划命令使老百姓感到有违习惯，运用起来往往超过边界，反而坏事；同样，仅仅依靠习俗和计划，忽视市场的力量，经济发展动力也会不足；仅仅依靠习俗或市场，没有计划命令手段，经济危机不断，各种"恶"会叠加在一起，危害社会和百姓。因此，应当综合平衡运用道德、市场和计划的力量，调动各方的积极性，实现经济社会的全面发展。

就社会治理模式而言，中国传统社会重视以德治国，西方资本主义文化重视以法为导向，社会主义将政治视为中心。以德治国是儒家的主张，其实质是按照习俗和礼制治理国家和社会。德治思想的渊源在西周，殷商的灭亡让西周的统治者得出"皇天无亲，惟德是辅；民心无常，惟惠之怀"的结论，上天只会眷顾那些有德行的统治者，老百姓也只会服从那些保护他们利益的统治者。在春秋战国时代，纲常伦理崩坏，孔子提出了"为政以德"的主张，孔子认为："道之以政，齐之以刑，民免而无耻；道之以德，齐之以礼，有耻且格。"如果仅仅用政令、刑法来规范民众，老百姓只是出于畏惧而服从；相反，如果能够以德服人，以礼制来规范民众，民众会从内心服从规则。这就是儒家主张以德治国的基本主张，但需要说明的是，在实际操作的过程中，历代王朝往往都是以外儒内法的模式治理社会，也就是说用习俗和伦理道德来让百姓从内心服从于社会规范，同时在必要的时候依然使用刑法和政令等强制手段迫使百姓服从社会规范。

西方资本主义思想更加重视法作为指引百姓行为的社会规则。西方能够发展出法治精神和体系，其实也是有历史渊源的。古希腊的雅典城邦建立了系统的民主体系，雅典的执政者要受到法律的限制，而不是凌驾于法律之上。从柏拉图、亚里士多德到后来的西塞罗，都论证过人类要服从自然法。自然法来自自然，重视理性，在自然法面前人人平等，是上帝永恒法的延伸，也是人定法的依据。后来的法学家往往以自然法作为依据，以社会契约论为基础，系统论证了通过民主限制权力的逻辑。西方的法治精神有以下几个突出特征：第一，法是理性和正义的代表，而人是有情感和偏向的，所以人应当服从法。第二，人人在法律面前平等，人们通过契约组成社会，每个人拥有不可转移的天赋权利。第三，主权在民，全体国民制定法律，通过各种民主形式选出国君和各级官吏。同时，保证司法机关的独立性，通过权力监督，限制权力运行。革命文化强调政策和政令的贯彻执行，保持政令畅通。治理国家和社会不仅仅需要依靠德治和法治，还需要政治，德治与法治譬如鸟之两翼，而政治则是方向，无方向鸟不知飞向何方。政策和政令具有明显的针对性和直接性，能够弥补道德和法律作为抽象规范体系无法具体化的缺点。我们认为，德治、法治与政治，都是一个社会治理必不可少的工具，总体上应当以法治为基础，以德治为核心，以政治为引导，只有根据具体情境平衡运用这些治理工具，才会取得较好的效果。

9.2 察动态平衡 行中庸之道

人类社会的发展是一个动态平衡的过程，三个根本驱动力——自由理想、认识理性及面对现实，分别以不同的方式与力度，推动社会发展，乃至改变社会前进方向。辩证唯物主义的一个重要命题是：事物的发展总是遵循波浪式前进、螺旋式上升的规律。在相当长一段时期内，社会处于平稳进步、逐渐发展阶段，这时候社会成员共享的信仰体系、价值体系、行为意向和规范一般也会处于稳定状态，这些深层次的社会结构（意识形态和上层建筑）保持和谐稳定，这是一个潜移默化的量变过程。当环境或者社会内部的深层次结构发生剧烈变化以至于不匹配时，社会进入动荡变革时期。社会动荡，不仅体现在政治、经济、教育、法律、文化、社会结构等可见要素的急剧变化，而且必定伴随着人们在基本信仰、价值观和行为等隐性因素上的巨大转变。实现社会重大变化的过程，一种是循序渐进式的变革或者温和的改良，还有一种是急风暴雨式的革命。革命往往波澜壮阔、摧枯拉朽，但也常常惊心动魄、难以预料，对社会带来许多事与愿违的负面影响。"革命"一词，最早见于《周易·革卦·象传》："天地革而四时成，汤武革命，顺乎天而应乎人。"因此，革命应该顺应天命、合乎人心，把握客观规律。

科学理性地认识社会演化过程，需要有不偏不倚的态度和方法论，这就是亚里士多德、孔子及佛家共同强调的中道，也即中庸之道。中庸之道也应该作为引领社会变革的重要方法。有人误解中庸之道为骑墙折中、模棱两可、明哲保身、中间路线，是和稀泥。中庸之道要求我们既认识到推动社会进步力量的对立性、不可调和性，又理解它们之间的统一性、依赖性。在渐进发展期，社会应该提倡和谐与统一，在适度鼓励不同力量发展的同时，关注整体平衡，而不至于发生急剧动荡。以思想文化和意识形态为主导的深层次结构还没有适应剧烈变化的现实时，社会的急剧动荡往往会造成很大的损失。在急剧变化时期，社会变革者应该在深刻理解上述三个主要力量的动态平衡关系的基础上，构造变革或革命的势力,因势利导、攻坚克难,成功引领变革。总而言之,中道的方法论必然是在自由、理性及现实之间形成良性的动态平衡。

在原始社会,人类的生产能力相当薄弱,部落奉行的是弱肉强食的丛林原则,由于战俘的生产能力仅仅能够养活自己,相对"理性"的做法就是杀掉他们用于祭祀。一些游牧民族,为了保持种族的繁衍和活力,通常会抛弃或杀死一些老弱病残者。如果我们以现代视野来评价,屠杀俘虏极端不人道,既非理性又没有人性。其实在那个时代,人类社会达到了"理想、现实与理性"这三个根本驱动力之间适度的均衡点。在丛林法则思想的指导下,杀掉俘虏、抢夺财产为己有,这是因为胜利者为了自身更好地活着(即利己的人性),这也是在特定现实条件下,符合"理性"最大化原则的残酷行为;生产条件不容许养活老弱病残,而且害怕敌人不死而反扑,对自身造成更大的伤害。因此,我们不可能以与现代生产条件相匹配的理性与价值标准来要求古时候的原始部落。

随着生产力的发展,人类产品有了剩余,胜利者不再大规模地杀掉战俘,而是使用他们,剥削其劳动果实,因而逐渐形成奴隶社会。尽管奴隶制很不人道,但比杀人还是有了很大进步,更多的人群获得了生存自由。胜利者开始不杀战俘祭祀各种神和祖先,而是把他们作为奴役对象,这在当时也是社会的"理性"选择。自由、理性与现实之间达到了一个相对合理的平衡点。随着生产力的发展,人类改造自然的能力增强,又出现了新的不平衡,奴隶作为奴隶主会说话的工具,没有人身自由,积极性不高,而且还经常逃亡,奴隶主的监督成本大幅度提高。一些奴隶所有者开始将土地分给农民,然后收取地租,农民的自由度要比奴隶的自由度高,积极性也提升了,生产力得到更大的发展和提升。随着社会的发展,一系列围绕地主和农民关系的理性制度也设计出来了。这个时候,全社会的自由、理性与现实相匹配,从而形成了一个新的平衡点。

历史的脚步尽管偶尔会后退,但总趋势一直在向前。到了近代,科学技术的发展为资本主义提供了新的历史机遇,西方的资本家(各种企业家、商人、实业家、金融家)利用资本逻辑推动社会改革,将农民从土地上驱赶出来,变成了工人。尽管早期工人受到严重的剥削和不公正的对待,但随着工人的反抗和无产阶级政党的挑战,资本主义逐渐意识到公正分配价值的重要性。与依附于土地和等级制的农民相比，工人的自由度有所增加，资本主义也逐渐建构了一套理性化的企业制度和国家治理制度，在自由、理性与现实三个根本力量之间，形成了更高形式的平衡。

资本主义的核心价值观是按照资本分配价值，企业的价值导向是效率和发展，但在很长一段时间内忽视了公正，即劳动的价值。新价值是工人创造的，但却被说成是资本家养活了工人，价值分配也偏向资本。马克思在深刻批判资本主义的基础之上提出了要建立一个发展与公正的共产主义社会：生产力高度发展，各尽所能，按需分配。在这个社会里，每个人都能够自由全面地发展。后来皮凯蒂的《21世纪资本论》也通过统计数据得出资本回报率总是倾向于高于经济增长率，实际上整个资本主义体系都将财富分配偏向资本，而不是劳动者。这种不公正现象引起了工人和其他社会阶层的强烈不满，自由不能仅仅是资本的自由，其他阶层也要扩大自由，自从资本主义诞生，资本家、工人及其他阶层的斗争就没有停息过。社会主义强调的是社会既要发展，更要公正。俄国通过十月革命，终于在资本主义最薄弱的地带，推翻了沙俄的政权。中国人民在共产党的领导下，推翻了压在中国人民头上的"三座大山"，建立了中华人民共和国，随后建立社会主义制度。当然，我们在建设社会主义的道路上，也走了很多弯路。例如，模仿苏联建立计划经济体制，忽视市场和资本的力量。改革开放之后，我们才开始重新认识到社会主义也是有历史阶段的，我们重新放开市场，利用资本，为经济建设服务。由此可见，社会发展是一个自由、理性与现实不断动态平衡及螺旋式上升的过程。

在考察社会发展的动态平衡过程时，我们就会发现公正与发展是人类社会演进的两大主题。社会发展实际上是受到价值导向牵引的。中国传统社会重视公正、秩序，但往往忽视了发展，缺失了社会前进的动力；而西方近代资本主义社会重视效率和发展，忽视了公正，从而引发了一系列的战争、经济危机、生态危机等问题，过于注重经济效率会使全社会处于一个片面发展的畸形状态。历史唯物主义的主要观点认为，生产力决定生产关系，生产关系对生产力有反作用，生产关系一定要适应生产力的发展；经济基础决定上层建筑，上层建筑反作用于经济基础；人类社会的发展是一个由低级向高级演进的历史过程。确实，人类的生产能力决定人类按照什么样的生产方式，以及结成什么样的关系来组织社会生产和再生产，而社会的生产关系与生产能力是否匹配，对社会发展影响很大。革命文化认为人民群众是历史的创造者，同时阶级斗争直接推动历史的发展。

社会的发展是一个复杂的系统过程。从整体上来说，社会的发展观念是被经济基础和历史条件决定的。但是，社会的发展观念也可以引导经济基础的变革，改变历史条件。

中国传统社会之所以要选择公正、秩序作为社会发展的价值导向，核心原因是传统社会建构的经济基础是自然经济。无论是夏商周时代的奴隶制，还是此后至民国的地主土地所有制，土地和劳动力是关键的社会资源，而土地的固定性和分散性要求奴隶或农民要固定在某一区域内，既方便管理和组织，又方便其进行生产和生活。历史经验和教训强化了这种以秩序和公正作为导向的社会发展观念。春秋战国时代，天下大乱，不要说老百姓的生命朝夕不保，连王侯都随时可能命赴黄泉，没有稳定的秩序，生产就不用说了。而这些大乱来自何方？从宏观上来说，是经济基础发生变化，而上层建筑没有随之调整的结果，但更具体地来说，就是社会不公正现象逐渐成为常态：土地兼并越来越厉害，权贵土地阡陌连天，穷人无立足之地，更重要的是"窃钩者诛，窃国者为诸侯"。活不下去的奴隶、农民，以及怀有欲望的新兴权贵，就会拼命要改变这种不公正的现象，或者进阶成为不公正现象的获益者。春秋战国这段历史经历，给中华民族一个重要启示：不惜一切代价要维护天下一统进而维护社会秩序和社会公正。但由于忽视了这种秩序和公正是一个动态平衡发展的关系，而不是静止的稳定，随着社会演变得日益复杂，维护秩序和公正的成本越来越高，发展也越来越没有效率，最终陷入了疲于维稳，疲于应付各种问题的危险境地。

西方资本主义的社会发展观是资本效率和经济发展。斯密的《国富论》实际上是一部如何富国强兵的宣言书，其基本的价值导向就是提升生产效率。如何提升生产效率，主要有两种机制：一是社会分工机制增进效率。斯密在《国富论》中指出："劳动生产力上最大的增进，以及运用劳动时所表现的更大的熟练、技巧和判断力，似乎都是分工的结果。"二是市场机制增进效率。斯密认为，"我们每天所需要的食物和饮料，不是出自屠夫、酿酒师或面包师的恩惠，而是出自他们利己的考虑"，但他们这种利己心"受着一只看不见的手的引导，会去尽力达到一个并非他本意想要达到的目的。他追求自己的利益，往往使他能比在真正出于本意的情况下更有效地促进社会的利益"。分工与市场还会互相反馈,分工越细越能扩张市场,而市场的扩张又会拉动分工程度。英国自1832年改革法案通过后一度成为"世界工厂",各种科技发明与技术创新为国家经济带来新生力量,如火车、蒸汽船、纺织机器、印刷机器等。经济发展的前提是国家政权从腐朽没落的贵族手中移向新兴的中产阶级工业资本家。19世纪中期英国成为全世界经济第一强国,通过向海外发展市场与剥削殖民地的各种资源积累了大量财富。但在这繁荣与财富下掩盖的是工人阶级的贫困与不幸,为了谋生,连妇女和儿童都要受雇到艰险肮脏的工厂矿山去卖苦力。日趋尖锐的阶级矛盾终于引发了1836年至1848年著名的英国宪章运动。工人阶级团结一致推出《人民宪章》,要求政府保障人权,改善生活与工作环境。运动席卷了几乎所有城市。虽然这次运动在1848年衰落下去,但标志着工人阶级的觉醒。一个社会达到新的平衡点。

我们认为,中国传统的中庸之道思想为我们提供了正确看待社会变革与发展的动态平衡视角。中庸之道是儒家处理学问、思想及社会治理的一种方式和态度,其基本含义是不走极端。这种不走极端的思想,不仅仅是儒家的主张,其实很多成熟的思想体系,都强调不走极端要走中道的观念。例如,西方古希腊大学者亚里士多德在探讨什么是美德时指出:德性处理情感和行动,处理得过度是错,处理得不及,要被谴责,唯有适中是对,并被称赞——那么,德性就必定是一种志在求适中的中道。中国化的佛家思想,也强调中道,否定走极端的修行模式,中国化的佛教信徒,实际上也很重视世俗修行,重视孝亲与忠君爱国。

在我们看来,中庸之道的基本含义主要有三个:一是执中守正,二是折中致和,三是因时制宜。

首先,执中守正意味着恪守中道,无过无不及。恪守中道主要说明做人做事不走极端,不要"翻烧饼":一会儿翻到正面,一会儿翻到反面,让人觉得没有准信,总是在两个极端中反复。我们的政策是根据实际需要做出的实际活动指南,最忌"翻烧饼",更不能朝令夕改,这就要求政策出台之前要认真仔细地反复推敲,充分考虑利益相关方的利益,听取他们的意见和利益诉求,尽量做到动态平衡各方利益。执中守正还有一个程度的问题:做事情要做到位,既不能不及,也不能做过了火,也就是分寸拿捏要准。事情没做到位,无法达到目的，这是比较容易理解的，但是，做事做过火也会走到事情的反面。政府在帮助企业时，不能"过度热情"，原因是大量企业可能会患上政府支持依赖症。前几年对光伏技术企业的扶持，就是热心过度，大量企业不是真正为市场服务，而是套取国家的补贴资金。技术本身是市场的行为，市场会回报技术，但科学研究则是政府应当大力投入的，政府在推动科学和技术进步时，要注意力度，同时也应当找准定位，做到精准扶持。人与人之间那么多争斗，做事做人要守住正义的底线。

其次，折中致和。由于人们的意见和利益是多面性的，因此，利益平衡是达成共识的重要原则，这就要求人们在为人处事时，执两用中，和而不同。我们的祖先在长期社会实践中发现万事万物皆有规律和变化，因此做事要有分寸，《中庸》说："执其两端，用其中于民，其斯以为舜乎？"意思是说，听取上下两端的意见，也有公正和不偏不倚的意思，这样，执其两端与用中两者便对立统一起来，成为传统治理的原则。孔子又从其中发展出"过"与"不及"的概念，从而更加丰富了中庸的内涵。折中不是目的，还有一个致和的问题，实际上是通过谈判达成妥协，然后共同发展，实现共赢。

英国资产阶级革命实际上就是较好运用了折中致和思想的典型案例。在议会军大败王军之后，查理一世被押上断头台处死，克伦威尔掌握大权，但不久克伦威尔就死了，英国重新陷入混乱。之后詹姆士二世实行血腥统治，辉格党人与部分托利党人邀请詹姆士二世的女儿玛丽和女婿威廉回国执政，这次没有流血的革命被称为"光荣革命"，之后颁布《权利法案》，建立一个君主立宪制的国家。相反，法国大革命之后，整个法国政坛就陷入了长期的混乱之中。历史学家评论英国光荣革命和法国大革命存在很大的争议，有人认为法国革命反封建更彻底，认为英国资产阶级革命不彻底，从某种意义上来说，这是有意义的，但从折中致和的层面来说，懂得妥协，通过谈判达成一致意见和利益新平衡，非常重要，而且英国的光荣革命效果确实要比法国大革命的实际效果更好。折中致和不仅仅适用于处理人与人之间的关系，在国家层面，我们也多次强调和而不同。如今美国老是拿从自己文化和国家发展出来的观念当作普世价值要求别国模仿学习，结果把有些地方搅得一团糟。每个国家都有自己的历史基本假定，文化不同，发展阶段也不一样，利益诉求也不相同，这些差异是正常的，能够做到互相尊重各自的差异，在处理事情上坚持和而不同，这个世界的纷争会少很多。折中致和做得不到位也有可能变成无原则的妥协，以求得和谐，这不是折中致和的本意。

最后，因时制宜，也即通权达变和随机应变。无论是不带偏私地守住公正底线，还是达成共识和睦相处，都需要动态平衡，根据不同的情景和发展阶段及时调整各方的利益和意见的平衡点。通权达变就是要根据情况变化及时调整各方的利益平衡点，随着各种机缘的变化调整自己的观念和立场。实际上，也就是根据实践、自由与理性力量的变化，进行随时随地调整，不能墨守成规。规则是助人而不是束缚人的。规则是给人提供更好的平台和条件的，而不是压制人的教条。不懂得根据实际情况的变化而调整行为，而是墨守成规，就变成刻舟求剑了。董仲舒在《举贤良对策》中说"道之大原出于天，天不变，道亦不变"，封建社会的道（三纲五常）源于天（自然或神），如果天不变，道也不会改变，董仲舒的原意是想论证封建社会的统治合理性与合法性，稳定社会秩序，但后世逐渐变成了束缚社会改革的教条。但董仲舒这句话还可以反过来理解，天变了，道也变了。也就是说，当封建社会被推翻了，适用于封建社会的纲常伦理也会随之而变。基本的事实假定发生了变化，价值导向也随之发生变化，人们的行为规则也会跟着发生改变。

在社会治理方面，中庸之道尤为重要。新加坡是一个小国家，以华人为主，英语是官方语言，虽然他们的思想很西化，但社会治理方面深受儒家传统思想影响。儒家重视人才的思想在新加坡得到真实的贯彻执行。儒家强调内圣外王，重视道德修养，同时也重视实践能力的培养，只有做到这两点，才能"治国、平天下"。新加坡对于高级官员的选拔，制定了一套严格的标准，主要是维护政府的公信力和形象。新加坡还建立起一套肃贪机制，严惩那些以权谋私的行为，更重要的是，新加坡不是仅仅以高标准的道德来约束官员，同时还参考私有企业的薪资标准制定了"高薪纳贤"及"厚禄养廉"的制度。这种行中道的做法，为新加坡带来了长期的发展，在"亚洲四小龙"中，新加坡无论在经济层面，还是社会治理层面，都要更为成功。

中庸之道要求守正、致和、随变。守不住正义，就会发生偏离，走向极端，致乱则无法达成利益妥协，两败俱伤，不能随机应变则会失去发展的机遇。人事如此，社会发展何尝不是如此。在一个复杂的时空中，在诸多可供选择的可能性中，中庸之道要求我们以积极进取的态度，遵循客观规律，做出最合适的选择。现实世界不会永恒不变,需要我们以感性知识正确地认识现实并修正既有的理性假定和活性价值观。理性的逻辑演绎为人类筑就了庞大的科学体系,但理性的有限性要求我们不断反思、明辨是非、追求真理。最后,自由理想的无穷性也要求我们既不放弃对公平正义的追求,又要认识到任何价值判断必定包含理性与现实的成分。这也就是说,人类的最高境界,"真善美",是我们追求的永恒目标和进步动力,中庸之道就是要求我们把握这三者之间的动态平衡与螺旋式上升规律。在做人、做事、做企业,以及引领社会变革过程中,既要把握永恒的原则,又要顺应变化的环境,因时、因事、因势、因地、因人制宜,力求做到恰如其分、恰到好处。

9.3　理想与现实　理性促平衡

2016年华为公司总裁任正非在全国科技创新大会上表示:华为正逐步攻入行业的无人区:无人领航,无既定规则,无人可跟;华为已感到前途茫茫,找不到方向。华为这些年来坚持不上市圈钱,埋头钻研技术,终于成就了"华为奇迹"。任正非说华为迷茫,有谦虚的成分,但更多的是实情。作为一个领头羊,如何把握发展的方向是最难的,这需要对事实假定的不断突破和梳理,更需要理性分析这些事实假定,从而为行业引领方向。同时,由于过于重视技术,而忽视了基础理论研究,没有理性能力的支撑,重实践经验的技术终究会枯竭,也会迷失方向的。

每个时代都有令那个时代迷茫不解的难题。有人求助于神仙,有人求助于内心,还有人在实践中寻找出路。这是因为人类都要受到现实的约束,理想的牵引,以及理性的限制。从个人而言,人总要受到感知的外部世界、被激活的理性,以及主导价值观的指引(见图5)。

首先,人们总是倾向于通过感知的现实,并根据基本思维范式整理和过滤这些感性材料。不同的人对于外部材料的感知是不一样的,你看到的世界与别人看到的世界并不完全一致。因此,人们对于事物事实的假定或定义也很难力求无差异。霍金在《我们所感知的世界是否真实》一文中曾经引用一个案例说:意大利蒙扎市议会通过了一项法案,禁止市民将金鱼养在圆形鱼缸里观

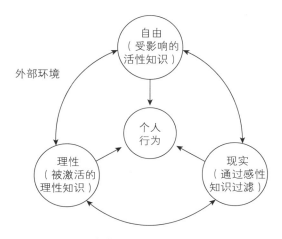

图5　个人行为的整体理论模型

赏。提案者解释说，把金鱼关在圆形鱼缸里非常残忍，因为弯曲的表面会让金鱼眼中的"现实"世界变得扭曲。霍金认为，人类感知世界如同金鱼观察鱼缸一样，孤立存在的物体是不存在的，人们看到的事实也不一定是事物的真实面貌。霍金宁愿采取这样的一种观点：每一个物理理论或世界图景都是一个模型（通常本质上是一个数学模型），是一套将模型中的要素与观测联系起来的法则。而每个理论对于"现实"或许都有各自不同的理解，但根据基于模型的唯实论，"现实"的这种多样性是可以接受的，不可以说哪一种"现实"比其他"现实"更真实。霍金的观点代表了人类对于人类能否感知世界，以及如何更好地感知世界的迷惑。在我们看来，人类首先是生活在某一文化群体之内，这些文化群体既为个人提供了感知世界的基本样式，受到某些文化观念的影响，同时也被个人感知的知识所改进、修正。个人对于基本事实的认定不同，对于事物的定义不同，可能会得出完全相反的结论。我们需要做的是根据感知到的材料，不停地重新定义事实，使得我们对于事实的基本假定更加清晰和有效。维特根斯坦曾经将世界定义为事实的总和，而不是事物的总和。无论这个世界是事实构成的，还是由事物构成的，实际上都是人类的一些假定。这些假定方便我们理解世界进而改造世界，而解释世界和改造世界都受到个人的影响，没有观测者或思考者或行动者界定的"事实"或"事物"是难以想象的。诚然，在某个遥远的地方，存有我们未曾感知到的天体，但这些"事实"或"事物"对于观测者来说，是无法定义或感知的"事实"或"事物"。这里我们想表达的意思是，由于每个人感知世界的经验不同，人们对于事实的界定也可能不同，解释事实的假定及后续的逻辑也会存在差异。正是由于这些差异，这个世界才会丰富多彩，多种可能性才会变成现实性。

近年来，华为及其创始人任正非再次成为世人关注的焦点。任正非对于事实的基本假定逐渐清晰起来，其核心观点是要重视技术创新，高科技技术创新是王道，而上市圈钱或借助概念是一时快乐，因此他甚至拒绝上市。华为低调二十余年，截至2015年年底，华为在全世界范围内累计获得授权专利50 377件，正是有了这些专利，连苹果公司都要向华为付数额不菲的专利费用。而百度、淘宝网、小米的创新主要在于商业模式的创新，它们的创始人对于事实的认定主要是基于模式创新。这里需要说明的是，并非说华为比百度、淘宝、小米更厉害，只能说每个企业的创始人对于事实的认定不同，他们的价值导向也就不同，基于其上的做事规则、商业模式也会存在很大的差异。任正非看到技术创新的重要意义，乔布斯看到了开拓手机功能的重要作用，而淘宝、百度则看到商品流通、信息搜索过程的重要功能。对于一朵花，画家感知到的是它美的形式，而植物学家则会思考它的生物学特征，而对于养蜂人来说，它是提供蜂蜜的资源。我们必须要承认，事实是与观察者关联在一起的，每个人对于事实的观察存在共性，同时也存在很大差异。一百个人心中就有一百个哈姆雷特，正是因为每个人感知的世界存在差异，我们这个世界才会更加多姿多彩。当然，对于事实的认定不同，会产生很多争论和误解，不少人也许会发现，人们面红耳赤争论了半天，才发现原来彼此对于事实认定存在很大差异。使用同一个概念，并不一定代表这个概念背后的感知经验是一致的。人类感知经验世界的能力确实会受到现实的限制和约束，但是我们人类之所以比动物感知世界更为深入和广阔，就是因为我们不断根据感知修正我们对于事实的认定，修改我们解释世界的基本假设，调整我们的基本导向，进而改变我们的行为，使得我们的感知更加有效和准确。

其次，人类行为还会受到占主导地位的价值观的深刻影响。价值导向是一种活性的知识，它诠释个人的活动目的和战略方向。人类在感知经验世界的同时，会有自己的目的和长远目标，选择那些个体认为有利于自己追求目标的价值观念，并对这些价值观念进行排序。由于每个人对于事实的认定不同，这些事实因而对每个人的功能或效用是不一样的。例如，你将手机视为语音通信工具,手机对你来说就是打电话的工具;如果你将手机视为智能终端,手机对你来说就是购物、上网的工具。价值导向实际上体现的是对象与个人的一种效用关系,这种效用关系因人而异。

心理学家奥尔波特曾经通过心理学的研究范式识别出六种价值观类型:一是社会型,重视交往与人际和谐;二是理论型,重视理性思考,反感不合逻辑的事实;三是实用型,重视事物的功利价值,看重结果和成效;四是信仰型,追求信仰和理想,重视精神价值;五是审美型,重视美感,追求尽善尽美;六是政治型,重视国家和政治,认为人生就是一场竞争,与他人交往就是手段,没有情感可言。奥尔波特还指出,这六种类型的价值观念相似的人容易交往,不同者则很难相处,但并非价值观不同就不能达成共识,尊重是重要的。奥尔波特的这些分类不一定全面,然而却细化了我们对于价值导向的认识。价值观不是一个抽象的概念,而是一个具体的指向。也让我们明白,人对于事实价值的排序是存在差异的,有的喜欢追求功名利禄,有的喜欢追求尽善尽美,有的看重家国情怀,有的重视理想和信仰。正是因为这些价值观念的不同,会造成各种冲突,人们或许感到非常迷茫,但是,这些冲突是可以通过谈判达成共识的。

价值观就是人类对事物价值的认识,组织中薪酬设计就能比较贴切地体现价值观的引导作用。薪酬一般分为固定部分和浮动部分,如果一个企业要执行扩张性的战略,一般来说浮动部分的系数要大,固定部分的系数要小,这样员工在选择的时候,能够通过比较价值大小,做出决策。如果是执行稳定性的战略,固定工资的权重要大,而浮动部分的权重要小。一般来说,销售这类岗位面临的不确定因素和风险比较大,浮动部分的系数要大,固定部分的系数要小;而行政服务岗位的工作则比较有序稳定,固定部分的系数要大,浮动部分的系数要小。这些权重实际上就是价值导向的具体化,如果一个公司的价值导向、战略与这些具体化的价值权重不匹配,很难想象员工会愿意在实践中执行这些战略。

对于一个社会来说,整体价值观往往是非常庞杂的:公正、发展、效率、自由、平等、博爱等,这些美好的价值观念,很难穷尽。但这些价值观念是有差异性和价值性的,价值排序在不同的社会、文化中是不同的。人们体验到这些价值排序不同,往往是在冲突爆发的时候,基本假设暴露出来之后,才能够明显得被识别出来。我们说中国传统社会重视公正和秩序，并不是说古代社会就不提倡发展，而是说传统社会重视秩序的程度要比发展高。当不公正成为主流现象，会极大伤害社会运行。例如，土地兼并非常严重，将会威胁整个王朝的统治根基。所以，自古以来，我们说中国古代社会重农抑商，不是说传统社会完全没有意识到商业的价值，而是说在农商存在冲突的时候，传统社会首先要保本，即保护农业，这并不是统治者可以选择的，而是无数历史惨痛教训积累出来的宝贵经验。我们说儒家强调义重于利，主要是强调在面临义利激烈冲突的时候，社会倡导个人利益服从整体社会利益，但这种情况还是比较少见，大多数情况下，义利是一致的。西方资本主义社会的发展，也是在重新定义了人与神的关系之后，才发展出来的。文艺复兴的价值导向就是以人为本，关注人的现实需要，重视人的欲望，肯定人的价值和尊严。我们的社会主义核心价值观念的基本内容是：富强、民主、文明、和谐，自由、平等、公正、法治，爱国、敬业、诚信、友善。这些价值观念可以分为三个层次：富强、民主、文明、和谐是国家层面的价值目标，而自由、平等、公正、法治是社会层面的价值取向，爱国、敬业、诚信、友善是公民个人层面的价值准则。

最后，人的行为还会受到激活的理性知识的影响。人类不但很大程度上受到活性知识（直接表现为理想与价值观）的召唤、驱使，同时也受制于感知到的现实的约束，如何超越当下的现实与感性经验，实现心中的远大理想，就需要激活人类的理性知识。理性知识既可以是助人起飞的条件和平台，也可能是束缚人的行为教条。以企业制度为例，好的企业制度为员工创造财富提供有利条件，帮助员工完成目标业绩；不好的企业制度会成为束缚员工的铁链，让员工做事处处受到限制，无法发挥个人的优势。理性需要被个人激活才能真正对人产生有意义的影响。韦伯认为，现代社会中官僚制的普及是不可避免的现象，具有内在的逻辑，从本质上来看，这是官僚制内在的技术优势和现代社会条件的变化所导致的。

理性从本质上来说，是对于事实规律性认识的把握，无论是西方的唯理论还是经验论，实质上都是在解释理性知识的规律性问题。唯理论重点强调人类的理性推理能力，而经验论主要强调人类的归纳能力。波普尔提出理论演进的范式证伪主义，实际上是强调试错在人类理论发展中的重要作用。无论如何，大多数的书本知识既需要理论推理，也需要经验的归纳总结。知识的来源既可能是人类的推理，也可能是对经验的总结归纳，同时，也不能忽视包括人类的价值观在内的活性知识。我们提出的理论演进范式是明辨思维，人类理性最可贵之处就在于能够比较真伪、明辨是非。

任何文化都有理性的成分，差别在于具体是何种理性。中国传统社会的理性实际上是直接的经世济用的理性，火药的发明主要基于经验事实，或用于烟花爆竹，或用于军事活动，但并没有就此发明更深层次的化学。中国在经验实践中形成了完备的官僚政治体系，秦始皇建构了一套自中央到地方的大一统的国家体系，这个体系的功能是纠正春秋战国时代分土裂疆带来的战乱。秦虽二世而亡，但秦制对中国的社会治理产生了深远影响，自此以后，谁搞分裂谁就成为历史罪人的观念深入人心。传统社会官僚制度的指导思想是儒家思想，这是自汉武帝以来制定的基本国策，通过儒家特有的实用理性，结合法家等思想，传统社会形成了一套理性化、可操作的治理体系。这套理性化的官僚制度，也可能会变成束缚社会、阻碍激发活力的绊脚石。官僚制最大的问题是权力寻租，以及对于整个社会的管控成本太大，维护社会稳定的成本太高，大量的财力用于维护社会稳定及监督权力，最终变得没有效率，影响社会的稳定。

人类个体乃至群体的行为受到自由力量的牵引，现实感性力量的约束，以及激活的理性力量的推进，处于不断动态平衡的过程中。首先，现实世界出现了问题，人类就会反思自己的价值导向，根据事实调整人的价值导向；然后再根据新的事实和新的价值导向对理性规则进行改进。改进后的理性规则或者促进现实的发展、促进价值导向的实现，或者阻碍现实的发展、阻碍价值导向的实现；如果是前者，就会形成新的反馈机制，形成新的平衡，但如果是后者，则会继续寻找新的价值导向及理性规则。这个过程是一个不断变化的动态平衡过程，核心原因是现实是丰富的、多向性的，而且永远处于动态变化状态。

9.4 市场与政府 道德为共生

著名经济学家厉以宁多次提出经济活动除了市场调节与政府调节，还要重视道德调节这第三种调节方式。市场调节和政府调节实际上常常被提及，而道德调节并没有引起足够的重视。厉先生指出了道德调节的三种模式：第一种是自律，即自我克制及自我激励；第二种是文化建设，文化建设实际上是一种道德调节的力量；第三种是乡规民约，百姓共同遵守的行为规范也具有调节经济功能。

美国制度经济学的杰出代表人物罗伯特·海尔布罗纳曾经提出经济治理的三种手段：习俗、命令与市场，分别对应习俗社会、命令社会及市场社会。我们相信，无论是习俗（道德）、命令（政府或计划）还是市场，都是人类治理经济的方式。无论哪一个社会，这三种治理方式都存在过，问题是哪一个占据主导地位。在自由竞争经济时代，市场是经济资源配置的基础性方式，但习俗与命令也是不可忽视的重要方式。如果一项制度设计或改革有悖于该社会群体的文化直觉，推行起来就非常难。如果制度改革是基于该群体原有文化基础之上的持续改进，更有助于推进制度的变革。大量的企业配置资源的主要方式是命令，而不是通过市场价格来配置资源。

人们提及资源配置的方式，首先想到的是市场与政府调节，经济界在当下争论的核心命题主要也是市场与政府孰优孰劣的问题。习俗作为一种资源配置的方式，逐渐被人遗忘。习俗是一定范围内人们共同遵守的不成文的行为规范。习俗首先来自习惯，个人可能会通过理性算计、本能、说教及职业培训等形成习惯，有些习惯因为重复性很高而逐渐演变成了惯例。当然，人们对惯例是通过自发性形成的，还是来自人类共同的经验，有着不同的认识。我们认为这需要界定分析问题的逻辑起点，惯例实际上是人们共同遵守的反复性的行为规范，这些行为规范有些是明示的，有些是暗示的，有些来自人们相互交往过程中形成的经验总结，有些是某些个人的经验推广或改进。这些惯例经过反复模仿、改进，最后形成一种稳定性的习俗，约束着人类的生活与交往。习俗作为稳定性的规则系统，规范着群体内部的行为，人们可以稳定预期某种行为的后果及其得益。习俗或惯例，无论是被明示还是未被明示，都可能作为某一文化群体内部的心照不宣的规则。在群体成员内实际上是被强制执行的，如果某些成员破坏了某些习俗规则，就有可能被驱逐出群体。我们知道，韩国人喜欢购买国产车，这一方面是由于政府的引导和对国产车的支持，对汽车进口设立了很多非关税壁垒措施；另一方面，出于普遍的爱国观念和韩国人追求物美价廉、外观漂亮的习俗，义无反顾地选择国产车就成了韩国人的消费惯例。

习俗与道德从本质上来说都是一种稳定的规则系统。与明示的法律相比，习俗与道德更强调人们自觉自愿地遵从的性质。明示的法律体系如果是基于传统的习俗和道德进行的理性总结，更易于被群体内的人遵守。

习俗与道德还是有些微妙但非绝对的区别。道德更强调一种价值观的系统，是基于某种信念基础之上的规则系统，例如当下倡导的仁义。习俗更强调的是一种文化社会行为，例如儒家倡导的礼。习俗在某些情况下并非完全都是有关道德的，有些习俗可能只是为了适应当地的自然条件而逐渐形成的稳定的社会规范。无论如何，习俗或道德的主体仍然是反映人类的价值导向稳定性的规则系统。习俗或道德从深层次调节人类经济活动，事关资源配置的效率。习俗和道德调节在市场经济背景下也并没有消失，例如，中国普通白酒、高度白酒、黄酒等消费市场的供求关系与一定地域的消费习惯有着密切的关系，比如黄酒的生产销售大部分在江浙沪地区。就企业内部而言，企业文化和企业内部奉行的隐性规则就是习俗的重要表现，也体现在组织变革中，如果形成已久的信念、价值观及做事规则产生激烈的冲突，很可能会让组织内部鸡飞狗跳，导致企业变革转型失败。如果一项经济政策与人们所奉行的风俗习惯存在激烈的冲突，实施起来的压力和阻力就会非常大。当然，由于习俗是在特定历史经验总结基础之上形成的惯例，很多习俗可能逐渐变成了恶俗，需要移风易俗，但这需要渐进性的改进，因为社会大多数成员已经习惯了这些风俗和习惯，过于激进的变革会导致社会成员的普遍焦虑，从而暗生各种抵制、反抗或故意冷落的情绪。

有些学者认为市场并非一套建构的体系，在他们看来，大量的市场规则也是在自发的经济活动中逐渐形成的。哈耶克强调市场实际上是一套自发而扩展的秩序，他的基本思路与老子的无为而治的思想有相似性，强调隐性知识（也称为默会知识）在生成知识体系中的重要功能。尽管哈耶克说自己没有忽视理性知识在经济活动中的作用，但他实际上还是有意贬低了理性知识的自觉和预见功能。他将人类建构规则和预测未来的能力视为致命的自负。尽管哈耶克走向了极端，但他的基本思路不可忽视，那就是习俗与市场有着密不可分的联系，而且人类的理性认识有其局限性。理性知识再怎么庞大威武，也不可能穷尽复杂多变的市场供需关系。

市场制度本身就是被大多数人认同的一套习惯性规则体系。市场的发生机制最初可能是凌乱的，纯粹是经验性的。但随着经济学家群体的出现，这些经验性的规则逐渐被理性化，逐渐形成一套理论体系，这些理论体系有特定的假设、价值导向及推理规则，并被学习、运用和修正，逐渐形成了复杂的经济学知识体系。在我们看来，无论哪一种市场行为，都要迎合消费者异质性的多重需求。开发一套产品，要想卖得出去，首先要考虑当地市场特殊的风俗习惯和喜好，否则就很可能会被消费者踢出市场。外企在进入中国市场之后，首先要考虑中国人特有的习惯，否则就会因为不接地气而被挤出中国市场；与之类似，中国企业要走出国门，也应当考虑当地的习俗或道德规则，否则很容易被抵制。

  市场作为配置资源的重要方式，逐渐被现代社会认可接受，其核心原因是什么呢？按照斯密的观点，每个人追求个人利益最大化，会导致社会利益最大化。市场的核心机制是价格调节供给与需求，通过竞争保持价格能够反映真实的供需关系。问题也就出在这里，每个人都追求利益最大化，是否会自动导致社会整体利益的最大化呢？马克思指出了市场这种自发性和盲目性的弊端，每个企业都追求利益最大化，很可能会导致社会整体的过剩，最终产生经济危机，引发社会矛盾。凯恩斯的观点是可以通过政府来调节这种个人与整体的失衡。也就是说，所谓自发自动的市场调节还是有边界的，超出市场范围时市场就会出现失灵的现象，因此政府调节及一定程度的命令还是需要的。另外，市场经济还有滞后性的弊端。市场调节是一种事后调节，即经济活动参加者是在某种商品供求不平衡导致价格上涨或下跌后才做出扩大或减少这种商品供应的决定的。当人们竞相为追求市场上的高价而生产某一产品时，该商品的社会需求可能已经达到饱和点，而商品生产者却还在继续大量生产，只有到了滞销引起价格下跌后，才恍然大悟。最近几年钢铁行业产能严重过剩就是一个很好的例子。缺乏理性引导的市场带有很大的自发性与盲目性，虽有及时、灵敏的特点，但它不能反映出供需的长期趋势。

  命令也是人类配置资源的重要方式。政府从整体上调节经济活动，也是宏观经济学发展的现实依据。命令不仅仅是由于市场失灵需要政府调控的现实需要，它还普遍存在于企业的内部，企业调配资源，并非依据价格来调配，而是依据命令来调配。命令的基本逻辑是构建一个调配资源的命令服从体系，这种命令服从体系的存在，不仅仅是基于经济效率而设置的，还要考虑到各种利益平衡的正当性原则。当然，命令配置资源的方式要求一个最终的命令发号者和权威仲裁者，这就考验了人类的理性能力。就政府与市场的关系而言，命令也会存在失灵的情况，因为政府官员的理性能力也是受到限制的。随着技术的进步、人类知识的扩展，以及机制的不断完善，这种限制的边界也在不断地扩大。就企业内部命令而言，由于企业家或管理者的理性能力也是受到限制的，有些命令可能会成为企业衰败的导火索。基于同样的理由，企业家或管理者通过观察、学习、思考、分析，不断提升自身的理性能力。

根据我们提出的知识三元动态平衡理论，人类的知识实际上由三部分构成：实践知识、理性知识及活性知识。这三种知识实际上分别反映了人类渴望的三种能力：实践能力、理性能力，以及渴望自由的活性能力。这三种知识各有其基本的假定、价值导向及行为规则，人类的每一种能力也都有其优势和弊端。每一种知识体系也都有它的边界和前提，这就需要根据具体的情景进行动态平衡，而不是片面强调某种能力，对其他能力或知识视而不见、听而不闻。经济管理中市场、政府与道德这三种调节方式之所以同时并存、缺一不可，是因为它们对应的三种知识（感性、理性与活性）具有整体性。

就中国经济的配置方式而言，也是要综合利用道德、市场与政府三种调节方式。中国传统社会在以德治国的基本理念的指导下，过于重视道德或习俗调节，结果压制了市场的活力，同时为当政者盲目指令留下极大的空间，给经济的健康发展带来极大的隐患，从而导致传统经济几千年来都处于"自然经济状态"。中华人民共和国成立之后，除了移风易俗，重点打击市场，还极度重视命令和计划，高效地建立了一个初步独立完整的工业化体系。然而计划经济忽视了人们通过习俗或市场自发创造财富的能力，压制了人们的积极性。很多时候命令和计划是在僵化教条的背景下做出的，完全脱离现实的供给与需求。改革开放之后，市场调节得到了应有的重视，但在某些时段，行政命令与习俗的有效调节方式往往被忽视了。

在市场经济时代，我们不能完全将市场只视为一种资源配置的手段。如果我们仅仅将市场视为一种手段，很可能就会出现这样的幻觉：只要有利的，就要运用。问题在于，此时有利不一定彼时有利，此处有利不一定彼处有利，此人有利不一定他人有利。市场模式本身有它独特的前提假设、价值导向及规则系统，市场优化资源配置的假定实际上是在不断强化效率优先的价值导向，这很可能会导致社会公正损失，甚至使人干出作奸犯科的恶事。考虑市场机制的同时不能忽视习俗机制和命令机制。同样，习俗和命令也不仅仅是一种资源分配的手段，它们也有其内在的假定、价值导向及规则系统，如果仅仅将其视为一种手段，也会产生对我有利我就实施的问题。

道德、市场与政府之间的平衡机制的一个重要的结合点是信任机制。信任不仅仅是伦理问题，还是市场经济的根基，同时也是政府发挥作用的基础。信任是市场经济的基础，但中国为什么没有发展出相对完备的有助于推动市场经济的信任机制呢？

信任是减少社会交往成本的重要机制，传统中国的信任机制主要处理的是熟人之间的社会关系，所以强调"信"要依附仁义道德的主流价值规范体系；而西方的信任机制主要处理的是陌生人之间的社会关系，往往是通过契约形式来保障。这两者文化基础的不同，可能会成为我们市场经济发展过程中的障碍。

儒家强调人无信不立，在信与仁义存在冲突时，儒家认为为了大仁大义而失信并不是失礼。当然，大部分信与仁义具有一致性，但价值观的冲突有利于发现各自的基本假设。例如，一般情况下，义和利具有一致性，做事公道的人一般会获得相匹配的利益。但是，也有义利冲突时，这个时候就能发现冲突双方所持有的基本假定和价值导向。在义利之辨方面，儒家主张义为先，而杨朱主张利为先。需要说明的是，仁义礼智信的"五常"规范实际上是在熟人范围之内，对于陌生人并没有如此严格的要求。当下中国该不该扶老人的问题，实际上多是发生在陌生人之间，如果是熟人圈内，路人一般会出手相助，而摔倒的老人一般也不会讹人，这是因为中国传统社会的规则主要是建立在熟人之间。

这影响了传统中国的"信"文化，一方面，传统的信文化重视诚信问题，即重然诺，所谓一诺千金。孔子说，"人而无信，不知其可也"（《论语·为政》）。一个人如果说话不算数，不守信用，是无法指望他能够做成什么事的。另一方面，信在儒家规范体系中的位置实际上比仁义低。例如，"子贡问曰：'何如斯可谓之士矣？'子曰：'行己有耻，使于四方，不辱君命，可谓士矣。'曰：'敢问其次。'曰：'宗族称孝焉，乡党称弟焉。'曰：'敢问其次。'曰：'言必信，行必果，硁硁然小人哉！抑亦可以为次矣。'曰：'今之从政者何如？'子曰：'噫！斗筲之人，何足算也？'"（《论语·子路》）。从这段对话可以看出，孔子将"士"分为三类：第一类是不辱国君使命的上士，第二类是较次一级的能够在家族和乡党里遵行孝悌规范的人，第三类是再次一级的"言必信，行必果"的普通人。孔子之所以这样分类，主要是价值排序的问题，而不是说信绝对不重要。因为说话算话和不算话是要看情景的，如果价值导向不对，言而有信可能会祸害整个价值体系。特别是当信与"三纲"违背、与"五常"中的仁义违背时，则强调选择仁义。孟子曰："大人者，言不必信，行不必果，惟义所在。"（《孟子·离娄下》）孟子这句话说明"大人"说话不一定都要实现，而做事不一定都要有结果，只要是为了"义"就行了。儒家所谓的仁义实际上是为了实现其大同社会的价值指导理念，而所谓大同社会从本质上来说是一个公正、和谐和有秩序的社会。尽管理想社会是乌托邦或理想模型，在现实中不可能实现，但如果一个社会远离了公正、和谐和秩序，就会导致天下大乱。中国古代社会之所以会出现多次王朝更替，一个重要原因是过于远离公正的均衡点，导致天下大乱。

传统中国的信任机制主要建立在"三纲五常"的基础之上，是处理熟人社会的信任问题的，其基本特征是强调人与人之间应当重视承诺和信用。在对等关系方面，言而无信就无法取信于人、与人交流；在非对等关系方面，"上位"要取信于"下位"，"下位"要忠于"上位"。圈层文化在分配亲密关系方面通常是以血缘关系和拟血缘关系为标准，越是与自己亲近的人越容易获得信任。而在分配权威关系方面，自上而下的命令服从体系又要求"上位"要关爱和信任"下位"，而"下位"要维护"上位"的权威，听命于"上位"。

传统中国的信主要为维护社会正常秩序，所以往往具有工具性。比如，一个人取信于人是为了获得别人的信任从而获得一定的利益。因此，传统中国的信任机制并没有形成系统化的信任体系，在处理与陌生人之间的交往关系方面，也没能发展出完善的契约主义，这是非常遗憾的事情。明清时代中国出现资本主义萌芽，却没有发展到资本主义，这与中国传统的信任机制有很大的关系。因为市场经济要处理大量的陌生人之间的关系，所以如果这一块缺失或不完善，可能就会导致经济效率降低。经济学家阿罗在《社会选择与个人价值》一书中指出，世界上很多经济落后可以通过缺少相互信任来解释。阿罗所言的信任实际上主要是处理陌生人之间关系的信任机制。

通过四十年来的改革开放，中国建立了市场经济体制。中国人越来越多地要处理与陌生人之间的关系，不再仅仅局限于处理与单位同事、领导或乡村的乡民之间的熟人关系。因此，传统的信任机制遭到了严重的冲击，在冲击的过程中逐渐形成人与人之间特殊的信任机制。

就对等关系而言，平等主体之间的信任问题主要出在陌生人之间，商人与商人之间互相欺诈、商人欺骗消费者、一些老人讹人等不诚信问题不断涌现。这主要是因为我们传统的信任机制是处理熟人之间的关系，而市场关系则尚未形成尊重契约的潜意识。当然，也有一些专门"杀熟"的行为，如传销集团就专门坑蒙拐骗熟人。这些现象的出现，主要是真实的价值导向出现变化，之前重视稳定，所以比较重视公正和情感，而今市场导向是重视利益和金钱，与之匹配的信任机制尚未真正建立，所以才会出现熟人社会中大量的"杀熟"行为。

就非对等主体之间的关系而言，现代社会的上下级信任机制有以下特征：

首先，组织发展信任机制的目标发生了偏移。传统社会和计划经济时代，上下级的信任目标主要是为了维护组织的稳定有序，建立一个相对公平的组织。为了维护组织内的稳定，领导要处理好方方面面的关系，平衡好各方利益，才能获得下级的信任，才能激励下属达到组织既定的目标，无论这个目标是上级组织制定的，还是出于稳定组织以便迎接各方面挑战的需要。市场化之后，组织内部建立上下级信任机制主要是为了发展，而不是为了稳定。在利益导向下，领导取信于下级的目的主要是激励下级完成组织交代的任务，而下级信任领导主要是领导能够给自己带来更多的利益和好处。

其次，市场导向背景下，信任机制发生了转化。在传统社会或计划经济时代，上下级信任的基础是传统和命令。上级和下级按照既定的习惯或规则进行交往。下级之所以信任或不信任上级，是出于传统习惯和命令。例如，在古代社会，大臣之所以信任皇帝，是因为这个皇帝是通过合理与合法的传统习惯获得皇位的。如果是非法获取帝位的皇帝，一般被人斥为"伪帝"或"奸雄"，很难被人信任。上级也是通过传统习惯和命令选择信任或不信任下属。市场化之后，下级要取得上级信任，最重要的是能够给组织或上级带来利益，而上级要取信于下级，同样是要给下级带来各种利益。因此，市场化之后，信任机制从传统驱动型和命令驱动型变成了市场驱动型。

最后，信任方式也在多元化。当下中国正处于转型期，各种文化所倡导的观念并不一致，因此，导致信任方式也出现了多元化。有些组织仍然依靠传统的方式来处理上下级信任问题。比如有些民营企业家仍然通过"兄弟""父子""同学"等血缘关系和拟血缘关系为纽带，获得下级的信任，合同契约虽然需要但并不是特别重要，甚至有的组织不签契约反而更加强了信任；也有一些组织依然遵循着命令服从的逻辑处理上下级的关系；更多的企业是通过契约方式来确保上下级之间的信任问题。这里需要说明的是，很少有组织单独使用一种信任方式，大多数的组织是混合使用，只不过以一种为主，其他为辅，我们在分析问题的时候要抓住主要价值导向。

总而言之，我们在调节经济过程中，应当综合运用道德、市场与政府等手段，当下特别需要重视信任机制的建设。信任机制的缺失会制约市场机制的发育与健康发展，一个社会信任机制的建立有赖于"有形之手"（政府）与"高尚之手"（道德）之间的良性循环。从现实角度而言，中国商人常常面对"不靠谱"的人的侵害，说白了就是信任机制丧失，或运作不灵，或惩罚不足。个人道德信用不高，没人敢和他做生意，个人在交易活动中没有信用，同样会失去很多机会，政府如果信用降低，也会损害政府调控经济的信誉和权威。

9.5 法治与德治 政治为引导

我们认为中国社会的发展应该吸收传统文化思想、西方经济发达国家及社会主义的精华。早在20世纪30年代，张岱年就针对"中西马"三足鼎立的文化格局首次阐述了"孔子（中学）、列宁（马克思主义）、罗素（西学）三流合一"的主张。在当代，方克立阐述了"马魂、中体、西用"的文化结构功能论。中国社会的治理应当遵循"以法治为基础，以德治为核心，以政治为引导"的原则。

中共十九大明确了全面推进依法治国总目标是建设中国特色社会主义法治体系、建设社会主义法治国家。任何一个国家都需要治理，从古代到现在，治国方略差异非常大。有的人把"法治"和"德治"对立起来，认为只有其中之一才是国家治理的主导思想，这种误区需要消除。

依法治国历史上也是中国传统治理的主要模式。有人认为中国传统社会是人治的，这其实是非常大的一个误解。中国传统社会强调的是"以德治国"，虽然带有很大的皇权统治，即人治的色彩。以仁义道德来治理社会，也称以礼俗来治理国家（礼治），是传统社会主流或者占主导地位的政治理想。实际上，影响中国社会治理的远不止儒释道三家，法家也是传统中国治理的重要思想渊源，儒家后来吸纳了法家的思想，成为社会主流。更重要的是，中国政治治理传统有个说法是"外儒内法"，即表面上是以儒家思想为指导，实际上在操作过程中运用的是法家思想，儒法互济。汉宣帝对太子说："汉家自有制度，本以霸王道杂之，奈何纯任德教，用周政乎？"为什么要以儒家作为外表，这是吸取了秦王朝因为重刑主义而灭亡的教训。有的学者认为"外儒内法"恰恰说明了中国传统文化的虚伪性，甚至不惜冠以"吃人"这种词来描述中国的传统，觉得礼教就是吃人，仁义道德是礼教虚伪的文化面具。事实上，这种观点反映了简单化的思维逻辑。我们认为"外儒内法"不是可以简单地用虚伪两字来形容的，而是人类本质的复杂性使然。这是古代先哲们看穿人性、洞悉社会可变性之后对人的一种既正面激励又适度控制的方式与手段，因为中国传统文化本质上的政治理念是构建动态平衡的和谐社会。当然，由于其核心与基础缺乏法治，难免陷入人治的困境并带来不良后果。

在战国时期，通过商鞅变法，秦国横扫六国，最终一统天下。商鞅变法的主要内容有废井田、开阡陌，实行郡县制，奖励耕织和战斗，实行连坐之法。这些变革主要符合了秦国的国情，例如奖励战斗之法，商鞅下令"有军功者，各以率受上爵；为私斗者，各以轻重被刑"。当时秦国内斗严重，既消耗国家实力，又不利于对外扩张。《汉书》记载说，"商君为法于秦，战斩一首赐爵一级，欲为官者五十石"，这样的激励让秦军士兵在对外作战时非常勇猛凶狠。经过商鞅奖励对外作战和惩罚内斗，又废除了世卿世禄制，鼓励贵族作战，整个秦国的军力大为提升。

整个商鞅变法的核心是将礼俗社会转换成为"法治"社会，打击血缘关系为核心的宗法关系本位，树立一个自上而下的命令服从的官本位。商鞅变法的基本特点是严刑峻法，强调法的定纷止争的功能，但忽视了道德的教化功能。人们服从于法是出于畏惧或贪婪，而不是从内心中信服法律。整个秦律延续了商鞅变法的主要内容，例如对盗窃这样的犯罪也用重刑惩罚，并轻视德治教化，为秦朝二世而亡埋下隐患。贾谊的《过秦论》说得很清楚，主要是秦王不施行仁政导致老百姓和旧贵族的反抗。秦二世为了修阿房宫，又增加惩罚力度，杀戮更加残酷，陈胜、吴广顺从必死，反之还有一线生机，于是他们振臂一呼，天下响应，秦始皇创下的基业毁于一旦。孟德斯鸠在《论法的精神》中引证中国一位学者（明代学者）的话说："秦朝和隋朝灭亡的原因是：君主们不愿像古人一样。仅仅行使一般性的监督——这是一个元首所应当做的唯一事务——而是事事都要自己直接管理。"孟德斯鸠认为这位明代作者把君主国腐败的原因告诉了人们，即当一个君主事必躬亲，把全国的事情都集中在首都，把首都的事情都集中在朝廷，把朝廷的事情都集中于自己一身，就会导致君主政体的毁坏。所以说，整个秦王朝的法律精神不是建构一般的社会秩序，定纷止争，而是利用法来达到专制统治的目的，其结果是广泛侵犯臣民的各种权利和利益，所以秦始皇也被一些人骂为独夫民贼。秦亡还有一个原因是秦国是以自上而下的命令服从为特征的官本位体系，这在中国历史上是首创，周王朝建国是基于自然血缘的宗法关系，分封建制成俗成礼。秦朝改变了宗法世袭的制度，建立了以官阶为本位的郡县制，这有利于中国大一统的局面，但是改革总要付出代价，这种官本位的中央集权制度没有重视内在的道德教化，没有建立在同情（孔子强调的仁、西方所谓的仁慈）的基础之上，只是单向度地增加外在的惩罚力度。汉初的黄老道主张无为而治，实际上在一定程度上纠正了这种严刑峻法的做法，创造了"文景之治"的盛世。

客观来说，法治比礼治更加公正公平。然而如果制定的法过多、过重，制定法的目的又是管制百姓，而不是保护百姓权利，加上轻视道德教化，很容易走向依法治国的反面：社会不堪重负，百姓不胜其烦而被迫反抗和起义。在一个理想的法治社会中，法具有绝对的权威，一切的行为与交往都有确定的模式和标准可以遵循，人们凭借法律的指引来确定自己的行动，人们还能凭借法律预见他人的行为，以及自己和他人行为的结果。法治社会的优点是明显的，也是市场经济的基础：（1）人们合法的预期利益可以得到实现，人们的权益受损可以用法得以补偿；（2）社会生活在法的秩序中有序地、和平稳定地进行着，人们享受法所带来的稳定与安全。当然，法治的不足之处也不可忽视。法虽可以确立一种人们普遍遵循的社会秩序，但社会秩序的稳定性、持续性、可见性往往意味着一定的保守性和滞后性。社会生活纷繁复杂，社会变动不居，有限的条条框框不能完全涵盖复杂多变的世界里的纷争。既存的社会规则或许因为各种变化变得不合时宜，在以前的法律文本里往往找不到应对新情况的办法。

西方现代法治的核心是限制国家的权力、保护公民的权利。法在西方实际上就是权利，康德和黑格尔几乎将法等同于权利。孟德斯鸠的《论法的精神》，实际上是一部反对专制统治、确立对公民权利保护的著作。当时的法国还没发生大革命，社会分为三个等级，作为第三等级的资本家们受到压榨，资本主义工商业也无法有效发展。孟德斯鸠认为，自由是在法律范围内做事的权利，而权力是对自由的最大威胁，有权力的人容易滥用权力，为了捍卫自由必须要对权力进行限制。因此，孟德斯鸠将国家权力分为三个部分：立法权、行政权和司法权。三种权力必须分开，否则自由便不复存在。与洛克一样，孟德斯鸠的思想成为美国宪法的指导原则，许多实施三权分立制度的国家，都可以追溯到孟德斯鸠的三权分立学说。孟德斯鸠认为，财产权是人的自然权利，在民法范围内，公共利益不能利用政治或法律权力来侵犯公民的财产权利。在评价古代中国时，孟德斯鸠认为，"一个国家只有使用棍棒才能让人民做些事情，还能有什么荣誉可说呢"。也就是说，古代中国法治的主要原则让人恐惧，正是由于这种原则的非公正性，所以秦之后的历代统治者往往都采取"外儒内法"的统治思维模式。

当下对依法治国的讨论的基本共识是坚持和实行法治，反对人治和专制，这是人类社会付出代价后总结出来的。中国共产党第十八届中央委员会第四次全体会议通过了《中共中央关于全面推进依法治国若干重大问题的决定》，该决定中说："依法治国，是坚持和发展中国特色社会主义的本质要求和重要保障，是实现国家治理体系和治理能力现代化的必然要求，事关我们党执政兴国，事关人民幸福安康，事关党和国家长治久安。"现代法治精神与古代法家主张的法的精神相差很远，现代法治精神总结起来大致有两点：让社会结构更加公正，让社会运作更加有效率。无论是保护个人权利，还是限制政府权力，实际上是让这个社会更加公正，不至于出现社会动荡。法具有一定程度的确定性，使得遵从法的各种主体的行为也具有某种程度的确定性，减少了不确定性带来的焦虑和恐惧，从而增加了效率。习近平主席曾经引用过王安石在《周公》中的一句话："立善法于天下，则天下治；立善法于一国，则一国治。"立善法确实很重要，因为法律是上升到国家意志的规则体系，具有强制性，如果所立之法是恶法，很容易引导人作恶且得不到有效惩罚。对于企业治理来说，首先就要有理性化的组织架构和企业守则，这些"企业之法"不仅让员工明确哪些是可以做的，哪些是不可以做的，管理层有哪些权利和义务，而且能够促使员工思考自己可以期待什么，怎么实现这些期待，并促使企业领导者或管理者明确企业的边界和目标。中国很多民营企业是家族制的，家族制在早期开疆拓土之际非常重要，但当发展到一定程度时，就需要"约法三章"，建立现代化的企业治理体系和规则体系。

法治最重要的功能是定纷止争，从而提高社会公正和效率。美国法学家富勒在《法律的道德性》一书中说法律是使人的行为服从规则治理的事业。无论法治内涵怎么变化，法的重要功能就是界定和区分，起到定纷止争的作用。法治还能将行为理性化，使得人的行为是可以预期的，让人知道做出什么样的行为会得到什么样的奖励或惩罚，这样有助于人们做出恰当的行为。富勒坚决认为只有充分遵循内在道德的要求，制定出来的才是正义的法律。从知识整体论的角度来看，一个社会占主导地位的价值观是形成法律这类理性规范体系的前提。

我们认为，中国当下社会转型期间需要建立符合现代法治精神的法律制度体系，而其前提是培育共同的社会价值体系。只有当一个社会里的大部分民众达成价值共识，在此基础上制定的法律才可能被大家接受，人们才会遵循这些法律体系做人做事，国家的治理能力才能提升。正如习近平总书记所言：我们党对依法治国问题有成功的经验也有因忽视法治带来的教训。这使我们深刻认识到，法治是治国理政不可或缺的重要手段。什么时候重视法治、法治昌明，什么时候就国泰民安；什么时候忽视法治、法治松弛，什么时候就国乱民怨。

依法治国是现代国家治理体系的重要理念，但同时不能忽视以德治国。法治标，德治本。习近平主席指出："国无德不兴，人无德不立。"道德为什么重要？道德从一般意义上来说是人们共同生活及其行为的准则与规范。根据我们的理论，道德也可以分为三个层次：第一个层次是道德的信念层面，这是某个文化圈对于道德最基本的事实判断，即某一文化圈内的人判断某一行为或想法是对的还是错的，不同的文化圈对于某一行为是对的还是错的的"事实"判断并不一致，它是道德的价值导向和道德规范的根基。第二个层次是道德的价值导向层面，它是基于道德信念层的事实判断，来断定某一行为是值得提倡的，还是应当予以反对的。第三个层次是我们看到的道德规则和习俗，这些规则和习俗反映了某一文化圈内的人们对某些行为的道德事实判断和价值判断。有些道德基本上是全人类的共识，例如道德金律"己所不欲，勿施于人"。但"己欲立而立人，己欲达而达人"可能就不具有普遍性，原因是并非所有的人都有如此高尚的道德；还有一个重要原因是你想要的不一定是别人想要的，例如，你想喝酒，但不能想当然地认为别人都想喝酒，从而为了"满足他人喝酒的愿望"或软或硬地强迫他人喝酒。另外，你不能将自己认为正确的或好的原则到处强行推广，每个人或每个文化圈有不同的情况，例如，一些强权国家总是不顾实际情况强推自己认定的"普世价值"，结果导致别国内乱不已，自己也深受其害。

  道德在某一种文化圈内是一种习惯或风俗，人们遵循起来就比较自然，因为人们是出于个人的认同或习惯，自觉遵守某些规则。而法律是通过外在的强迫使人不得不遵守。当然，道德也并非没有强制性，有些道德与国家权力结合起来，也具有法律性质的强制性，但道德主要是靠教化和劝诫引导人们想或不想某些行为，做或不做某些行为。如果说法治是具有成文规定的正式规则，如法律、法规和各种有严格惩奖措施的制度安排等；德治则强调非正式规则的重要性，即人们在长期社会交往过程中逐步形成、得到社会认可、约定俗成的一些隐性行为准则，如价值观念、基本信仰、道德规范、文化传统、风俗习惯、社会舆论、行为规范等。正式规则与非正式规则在一个国家、一个社会的治理中总是相辅相成的，法治和德治在任何一个社会的常规治理中都不可被忽视。

  中国传统社会的治理模式被认为是以以德治国为主的（实际上是儒法并用，刚柔相济，宽猛互补，德刑兼施），这种德治模式的基本逻辑是什么呢？

  《尚书》记载周公的观点是"德惟治，否德乱"，用德治天下，天下会大治，否则就会天下大乱。孔子倡导德治，他说："为政以德，譬如北辰，居其所而众星拱之。"他认为统治者如果以德治理国家和社会，就像北极星那样位置不变，其他星辰都会围绕它转。孔子为什么强调德治，而反对用刑呢？原因是春秋时代天下大乱，主人对奴隶残忍，上下互相残酷攻伐，刑罚过重，孔子希望用"仁"（爱人之意，西方常常用同情来解释）来纠正这种残酷的风气，恢复到礼治时代的社会秩序。孔子主张为政以德的重要出发点是反对恶政或暴政，用暴力手段统治天下只能让老百姓畏服而不是心服口服。因此孔子认为：

"道之以政，齐之以刑，民免而无耻。道之以德，齐之以礼，有耻且格。"光用政治统治和刑罚，老百姓是害怕，但他们不会真正信服，如果用德和礼来规范百姓，老百姓从内心会信服，而且行为不越轨。因此，道德教化比严厉镇压更有效，且能够节省成本。如果不教育百姓就进行惩罚，是无法取得威慑犯罪的效果的，也是不人道的。"不教而杀谓之虐，不戒视成谓之暴，慢令致期谓之贼"（《论语·尧曰》）。大意是说，没有经过教化就杀戮是虐待，没有劝诫就要求人们成功是暴力，开始的时候懈怠，然后突然限期完成是"贼"。也就是说，孔子认为只有以德治国才是根本，才能够维持社会秩序，滥杀无辜或乱施暴政是无法达到目的的。秦灭后，施行仁政和以德治国，基本上成了历代王朝在和平统治时期治理社会的共识。近代以来，人们又将法治与人治对应起来，从某种意义上来说，德治是依俗而治，或者依礼而治，即按照习俗和传统习惯来治理，问题是谁来治理呢？治国理政在儒家看来基本上是君子应当做的事情，即所谓的"贤人政治"。但贤人政治往往不靠谱，原因是贤人并非一成不变，有时候贤人也会变成恶人，贤人也可能会被各种诱惑引诱，从而变质。即使贤人不变质，熟读儒家圣贤之书的君子往往也没有治理社会的能力和基本技巧，所以不得不依赖胥吏来治理，这些胥吏往往又是残暴之徒，架空了"贤人"，如朱元璋就发现松江府有一帮胥吏借助官府为非作歹。这实际上是由于熟读圣贤书的儒生没有治理国家的能力，被胥吏这个特殊利益集团利用了。更重要的是，我们不能保证贤人当政，恶人或小人往往会通过各种手段当政。

法律是外在强制性的规范，重在治"行"，而道德是内在强制性的规范，重在治"心"，二者实际上是不能割裂的，法重禁止、德重引导。儒家亚圣孟子认为："徒善不足以为政，徒法不能以自行。"（《孟子·离娄章句上》）这句话大意是说，仅仅依靠道德难以治理天下，而法令缺乏道德也无法自动被遵行。仲弓有次问孔子：我听说如果有严酷的刑罚就不用政令了，有完善的政令也就不用刑罚了，前者如夏桀和商汤时期，后者如成王和康王时期。孔子的回答是："圣人之治化也，必刑政相参焉。太上以德教民，而以礼齐之，其次以政焉。导民以刑，禁之刑，不刑也。化之弗变，导之弗从，伤义以败俗，于是乎用刑矣。"大意是说，圣人治理天下，刑罚和政令要一起用，但最好是用道德来教化百姓，用礼来规范民众，其次才是用政令来教导百姓，用刑罚来禁止民众做不能做的事，但刑罚不是目的。对那些教化不听，政令劝导也不听，做伤风败俗之事的人，只好用刑罚来惩罚了。由此可见，孔子主张的德治并非要排除一切其他手段，而是认为德治是治理社会的最优模式，刑罚只是辅助手段，不得已时才为之。

　　从整体上来说，传统儒家思想主张的德治有其合理之处，就是看到了仅仅用暴力或外在强制力治理社会只能让人不敢为，不能让人信服，因而主张通过教化的方式使得民众自愿遵守规则。这种德治的缺陷是片面强调道德教化的功能，道德教化有些时候对恶人作恶是无能为力的，更重要的是，这种道德教化为了维护专制统治，会不断侵犯民众利益。后世一些学者将之视为虚假的仁义道德，或以道德杀人。但是片面强调法治而忽视德治也会带来很大的负面后果。例如，在许多人眼里，美国是个法治程度较高的社会，它不仅拥有世界上最齐全的法律条款和数量最多的律师，也拥有全世界最高的囚犯比例——占全世界总人口的 5%，被关押在监狱的人数将近 250 万，占全世界囚犯的 25%。同时，全美 6 500 万人都有犯罪记录，占其总人口的 20%。《今日美国》于 2014 年报道，如果嫌犯出了州界，全美执法机构允许 18.6 万名重罪犯逍遥法外。整个美国可能有超过百万出了县界就不用担心被捕的罪犯，其中不乏重罪犯和多次犯罪的惯犯。美国有线电视新闻网（CNN）发表文章说，全美将近 40% 的囚犯都是非裔，而非裔仅占全美人口的 13%。文章中提出为何这么多美国人都是罪犯？因为其首都华盛顿过去一个世纪以来发明了人类历史上最复杂、也最没有人性的刑事法典。文章总结道："美国监狱人口失控。这并不是美国人犯罪上瘾，而是我们的政治家将事情罪行化上瘾。"这个答案也是美国式的，把责任推给其他人，而很少反思深层次的文化和意识形态。殊不知，公民和政府不仅都需要遵守规矩，也需要道德教化和预防犯罪。

　　法治不能解决所有社会治理问题，西方的先贤早就意识到这点，而且西方社会也有德治的传统。例如，柏拉图提倡的"哲学王统治"，亚里士多德提倡的"良法之治"，以及基督教的道德神学统治，都比较重视道德教化的功能，但西方的德治观点与中国的在本质上有很大差异。正义是西方德治的主题，例如，柏拉图认为正义实际上是社会各个成员各司其职，因为他将社会分为三个阶层：统治者、辅助者和被统治者，他认为只要这三个阶层能够各司其职、各就其位，社会就是正义的。亚里士多德认为正义是百德之首，个人只有从内心服从那些正义原则，才能实现社会的正义。尽管儒家也一再强调天下为公的社会理想，孟子强调正义，但从整体上来说，儒家的德治的主要功能是教化人自觉遵守秩序，维护专制统治。中、西方德治的另一个差别来自基督教，基督教认为人性是恶的，人的始祖因为受到蛇的诱惑犯了罪，罪及后世子孙，所以人要遵守教义和社会规则才能赎罪；而儒家的教化基本上是以行善为基础，即认为人有向善的倾向，才能通过教化使得这些善的倾向得以现实化。

社会主义向来重视道德教育的功能。从中华人民共和国的建立到"文革"再到改革开放，尽管我们走过很多弯路，但社会主义的道德教育一直都非常重要，社会主义道德凝聚了人心，激发了人们保卫祖国和建设祖国的热情。更重要的是，社会主义的道德教育极大地提高了我国民众的道德素质，农村和城市中自私自利的行为越来越少，人们更加关注提高自己的道德水平。当然，如果将道德标准无限拔高而忽视法治这个基础，就会走向另外一个极端。更重要的是，由于重视道德教育，精神的力量变成了物质的力量，中国在一穷二白的基础上建起了独立的工业体系，从依靠别人、受人欺负变得独立自主、受人尊敬。

仅仅依靠德治的缺陷也很明显，会忽视法的定分止争的功能。法具有界定权利和权力边界的功能，有利于社会运行得更为公正和有效率。另外，仅仅依靠德治会导致道德无限拔高，底线道德一再提高，变成了高尚道德。中国传统社会的道德标准也出现过在实施过程中无限被拔高的情况，甚至出现了违背人情的局面，结果是人人都做不到，但又要求做到，于是道德便被虚伪化。中华人民共和国建立之后的一段时间内，我们也曾经把道德标准在某种程度上进行无限拔高，使道德在一定程度上失去了教化功能。

我们认为，应当将道德区分为底线道德和高尚道德，底线道德最基本的是要做到不侵犯他人的权利或利益，高尚道德要做到在不侵犯他人权利或利益的基础之上尽自己的努力去帮助他人。我们积极鼓励人们在做到底线道德的同时做到高尚道德。当下中国正在经历社会大变革，传统道德模式正在瓦解，有人将之视为道德大滑坡。事实上，道德并非一成不变，它是在一定文化圈内达成的行为意向和规范，是建立在一定社会和经济基础之上的。传统道德是建立在自然经济基础之上的，社会基本单元结构是家庭和家族；计划经济时代的道德是建立在计划经济基础之上的，社会基本单元结构是单位和公社；现代社会主要以市场经济为基础配置资源,社会基本结构是各种层面的经济人。因此,道德的基本假定和价值导向发生了变化,适应性的道德规则也会发生某些变化。以前,忠孝或集体主义特别重要,信用往往处于边缘地位,但市场经济确立之后,信用的地位逐渐居于主导地位。特别是我们还处于转型过程之中,各种道德规范还存在着冲突,还没有完全磨合成为一套有效的道德规范体系。对待传统文化留下的道德规范应当根据当下情况明辨地继承,正如习近平主席所言:"对历史文化特别是先人传承下来的道德规范,要坚持古为今用、推陈出新,有鉴别地加以对待,有扬弃地予以继承。"

法治与德治,如鸟之两翼,应当互相匹配,共同成为治国理政或治理企业的利器,二者只有共同作用,才能达到治理效果的最大化。一只鸟虽然有两翼,可是往哪儿飞?这就需要政治,即社会的前进方向这个决定因素了。

政治从字面上来理解实际上是领导和治理,尽管人们或许都离不开政治,但政治却没有一个公认的定义。古希腊的政治一词的主要含义是公民参与城邦治理的相关活动;古代中国的政治一词的大致含义是领导者治理国家和社会,例如"道洽政治,泽润生民"(《尚书》),这里的"政"其实相当于现代的政治,指国家的权力和政令等,而"治"却有"行政"之意。新儒家代表人物牟宗三在《政道与治道》中曾经区分了政道和治道,政权和治权,他认为"以前,政权隶属于具体之个人,可以取,则取得政权即握有治权之源,治权随政权走。""君主制,政权在皇帝,治权在士,然而对于君无政治法律的内在形态之回应,则皇帝既代表政权,亦是治权之核心。"也就是说,政治其实是政权与治权的统一体。革命先行者孙中山对政治的理解是:政治两字的意思,浅而言之,政就是众人的事,治就是管理,管理众人的事便是政治。孙中山对政治的理解大致是管理众人之事的意思。

西方学界对政治的理解,主要是基于亚里士多德在《政治学》中的阐述,该书中探讨的政治实际上是公民如何更好地在国家和城邦中生活的问题。亚里士多德认为,伦理学阐述的是个人的善的问题,政治学要阐述的是群体的善的问题。由于人不是独居动物,而是群居动物,从这个意义上来说,人是一种天生的政治动物,要参与政治生活。亚里士多德认为奴隶不算"人",城邦里真正的人轮流做统治者,虽然人生活于家庭之中,但城邦生活优于家庭生活。总而言之,亚里士多德对政治的理解就是寻找最优的治理人群的生活方式。德国学者卡尔·施米特于1928年出版了著名的《政治的概念》一书,他在书中指出,所有政治活动和政治动机所能归结成的具体政治性划分便是朋友与敌人的划分。也就是说,政治的实质是敌友的划分及对抗。奥尔森在《权力与繁荣》一书中提出了一个问题:为什么世界上有些国家富裕,而有些国家贫穷?他经过研究发现,能够带来市场繁荣的基本条件有两个:一是个人的权利得到清晰的界定,二是不存在任何形式的强取豪夺。政府在推动市场发展过程中起到关键作用,这是因为契约和财产得到保护,有利于促进经济增长。在这里,奥尔森实际上认为政治是经济发展的重要条件。

传统教科书对政治的定义是以经济为基础的上层建筑,是经济的集中表现,是以政治权力为核心展开的各种社会活动和社会关系的总和。经济利益多元复杂,存在对立与冲突,因此会产生争夺。从这个意义上来说,政治就集中体现了经济的利益,政治权力要实现,就需要具体化,展开为各种社会活动,并在这些社会活动中形成各种社会关系。

政治的通俗理解就是"争权夺利"。所谓争权,就是争夺有利的权力;所谓夺利,就是争夺利益。当然,这只是通俗的理解。政治学中把政治定义为一个社会中价值和利益的强制性分配,反映出权力和利益的平衡。权实际上是衡器,权力的字面意思是平衡的力量,这种平衡的力量具有支配力和影响力。权力既然作为一种力,肯定是一种关系,即A拥有B需要的资源,所以拥有支配B按照A的意志做某种行为或不做某种行为的支配力。"利益"一词的字面含义也是对人或物有正面影响的性质。

从这个意义上来说,政治实际上是在管理众人之事时权力和利益生产、分配、交换及消费过程的平衡问题。政治首先关注的是权力和利益的生产问题,因为在管理众人之事时,谁拥有支配众人的权力,这种权力带来的利益归谁所有,是首先要解决的问题。因为每个人的意见和利益并不相同,为了应对群体内部和外部的挑战,需要明确服从哪一种意见,保障哪些利益,才能解决众人管理的基本问题。

听取谁的建议、保护谁的利益,尽管在理论上可能服从儒家所谓的圣人意见或柏拉图的哲学王意见。但历史上权力的产生和归属总是需要通过争夺才能获得,争夺的方式各不相同:一种是依靠暴力获取,你要想活命,就得听我的,否则就得被消灭,这是一种野蛮的夺权方式;再有一种是依靠传统习惯获得权力，如世袭制；还有一种是通过选贤任能的选拔制度获得，如科举制和察举制，现代政治权力的获得基本上是依靠选举。无论哪种方式，都要竞争，只不过竞争的方式有所不同。一般来说，权力占有者往往在利益分配过程中占据有利的位置，往往倾向于将利益向己方倾斜。但是，这也有一个平衡度的问题，如果说权力或利益分配过于倾斜，导致社会极大不公正，不仅会影响效率，而且会导致激烈的冲突。有些人天真地以为西方诸如美国这样的法制社会主要依法治国，经济领域少有政治的影响。其实，资本主义究其实质是按照资本分配价值，社会主义倡导的是按劳分配。近代资本主义社会吸取了马克思的警告，通过选举、民众参与、分散股票等方式让大众分享劳动成果，并采取了一些类似反托拉斯法的措施，在一定程度上限制了大家族、大资本的影响，取得了社会稳定和长期发展的效果。当然，皮凯蒂的《21世纪资本论》之所以触动了一些西方保守派的神经，就在于该书用大量的数据戳破了资本主义带来平等的神话。该书说明，西方资本主义社会的贫富分化趋势到1870年之后才不再恶化，但也没有改善；在整个19世纪，收入分配不公的趋势其实是逐渐拉大的；从19世纪初直到19世纪中叶，工人的工资基本上处于冻结状态；资本得到的越来越多，贫富差距越来越大。

当权者掌握别人依赖的资源所以具有支配力，从更高层次上来说，支配力本身也是一种资源，会带给某些人或事正面的利益，因此，权力也是可以进行交换的。一般来说，拥有别人赖以生存的关键资源，才能拥有支配别人的权力，别人想要获得这些资源，就要服从权力拥有者的意志。到了现代社会，抢占了关键资源就能掌握支配别人的关键权力。例如，美国二战后掌握了国际金融资源，就获得金融霸权；在关键地区布置军力，对其他国家就有一种威慑。为什么要掌握关键资源，原因是在现代社会没办法全面掌握一切资源，而且全面掌握资源会耗费巨大成本。所以，只能掌握那些关键性资源，并因此拥有关键性的支配权力。权力只是一种支配力，每个人或每个集团掌握的资源并不相同，因此需要交换进行匹配，以产生最大支配力。当下，我国国有企业不可能全面掌握所有资源，但要掌握关键资源，坚持社会主义性质。

权力的行使过程也是一种"消费"过程。权力拥有者在行使支配他人权力过程中支出一定的资源，获得某种收益。即使是最野蛮形式的权力，也是在支配他人的过程中实现的，以满足个人或集团的意志。总而言之，政治的主要功能就是平衡权力和利益。优良的政治不仅在于要有效地平衡各种利益，即资本、劳动、科技创新、科学管理等生产要素得到公平的回报，还需要有力地推动整体利益的提升，即把整个社会的"蛋糕"做大。

政治与法治、德治一样，同样是治理国家和社会的一种模式，必须适度运用。法律不可能事无巨细地规范人们的日常生活和生产，道德也不可能为所有的行为提供标准答案，这个时候就需要政治发挥作用了。例如，政府通过下政令就可以解决法律或道德无法直接命中的领域。政令是指政府发布的命令。现代西方研究政令的变成了行政学，美国政治学家威尔逊在 1887 年发表《行政学研究》，主张研究美国政府如何提高效率的问题，后来泰罗的管理学原则也被运用到行政管理方面。我们中国的各类党政机构的红头文件对中国社会有重大影响，很多关键事件和重要的改革都是通过政策来解决的。

我国的政治制度是基于国情探索出来的。习近平总书记强调，"我们要继续发展社会主义民主政治，坚定不移走中国特色社会主义政治发展道路"。人民民主专政是我们的国体，中国共产党和中华人民共和国始终代表最广大人民的根本利益，可以使用专制的方法来对待敌对势力以维持人民民主政权。另外，我国的根本政治制度是人民代表大会制度，这个制度并非凭空产生的，中华人民共和国成立之前也尝试了很多制度，如君主立宪制、议会制、多党制等，都没有成功。人民代表大会制度能够保障权力为民所用，利益归民所有。尽管在现实生活中，人民代表大会制度并不完善，还需要我们继续完善具体制度建设。当下的政治，应该在充分发挥市场竞争及资本投入所带来的生产效率的同时，切实追求社会公正与共同富裕，实现效率、公平与和谐的平衡。

中国现代转型的社会治理需要综合运用法治、德治和政治三种治理模式。法治能够为我们提供系统化和理性化的行为规范，通过外在的强制性的力量发挥作用；德治能够通过教化为我们提供一个习惯化自觉遵守的恰当规范，通过内在自觉性的力量发挥作用；而政治能够纠正各种权力和利益失衡的问题，对权力和利益再平衡，通过内外两种强制力量综合平衡。这三种国家和社会治理模式只有互相匹配，才能发挥最佳的治理效果。国家和社会治理如此，企业治理也是如此，一个企业既要有理性化和规范化的制度体系，也要有习惯化或经验化的规则体系，同时还要有能够平衡各种权力和利益的分配体系，这三种治理模式只有在动态平衡中才能不断促进企业治理。

我们可以用发生在金融市场中的股权之争来说明法治、德治和政治的相互作用，以及中庸之道式动态平衡管理的应用。始于 2015 年 8 月的宝能投资集团（宝能）与万科企业股份有限公司（万科）的股权之争，通常被称为"宝万之争"。万科宝能的股权之争是中国 A 股市场历史上规模最大的一场公司并购与反并购攻防战，必将在中国商业史上留下浓墨重彩的一笔。这个事件说明了良性的经济管理既需要市场调节，也需要政府合理监管，而在两者可能失序的情况下更需要道德调节。万科成立于 1984 年，1988 年进入房地产行业，经过三十余年的发展，成为国内领先的房地产公司。许多人认为万科是一家优秀的企业，公司管理规范，盈利能力强，有人估计其光账上的现金就有 400 多亿元，有人甚至用"高富帅"来形容万科。宝能集团正是看上了万科公司的优质资产，且股权分散的情况，用几百亿杠杆资金进入。有分析师指出，宝能试图控制万科管理层，把宝能系的质量较差的资产卖给万科，然后万科账上的现金、土地甚至人员都可以归到宝能旗下。因而宝能被认定是试图"掏空"万科。经济学上的掏空概念是指通过转移资金、财产来谋取少数人或利益集团利益的行为。掏空是贬义的，因为该行为并未带来实际的财富，然而在现实中很难客观认定。一时间，"野蛮人""敌意收购""野蛮入侵""撕揪扭打"等词频繁出现在各种媒体报道和评论中，各派观点竞相出笼，群儒舌争不绝于耳，令人侧目。

及至 2016 年年底，中国证监会主席刘士余在基金业协会第二届会员代表大会上终于出面讲话。他脱稿发言，不点名地直斥"有些人集土豪、妖精及害人精于一身，拿着持牌的金融牌照，进入金融市场，用大众的资金从事所谓的杠杆收购""从陌生人变成野蛮人，野蛮人变成了强盗""你在挑战国家法律法规的底线，你也挑战了你做人的底线，这是人性不道德的体现，根本不是金融创新"。刘士余痛批保险行业的一些公司为"野蛮人""强盗"，遭到一些主张资本自由流动的学者的反击。第二天，某大学著名金融专家马上批评刘士余，指出保险资金是资本市场的重要力量，入市是为了收益，合理利用上市公司的疏忽或漏洞赚钱是资本入市的国际惯例，同时也是金融大鳄们赚钱的"杀手锏"。紧接着某著名大学的金融学院院长也肯定了宝能将资金组织方式用到了"极致"，认为在现有法规下宝能集团没有违规之处。

当下中国处于转型变革时期，面对复杂多变的、不平衡、不清晰的社会经济问题，试图从某个角度分析评判、下结论，或许逻辑严谨、论证严密、有理有据，但是在现实中可能会显得苍白无力。社会变革中的许多问题，往往纷繁复杂、盘根错节、千头万绪，不同的人从不同的立场、视野出发，得出的结论也各不相同，可谓其事也繁，其说也杂。对万科股权大战中各方的行为和观点做出简单的是非判断和结论，并不有利于中国资本市场的健康发展。但是，争论中各派观点背后的逻辑与思想基础值得分析探究。金融行业中，市场、政府与道德分别起到什么样的调节作用？法治、德治与政治这三种治理模式又应该在经济管理领域享有什么样的地位？这些问题的答案，或许更加有益于我们资本市场的完善，并且为社会变革中的经济管理模式带来启迪。支持宝能收购万科的意见，从法治和公平市场交易的角度认为宝能的行为是合理的。他们根据"法无禁止即可为"的法治原则，认为宝能的举牌收购符合法律程序和市场规定，应该说是合理的，无可厚非。他们因而呼吁在宝能收购万科的过程中，政府监管者不要支持一方，打压另一方，而是要维护市场公正、公开和公平。

资本市场除了应该遵循以市场为主的配置资源的原则，还应该服从政府相关部门的强有力监管。政府对资本市场的调节作用不可或缺，监管者扮演的是政治角色，即公平公正、权威可信地分配价值。法治原则对市场主体而言，"法无禁止即可为"，这适合于私权利；而对公权利政府而言，则是"法无授权不可为"。这就要求政府部门谨慎运用手中的每一份权力（法无授权即禁止），还必须尊重公民的每一份权利（法无禁止即可为）。如果我们单纯地从法治与市场原则来分析，证监会主席对宝能集团和一些保险公司所为的严厉抨击，似乎超出了他的职能范围。自由市场经济的原则与精神，充分体现在斯密的《国富论》中的这段话里："每一个人，在他不违反正义的法律时，都应听其完全自由，让他采用自己的方法，追求自己的利益，以其劳动及资本同任何其他的人或其他阶层的人竞争。"我们在理解市场经济这个概念时，往往把"自由竞争"看得较重，而"正义的法律"这个前提则容易被忽视。证监会主席出面喊话，在秉持自由市场思想的学者看来是"干涉""干预"，是违背了市场经济的原则；而从国家层面来看，则是为了防范金融风险。防范金融风险、发展和提升实体经济，体现的是当下中国社会的政治。

斯密倡导自由竞争的市场经济，有一个非常重要的前提是"正义的法律"。问题是，法律是否总是体现正义？人类所有的正义，是不是都可以恰当地反映在法律上？如果这两个问题的回答都是否定的，那么，是否应该让市场放任自流，市场参与者凭借各自实力去竞争拼杀，以期达到一个自发的均衡点？政府监管部门又该如何行动，以既不伤害市场的活力又稳健地推动社会整体与长远利益的发展？这就需要发挥经济活动中道德调节的作用，德治的功能不可忽视，更不可替代。仔细分析刘士余主席的讲话可以发现，动用杠杆的"强盗"是在挑战国家金融法律法规的底线，也就是说，这种"擦边球"行为并不违法但是不道德。社会舆情、价值导向、道德底线，无疑会对万科宝能之争的最后结局产生不可或缺的影响。

万科宝能股权之争的最后结果，反映出了中国社会占主流地位的价值导向，而不仅仅是表明单纯的市场与政府调节孰重孰轻、孰优孰劣的手段问题。一个良性的资本市场应该服务于实体经济的发展，在集资融资、优化资源配置等方面发挥作用。然而中国的资本市场发展较晚，还存在许多不完善、不规范、不稳定等问题。比如，一个时期"保险资本"在市场中财大气粗、呼风唤雨、频频出手。万科股权大战如上所述，人尽周知；恒大人寿的"短炒"行为引起愤慨，影响恶劣；南玻 A 的高管因为宝能系的步步紧逼进而集体辞职；伊利股份面对阳光保险的举牌紧急停牌筹划并购事宜；安邦保险举牌中国建筑；宝能频频增持格力……这些事件使得人们越来越害怕"资本"摧毁"实业"，去实玩虚、脱实向虚，不利于中国经济的健康发展。万科以王石为首的高管团队的情怀、理想，博得了许多舆论的支持，格力电器董事长董明珠对资本的抗争、呼吁，引起了普通大众及证监会主席的重视。

作为治理资本市场的主导者，证监会的所作所为不仅体现了市场、政府与道德调节的综合使用，而且也反映了当政者必须在理性的规范法律、感性的变化现实及活性的价值导向之间采取中庸之道的动态平衡策略。"险资"在金融市场的短炒，不违法但不道德，监管部门不是没有认识到，也不是缺乏决心和手段去立马制止。鉴于"野蛮资本"已经尾大不掉，如果用力过度，导致资金链断裂，会引发一系列连锁反应，甚至影响金融市场的整体稳定。所以，监管部门对"野蛮人"采取了多角度、多层面的外围遏制，使药性由外及里慢慢渗透，最后同样收获治疗效果。同时，基于不同经济思想的各派观点难以一下子放弃其主张，社会价值导向的形成与转变需要时间。随着社会舆论的发酵，坚定捍卫实体经济发展的决心，金融服务于实体经济的共识逐步在社会上形成并被接受。另外，为规范资本市场服务于实体经济的发展，一些不够严密或有欠公正公平的制度、规范、条例、程序等理性的制度设计开始修改并逐步完善。因此，经济管理的治本之策在于形成理性的法律规范、感性的市场现实及活性的价值导向之间的良性的动态平衡，从而达到螺旋式上升。

我们在推进现代化社会治理的过程中，既要注重新观念和新技术的及时革新，习得科学的管理理念与专业技能，也要注意新程序差异化的构建，在重视"情"与"理"等传统程序解决问题的同时，尽量多运用法律程序解决社会问题。在推进社会治理模式转型的过程中，管理者应积极主动地克服来自治理理念技术的盲点、地位利益的羁绊及既有思维的程序约束，根据社会发展的需要不断更新社会治理体系，尽快形成新的符合现实的社会治理模式。综合运用德治、法治和政治，并根据实际情况的变化不断调整三者平衡，社会才能有序、公正、健康地发展。

2013年，浙江省嘉兴桐乡率先推出"法治为要、德治为基、自治为本"的"三治"建设，旨在建立"严格执法、公正司法、全民守法"的法治建设体系，"以评立德、以文养德、以规促德"的德治建设体系，"自我管理、自我服务、自我监督"的自治建设体系，从而健全"党委领导、政府负责、社会协同、公众参与、法治保障"的社会治理新格局。以法治"定分止争"，以德治"春风化雨"，以自治"内消矛盾"，是桐乡治理社会转型时期各项疑难杂症最有效的"药方"。"三治"体现了一种邻里守望、民众自决、社会自治的理想与愿景，取得了良好的成效。2017年6月，中共中央、国务院出台的《关于加强和完善城乡社区治理的意见》中提出："弘扬公序良俗，促进法治、德治、自治有机融合。"桐乡"三治"开始走向全国。同年10月，"加强农村基层基础工作，健全自治、法治、德治相结合的乡村治理体系"出现在十九大的报告中。新时期中国特色社会主义的社会治理是依法治国与以德治国相结合，既重视发挥法律的规范作用，又重视发挥道德的教化作用，推动法律和道德相辅相成，法治和德治相得益彰。

本书的中心思想是三元动态平衡，我们从知识整体论出发，界定了人类知识的感性、理性和活性这三个范畴，进而推断个体与社会行为可以解释为理想、现实与理性这三个根本驱动力平衡的结果。尽管社会层面的知识更为复杂，许多时候难以达成共识、统一思想，群体与社会行为还是可以从人类知识的三个层面的动态关系中得到有效的解释。经济管理与社会治理的手段与方式，与执行者所倚重的知识有着密切的关系。我们认为，动态平衡、辩证思维的科学发展观有利于一个社会的健康发展。具体而言，经济管理中应该充分发挥市场、政府与道德的综合调节作用，社会治理中要善于利用法治、德治与政治的功能。这就要求我们在意识形态中避免极端主义，理性地看待中国传统文化、社会主义革命思想及西方资本主义的精华与缺失，扬长避短、融合创新、三源合流。我们之所以大胆提出三源合流的假设，是因为中国民族传统文化有着巨大的包容性和融合性。中国传统文化的一个重要特质是儒释道三教合流。三种诞生于几乎同一个时代的思想，经过近两千年的融合，共同组成了中华文化的核心。儒释道三教从三个方面满足了中华文化或者中国人生活的三个方面的要求，发挥了各自不可替代的特殊功用。儒家思想提供了中国社会的道德规范，在农耕社会中很好地解决了人与人之间的和谐问题；道家思想建立了中国人思维的哲学方法，在人类对自然界认识水平有限的情况下提供了与自然和谐相处之道；释家思想专注于个体的身心和谐关系，提供了对中国人的宗教关怀。因此，儒释道三教合一从逻辑上讲并不矛盾。有鉴于此，我们认为中国社会未来的发展必将吸收古今中外的优秀文化，博采众长，推陈出新，形成独有的模式；社会治理模式必将兼收并蓄，融合法治、德治与政治的综合作用，充分发挥市场、政府与道德的整体作用。我们应该坚守并提高自身的定力，坚信中华民族必将富强复兴，坚持中国特色社会主义道路自信、理论自信、制度自信、文化自信。

　　本书借用佛家的"定力"术语来说明当今中国社会需要思想上的定力，定力本意是清除烦恼、妄想的禅定力之一。有佛学家所言："广义的定不单指禅定，定学的修持意在培养人之定力，有定力的人，正念坚固，如净水无波，不随物流、不为境转，光明磊落，坦荡无私，有定力的人心地清净，如如不动，不被假象所迷惑，不为名利而动心，定学修持到一定程度自然开慧。"古人云："结庐在人境，而无车马喧。"面对喧闹繁杂的人世间，东晋诗人陶渊明正是有了足够的定力，不受尘俗的烦扰，获得内在的安宁和自在；不去在意世间的名利纷争，就能逍遥自在、自得其乐、享受生命之怡悦。由此可见，定力是一种意志、品质、境界的象征，是我们认识问题时的一种清醒的判断力，思考决策时的一种果断的决策力，实际行动时的一种坚定的执行力，规范自身时的一种强大的自控力。面对错综复杂的国际形势和国内问题的挑战，面对各种思潮的冲击、各种学派的纷争、各种流言的诋毁，我们从人类优秀的思想文化中吸收精华养分，对中国社会保持清醒正确的认识，不为纷繁复杂的现象和思潮所迷惑，不为短期的诱惑和压力所动摇，不因各种恶意挑衅和无端指责谩骂而退缩，立场坚定地走新时代中国特色社会主义道路，旗帜鲜明地捍卫中华民族伟大复兴的事业。民族复兴需要思想自信和战略定力，思想自信才能坚定道路自信、理论自信、制度自信和文化自信；有了这些自信，我们才能保持清醒坚毅的战略定力，我们的事业方能行稳致远。

本章小结

我们总结了影响当今社会的主要思想体系的基本范式，除了传统文化、资本主义文化和革命文化的基本假定、价值导向及行为规则系统，我们还系统分析了这些思想观念体系产生与演化的经济基础，以及在经济基础之上的除了思想之外的各层次的上层建筑，以解释这些思想体系产生和演化的历史状况。人类的行为受到现实、自由及理性这三个永不静止的力量的推动，因各种不确定性而生发迷茫，但每个人可以通过平衡以下三个力量来解决：感知的外部世界和真实经验、被激活的理性及主导价值观。社会发展是由规律性与非规律性共同主宰的，每个人、民族和国家都有自己独特的利益和观念，这个时候我们要运用中庸之道来防止各种极端事件的发生，做到守正、致和与随变。社会发展的核心主题是公正与发展，二者失衡会造成很多悲剧。价值导向对于一个社会来说非常重要，我们认为，价值观应当是开放、包容和多元的，但主导的价值导向应当清晰和明确。在治理经济方面，应当综合运用道德的力量、政府的力量和市场的力量，忽视任何一种力量，经济发展都会遇到重大问题。在治理社会层面，也要综合运用德治、法治和政治，并根据实际变化不断动态平衡，防止社会治理模式的僵化与失衡。

后　记

　　本书最初的写作构想，产生于十多年前我与北京大学出版社林君秀老师的交流沟通，可谓"十年磨一剑"！那时候我刚回国任教，受益于国内外学术界各派关于经济发展与社会变革的思想宏论，有感于我们所处的变革时代所面临的种种迷茫与困惑、似是而非的争论、整体视角的缺失，我决定写一本名叫《迷茫中的定力》的书，把自己的一些观感和体会系统地整理出来，与同人一起探索交流。为此，我们前后考虑的书名有十多个，最后确定为《定力：中国社会变革的思想基础》。本书题目挺大，涵盖面广，回过头来看真是力不从心、其实难副，不当之处请读者原谅包涵、批评指正！在本书出版之际，我要衷心感谢以林君秀老师为首的团队，包括徐冰、闫格格等老师的大力支持。没有你们的衷心期望、耐心等待、细心帮扶，本书不可能在经历较为漫长的写作梳理之后而又能快速地定型成稿。王峥嵘、孙立琴两位设计师把我的抽象理念落实到漂亮的装帧设计，非常感谢两位艺术家的贡献！

　　本书的中心思想，是基于我提出的"一分为三"的知识整体论和源自中华文化巨大包容性的"三源合流"观点。二十多年之前，我在美国求学期间逐步形成了知识整体观，试图从人类知识的角度分析和思考个体、组织与社会的行为规律。康德的《纯粹理性批判》《实践理性批判》以及《判断力批判》启发了我。我的思考也得益于哈贝马斯关于知识的论述，他认为知识产生的根源是人类的三种旨趣（利益），相应也有三种类型的知识。毫无疑问，西方学术界的传统是精于分析推理，讲究严谨的逻辑推演、实证的分析计算、研究的规范设计等。我的博士论文虽是实证研究类型的，但博士生经历及以后的教学科研工作促使我认真学习了科学哲学和其他研究方法。不同的认识论和方法论的思想给我以深刻的启迪，终于，我渐渐地认识到哈贝马斯的"知识三型"与康德的"三大批判"（其实应该是"三大明辨"，critical 理解为"明辨"更为贴切）有着内在的联系。作为学者，我们应该积极探索思考，而不是拘泥于那些现成的、画地为牢的学科边界。

季羡林先生指出，东方的思维方式、东方文化的特点是综合；西方的思维方式、西方文化的特点是分析。或许正是因为受到国内外教育的影响，获益于理科与文科的专业训练，我开始把西方学术界的理论与概念联系起来综合思考。我不仅意识到哈贝马斯与康德的思想之间的内在逻辑关系，而且开始探析西方思想界的一些重要概念与中国传统思想的关联性与相似性。我慢慢地认识到西方学术界关于一些知识属性的争论，研究手段与方法的辩论，不外乎中国传统思想中"知行合一"这个古老命题的翻版，哈贝马斯的"自由知识"可以与王阳明的"良知"放在一起辨析，我甚至领悟到牛顿的微积分与朱熹所倡导的"格物致知"在方法论上有异曲同工之处！虽然他们所处的时代相距500多年，空间上地处东西两端，但是他们格物穷理、知微知彰的方法论都启迪了后人，点亮了探究知识奥秘的明灯。王阳明与朱熹都是中国古代的大哲，生活的时代虽然相差300多年，两者的思想迥然不同，但是，他们的主要观点仍然可以放在一个更为系统综合的理论框架中比较。这就是知识与思想的力量！

本书的形成，得益于清华大学提供的丰富的学术资源、良好的工作环境与同事们的支持帮助。清华大学的一些同事对本书的初稿提供了许多中肯的修改意见，包括陈昊、陈晓、高旭东、姜朋、雷家骕、曲庆、王蕾、王孙禺、王小晔、吴剑平、吴维库、杨斌、杨灵、张德、张力军、张勉、张帏、郑晓明。尤其是张德教授在退休后仍不忘提携后辈，对本书的一些主要概念的名词提出了明辨性的质疑。其他单位的同事与朋友也给出了许多建设性的意见和建议，包括浙江大学姚先国，北京大学张一弛，深圳大学韩巍、曾宪聚，西安交通大学姚小涛，全国工商联研究室林泽炎，上海财经大学韩亦，国防科技大学刘泽金等同人好友。我的部分学生为本书的写作与修改做出了很大的贡献，包括高昂、江静、马琳、王京南、赵刚等。窦亚丽、孔茗两位认真校对和修改了本书的初稿，功不可没，在此一并致谢！我的几位博士后合作研究者，韩翼、焦海涛、李艳、隋杨、屠兴勇、单许昌等，对本书主要思想的形成贡献良多。单许昌承担了许多资料查找、校对和一些章节的具体撰写工作。屠兴勇作为专门研究海德格尔的哲学专业博士，经常与我交流探讨，撰写了一系列学术论文，丰富并充实了知识整体理论。

  对于作者而言，写作过程既是一个总结提炼、系统思考的过程，也是一个不断探索、开发新思维的过程。在本书接近完稿之际，我开始意识到本书所探讨的核心内容，其实就是关于思维与存在之间关系这个古老命题。就社会发展与变革而言，思维与存在的关系问题事实上也可以看作经济基础与上层建筑的关系。本书所探讨的社会性知识的基础，即基本信仰、核心价值观和传统习俗等，事实上组成了一个社会上层建筑的深层次结构（deep structure）。按照马克思主义的观点，经济基础决定上层建筑，上层建筑又反作用于经济基础。当上层建筑适合经济基础的状况时，就会巩固经济基础、推动经济发展和社会进步；当它不适合经济基础状况时，就会阻碍经济基础的发展，需要创新与变革。也就是说，存在乃是思维的决定性因素。然而，马克斯·韦伯则在《新教伦理与资本主义精神》中提出了知名的相反论点，指出新教徒的生活伦理思想影响了资本主义经济的发展。因此，韦伯论证了人类思维决定社会存在，思想意识在很大程度上影响社会经济的发展。

  两位德意志的学术巨匠，马克思和韦伯所提出的不同观点，如何得到合理的解释？人类思维与社会存在，究竟何者起到推动作用？通过一次与博士后、博士生的学术交流，这个问题的答案在我脑中逐渐明朗。应用辩证唯物论及科学发展观，我们可以假定社会发展与变革是一个"波浪式前进、螺旋式上升"的过程。社会发展往往会经历一个较长的稳定发展阶段，以及较为短暂的变革转型期。在稳定发展阶段，社会存在往往决定了人类的思维模式，经济基础对上层建筑起到决定性作用；而在变革转型时期，人类的思维模式在很大程度上影响着社会的发展方向，上层建筑的反作用力会推动巨大的社会变革。马克思和韦伯分别从不同的视角分析了人类思维与社会存在的作用机制。这个螺旋式上升的过程，社会存在与生产力所产生的推动力是主导性的，而人类思维及其产物上层建筑则起到了制约或促进的作用。在以上这两个力量的背后，人类的活性知识及信仰体系，也就是上层建筑的深层次结构，是推动社会进步的核心力量。人类思维的活性成分，即追求解放与自由的力量可以说是"马列主义的灵魂"。

  由此我们可以追溯到四十年之前的改革开放。这场中国社会变革，就是在坚持社会主义制度的前提下，自觉地调整和改革生产关系同生产力之间、上层建筑同经济基础之间不相适应的方面和环节，其本质和灵魂是更好地实现最广大人民群众的根本利益。同时，对外开放是加快中国现代化建设的必然选择，符合当今时代的特征和世界发展的大势。1978 年 5 月，《光明日报》发表了南京大学教师胡福明作为主要作者撰写的特约评论员文章《实践是检验真理的唯一标准》，引发了一场关于真理标准问题的大讨论。这场讨论冲破了意识形态领域"两个凡是"的严重束缚，推动了全国性的思想解放运动。因此，这场讨论被视为中华人民共和国成立以来中国共产党历史上具有深远意义的伟大转折点和改革开放的思想先导。不难看出，社会变革时期思想解放、思维模式的转变，上层建筑的破旧立新，对发展生产力和构建经济基础有着不可磨灭的贡献。与俄罗斯经济变革相比，中国改革开放的巨大成就得益于执政党牢牢抓住为人民利益服务这个灵魂。上层建筑深层次结构的正确转变，是推动四十年来中国经济发展与社会进步的基础与前提。

四十年来的改革开放，中国社会发生了翻天覆地的变化。我于 1978 年考上大学，回首往事历历在目，可以说是改革开放的亲历者、实践者与受惠者。作为学者，我更希望成为一名合格的思考者、探索者和奉献者。本书提出，以儒释道为代表的中国传统文化、社会主义思想及西方的资本主义文明，是影响当下中国社会发展的三种主导思想。基于知识三元整体理论，我们提出经济管理应当综合运用道德、政府和市场这三种力量。在治理社会层面，也要综合运用德治、法治和政治这三种治理模式的精华，动态平衡，螺旋式上升。上述结论是探索性的，是基于中国社会传统上有着巨大包容性的文化要素，这些立论的正确性有待于积极探索和实践检验。另外，如何汲取德治、法治和政治这三种社会治理模式的精华与智慧，需要社会各界人士合力探索并勇于实践。经济管理方面，还有许多需要科学分析与实践总结的课题。比如，如何综合运用道德、政府和市场这三种力量？如何实现这三个力量之间的动态平衡关系？在何种情况下这三个力量之间会形成良性循环？什么情况会造成这三个力量的失衡，甚至导致这三个力量之间的负向乃至恶性循环？中国社会发展现有成果的夯实与未来的发展，需要各界人士共同努力，不仅关注经济发展与社会进步，更要构建优质的深层次结构（核心价值观与信仰体系）。

总而言之，我们应该庆幸生活在一个伟大的时代。现实社会为理论工作者提出了丰富而有意义的研究课题，我们需要善于总结中国改革开放以来的成功经验，客观地剖析一些失败的教训与案例，借鉴经济发达国家的优秀实践并结合中国社会的现实状况，开展有针对性和普世性的理论创新，增强理论自信。知识三元整体论认为，人类活着的"命"也可以分为三个层次——性命、生命和使命，分别对应于本我、自我和超我。让我们坚守并珍惜性命的底线，丰富和充实生命的活力，担负和实现使命的责任。最后，我用"横渠四句"与读者共勉："为天地立心，为生民立命，为往圣继绝学，为万世开太平"！

是为后记！

杨百寅
2018年夏于北京三才堂